Wolfgang Kaes, 1958 in der Eifel geboren, war nach seinem Studium der Politikwissenschaft, Kulturanthropologie und Pädagogik an der Universität Bonn zunächst als Polizeireporter für den Kölner Stadt-Anzeiger tätig. Er schrieb Reportagen für den STERN, das Deutsche Allgemeine Sonntagsblatt, das Zeitmagazin und andere. Heute ist er Chefreporter beim Bonner General-Anzeiger.

Der Autor wurde im Dezember 2012 vom MediumMagazin als Journalist des Jahres gekürt und im April 2013 mit dem renommierten Henri-Nannen-Preis in der Kategorie «investigative Recherche» ausgezeichnet. Der durch seine Recherche wieder aufgenommene Fall inspirierte ihn zu diesem Roman.

Mehr zum Autor und seinem Werk erfahren Sie unter: www.wolfgang-kaes.de

«Wolfgang Kaes' Romane zeichnen vielschichtig strukturierte und glaubhafte Charaktere, eine komplex ausgelegte Handlung und eine Atmosphäre der lauernden Bedrohung aus. Elektrisierende Spannung!» (Hamburger Abendblatt)

WOLFGANG KAES

KRIMINALROMAN

SPUR 24

Rowohlt Taschenbuch Verlag

2. Auflage September 2017
Veröffentlicht im Rowohlt Taschenbuch Verlag,
Reinbek bei Hamburg, Dezember 2015
Copyright © 2014 by Rowohlt Verlag GmbH,
Reinbek bei Hamburg
Umschlaggestaltung HAUPTMANN & KOMPANIE
Werbeagentur, Zürich
Umschlagabbildung Judy Kennamer/Arcangel Images
Satz aus der Proforma Book, PostScript, InDesign
Gesamtherstellung CPI books GmbH, Leck, Germany
ISBN 978 3 499 25176 4

In Erinnerung an Gertrud Gabriele Lenerz

Verwechsle nicht die Freude am Gefallen
mit dem Glück der Liebe.

Coco Chanel

BELGIEN.
RESERVÉE NATURELLE HAUTES FAGNES

Schritt für Schritt.

Dreiundzwanzig. Vierundzwanzig. Er zählt die Schritte. Fünfundzwanzig. Um sich abzulenken. Sechsundzwanzig. 50 Schritte hat er sich vorgenommen. Weit genug weg vom Parkplatz.

Weg, weg, weg.

Mehr als 50 Schritte sind unmöglich zu schaffen. Siebenundzwanzig. Unmöglich. Achtundzwanzig.

Er schwitzt. Und friert. Und schwitzt. Und friert. Neunundzwanzig. Dreißig. Die Muskeln und Sehnen seiner Arme und Hände zittern schon wie Espenlaub. Aber das Zählen der Schritte lenkt ihn ab und treibt ihn voran.

Schritt für Schritt. Er hebt beim Gehen sorgsam die Füße, um nicht zu stolpern, über eine Wurzel oder über einen Stein, um nicht auszurutschen auf dem morastigen Waldboden. Zweiunddreißig. Dreiunddreißig.

Er sieht nichts. Nur die blaue Plastikfolie, die schwach im Mondschein schimmert.

Die Taschenlampe steckt in der Außentasche seines Anoraks, aber er kann sie nicht benutzen. Er hat keine Hand frei, um sie zu halten.

Weiter. An nichts denken. Außer ans Zählen. Sechsunddreißig. Siebenunddreißig.

Möglichst geradeaus, hat er sich vorgenommen. Aber das funktioniert nicht. Die Bäume zwingen ihn ständig zu Kursänderungen. Die Last in seinen Armen wächst und wird tonnenschwer. Ein Ast federt zurück und schlägt ihm ins Gesicht. Aber er spürt nichts, außer dem warmen Blut, das Sekunden später aus seiner pochenden Schläfe sickert, über die linke Wange in den Bart fließt und sich auf dem Weg nach unten mit dem kalten Nieselregen mischt.

Weiter! Dreiundvierzig. Vierundvierzig.

Kann nicht mehr, kann nicht mehr, kann nicht mehr. Reiß dich zusammen!

Die Lunge schmerzt, trotz des Adrenalins. Sechsundvierzig. Siebenund... die Last rutscht ihm aus den Händen, einfach so, und klatscht auf den Waldboden.

Die feuchte Plastikfolie ist schuld.

Der Regen ist schuld.

Sie ist schuld.

An allem. Miststück. Elendes Miststück.

Er greift in die Außentasche des Anoraks, schaltet die Taschenlampe ein, macht kehrt und stapft zurück zum Auto, um den Spaten aus dem Kofferraum zu holen.

1979. SOMMER. WESTEIFEL

Mannomannomann!

Was für ein abgedrehtes Jahr. Oder?

Nur mal so als Beispiel der 16. Januar: In seinem Privatjet macht sich der Schah von Persien aus dem Staub. Endlich. Ellen streicht sich das Datum rot in ihrem Taschenkalender an. Zwei

Wochen später nimmt ein neuer Diktator seinen Platz ein, diesmal einer ohne Operettenuniform. Die Version Turban, Kittel und Sandalen. Ein weißbärtiger, finster dreinblickender Greis namens Ayatollah Khomeini. Der frisch aus dem Pariser Exil in Teheran eingetroffene alte Sack verbietet Zeitungen, schließt Universitäten, proklamiert die islamische Revolution.

Revolution?

So hat sich Ellen die Revolution nicht vorgestellt.

Dafür war bei der Anti-Schah-Demo in Berlin der Student Benno Ohnesorg erschossen worden? Damit jetzt in Teheran die Frauen unterdrückt werden?

Im Nachbarland Irak kommt ein Tyrann namens Saddam Hussein an die Macht (zunächst sehr zur Freude der USA, nach dem Motto: *Der Feind unseres Feindes ist unser Freund*) und in Großbritannien die Hardcore-Kapitalistin Margaret Thatcher (ebenfalls zur Freude der USA).

1979. Was für ein abgedrehtes Jahr. Oder?

Sowjetische Truppen besetzen die afghanische Hauptstadt Kabul, und die USA und folgsam auch die restliche westliche Welt empören sich kollektiv über die Russen.

Ein fremdes Land zu besetzen ist nämlich nur dann moralisch einwandfrei, wenn man es selber tut. Oder?

Sommer 1979. Was für ein abgedrehter Sommer.

Auch, was sie selbst betrifft.

Nur mal so, für die Statistik:

Gesellschaftslehre: sehr gut
Deutsch: sehr gut
Englisch: gut
Mathematik: befriedigend
Religionslehre: ausreichend

Fräulein Rausch, Sie werden schon noch sehen, was Sie davon haben, mich während des Unterrichts ständig zu provozieren. Das betrifft sowohl Ihre unangemessene Kleidung als auch Ihr freches Mundwerk und Ihre merkwürdige Gesinnung ...

Merkwürdige Gesinnung.
Fräulein Rausch.
Fräulein!
Dieser kleine, widerliche Spießer.
Merkwürdige Gesinnung.
Na und?
Am 19. Juli 1979 marschieren die Sandinisten unter dem Jubel des Volkes in Nicaraguas Hauptstadt ein und stürzen Diktator Somoza (sehr zum Ärger der USA), während am selben Tag im 9300 Kilometer entfernten Lärchtal in der Westeifel (vermutlich ohne Wissen der USA) das rebellische Fräulein Rausch und 23 weitere Realschulabsolventen den letzten Schultag und die mittlere Reife feiern. Am nächsten Morgen, in der Aula, weist das noch reichlich verkaterte, vor einem Jahr mit überwältigender Mehrheit zur Schülersprecherin gewählte Fräulein Rausch in einer Rede während der offiziellen Abschiedsfeier darauf hin, dass man ja heute gleich zwei Gründe zum Feiern habe: die mittlere Reife und den Sieg der revolutionären Sandinisten in Nicaragua. Keine zwei Minuten später wird Ellens Rede gewaltsam beendet, als der Hausmeister ihr auf Anordnung des Rektors das Mikrophon entreißt. Und nur wenige Stunden später, am späten Nachmittag dieses sonnigen 20. Juli, rüstet sich der 16-jährige Realschulabsolvent Frank Hachenberg am Ufer des Lärchtaler Sees zum sexuellen Sturmangriff auf die gleichaltrige Ellen Rausch, um endlich, endlich, endlich seine Jungfräulichkeit zu verlieren.

Ohne Wissen und Hilfe der USA.
Aber dennoch mit Erfolg.

Was für ein abgedrehter Tag.

Wenn er nur daran denkt, was hier soeben, vor nicht ganz einer Viertelstunde, endlich passiert ist, tatsächlich passiert ist, wird sein Schwanz schon wieder ganz hart.

Das ist ihm peinlich.

Aber sie sieht ja zum Glück nicht hin. Sie liegt einfach nur da, auf dem Rücken, nackt, neben ihm, knapp eine Handbreit von ihm entfernt, ganz entspannt, die Augen geschlossen.

Zum Greifen nah. Frank Hachenberg guckt schnell wieder weg, starrt angestrengt auf die in der Sonne glitzernde Wasseroberfläche und gibt sich Mühe, an etwas anderes zu denken, bis sich sein Schwanz wieder halbwegs beruhigt hat.

Dann fragt er:

«So weit alles okay bei dir?»

Was man so fragt.

Sie antwortet, ohne die Augen zu öffnen:

«Klar, alles okay.»

Was man so antwortet.

«Ellen?»

«Ja?»

«Nimmst du eigentlich die Pille?»

«Meinst du etwa, ich hätte es ohne Kondom mit dir gemacht, wenn ich nicht die Pille nehmen würde?»

Das beruhigt Frank ungemein.

Die Sonne steht schon tief über den Baumwipfeln des jenseitigen Ufers und wärmt ihren Bauch. Sie öffnet die Knie, damit die wärmende Sonne freie Bahn hat, aber nur ein paar Zentimeter, damit Frank nicht gleich wieder nervös wird.

Alles okay? Gar nichts ist okay.

Warum?

Ellen, Ellen, Ellen!

Warum ausgerechnet Frank Hachenberg?

Weil er so lieb und nett ist? Weil er ihr so oft in Mathe gehol-

11

fen hat? Weil er immer so traurig guckt? Weil er so schüchtern ist?

Aus Mitleid?

Oder etwa aus Dankbarkeit?

Weil er sie auf seinem Moped mitgenommen hat und sie deshalb nicht in der Affenhitze von der Schule mit dem Fahrrad zum See strampeln musste? Oder vielleicht, weil sie ihn erfolgreich überredet hatte, mit ihr zum abgelegenen Ostufer des Sees zu kommen, zu den kleinen Sandbuchten, zu den nackt badenden Spät-Hippies, obwohl Frank doch ganz klar zu diesen Strandbad-Spießern des Campingplatzes drüben am Westufer gehört? Weil er sich anfangs ganz furchtbar geniert hatte, sich vor ihr und den anderen auszuziehen? Oder weil die nackt badenden Spät-Hippies – allesamt schon erwachsen, so um die zwanzig und natürlich nicht aus Lärchtal, sondern von ganz woandersher, wo die Welt groß und frei und bunt und wahnsinnig aufregend ist – abgesehen von ihren Gitarren und den Kassettenrekordern auch immer was zu rauchen dabeihatten und sie Frank überredete, mal einen Zug von dem phantastischen Gras aus Holland zu nehmen und noch einen? Weil sie beide dann, mit zugedröhnter Birne und ganz aus Versehen natürlich, beim Zurückschwimmen in der einsamen Nachbarbucht gelandet waren, die ganze Zeit wie blöd kichernd? Weil er sich dann schon wieder genierte, als sie aus dem Wasser stiegen, obwohl oder gerade weil sie nun ganz alleine waren; Handtuch und Klamotten bei den Hippies in der Nachbarbucht, nur von den tief bis aufs Wasser hinabhängenden Ästen der Weiden am Ufer getrennt; so schüchtern, wie süß, wie süüüß, und sie ihn einfach umarmte, so lange umarmte und auf den Mund küsste, bis seine Erektion ihren Bauchnabel kitzelte?

Weil sie große Lust verspürt hatte, in diesem Moment?

L-U-S-T.

Vermutlich von allem etwas.

Scheiße.

Sie liebt ihn nämlich nicht. Frank Hachenberg ist nett, lieb, hilfsbereit. Nichts zu meckern.

Aber sie liebt ihn nicht. Kein bisschen.

Oder hat sie es nur getan, um dem durchgeknallten Kalle eins auszuwischen? Der erste und bis dahin einzige Mann in ihrem Leben. Der durchgeknallte Kalle hat sie einfach sitzenlassen, vor zwei Monaten, hat die Schule geschmissen, ist einfach weg.

Nach Köln.

Ohne sie.

Ja, tschüs dann. Man sieht sich. Vielleicht. Mal.

Scheiße.

Kalle, du mieses Schwein.

Was jetzt? Soll sie vielleicht ganz ehrlich sein? Soll sie es Frank einfach sagen? Jetzt? Sofort?

Stattdessen sagt sie:

«Hast du schon Pläne? Lehre oder so?»

«Ja. Nein. Also ich mach weiter.»

«Echt? Gymnasium?»

«Ja.»

«Altkirch?»

«Nä. Rheinbach. Internat.»

«Rheinbach? Sind das nicht Mönche?»

«Pallottiner. So was Ähnliches.»

«Internat. Das ist doch wie Knast.»

«Quatsch.»

«Und dann?»

«Was ... und dann?»

«Nach dem Abi?»

«Studieren. Mathe und Sport.»

«Wie bitte? Willst du etwa Lehrer werden?»

«Ja. Warum denn nicht?»

«Weil ... weil ... ich fass es nicht: Du hast die blöde, dämliche

Schule doch gerade erst hinter dir gelassen ... und du willst schon wieder so schnell wie möglich dahin zurück?»

«Aber das ist doch was ganz anderes.»

«Womöglich willst du auch noch zurück in dieses Kaff hier ...»

«Ja, warum denn nicht? Ist doch nett hier.»

«Du meine Güte. Das darf doch wohl nicht wahr sein!»

Sie verschränkt die Hände hinter dem Kopf.

Helpless. Helpless. He-help-less. In der Nachbarbucht plärrt Neil Young mit schwindender Kraft und immer einen halben Ton daneben aus einem Kassettenrekorder, dessen Batterien wohl nicht mehr frisch genug sind, um das Band gleichmäßig über den Tonkopf zu ziehen. Oder das Band ist ausgeleiert, oder der Tonkopf ist lange nicht mehr sauber gemacht worden.

Eine Wirkung, viele mögliche Ursachen.

«Und du, Ellen?»

«Was, und ich?»

«Was hast du jetzt vor?»

«Abi kann ich mir abschminken. Macht mein Vater nicht mit. Kommt nicht in Frage, hat er gesagt. Basta. Ich soll mir gefälligst eine Lehrstelle suchen. Hab ich auch schon getan. Nächsten Monat fange ich an. Ausbildung zur Fotolaborantin und Fotografin. Beim alten Schmitz unten am Marktplatz.»

«Also Passbilder, Hochzeiten, Babys aufm Eisbärfell ...»

«Egal. Das steh ich noch durch. Bis ich volljährig bin. Aber nach der Lehre bin ich sofort weg, das ist sicher. Lärchtal wird mich nie wiedersehen.»

2012. TAG 1

Mitten auf dem Schreibtisch lag eine Kopie der Bewerbung, die sie vor zwei Wochen per Mail an den durchgeknallten Kalle geschickt hatte. *Ist nur eine Formsache, Ellen. Damit der Hajo Burger das Gefühl hat, er ist eingebunden in die Entscheidungsfindung. Am Ende zählt aber nur: Ich will dich haben. Alles klar?*
Alles klar, Kalle.
Ich will dich haben. Mich kriegst du nie wieder.
Karl Malik. Der durchgeknallte Kalle. So hatten sie ihn in der Schule genannt. Der ewige Klassenclown. Der erste Typ in der Klasse mit langen Haaren. Richtig lange Haare und ausgebleichte Jeans und abgewetzte Motorradjacke. Kalle war damals noch vor ihr nach Köln gegangen. Ohne Schulabschluss. Alles klar.
Jetzt war der durchgeknallte Kalle ein gemachter Mann. Und leistete sich nur so zum Spaß eine eigene Zeitung in seiner Geburtsstadt, die er aus Köln fernsteuerte.
Solange es ihm Spaß machte.
Weißt du, ich will mehr Pep. Mehr Profil. Zeitung in der Provinz muss doch nicht automatisch provinziell sein, oder? Der Hajo kriegt das nicht hin. Zuverlässiger Mann. Hat den Laden im Griff. Aber keine Phantasie. Deshalb brauche ich dich. Alles klar?
Alles klar, Kalle.
Hinter dem Schreibtisch saß aber nicht der durchgeknallte Kalle, sondern dieser Mensch namens Hajo, für sie Hans-Joachim Burger. Sein angewiderter Blick, seine gesamte Körpersprache ließen deutlich erkennen, was er von ihr und vor allem von ihrer Bewerbung hielt.
«Ich frage jetzt einfach mal ganz unverblümt, Frau ...»

Burger beugte sich vor und warf mit demonstrativ gerunzelter Stirn einen Blick auf das Deckblatt der Bewerbung, als sei ihm leider, leider soeben ihr Name entfallen. «Frau ... Rausch. Nur mal so unter uns: Was wollen Sie eigentlich hier?»

«Was wohl? Ich will einen Job.»

«So, so. Einen Job. Irgendeinen Job ...»

«Nicht irgendeinen Job, Herr ... Burger. Sondern den Job, den mir Karl Malik vor sechs Wochen angeboten hat. Als Lokalreporterin beim Eifel-Kurier. Ist meine Bewerbung, die Sie da vor sich liegen haben, etwa so missverständlich formuliert?»

Klare Kante, Ellen. Von den ersten Minuten deines ersten Arbeitstages wird abhängen, ob dich dieser Mensch jenseits des Schreibtisches in Zukunft mit Respekt behandelt oder wie einen Fußabtreter. Hajo Burger schob die Krawatte ein Stück beiseite, zwängte vier Finger der rechten Hand zwischen den Hemdknöpfen hindurch und kratzte sich hingebungsvoll die Brust. So laut, dass sie das Kratzgeräusch hören konnte. Nur das Flackern der winzigen Augen in dem konturlosen Gesicht verriet, dass Burgers Gehirn derweil auf Hochtouren lief.

Kratz, kratz, kratz, kratz, kratz.

«Nicht, dass Sie denken, ich würde Herrn Maliks Wunsch nicht respektieren, Frau Rausch ...»

Ach wo, natürlich nicht.

Die Hand tauchte wieder auf. Genug gekratzt. Die Hand griff nach dem einsamen Kugelschreiber auf der mausgrauen Tischplatte, um sich daran festzuhalten.

«... die Entscheidung ist ja offenbar auch längst gefallen. Was sollen wir noch lange über gelegte Eier reden. Aber ich befürchte, Herr Malik und vor allem Sie, liebe Frau Rausch, könnten vielleicht unterschätzen, was es bedeutet, hier zu arbeiten.»

Liebe Frau Rausch.

«Machen Sie sich da mal keine Sorgen, Herr Burger. Ich bin jetzt seit mehr als 26 Jahren in dem Beruf.»

«Natürlich. Beeindruckende Vita übrigens. Respekt. Und das alles ohne Abitur! Polizeireporterin in Köln, Volontariat in Essen, so weit, so normal. Aber anschließend ging's ja offenbar nur noch steil bergauf bei Ihnen, soweit ich das hier lese. Du meine Güte! Berlin, München, Hamburg, Illustrierte, Magazine, Enthüllungen, Journalistenpreise. Sie haben diesen Pharma-Skandal aufgedeckt, nicht wahr? Habe ich von gelesen, damals. Investigative Recherche nennt man das, was? Da haben sicher eine Menge Leute bis heute Grund, richtig sauer auf Sie zu sein, stimmt's? Was mir aus Ihrem Lebenslauf nicht so ganz klar wird: Was haben Sie eigentlich die letzten zwei Jahre gemacht?»

Er lehnte sich entspannt zurück. Das konturlose Gesicht blieb unbewegt, aber die Schweinsäuglein verrieten, was in ihm vorging. Ellen starrte auf die gerahmte Landkarte, die hinter Burgers Rücken über dem Sideboard an der Wand hing. Die Eifel vom Rheintal im Osten bis zu den belgischen Ardennen. Mittendrin ein roter Punkt. Die Stelle, an der sie sich gerade befand. Lärchtal. Der Ort, an dem sie vor 49 Jahren zur Welt gekommen war. Als es noch das Krankenhaus gab. Seit es das Krankenhaus nicht mehr gab, war Lärchtal als Geburtsort in Personalausweisen und Reisepässen und Führerscheinen ausgestorben. Die Kleinstadt, die sie mit 18 Jahren verlassen hatte. So schnell wie möglich.

Nichts.

Gar nichts hat sie gemacht in den vergangenen zwei Jahren. Zumindest zwischen Monat sechs und Monat achtzehn nichts.

Außer.

Die meiste Zeit Rotz und Wasser geheult. Stumm gegen die Wand gestarrt, von morgens bis abends. Anschließend ein halbes Jahr in der Klinik verbracht, nach dem Selbstmordversuch. Bis sie so weit war, aus dem schwarzen Loch namens Hölle zu kriechen.

«Ich habe freiberuflich gearbeitet.»

«Aha. So, so. Verstehe. Mal was anderes.»

Du aufgeblasener Fatzke.

«Frau Rausch, hier ist aber so ziemlich alles ganz anders, als Sie es vermutlich in Ihren bisherigen 26 Berufsjahren kennengelernt haben. Investigative Recherche ... so was können Sie hier vergessen. Das hier ist ein Lokalblatt, das einmal die Woche, nämlich mittwochs, in einer bescheidenen Auflage von 14 000 Exemplaren erscheint. Haben Sie eine Ahnung, warum die Menschen es kaufen?»

«Sie werden es mir sicher verraten.»

«Gerne. Die Menschen fühlen sich von uns ernst genommen und bei uns gut aufgehoben. Das ist das Geheimnis unseres Erfolges. All die schrecklichen Dinge, die tagtäglich auf diesem Erdball passieren, erfahren unsere Leser doch ohnehin aus der Tagesschau. Oder aus dem Internet. Wir leben hier ja nicht hinterm Mond. Aber wenigstens in Lärchtal ist die Welt noch in Ordnung. Und das spiegeln wir im Blatt. Die Menschen hier geben sich zum Beispiel große Mühe, ein schönes Pfarrgemeindefest zu organisieren. Alle packen mit an. Und dann freuen sie sich, wenn der Eifel-Kurier in seiner nächsten Ausgabe darüber ausführlich in Wort und Bild berichtet. Sie schneiden sich den Artikel aus und heben ihn auf. Manchmal kommen sie auch extra vorbei und kaufen ein paar zusätzliche Exemplare. Die Menschen hier sind stolz darauf, ab und an mit Namen und Foto in der Zeitung aufzutauchen.»

Er nippte an seinem Kaffee.

Sie sagte nichts.

Er hatte ihr keinen Kaffee angeboten.

Er hatte auch nicht angeboten, ihr den Mantel abzunehmen, als sie sein Büro betreten hatte. Mangels Alternativen hatte Ellen den Mantel zu Boden fallen lassen, bevor sie auf dem Besucherstuhl vor dem Schreibtisch Platz nahm. Er hatte ihr dabei zugesehen. Beim Mantelausziehen, beim Platznehmen, beim Beine übereinanderschlagen. Sie unablässig und ungeniert beglotzt, von Kopf bis Fuß, und alles dazwischen.

Nicht wie eine neue Kollegin. Anders.

Anthrazitfarbener Hosenanzug. Sechs-Zentimeter-Absätze. Nicht zu hoch, nicht zu flach. Businesslike.

Für die erste Begegnung mit diesem widerlichen Menschen hätte sie sich besser einen Kartoffelsack übergestülpt.

«Das wird übrigens eine Ihrer Aufgaben sein. Das Spiegeln der gesellschaftlichen Höhepunkte des Jahres. Pfarrgemeindefeste, Schützenfeste, Karnevalssitzungen, Fronleichnamsprozessionen, Schulfeste, Martinsumzüge und so weiter. Falls Sie Wert auf ein regelmäßiges freies Wochenende legen, dann ist der Job nichts für Sie. Können Sie eigentlich fotografieren?»

«Ich bin gelernte Fotografin und Fotolaborantin.»

«Stimmt. Steht ja in Ihrem Lebenslauf. Na ja, ist ja auch heute keine große Kunst mehr, mit den modernen Digitalkameras. Ich mache sogar mit meinem Handy Fotos für die Zeitung. Porträts zum Beispiel. Klick und fertig.»

«Sie möchten also, dass ich fotografiere.»

«Nicht nur das. Ich will, dass Sie schreiben, ich will, dass Sie die Fotos für Ihre Texte selbst machen, ich will, dass Sie Ihre Texte und Fotos am Computer ins vorgegebene Seitenlayout einpassen, Schlagzeilen und Bildzeilen verfassen, und ich will, dass Sie Seiten produzieren, wenn Not am Mann ist. Ist das ein Problem für Sie?»

«Nein.»

«Gut. Dann wäre das geklärt. Drehen Sie sich mal um.»

Ellen Rausch sah ihn verständnislos an.

«Drehen Sie sich einfach mal um! Na los!»

Ellen drehte sich auf ihrem Stuhl um, bis sie durch die Scheibe des Glaskastens hinaus in das Großraumbüro sehen konnte. Burgers selbstverliebte Stimme war ihr von der ersten Minute an unsympathisch gewesen. Diese Stimme aber nun in ihrem Rücken zu spüren, war fast unerträglich.

«Die gläserne Redaktion. Das ist unser Konzept. Ganz vorne,

gleich vor dem Schaufenster, der Geschäftsstellenbereich. Kundenorientiert. Lesernah. Anzeigenaufnahme, Leserbriefe. Die drei Damen teilen sich übrigens die Sechs-Tage-Woche selbst ein, die machen selbständig ihre Dienstpläne und ihre Urlaubsvertretungspläne, wunderbar, da muss ich mich gar nicht drum kümmern. Dann der verwaiste Schreibtisch neben der Teeküche. Hab ich zum Glück auch nichts mit zu tun. Alfons Breuer, Außendienstmitarbeiter für das Anzeigengeschäft, selten hier, viel unterwegs, Klinkenputzen bei der Geschäftswelt, soll ja auch so sein. Damit der Rubel rollt.»

Hans-Joachim Burger lachte schallend.

Ellen Rausch schwieg.

«Die übrigen Bereiche werden ja von Herrn Maliks Firma in Köln aus nebenbei managt. Buchhaltung, Controlling, Mahnwesen, IT-Betreuung ... alles von Köln aus. Stichwort: Synergie-Effekte. Gedruckt wird ebenfalls extern. Ein Vertragspartner in Altkirch. Auch der Vertrieb ist outgesourct. Kommen wir zur eigentlichen Redaktion. Sehen Sie die lockige Rothaarige mit dem geschmacklosen Blumenstrauß auf dem Schreibtisch? Steffi Kaminski. Unsere Redaktionssekretärin. Hauptsächlich arbeitet sie natürlich mir zu, aber sie erledigt auch Arbeit für die Kollegen. Briefe, die gesamte E-Mail-Verteilung, Terminkalender, Anrufe in Abwesenheit und so weiter. Ich frage mich immer, was sie da auf dem Kopf trägt. Was meinen Sie? Ist das tatsächlich eine Frisur oder eher ein Vogelnest?»

Das nächste dröhnende Lachen traf unvermittelt ihren Nacken. Sie bekam eine Gänsehaut.

«Unsere Steffi. Sie gibt sich zwar viel Mühe, zehn Jahre jünger auszusehen, als sie tatsächlich ist, aber zu ihrem Leidwesen kommt genau das Gegenteil dabei heraus.»

«Wie alt ist sie denn?»

«Keine Ahnung. Müsste ich nachschauen. Anfang fünfzig? Könnte das hinhauen?»

Ellen sah eine Frau, deren Gesicht trotz der Schminke verriet, dass es das Leben nicht immer gut mit ihr gemeint hatte.

«Weiter geht die wilde Fahrt durch die Geisterbahn namens Eifel-Kurier. Dieser blasse, hagere Endfünfziger mit der Silbermähne, das ist Arno Wessinghage. Wenn der morgens kommt, zieht er als Erstes seine Schuhe aus und nimmt ein Paar Lederpantoffeln aus der untersten Schreibtisch-Schublade. Pünktlich zum Feierabend können Sie dann das umgekehrte Schauspiel beobachten. Verrückt, was? Der will schon lange nicht mehr vor die Tür. Nichts mehr recherchieren, nichts mehr schreiben, nicht mehr mit Menschen in Kontakt treten. Aber er redigiert gründlich und produziert die Seiten ordentlich. Auf Wessinghage ist Verlass. Entdeckt jeden Fehler. Ein wandelndes Lexikon. Aber insgeheim sehnt er den Tag herbei, an dem er endlich in Rente gehen kann.»

Der hagere Mann mit den grauen Haaren sah kurz auf, als spürte er, dass über ihn geredet wurde. Ellen nickte freundlich und lächelte. Der Mann senkte augenblicklich wieder den Kopf.

«Nicht im Bild: Anna-Lena Berthold, seit drei Monaten Volontärin. Unser Nesthäkchen. Süße Maus. Frisch von der Bonner Uni. Kunstgeschichte, du meine Güte. Die Anna-Lena haben Sie knapp verpasst. Sie ist nämlich von heute an zwei Monate an der Akademie für Publizistik in Hamburg. Kompaktkursus Journalismus. Kostet uns übrigens 'ne Stange Geld. Ich halte das ja für überflüssigen Firlefanz. Journalismus ist ein Begabungsberuf. Glauben Sie mir: Entweder man ist ein Naturtalent, oder man lernt es nie. Und den Rest kann man ohnehin nur in der Praxis lernen. Aber Herr Malik legt nun mal ausgesprochen großen Wert auf diesen teuren Ausflug nach Hamburg.»

Ellen Rausch hätte Burger zu gerne gefragt, wo und wie er denn den Beruf des Journalisten erlernt hat.

«Last but not least: Bert Großkreuz. Manche nennen ihn auch Bert Großkotz. Ich zum Beispiel.»

Wieder dieses selbstgefällige, dröhnende Lachen.

«Sie meinen den jungen Mann, der gerade telefoniert?»

«Genau. Unser Grünschnabel. Kam vor einem Jahr zu uns. Hat vorher beim Trierischen Volksfreund volontiert. Muss noch viel lernen. Aber er hat wenigstens Talent. Er kümmert sich um die Themen, die junge Leute interessieren. Kultur, Freizeit und solche Dinge. Außerdem um Marketing-Aktionen. Und um unseren Online-Auftritt. Da staunen Sie, was? So was haben wir nämlich auch. Wir leben hier nämlich nicht hinterm Mond. Der kleine Großkotz ist so einer von dieser jungdynamischen Sorte, die ständig Funken schlagen und selbst den banalsten Dingen des Lebens eine total aufregende Seite abgewinnen müssen. Sie können sich jetzt übrigens wieder umdrehen.»

Also drehte sich Ellen wieder um.

«Wie gesagt: Wessinghage erledigt den größten Teil des ganzen Innendienst-Krams, das Redigieren der Texte, die uns die Pressewarte der Vereine reinreichen, das Anlegen und Produzieren der Seiten und so weiter. Ich kümmere mich hauptsächlich um Kommunalpolitik und um lokale Wirtschaftsthemen, das ist natürlich Chefsache. Klar. Das erwarten die Leute auch, dass sich der Redaktionsleiter selbst darum kümmert und sich auch bei den Terminen draußen sehen lässt. Jetzt raten Sie mal, was für Sie noch übrig bleibt, Frau Rausch.»

«Sie haben es mir doch schon verraten: Pfarrgemeindefeste, Schützenfeste, Schulfeste, Fronleichnamsprozessionen, Karnevalssitzungen, Martinsumzüge.»

«Exakt. Großkotz und Blondchen werden Sie allerdings dabei unterstützen. Das schaffen Sie ja gar nicht alleine. Und bei wichtigen gesellschaftlichen Ereignissen stehe ich selbstverständlich ebenfalls zur Verfügung. Das erwarten die Leute hier vom Redaktionsleiter, dass der sich auch persönlich bei den wichtigen Repräsentationsterminen blicken lässt.»

«Das sagten Sie bereits.»

«Ja. Und ich wiederhole es noch mal. Ich möchte, dass wir uns in diesem Punkt von Anfang an verstehen. Verstehen wir uns hier?»

«Ja, Herr Burger. Wir verstehen uns.»

«Gut. Und jetzt zum letzten Punkt. Ich möchte, dass Sie die Kontaktpflege zur örtlichen Polizeiwache und zum hiesigen Amtsgericht übernehmen und intensivieren. Das kommt derzeit etwas zu kurz im Blatt. Da schlummern durchaus interessante Geschichten. Da können Sie sich echt was aufbauen mit der Zeit.»

Ein journalistisches Eldorado, dachte sie. Und sagte nichts.

Aus dem Prospekt des Amtes für Fremdenverkehr und Wirtschaftsförderung der Stadtverwaltung:

Die Stadt Lärchtal, aufstrebendes Mittelzentrum der Eifel im Westen des Landkreises Altkirch sowie staatlich anerkannter Luftkurort (442 m ü. NN), wurde 992 n. Chr. in einem Schreiben des Kaisers Otto III. erstmals urkundlich erwähnt. Schon im 12. Jahrhundert war Lärchtal ein bedeutender Herrensitz des Johanniter-Ordens. Bereits im Jahr 1292 erhielt Lärchtal ein eigenes Stadtwappen, ferner Marktrechte, eine eigene Gerichtsbarkeit, Bürgermeisterei und Rat.

Der Marktplatz mit dem Löwenbrunnen zählt heute zu den besterhaltenen historischen Fachwerk-Ensembles Westdeutschlands. Er steht komplett unter Denkmalschutz und ist seit 1992 in der internationalen Haager Konvention zum Schutz von Kulturgut bei bewaffneten Konflikten gelistet.

Bei der NRW-Kommunalreform 1969 verlor Lärchtal zwar seine Funktion als Kreisstadt und wurde in den Landkreis Altkirch integriert, zugleich wurden aber die umliegenden, ehemals selbständigen Dörfer Kirchfeld, Neukirch und

Sankt Martin eingemeindet, sodass die Stadt Lärchtal heute mehr als 4600 Einwohner zählt.

Als bedeutendes Mittelzentrum der Westeifel verfügt Lärchtal über eine Grundschule, eine Gesamtschule, eine private Fachschule für Kosmetik und Fußpflege, ein Heimatmuseum mit dem Schwerpunkt Zunftwesen des Mittelalters, einen lebhaften Einzelhandel mit breitgefächertem Angebot, zwei Hotels (drei Sterne), vier Pensionen, außerdem Eisdielen, Cafés und Restaurants für jeden Geschmack und jeden Geldbeutel, einen idyllisch gelegenen Campingplatz am See (27 Hektar Wasserfläche), eine Dreifachturnhalle, die auch als Mehrzweckhalle für gesellschaftliche und kulturelle Ereignisse genutzt werden kann, acht Tennisplätze, eine eigene Polizeiwache als Außenstelle der Kreispolizeibehörde Altkirch sowie ein Amtsgericht, das zum Landgerichtsbezirk Bonn gehört ...

TAG 2

Ardennenweg. *Sie haben Ihr Ziel erreicht.*

Das Navi über der Mittelkonsole des Alfa Giulietta kannte Lärchtal besser als Ellen, die hier geboren und aufgewachsen war. Aber den Ardennenweg hatte es auch noch gar nicht gegeben, als Ellen ein Kind war. Damals gab es hier weit und breit kein Haus. Nur Äcker und Wiesen. Jedes der Häuschen sah aus wie aus der Fernsehwerbung für Bausparkassen. Verklinkerte Fassaden, Sprossenfenster, Carports aus dunkelbraun lasiertem Fichtenholz, an jedem zweiten ein angeschraubter Basketballkorb, hier und da verwaiste Bobbycars in den Vorgärten. Die beiden Ziffern der Hausnummer 14 waren aus Ton gefertigt, und eine getöpferte Tontafel über dem Klingelknopf verriet:

Hier wohnt die Familie Jacobs.

Gaby riss die Haustür auf, noch bevor Ellen auf den Klingelknopf drücken konnte. Sie strahlte übers ganze Gesicht. Sie trug Jeans, ein weites, rosafarbenes Sweatshirt und an den Füßen weiße Tennissocken und rosafarbene Clogs.

«Ellen! Wie lange ist das her? 20 Jahre? 30 Jahre?»

«31 Jahre, um genau zu sein.»

«Du siehst toll aus. Komm schon rein!»

Diele, Terrakotta-Fliesen, rechts eine schmale Tür – vermutlich das Gäste-WC –, daneben eine Garderobe und eine offene Holztreppe, die nach oben führte, links die Küche.

«Warte, ich nehme dir den Mantel ab. Abends wird's noch ziemlich frisch draußen, was? Und so was nennt sich Frühling. Sieh dich nur um. Also die Küche haben wir neu, seit einem halben Jahr. Wurde auch Zeit. Da war nämlich noch die erste drin, seit wir das Haus vor 22 Jahren gebaut haben. Aber die offene Theke zum Wohnzimmer hatten wir damals schon. Ich fand das immer sehr praktisch, als die Kinder noch klein waren. Da konnten die im Wohnzimmer spielen, und ich hatte sie auch von der Küche aus im Blick. Oben haben wir das Bad, zwei Kinderzimmer und das Elternschlafzimmer mit Balkon nach hinten raus. Den Dachboden hat sich mein Mann als Arbeitszimmer ausgebaut.»

Im Wohnzimmer lief die Tagesschau. Gaby schaltete den Fernseher aus. «Stell dir vor, der Holzdielenboden hier ist auch schon 22 Jahre alt. Sieht aber immer noch top aus, oder? Wir haben ihn zwischendurch nur ein einziges Mal abschleifen lassen. Übrigens: Ich hab dich am Telefon sofort an der Stimme erkannt. Noch bevor du deinen Namen gesagt hast. Ehrlich.»

«Schön hast du's hier. Gemütlich.»

«Danke. War aber auch viel Arbeit.»

«Du hast zwei Kinder?»

«Ja. Zwei Jungs. Der große studiert BWL in Köln, der kleine

seit einem halben Jahr Informatik in Bonn. War nicht einfach für mich, als plötzlich beide aus dem Haus waren. Aber so ist das eben: Die Kinder werden flügge, und man selbst wird alt. Setz dich doch. Mach's dir bequem.»

«Das fand ich sehr nett von dir, dass du gleich gesagt hast, ich soll doch vorbeikommen.»

«Das passte aber auch echt gut. Gisbert hat nämlich heute Sitzung im Stadtrat. Mein Mann ist Direktor der Sparkasse hier in Lärchtal. Es gibt auch noch Filialen in Kirchfeld, in Neukirch und in Sankt Martin, aber hier in Lärchtal ist die größte Filiale. Das Mutterhaus sozusagen. Die Sparkasse Lärchtal ist nämlich immer noch eigenständig, da sind wir hier alle ein bisschen stolz drauf. Alle anderen haben ja längst fusioniert. Gisbert sitzt für die FWG im Stadtrat.»

«FWG?»

«Freie Wählergruppe. Das macht er ehrenamtlich. Er ist sogar Fraktionsvorsitzender. Was möchtest du trinken? Ich hab echten Champagner im Kühlschrank. Hat Gisbert geschenkt bekommen.»

«Da sag ich nicht nein. Wenn Gisbert nichts dagegen hat ...»

«Quatsch. Der kriegt so viel geschenkt in der Richtung, da verliert der doch völlig den Überblick.»

Gaby verschwand in der Küche und kehrte eine Minute später mit dem Champagner zurück.

«Prost, Ellen. Auf unsere wilde Jugend.»

«Lass uns lieber auf die Zukunft anstoßen, Gaby.»

«Von mir aus. Obwohl ich nicht wüsste, was da jetzt noch Aufregendes kommen sollte.»

Gaby leerte das Glas zur Hälfte, stellte es auf dem Couchtisch ab und schlüpfte aus den Clogs.

«Ich sag's noch mal, Ellen: Du siehst umwerfend aus.»

«Hör auf. Vor drei Jahren hatte ich noch Größe 38. Jetzt 42. Das sind eine Menge Kilos zu viel.»

«Aber die sind bei dir auf genau die richtigen Stellen verteilt. Steht dir echt gut. Du siehst aus wie so ein richtiges Vollblutweib. Die Männer müssen doch wie verrückt hinter dir her sein.»

«Die Männer interessieren mich im Augenblick nicht.»

«Schau mich doch mal an: Ich bin in den 30 Jahren auseinandergegangen wie ein Hefeteig.»

Mit theatralischer Geste blies Gaby die Backen auf, als müsste sie jeden Moment platzen, und Ellen musste lachen. Gaby war früher eine echte Schönheit gewesen. Fand Ellen, die sich damals echt hässlich fand. Grässlich dürr und knochig. Gaby dagegen sah schon mit 15 wie eine richtige Frau aus. Sie war damals Ellens beste Freundin gewesen – was niemand an der Schule verstanden hatte, Ellen am allerwenigsten. Denn mit Gaby konnte man sich nicht über Politik unterhalten, sie hörte die falsche Musik, zum Beispiel ABBA und solches Zeug, und interessierte sich schon als 14-Jährige ausschließlich für Klamotten und Kosmetik. Aber Gaby verfügte damals über drei Eigenschaften, die Ellen sehr zu schätzen wusste: Sie war ehrlich, verschwiegen und loyal. Ellen konnte sich jederzeit bei ihr ausheulen, ohne dass ihre intimsten Geheimnisse am nächsten Tag auf dem Schulhof die Runde machten. Außerdem hatte Gaby diese wunderbare Art, Ellen zum Lachen zu bringen.

«Und? Erzähl doch mal.»

«Was denn?»

«Da gibt es doch eine Menge! Wie ist es dir ergangen in den letzten 30 Jahren? Warum bist du zurück nach Lärchtal gekommen?»

«Oje. Da gäbe es wirklich viel zu erzählen. Und das meiste davon würde dich schrecklich langweilen. Der Kalle hat mir den Job angeboten, und da ich gerade nichts anderes ...»

«Hast du wieder was mit ihm?»

«Mit wem?»

«Na, mit dem Kalle.»

«Wie kommst du denn darauf?»

«Aber du warst doch damals tierisch verknallt ...»

«Ja. vor 100 Jahren. Genau drei Monate lang. Dann hat er mich einfach sitzenlassen und ist auf und davon.»

«Und du hast dich daraufhin mit dem armen Frank Hachenberg getröstet, wenn ich mich recht entsinne.»

«Das war doch nur ein einziges Mal.»

«Eben drum. Wahrscheinlich hat ihn das dermaßen traumatisiert, dass er deshalb bis heute keine Frau gefunden hat.»

«Wohnt der etwa auch noch hier?»

«Klar. Frank ist gleich nach dem Studium zurück nach Lärchtal gekommen und hier Lehrer geworden. An der Gesamtschule. Unsere alte Realschule gibt's ja schon lange nicht mehr.»

Wehmut im Blick. Als trauerte sie der Zeit nach, als sie das schönste und begehrteste Mädchen an der Schule war.

«Wie ist es denn dir ergangen?»

«Mir?»

«Ja, dir, Gaby.»

«Was soll ich da erzählen ...»

«Geht es dir gut? Bist du zufrieden mit deinem Leben?»

Gaby leerte das nächste Glas. Als müsste sie erst noch über die richtige Antwort auf die Frage nachdenken. Als hätte sie sich die Frage selbst noch nie gestellt.

«Also ... ich hatte ja nie diesen Ehrgeiz, so wie du. Ich meine, beruflich und so. Schon in der Schule nicht. Ich habe die Ausbildung zur Kosmetikerin durchgezogen, weil mir nichts anderes einfiel. Und weil ich glaube, dass eine Frau heute unbedingt einen Berufsabschluss haben sollte. Man weiß ja nie. Aber ich wollte immer nur eines Tages meinen Traummann finden, meinen Märchenprinzen heiraten, ein gemütliches Heim schaffen, Kinder kriegen und glücklich sein. Das ist doch kein Verbrechen, oder?»

«Glücklich sein? Auf keinen Fall. Ist es dir gelungen?»

«Also, wie du siehst, bin ich verheiratet, habe zwei Kinder und ein schönes Haus. Ist zwar kein Palast, aber ...»

Gaby kam nicht mehr dazu, den Satz zu beenden. Denn in diesem Augenblick wurde die Haustür aufgesperrt.

Wie von der Tarantel gestochen sprang Gaby auf, schlüpfte in ihre Clogs und lief dem Mann entgegen, der in der Diele seinen Aktenkoffer abstellte und seinen Mantel aufhängte.

«Wir haben Besuch, Gisbert.»

«Besuch?»

«Ja. Die Ellen hat angerufen, und da habe ich ihr gesagt, sie soll doch auf einen Sprung vorbeikommen.»

«Ellen? Wer ist Ellen?»

«Ellen Rausch. Meine beste Freundin damals in der Schule. Stell dir vor, wir haben uns 31 Jahre lang nicht gesehen.»

Gisbert Jacobs ließ sie stehen und betrat das Wohnzimmer, um den Besuch seiner Frau zu begutachten.

TAG 8

Die erste Woche war wie im Flug vergangen.

Zumindest die Tage. Anders die Abendstunden ...

Ellen hatte sie alleine verbracht; abgesehen von jenem zweiten Abend, als sie Gaby besuchte. Und deren Traummann kennenlernte.

Gisbert. Den Märchenprinzen. Acht Jahre älter als ihre Schulfreundin. Langweiler-Anzug. Wichtigtuer-Gehabe. Er sah gar nicht mal so übel aus für sein Alter, mal abgesehen von dem Rettungsring um die Hüften. Aber Gisbert war ein unerträglich selbstverliebter Gockel.

Kaum hatte er Ellen in Augenschein genommen, war seine Ehefrau für den Rest des Abends abgemeldet. Wie ein Pfau in der

Balzzeit plusterte Gisbert sich auf, zog den Bauch ein, straffte die Schultern, erzählte von seinen Heldentaten in der Bank und im Stadtrat. Und ließ nicht unerwähnt, dass er Hans-Joachim Burger kenne, sogar ausgesprochen gut kenne, Ellens Chef, den Redaktionsleiter, den Hajo eben: *Wir spielen regelmäßig Tennis zusammen, der Hajo und ich. Guter Mann, der Hajo. Macht einen guten Job. Mit dem kann man arbeiten.* Ellen Rausch mochte sich gar nicht weiter ausmalen, was das konkret bedeutete, wenn Ratsherr Jacobs, Vorsitzender der Mehrheitsfraktion, mit dem verantwortlichen Leiter des einzigen Presseorgans am Ort zusammenarbeitete. Gisbert holte eine zweite Flasche Champagner aus dem Kühlschrank, öffnete sie mit theatralischer Geste, die wohl Weltläufigkeit signalisieren sollte, füllte Ellens Glas und vergaß, seiner Frau nachzuschenken.

Willkommen in Lärchtal, Ellen. Ich bin der Gisbert.
Mir wäre es lieber, wir blieben beim Sie.
Wieso das denn?
Das gehört zu meiner Vorstellung von Berufsethos. Menschen, mit denen ich journalistisch zu tun habe oder es in Zukunft haben könnte, sieze ich lieber. Ich hoffe, Sie verstehen das.
Ehrlich gesagt: Nein. Ist aber kein Problem.

Er war nicht beleidigt. Vielleicht hatte er schon zu viel Alkohol intus, um beleidigt zu sein. Sehr wahrscheinlich sogar, denn er duzte sie dennoch im Fortlauf des Abends; Ellen hingegen siezte ihn weiter beharrlich, und Gaby lächelte angestrengt und sagte immer weniger. Als es endlich auf zehn Uhr zuging, erhob Ellen sich aus dem Sofa, bedankte sich für den reizenden Abend und verabschiedete sich mit dem Hinweis, dass sie morgen leider sehr früh rausmüsse und ein anstrengender Tag auf sie warte. Gaby brachte Ellen zur Haustür, Gisbert folgte ihnen. Ellen nahm Gaby in den Arm und drückte sie fest. Als sie sich wieder von ihrer alten Schulfreundin löste, drückte auch Gisbert Ellen an sich und küsste sie auf beide Wangen. *Hat mich sehr gefreut, dich kennenzulernen. Und ich hoffe doch, das war nicht der letzte gemeinsame Abend.*

Sie nickte stumm und ging. Fürs Erste hatte sie genug vom Aufwärmen alter Freundschaften.

Die weiteren Abende verbrachte sie so wie schon den ersten Abend alleine in ihrem seit zwei Jahren verwaisten Elternhaus im Wald am Westufer des Lärchtaler Sees. Mit einer Flasche Wein und einem Buch. Sie las und trank, bis ihr die Augen zufielen, rappelte sich aus dem Sessel auf, putzte sich die Zähne, stieg die Treppe nach oben und sank in das Bett des Gästezimmers.

Gästezimmer.

Das Gästezimmer war einmal ihr Kinderzimmer gewesen.

Vor ewiger Zeit.

Ihr Vater hatte es nur wenige Tage nach ihrem Auszug in ein Gästezimmer umfunktioniert, indem er sämtliche Dinge, die an seine Tochter erinnerten, in die Mülltonne warf. Zum Beispiel die Poster an den Wänden, die Poster mit den Helden ihrer Jugend.

Che Guevara.
Bob Marley.
Mahatma Gandhi.
Martin Luther King.

Wir haben jetzt ein Gästezimmer ...

Hatte ihre Mutter gesagt, als Ellen sie eine Woche nach ihrem Umzug nach Köln anrief. Um fünf Minuten nach elf, in der Gewissheit, dass ihr Vater von Punkt elf bis Punkt zwölf seinen täglichen Rundgang über den Campingplatz machte. Wenn er sich mit dem Rundgang verspätet und selbst ans Telefon gegangen wäre, hätte Ellen sofort aufgelegt.

Wir haben jetzt ein Gästezimmer ...

So wie Ellens Vater das Zimmer von Klaus, ihrem kleinen Bruder, augenblicklich in ein Nähzimmer verwandelt hatte, als Klaus mit sechs Jahren an Leukämie gestorben war.

Das Bett, in dem sie nun lag, war immer noch ihr altes Bett. Auch der Kleiderschrank war noch derselbe.

Ellen hätte jede Wette abgeschlossen, dass sie der erste Gast war, der je in diesem Gästezimmer übernachtete. Aber jetzt war es ja auch kein Gästezimmer mehr. Weil sie kein Gast war. Weil ihr das Haus seit zwei Jahren gehörte.

Gelegentlich schrak sie mitten in der Nacht auf und brauchte eine Weile, bis sie begriff, wo sie sich befand. In der Nacht war es hier zwar so still wie an keinem anderen Ort, an dem sie in den vergangenen 31 Jahren genächtigt hatte. Aber an die Geräusche der Tiere im nahen Wald musste sie sich erst wieder gewöhnen.

In der ersten Woche hatte Ellen über die feierliche Einweihung des Erweiterungsbaus des katholischen Kindergartens in Neukirch geschrieben, eine erblindete, aber geistig rege Seniorin an ihrem 100. Geburtstag im Altenheim in Lärchtal besucht und über ihr Leben befragt, das neue Löschfahrzeug der Freiwilligen Feuerwehr in Kirchfeld fotografiert und die Gelegenheit genutzt, das einzige weibliche Mitglied der Feuerwehr, eine 18-jährige Landmaschinen-Mechanikerin, für eine spätere Reportage zu porträtieren.

Arno Wessinghage, der älteste ihrer neuen Kollegen, der mit den Pantoffeln in der Schreibtischschublade, hatte ihr am ersten Tag in einer Engelsgeduld das elektronische Redaktionssystem erklärt, mit dem die Seiten produziert wurden, hatte ihr gezeigt, wie man Fotos importierte, und ihr die spezifischen Layoutregeln der Zeitung beigebracht. Schlagzeilen, Unterzeilen, Zwischenzeilen, Bildzeilen, Zitatkästen, Infokästen.

Ellen mochte diesen großen, hageren, klapperdürren Mann auf Anhieb, seine zurückhaltende, höfliche Art, seine fast schon altmodische Handhabung der deutschen Sprache, die von großer Belesenheit zeugte. Sie half ihm in den nächsten Tagen immer wieder zwischendurch bei der Produktion der Seiten, um möglichst schnell Routine zu gewinnen.

Hans-Joachim Burger ließ es sich nicht nehmen, sämtliche ihrer Artikel persönlich zu redigieren. Anschließend rief er sie stets in sein Büro, um ihr Vorträge über den Lokaljournalismus im Allgemeinen und sein persönliches Verständnis von Lokaljournalismus im Besonderen zu halten. *Frau Rausch, ich brauche hier keine Edelfeder. Die Leute bei uns mögen keine Texte, die länger als 60 bis maximal 80 Zeilen sind. Und wenn Sie für 80 Zeilen länger als eine Stunde rumrecherchieren, steht das in keinem Kosten-Nutzen-Verhältnis. Sie müssen hier auch nicht alles bis in die letzten Verästelungen ausrecherchieren. Das können wir uns schon vom Zeitbudget nicht leisten. Klar so weit? Und noch etwas: Verschwenden Sie nicht so viel Gehirnschmalz darauf, einen möglichst gefälligen Texteinstieg zu finden. Einfach die Fakten aufzählen, und aus die Maus. Haben wir uns so weit verstanden? Können Sie das lernen?*

Als sie am späten Nachmittag des vierten Tages Burgers Glaskasten verließ und ihre Schritte in Richtung Teeküche lenkte, um sich einen Kaffee zu machen und so wenigstens für ein paar Minuten alleine zu sein, sah Arno Wessinghage von seinem Bildschirm auf. Der Blick signalisierte, dass er ihr etwas zu sagen hatte. Also blieb sie auf dem Rückweg mit dem Kaffeebecher in der Hand neben seinem Schreibtisch stehen.

«Hält er Ihnen da drinnen in seinem Glaskasten Predigten darüber, wie Lokaljournalismus funktioniert?»

«So könnte man das ausdrücken.»

«Wissen Sie, was er damit bezweckt?»

«Ich nehme an, er will mich kleinkriegen, erniedrigen, zermürben, bis ich freiwillig kündige. Was sonst.»

«Das wäre die klassische Position eines Machtmenschen.»

«Welcher Mann in einer Führungsposition ist denn kein Machtmensch? Mir ist noch keiner begegnet.»

«Burger ist vor allem ein Angstmensch. Das Ergebnis kann durchaus dasselbe sein, aber vielleicht hilft es Ihnen, seine Absicht zu verstehen, damit Sie Ihre Seele besser schützen können:

Er will, dass Sie allenfalls durchschnittlich schreiben, damit den Lesern hier in Lärchtal oder Herrn Malik in Köln nicht auffällt, wie grottenschlecht seine eigenen Texte sind. In Wahrheit hat er nämlich Angst vor Ihnen. Große Angst.»

«Danke.»

«Nicht dafür.»

«Sie sind ein kluger Mann.»

«Das hat mich leider nicht davor bewahrt, hier zu landen.»

Arno Wessinghage starrte wieder in seinen Monitor und hämmerte auf die Tastatur ein. Die Unterhaltung war beendet.

Daran dachte Ellen Rausch, nachdem sie gegen halb vier in der Nacht vom Heulen eines Waldkauzes geweckt worden war und nicht wieder einschlafen konnte. Schließlich stieg sie aus dem Bett, ging aufs Klo, zog den Bademantel ihrer Mutter über, ging hinunter in die Küche, trank ein Glas Wasser, setzte sich an den Tisch und dachte über den zweitgrößten Fehler ihres Lebens nach. Zurück nach Lärchtal zu kommen und in das verwaiste Haus ihrer Kindheit zu ziehen, war zweifellos der zweitgrößte Fehler ihres Lebens gewesen. Davon war sie in diesem Augenblick felsenfest überzeugt. Und sie dachte darüber nach, wie lange sie hier wohl noch bleiben durfte, bevor sämtliche Chancen auf einen befriedigenden Job in Deutschland für eine 49-jährige Journalistin mit einem zweijährigen schwarzen Loch im Lebenslauf endgültig vertan waren. Und sie dachte darüber nach, wie lange sie wohl noch in diesem verdammten Kaff bleiben musste, bevor sie endgültig durchdrehte. Drei Monate, maximal, dachte sie. In dieser Nacht. Nicht ahnend, dass sämtliche Überlegungen bald hinfällig sein würden.

Schon am nächsten Morgen.

Sehr geehrte Damen und Herren,

in der Todeserklärungssache Ursula Gersdorff wird um alsbaldige, einmalige Einrückung des nachfolgenden Veröffentlichungstextes gebeten. Es wird ferner gebeten, die in doppelter Ausfertigung zu erteilende Rechnung an uns zu senden.

Mit freundlichen Grüßen
(auf Anordnung)
Hausmann
Justizhauptsekretärin
(automatisiert erstellt, ohne Unterschrift gültig)

Amtsgericht Lärchtal

Aktenzeichen: 7 II 15/12

Aufgebot

Frau Lore Pohl, wohnhaft in Lärchtal-Kirchfeld, Neukircher Str. 7, und Herr Thomas Pohl, wohnhaft in Lärchtal-Neukirch, Gartenstr. 10, haben beantragt, die Verschollene

Frau Ursula Gersdorff, geb. Pohl, geb. am 29. 01. 1955 in Neukirch, deutsche Staatsangehörigkeit, zuletzt wohnhaft: Ardennenweg 31, Lärchtal-Ort (Kreis Altkirch)

für tot zu erklären.

Die Verschollene wird aufgefordert, sich binnen sechs Wochen nach Veröffentlichung dieser amtlichen

Bekanntmachung bei dem oben bezeichneten Gericht, 1. Stock, Zimmer 207, zu melden, da sie sonst für tot erklärt wird.
Alle Personen, die Auskunft über die Verschollene geben können, werden aufgefordert, dies bis zum oben bezeichneten Zeitpunkt dem Gericht anzuzeigen.

TAG 9

Als Ellen Rausch am nächsten Morgen die Redaktion betrat, ließ sich Steffi Kaminski zurück in ihren Bürostuhl fallen und schaltete blitzschnell das Radio auf ihrem Schreibtisch aus. *Ai se eu te pego*, der Ohrwurm des brasilianischen Sängers Michel Teló, brach mitten im Refrain ab. Steffi Kaminski war noch ganz außer Atem, und sie errötete verlegen.

«Morgen, Steffi. Nanu, wo sind denn alle?»

«Bert ist schon beim ersten Termin und Arno noch kurz beim Zahnarzt. Aber der kommt sicher bald.»

Ellen bewegte ihren Kopf in Richtung Glaskasten.

«Und Burger?»

In Steffis Gesicht machte sich ein breites Grinsen breit.

«Krank.»

«Krank? Was hat er denn?»

«Hat eben angerufen. Er war schon in aller Frühe beim Arzt. Der hat ihn für zwei Wochen aus dem Verkehr gezogen. Am Telefon hat er nicht gesagt, was er hat. Aber das sind garantiert wieder seine Magengeschwüre. Zum Glück ist auf die echt Verlass. Seine Frau wird nachher noch das Attest vorbeibringen, damit ich das nach Köln schicken kann.»

«Und was hat dieser beeindruckende Papierberg auf meinem Schreibtisch zu bedeuten?»

«Die Post. Wenn Burger nicht da ist, macht der Erste, der in die Redaktion kommt, die Post. So ist das hier geregelt. Ist alles schon aufgeschlitzt, aber steckt noch in den Kuverts. Burger will das so. Könnten ja irgendwelche Geheimnisse drin sein. Wenn er zum Beispiel für sich privat wieder einen Journalistenrabatt ausgehandelt hat. Ich mache mir einen Kaffee. Willst du auch einen?»

«Gerne.»

Also machte sich Ellen an das Sortieren der Post und bildete auf ihrem Tisch fünf Stapel: einen für Hans-Joachim Burger, nämlich für jene Post mit persönlicher Adressierung, deren Bearbeitung Zeit bis zu seiner Rückkehr hatte; einen mit den Kulturterminen für Bert Großkreuz; einen für Dietmar Breuer, den Anzeigenvertreter, einen mit Rechnungen und Vertriebsangelegenheiten für die Frauen vorne in der Geschäftsstelle, die besser als Ellen wussten, was davon sie selbst erledigen konnten und was sie an Kalles Firmenadresse in Köln zu schicken hatten. Und einen fünften Stapel mit der Post, über deren Verwendung sie mit Arno Wessinghage sprechen wollte, sobald der von seinem Zahnarzttermin zurückgekehrt war.

Steffi brachte den Kaffee.

«Danke. Was ist das hier?»

Die Sekretärin warf einen schnellen, routinierten Blick auf das Papier.

«Amtliche Bekanntmachung. Wird wie eine Anzeige behandelt. So was erscheint bei uns nicht im redaktionellen Teil, sondern immer auf der vorletzten Seite. Zwangsversteigerungen, öffentliche Ausschreibungen im Straßenbau, lauter so langweiliges Zeugs. So was kannst du immer dem Breuer hinlegen, der kümmert sich dann darum. Warte, ich nehm das schon gleich mit und lege es ihm ins Körbchen auf seinem Schreibtisch ...»

«Moment. Ich mache mir noch schnell eine Kopie davon.»

«Mach ich dir schon.»

Steffi suchte deutlich die Nähe zu ihr. Sie rauschte davon, schwang die Hüften zu einem stillen Tanz, vermutlich hatte sie immer noch Michel Telós Ohrwurm im Kopf. Zurück blieb ihre Duftwolke. Steffi Kaminski übertrieb es mit allem: mit ihrem Parfüm, mit ihrer Schminke, mit der Kürze ihrer Röcke, mit der Zahl der geöffneten Knöpfe ihrer Bluse, mit der Lautstärke ihrer Stimme. Vermutlich wurde sie von der großen Lebensangst getrieben, sonst nicht wahrgenommen zu werden. Ellen mochte sie seltsamerweise. Weil sie echt war. Eine Type. Steffi Kaminski hatte Ellen Rausch ungefragt vom ersten Arbeitstag an geduzt, was Ellen gewöhnlich nicht besonders mochte. Sicher gehörte es auch nicht zu den herausragenden Eigenschaften einer Sekretärin, gegenüber Dritten schlecht über den Chef zu reden. Aber im speziellen Fall hatte Ellen sogar Verständnis dafür. Weil Burger seine Sekretärin wie einen Fußabtreter behandelte.

«Hier. Die Kopie.»

«Ich danke dir.»

Ellen hatte das Schriftstück beim ersten Lesen nur überflogen, so wie auch die restliche Post. Nun las sie es konzentriert ein zweites Mal. Und ein drittes Mal.

... *in der Todeserklärungssache Ursula Gersdorff* ...

... *haben beantragt, die Verschollene* ...

Die Verschollene.

Ursula Gersdorff.

1955 geboren. Acht Jahre älter als Ellen.

Ursula. Nie gehört.

Oder?

Gersdorff. Hatte nicht damals der Frauenarzt in Lärchtal so geheißen? Natürlich. Dr. Gersdorff. Facharzt für Gynäkologie und Geburtshilfe. Der hatte ihr die erste Pille verschrieben. Und sie vorher so ekelhaft ausgefragt. Ob sie denn schon einen Freund habe. Und was genau sie denn so mit dem mache und er mit ihr? Einmal und nie wieder war sie zu dem gegangen.

Anschließend fuhr sie dann immer zu einer jungen Frauenärztin nach Altkirch, auch wenn das mit dem Bus eine Weltreise war.

Aber dieser Gersdorff war doch damals schon uralt gewesen. Das konnte wohl kaum der Ehemann oder der Bruder sein. Vielleicht der Vater? Nein, auch das nicht. Mädchenname Pohl. Geboren in Neukirch. Das Dorf war damals noch nicht eingemeindet, sondern bis 1969 eigenständige Gemeinde.

... zuletzt wohnhaft: Ardennenweg 31, Lärchtal-Ort ...

Ardennenweg.

Da wohnte doch auch Gaby Jacobs mit ihrem Märchenprinzen. Im Ardennenweg. Hausnummer 14.

Ellen fuhr ihren Computer hoch, klickte sich zum Online-Telefonbuch, gab die Adresse und den Namen Gersdorff ein.

Dr. Veith und Ewa Gersdorff, Ardennenweg 31 ...

Ellen notierte sich die Telefonnummer.

«Steffi?»

«Ja?»

«Sagt dir der Name Ursula Gersdorff irgendwas?»

«Nä.»

«Hast du mal was davon mitgekriegt, dass hier eine Frau verschwunden ist?»

«Eine Frau? Von hier?»

«Ja.»

«Wann soll das denn gewesen sein?»

«Keine Ahnung.»

«Frag doch mal nachher den Arno.»

«Werd ich machen.»

«Weißt du, ich bin ja nicht von hier. Ich komme ja jeden Tag von Altkirch. Da hab ich auch früher gearbeitet. Aber in den fünf Jahren, die ich jetzt hier arbeite, also quasi seit Bestehen des Eifel-Kuriers, ist hier niemand verschwunden.»

«Danke jedenfalls.»

... die Verschollene wird aufgefordert, sich binnen sechs Wochen nach Veröffentlichung dieser amtlichen Bekanntmachung bei dem oben bezeichneten Gericht, 1. Stock, Zimmer 207, zu melden, da sie sonst für tot erklärt wird ...

Für tot erklärt? Was war das für eine seltsame Geschichte? Ellen griff zum Telefonhörer. Höchste Zeit, ihre von Burger verordneten und längst überfälligen Antrittsbesuche beim Amtsgericht und bei der Lärchtaler Polizeiwache zu terminieren.

TAG 10

Martin Schulte war ein ausgesprochen attraktiver Mann. Fand Ellen Rausch. Anfang vierzig vielleicht. Groß, schlank, etwas schlaksig in seinen Bewegungen, aber breite Schultern, die klassische Ruderer-Figur. Kluge, freundliche Augen, Lachfalten, Grübchen am Kinn. Feingliedrige Hände. Pianistenhände. Ehering. Eine Spur zu konservativ gekleidet, für Ellens Geschmack. Die übliche Juristen-Uniform: schlichter, anthrazitfarbener Anzug, unauffällige Krawatte, schwarze Schuhe, anthrazitfarbene Socken. Wäre Martin Schulte nicht Deutscher und Amtsgerichtsdirektor, sondern Amerikaner und Schauspieler, dann wäre er in Hollywood die Idealbesetzung des jungenhaften, engagierten Anwalts, der in schier übermenschlicher Anstrengung seinen völlig zu Unrecht angeklagten und natürlich mittellosen Mandanten vor einem grauenhaften Justizirrtum und der Todesstrafe rettet.

Fand jedenfalls Ellen Rausch, auch wenn sie schon seit Ewigkeiten nicht mehr im Kino gewesen war. Jetzt war es eh zu spät. Denn hier gab es weit und breit kein vernünftiges.

«Prinzipiell ist erst mal der Pressedezernent des Bonner Landgerichts zuständig, was den Kontakt zur Presse anbelangt.»

«Verstehe.»

«Kennen Sie unsere Struktur? Zum Landgerichtsbezirk Bonn gehören die Amtsgerichte Bonn, Siegburg, Königswinter, Waldbröl, Rheinbach, Euskirchen und Lärchtal. Wir hier sind das mit Abstand kleinste Amtsgericht im Landgerichtsbezirk.»

«Interessant.»

«Das ist vermutlich eine historische Reminiszenz an jene Zeit, als Lärchtal noch eigenständige Kreisstadt war.»

«Klingt plausibel.»

«Ich nehme an, da wird man wohl auch aus politischen Gründen nicht dran rütteln wollen.»

«Mhm.»

Ein Jurist eben. Martin Schultes Attraktivität litt bereits gewaltig unter seiner Akkuratesse. Und unter seinem Ehering.

«Analog ist die Bonner Staatsanwaltschaft ebenfalls innerhalb der Grenzen des Bonner Landgerichtsbezirks zuständig», fuhr er fort, und Ellen musste sich zusammenreißen, um nicht zu gähnen.

«Und wie lange sind Sie schon Amtsgerichtsdirektor?», fragte sie, um dem Gespräch eine persönlichere Wendung zu geben.

«Erst seit fünf Monaten. Vorher war ich Vorsitzender des Schöffengerichts beim Bonner Amtsgericht. Ich werde Ihnen also noch nicht allzu Spannendes berichten können.»

«Trifft sich gut. Ich werde Sie nämlich auch nicht viel Spannendes fragen können. Ich bin erst seit zehn Tagen beim Eifel-Kurier.»

Amtsgerichtsdirektor Martin Schulte lächelte. Ein ausgesprochen schönes und freundliches Lächeln. Keine Spur von Überheblichkeit. Das war nicht eben selbstverständlich bei Juristen. Und bei Männern in Führungspositionen ohnehin nicht.

«Ich fürchte, unsere Arbeit hier wird leider auch in Zukunft nicht sehr ergiebig für Ihre Belange sein. Ehescheidungen ...

aber Sie wissen ja sicher, dass familienrechtliche ebenso wie jugendrechtliche und steuerrechtliche Angelegenheiten nicht öffentlich verhandelt werden. Verkehrsunfälle, Nachbarschaftsstreitigkeiten ...»

«... und Todeserklärungen.»

«Wie meinen Sie das?»

«Sie bearbeiten auch Todeserklärungen.»

«Jetzt erwischen Sie mich auf dem falschen Fuß ...»

«Nun, wir haben Post bekommen. Von Ihrem Amtsgericht. Ein Aufgebot. Da soll sich eine gewisse Ursula Gersdorff in Zimmer 207 melden, weil sie sonst für tot erklärt wird.»

«Haben Sie zufällig das Aktenzeichen?»

Hatte sie. Ellen Rausch schob ihm eine Fotokopie des Schreibens über den Schreibtisch zu.

«Bitte entschuldigen Sie mich einen Augenblick. Zimmer 207, das ist unsere Rechtspflegerin. Frau Thiel. Sie hat das offensichtlich bearbeitet. Kann ich Ihnen vielleicht etwas anbieten? Einen Kaffee? Oder lieber ein Wasser?»

Ellen schüttelte den Kopf.

Als Martin Schulte das Büro verlassen hatte, sah sich Ellen ungeniert um.

Das Mobiliar sah irgendwie schäbig aus. Wie vom Sperrmüll. Offenbar hatte die Düsseldorfer Landesregierung nicht viel übrig für das kleinste Amtsgericht des Landgerichtsbezirks Bonn, im südwestlichsten Zipfel Nordrhein-Westfalens, nur sieben Kilometer von der belgischen Grenze entfernt.

Auf dem Schreibtisch stand ein gerahmtes Foto. Es zeigte eine hübsche Frau und drei niedliche Kinder, die in die Kamera strahlten. Ob seine Familie schon von Bonn hierhergezogen war? Seine Frau konnte unmöglich begeistert von dem Ortswechsel sein. Es sei denn, sie hatte Reitpferde. Für kleine Kinder war Lärchtal allerdings ein Paradies. Um sich dann spätestens ab 15 in die Hölle zu verwandeln. Aber vielleicht hatte Amtsgerichtsdirektor Martin Schulte ja gar nicht vor, so lange zu bleiben. Möglicherweise war ja schon die nächste Sprosse der Karriereleiter am Horizont sichtbar. Referent im Düsseldorfer Justizministerium, Vizepräsident des Bonner Landgerichts, Senatsvorsitzender am Kölner Oberlandesgericht.

Unter der Garderobe lag ein Basketball. Neben dem Familienfoto auf dem Schreibtisch der einzige persönliche Gegenstand in diesem Büro. Aha, also doch kein Ruderer. Weiter kam Ellen nicht mit ihren Überlegungen. Martin Schulte stand in der Tür mit einer Akte unterm Arm.

Er legte sie vor sich auf den Schreibtisch, nahm wieder Platz und zog die Stirn kraus.

«Tja, Frau Rausch. Sie hatten völlig recht. Glauben Sie mir, ich bin ja nicht erst seit vorgestern als Jurist tätig. Aber eine Sache, die nach dem Verschollenheitsgesetz zu behandeln ist, sehe ich selbst zum ersten Mal ...»

«Nach welchem Gesetz?»

«Das Verschollenheitsgesetz. Das hat die nationalsozialistische Regierung unmittelbar vor Ausbruch des Zweiten Weltkrieges in Kraft gesetzt. Aus naheliegendem Grund. Es regelt das Verfahren, wann, unter welchen Bedingungen und zu welchen Fristen ein Verschollener für tot erklärt werden kann. Im Zweiten Weltkrieg sind zahllose Soldaten der Wehrmacht verschollen. Zum Beispiel während des Russlandfeldzugs. Denken Sie nur an Stalingrad. Ohne identifizierte Leiche gibt es aber keinen Totenschein. Die Ehefrauen und Kinder hätten also nie eine Chance gehabt, an ihre Witwenrente und Waisenrente zu kommen, wenn man die Männer nicht hätte für tot erklären lassen können. Das Gesetz gilt abgesehen von einigen geringfügigen Veränderungen bis heute. Aber wie ich schon sagte: Heute kommt es nur noch extrem selten zur Anwendung.»

«Und welchem Krieg oder welcher Katastrophe ist Ursula Gersdorff zum Opfer gefallen?»

«Tja ...» Schulte blätterte in der Akte. «Die Verschollene hat offenbar am Morgen des 21. März 1996 ihre Wohnung in Lärchtal verlassen, um zur Arbeit nach Altkirch zu fahren. Dort ist sie aber nicht angekommen ...»

«Nicht angekommen? Hatte sie einen Verkehrsunfall?»

«Offenbar nicht. Sonst würde sie ja wohl nicht als verschollen gelten. Wissen Sie, das Gericht hat lediglich zu prüfen, ob der gestellte Antrag den Buchstaben des Gesetzes entspricht, in diesem Fall des Verschollenheitsgesetzes. Ob zum Beispiel die Fristen korrekt eingehalten wurden. Vernünftigerweise haben die Antragsteller einen Rechtsanwalt hinzugezogen und mit der Formulierung des Schriftsatzes beauftragt.»

«Haben Sie den Namen des Anwalts?»

«Natürlich.» Schulte blätterte zurück und zückte schließlich einen Füllfederhalter. «Eine Kanzlei in Bad Münstereifel. Ich schreibe Ihnen den Namen und die Kontaktdaten auf.»

Verschollenheitsgesetz (VerschG)

Ausfertigungsdatum: 04.07.1939

Letzte Änderung: Bundesgesetzblatt Teil III, 17.12.2008

§ 1
Verschollen ist, wessen Aufenthalt während längerer Zeit unbekannt ist, ohne dass Nachrichten darüber vorliegen, ob er in dieser Zeit noch gelebt hat oder gestorben ist ...

§ 2
Ein Verschollener kann unter den Voraussetzungen der §§ 3 bis 7 im Aufgebotsverfahren für tot erklärt werden.

§ 3
Die Todeserklärung ist zulässig, wenn seit dem Ende des Jahres, in dem der Verschollene nach den vorhandenen Nachrichten noch gelebt hat, zehn Jahre verstrichen sind ...

Nach dem Gespräch mit Schulte hatte Ellen das Gesetz sofort gegoogelt. Es war seltsam beklemmend, ausgerechnet auf der Website des Bundesjustizministeriums einen rechtsgültigen Text zu lesen, den die Nazis Buchstabe für Buchstabe formuliert und zwei Monate vor dem Überfall auf Polen in Kraft gesetzt hatten.

Schon auf dem Rückweg vom Amtsgericht zur Redaktion hatte sie versucht, den Anwalt in Bad Münstereifel zu erreichen. Doch der sei auf Terminen außer Haus und werde heute auch nicht mehr zurückerwartet, hieß es in der Kanzlei. Ellen hatte noch anderthalb Stunden bis zum Termin bei der Polizei, also wollte sie sich in der Redaktion nützlich machen und die anderen entlasten. Aber als sie Arno Wessinghage ihre Hilfe anbot, winkte der nur ab: *Kümmere dich um deine Geschichte. Wir schaffen das schon.* Bert Großkreuz hatte zwar genickt, als Wessinghage das sagte, allerdings dabei etwas verkniffen geguckt. Offensichtlich passte es ihm überhaupt nicht, Ellens reguläre Pflichttermine übernehmen zu müssen.

Die nächsten Paragraphen des Verschollenheitsgesetzes regelten diverse Sonderfälle: Ab dem 80. Lebensjahr betrug die Frist nur fünf statt zehn Jahre, junge Menschen durften hingegen nicht für tot erklärt werden, solange sie nicht das 25. Lebensjahr erreicht hatten. Verschollene Soldaten konnten frühestens ein Jahr nach Kriegsende für tot erklärt werden, Passagiere von gesunkenen Schiffen oder abgestürzten Flugzeugen sechs Monate nach dem Untergang beziehungsweise drei Monate nach dem Absturz. Zuständig für das Aufgebot war laut Paragraph 15 das Amtsgericht, in dessen Bezirk der Verschollene seinen letzten feststellbaren Wohnsitz hatte.

Den Antrag stellen können (...) der gesetzliche Vertreter des Verschollenen oder aber die unmittelbaren Verwandten (...) Vor der Einleitung des Verfahrens hat der Antragsteller die zur Begründung des Antrags erforderlichen Tatsachen glaubhaft zu machen (...) Ist der Antrag zulässig, so hat das Gericht das Aufgebot zu erlassen. Das Aufgebot muss durch eine geeignete örtliche Zeitung öffentlich bekanntgemacht werden. Das Aufgebot soll ferner an die Gerichtstafel des zuständigen Amtsgerichts angeheftet werden. Die Aufgebotsfrist soll mindestens sechs Wochen betragen ...

All dies war ordnungsgemäß geschehen. Nach den Buchstaben des Gesetzes, wie Amtsgerichtsdirektor Martin Schulte es formuliert hatte. Ganz im Sinne der Absicht der Erfinder, die an einer zügigen bürokratischen Abwicklung angesichts des nahenden Krieges interessiert waren.

Aber Ursula Gersdorff war noch gar nicht geboren, als der Zweite Weltkrieg zu Ende ging. Sie war auch nicht Soldatin der Bundeswehr beim Einsatz in Afghanistan oder an Bord eines gesunkenen Schiffes oder eines abgestürzten Flugzeuges oder als vom Tsunami überraschte Touristin an einem Strand in Südostasien, als sie an einem Märzmorgen vor 16 Jahren spurlos verschwand. Sie war vielmehr wie jeden Morgen auf dem Weg zur Arbeit, von Lärchtal nach Altkirch, vermutlich über die B51 und die A1, wenn sie mit dem Auto gefahren war, 46 Kilometer von Tür zu Tür, je nach Verkehrslage etwa 35 Minuten Fahrtzeit.

Ellen sah auf die Uhr, schulterte ihre Tasche und machte sich zu Fuß auf den Weg zur Polizeiwache. Zum ersten Mal in diesem Jahr schmeckte die Luft nach Frühling. Die italienische Eisdiele und eines der beiden Cafés am Markt hatten bereits Tische und Stühle rausgestellt. Der Marktplatz war wirklich hübsch. Als Jugendliche hatte sie das nie wahrgenommen. Als Jugendlicher interessierte man sich nicht für pittoreske Fachwerkhäuser.

Sie überquerte den Platz und bog in die Poststraße ab. Die Polizeiwache war im Erdgeschoss eines schokoladenbraun gestrichenen, unglaublich hässlichen Betonklotzes untergebracht. Vor dem Eingang parkte ein Streifenwagen. Sie drückte auf den Knopf neben der Tür aus getöntem Panzerglas, und fast auf der Stelle signalisierte ein Summen, dass sie nun dagegendrücken musste, um die Tür zu öffnen.

Ein junger Polizeibeamter in Uniform stand hinter dem Tresen und blickte sie erwartungsvoll an.

«Guten Tag. Mein Name ist ...»

«Frau Rausch?»

Die Stimme kam von rechts. Ein tiefer Bassbariton. Ellen drehte den Kopf in die Richtung, aus der die Stimme kam. In der offenen Bürotür lehnte ein älterer Uniformierter. Ende fünfzig vielleicht, mittelgroß, stämmig, mächtiges Kinn, leichter Bauchansatz.

«Ja. Sind Sie Herr Junglas?»

«So ist es. Kommen Sie rein.»

Willy Junglas ließ ihr den Vortritt. Vier silberne Sterne auf den Schulterklappen. Also Polizeihauptkommissar. Das Ende der Karriereleiter. Allerdings machte Willy Junglas auf Ellen nicht den Eindruck, als hegte er ein anderes Karriereziel als die baldige Pensionierung.

«Kaffee?»

«Nein, danke.»

«Nehmen Sie doch Platz. Der Hajo hat übrigens schon letzte Woche Ihr Kommen angekündigt.»

Hans-Joachim Burger. Wie fürsorglich von ihm. Duzte sich der Redaktionsleiter des Eifel-Kuriers eigentlich mit jedem in dieser Jeder-kennt-jeden-Stadt?

«Sie sind also die Neue bei unserem Provinzblättchen und sollen sich in Zukunft um die Polizei kümmern.»

«So ist es.»

«Schon mal mit der Polizei zu tun gehabt?»

«Gelegentlich.»

«Ich meine natürlich beruflich.»

«Wie ich schon sagte: gelegentlich. Ich bin zwar erst seit zehn Tagen beim Eifel-Kurier, aber nicht erst seit zehn Tagen in dem Job. Sie sind Leiter der Wache ...»

«Richtig. Allerdings sind wir hier nur so eine Art Außenstelle der Kreispolizeibehörde Altkirch und bloß werktags von neun bis sechs besetzt. Früher war das mal anders, aber das ist lange her. Die Landesregierung in Düsseldorf will sparen. Nachts und am Wochenende sind die Altkircher Kollegen zuständig. Mehr als 40 Kilometer. Ganz schöner Ritt. Aber was soll man machen. Und bei Kapitalverbrechen müsste sogar die Mordkommission des Bonner Präsidiums anrücken. Aber Mord und Totschlag gibt's hier in Lärchtal zum Glück nicht. Bei uns müssen Sie nicht mal Ihr Auto oder Ihre Haustür abschließen. Hier wird nicht mal was geklaut. Verkehrsunfälle gibt es schon, aber das sind meist Jugendliche. Überhöhte Geschwindigkeit in Verbindung mit Alkohol. Ab und an mal gewisse Formen von Vandalismus, ebenfalls in der Regel Jugendliche. Mehr passiert hier nicht. Kaum Mitbürger mit Migrationshintergrund. Sie sehen, Frau Rausch: Hier ist die Welt noch in Ordnung.»

«Das ist ja erfreulich.»

«Womit kann ich Ihnen denn behilflich sein? Am besten ist vielleicht, Sie fragen einfach, bevor ich Ihnen jetzt lange Vorträge über Dinge halte, die Sie gar nicht interessieren.»

«Gute Idee. Mich interessiert zum Beispiel ein Vermisstenfall.»

«Ein Vermisstenfall? Hier wird niemand vermisst. Jedenfalls nicht, dass ich wüsste.»

«Am Morgen des 21. März 1996 verließ eine gewisse Ursula Gersdorff ihre Wohnung am Ardennenweg in Lärchtal, um zur Arbeit nach Altkirch zu fahren. Dort ist sie aber nicht angekommen. Seither ist sie spurlos verschwunden. Ich möchte mehr über den Fall wissen.»

«1996 ... das ist ja 16 Jahre her!»

«Genau.»

«Da war ich noch gar nicht vor Ort. Ich habe erst vor sieben Jahren die Leitung der Wache übernommen.»

«Aber es wird ja sicher eine Akte über den Vermisstenfall geben. Die Akten unaufgeklärter Fälle werden meines Wissens doch erst nach frühestens 30 Jahren vernichtet.»

«Dafür, dass Sie bislang nur gelegentlich beruflich mit der Polizei zu tun hatten, kennen Sie sich aber gut aus.»

«Also könnten Sie mal nachschauen?»

«Und wieso interessiert Sie das jetzt erst?»

«Weil ich 1996 nichts davon wissen konnte, ich habe damals gar nicht hier gearbeitet. So wie Sie.»

«Ich meine: Wie kommen Sie denn jetzt auf die Sache? Woher wissen Sie überhaupt davon?»

Wortlos schob Ellen eine Fotokopie des Schreibens vom Amtsgericht über den Schreibtisch. Junglas zog eine Brille aus der Brusttasche seines Uniformhemdes, setzte sie auf und las. Schließlich setzte er die Brille wieder ab, legte sie auf das Papier, verschränkte die kräftigen Arme und lehnte sich zurück.

«Noch nie was von gehört, Frau Rausch.»

«Dann haben wir ja was gemeinsam. Und jetzt?»

«Was ... und jetzt?»

«Wie geht's jetzt weiter, Herr Junglas?»

«Ich verstehe immer noch nicht, Frau Rausch.»

«Wollen Sie sich vielleicht ein Bild von der Sache machen und mal in die Fallakte schauen?»

«Wir haben hier gar keine alten Fallakten. Die sind alle in unserem Zentralarchiv in der Kreispolizeibehörde Altkirch.»

«Verstehe. Aber das ist doch jetzt sicher kein Problem im Zeitalter von Telefon, Fax und E-Mail, oder?»

Willy Junglas zögerte. Offenbar hatte er keine besondere Lust, sich für so eine alte Geschichte in Bewegung zu setzen. Aber Ellen schaute ihn unverwandt an. Hob fragend eine Augenbraue.

«Der Text des Amtsgerichts wird in der nächsten Ausgabe des Eifel-Kuriers abgedruckt», sagte sie. «Spätestens dann gibt es eine Öffentlichkeit für die Sache. Wollen wir dem nicht lieber jetzt nachgehen?»

Junglas atmete hörbar durch die Nase aus. Und nickte dann. «Gut. Ich rufe mal in Altkirch an.»

«Schön.»

«Ich möchte Sie aber bitten, solange den Raum zu verlassen.»

«Kein Problem.»

Der junge Uniformierte hinter dem Tresen blickte von seinem Computer auf. Hübscher Kerl eigentlich. Wenn er nur nicht dauernd seine zweifellos beeindruckenden Muskelberge anspannen würde, um ihr zu imponieren. Junge, hast du denn keinen Spiegel zu Hause? Ahnst du nicht, wie bescheuert dieses Imponiergehabe aussieht? Aber vielleicht war sie auch einfach zu alt für diese Spielchen. Vorsorglich schenkte sie ihm ein strahlendes Lächeln und reichte ihm ihre Visitenkarte über den Tresen.

«Ellen Rausch vom Eifel-Kurier.»

Der junge Polizist lächelte dankbar zurück.

«Ingo Becker.»

«Schön, dass wir uns mal kennenlernen.»

Becker nickte in Richtung der geschlossenen Tür: «Gibt's irgendwelche Probleme?»

Oh. Interessant. *Gibt's irgendwelche Probleme?*

Entweder war er der Typ *Ich-beschütze-alle-Frauen* oder aber der Typ *Ich-platze-gleich-vor-Neugier-und-Diensteifer*. Wie auch immer. Beides konnte womöglich nützlich sein.

«Tja. Seltsame Geschichte. Vor 16 Jahren ist hier eine Frau spurlos verschwunden. Auf dem Weg zur Arbeit.»

«Vor 16 Jahren ... also da ist mir nichts bekannt. Aber ich bin ja auch erst seit drei Monaten hier.»

«Ich will Sie auch gar nicht weiter mit der Sache behelligen, Herr Becker. Sie haben sicher Arbeit bis über beide Ohren. Und Herr Junglas kümmert sich freundlicherweise darum. Er muss nur mal eben in Ruhe telefonieren. Wir hatten uns übrigens gerade gefragt, also bevor er ans Telefon ... ob die verschwundene Frau vielleicht im Melderegister ...»

«Wie heißt die Frau denn?»

«Ursula Gersdorff.»

«Ist das der Geburtsname?»

«Nein. Der Geburtsname ist Pohl.»

«Haben Sie zufällig das Geburtsdatum?»

«29. Januar 1955.»

«Einen Augenblick. Das haben wir gleich. Dauert nicht mal eine Minute.»

Becker widmete sich dem Computer auf dem Tresen.

Es dauerte tatsächlich keine Minute.

«Also ... diese Person ist in Deutschland nirgendwo gemeldet. Wir haben hier Zugang zu sämtlichen Melderegistern. Sind Sie ganz sicher, was den Namen und das Geburtsdatum betrifft?»

«Absolut sicher.»

«Merkwürdig. Aber vielleicht ist sie ja ins Ausland. Ich habe hier nur Zugriff auf die deutschen Melderegister.»

In diesem Augenblick wurde die Bürotür aufgerissen.

«Frau Rausch?»

Ellen nahm erneut vor dem Schreibtisch Platz.

Willy Junglas sah reichlich zerknirscht aus.

«Also ... eigentlich ist das jetzt Sache des Pressesprechers der Kreispolizeibehörde Altkirch, Ihnen zu Ihrer Anfrage eine offizielle Auskunft zu erteilen.»

Ellen schwieg. Schweigen war Gold in solchen Situationen.

Junglas kratzte sich verlegen am Kopf.

Ellen schaute möglichst ausdruckslos und schwieg.

«Eine ziemlich verzwickte Sache ist das, Frau Rausch.»

Ellen schwieg eisern.

«Also ... wir prüfen das noch im Augenblick. Aber so, wie es im Moment ausschaut, gibt es gar keine Fallakte.»

«Keine Akte? Was heißt das?»

«Genau das, was ich gerade gesagt habe!» Seine Stimme klang mit einem Mal äußerst gereizt. «Es gibt keine Akte im Archiv. Also gibt es auch keinen Fall und keine Vermisste.»

TAG 11

Der Waldkauz heulte jetzt schon seit einer halben Stunde rum. Irgendwo in unmittelbarer Nähe des Hauses. Ellen sah durchs Fenster in die pechschwarze Nacht und hoffte inständig, dass der Schreihals möglichst bald ein Weibchen fand. Dann wäre endlich Ruhe. Für längere Zeit. Denn Waldkäuze lebten monogam, dass wusste Ellen noch aus der Schulzeit, als sie und die anderen Kinder ihrer Klasse regelmäßig durch die Wälder rund um den See gescheucht wurden.

Es gibt kein schlechtes Wetter; nur unpassende Kleidung.

Der Standardspruch ihrer Grundschullehrerin.

Ja, ja, schon klar: Nicht für die Schule, sondern fürs Leben lernen wir. Vielleicht lag es an diesen speziellen Kindheitserfahrungen in der kalten, nassen, nebligen Eifel, dass Ellen später eine unstillbare Sehnsucht nach dem Süden und dem Mittelmeer und Temperaturen oberhalb der 25-Grad-Marke entwickelte.

Ellen nippte vorsichtig an dem Tee. Immer noch zu heiß. Sie stellte die Tasse wieder auf dem Küchentisch ab. Neben den Papierberg. Das Material hatte sie sich in der Redaktion aus dem Internet zusammenkopiert und ausgedruckt, um es am Abend mit nach Hause zu nehmen und durchzuarbeiten. In ihrem Elternhaus am See gab es keinen Internetanschluss. Nicht mal Handyempfang. Den Tee hatte sie mittags rasch im Edeka gekauft. Daran würde sie sich künftig gewöhnen müssen. In Berlin und in Hamburg konnte sie auch noch nach Redaktionsschluss bis Mitternacht einkaufen. In Lärchtal war das anders. Pünktlich um 18.30 Uhr schlossen sämtliche Geschäfte.

Ayurvedischer Kräutertee.

Ellen war eigentlich gar keine Teetrinkerin.

Aber sie hatte ganz plötzlich Lust auf eine Alternative zu Kaffee und Wein bekommen. Die Brühe in der Redaktion bereitete ihr Bauchkrämpfe, und der Alkohol ... sie hatte in den vergangenen zwei Wochen, seit sie in diesem Museum ihrer Kindheit hauste, jeden Abend eine Flasche Wein geleert. Um die Einsamkeit zu betäuben. Aber sie wusste, dass sie vorsichtig sein musste mit so was. Ellen neigte dazu, sich abhängig zu machen. Von Männern, von Therapeuten, von der Arbeit. Auf eine weitere Abhängigkeit konnte sie gut verzichten.

Als sie beim Eifel-Kurier unterschrieb, war sie sich zumindest sicher gewesen, dass daraus keine neue Sucht erwachsen würde. Schützenfeste und Karnevalssitzungen machten nun mal nicht abhängig. Jedenfalls nicht sie.

Aber jetzt dieser Vermisstenfall, der keiner war.

Heute hatte sie sich keine Sekunde um diese seltsame Geschichte kümmern können. Keine Chance, am letzten Produktionstag vor Erscheinen der neuen Ausgabe.

Der Anwalt aus Bad Münstereifel rief am Nachmittag endlich zurück. Die Stimme klang ausgesprochen nett.

Ob er sich vorstellen könne, dass seine Mandanten Interesse an einem Gespräch mit ihr hätten? Und ob er bereit sei, den ersten Kontakt herzustellen?

Bei Lore Pohl bezweifle ich das. Sie ist sehr krank. Psychisch stark angeschlagen. Sie ist die ältere Schwester der Verschollenen. Aber bei

Thomas Pohl, dem Bruder, kann ich mir das durchaus vorstellen. Ich kläre das sofort.

Keine zwölf Minuten später rief er zurück.

Herr Pohl ist bereit, mit Ihnen zu reden. Und zwar morgen früh um sieben Uhr. Aber nicht in Lärchtal. Folgen Sie der B421 in Richtung Hallschlag. Etwa 100 Meter vor der Ortseinfahrt liegt rechter Hand unmittelbar an der Bundesstraße ein Gewerbegebiet. Dort finden Sie einen Servicebetrieb für Lastwagen und gleich daneben ein Trucker-Café ...

Seltsamer Ort für ein Treffen. Seltsame Uhrzeit. Egal. Morgen früh würde sie also endlich mehr erfahren.

41 Jahre. So alt war Ursula Gersdorff, als sie spurlos verschwand. Ellen Rausch war jetzt 49 Jahre alt.

Würde sie sich trauen, alles hinter sich zu lassen und von heute auf morgen ein neues Leben im Ausland anzufangen? Was müsste passieren, damit sie sich das traute?

Bundeskriminalamt

Die polizeiliche Bearbeitung von Vermisstenfällen in Deutschland

Wenn eine Person aus unerklärlichen Gründen von ihrem gewohnten Aufenthaltsort fernbleibt, wird sie in der Regel von Angehörigen oder Bekannten bei der Polizei als vermisst gemeldet. Die Polizei leitet nur dann eine Vermissten-Fahndung ein, wenn eine Person:

1. ihren gewohnten Lebenskreis verlassen hat,
2. ihr derzeitiger Aufenthaltsort unbekannt ist **und**
3. eine **Gefahr für Leib und Leben** angenommen werden muss (z. B. Unfall, Hilflosigkeit, Suizidabsicht, Straftat).

Erwachsene, die im Vollbesitz ihrer geistigen Kräfte sind, haben das Recht, ihren Aufenthaltsort frei zu wählen, ohne diesen den Angehörigen oder Freunden mitzuteilen. Es ist daher nicht Aufgabe der Polizei, Aufenthaltsermittlungen durchzuführen, wenn die oben beschriebene Gefahr für Leib und Leben nicht vorliegt.

Die Personalien vermisster Personen werden im polizeilichen Computer-System INPOL erfasst und damit zur Fahndung ausgeschrieben. Auf dieses System haben alle deutschen Polizeidienststellen Zugriff.

Erfahrungsgemäß erledigen sich etwa 50 Prozent der Vermisstenfälle innerhalb der ersten Woche. Binnen Monatsfrist liegt die Erledigungsquote bereits bei über 80 Prozent. So ist es nicht verwunderlich, dass bundesweit täglich jeweils etwa 150 bis 250 Fahndungen neu erfasst und gelöscht werden. Der Anteil der Personen, die länger als ein Jahr vermisst werden, bewegt sich bei nur drei Prozent.

TAG 12

Ellen Rausch parkte ihren Alfa neben der Zugmaschine eines mit Baumstämmen beladenen Sattelschleppers. Es war kurz vor sieben. Die hektisch blinkende Neonreklame über der Tür des unverputzten Gebäudes verriet, wie der Laden hieß: *Tina's Boxenstopp*. Natürlich mit dem falschen Genitiv-Apostroph aus dem Angelsächsischen, der inzwischen Deutschlands Reklamevokabular flächendeckend erobert hatte.

Auf dem Parkplatz standen außer ihrem Wagen und einem Minivan nur große Lastwagen. Vorwiegend deutsche und belgische Kennzeichen, aber auch ein Franzose und ein Luxemburger. Der Minivan gehörte Thomas Pohl, wie die Firmenaufschrift verriet.

Ellen öffnete die Tür.

Links eine Theke, dahinter eine offene Imbissküche wie in einer Frittenbude. Rechts davon, im Schankraum, ein Dutzend Tische, alle besetzt. Bis auf die Bedienung, eine stark übergewichtige Frau mit riesigen Brüsten und ausladendem Hinterteil, befanden sich im Trucker-Café ausschließlich Männer. Thomas Pohl war unschwer zu erkennen: Er war der einzige Kerl, der Ellen Rausch nicht raubtiergleich mit unverhohlener sexueller Gier beäugte, als sie die Tür hinter sich schloss und sich suchend umschaute. Der Mann, mit dem sie verabredet war, sah eher aus wie ein verängstigtes Reh auf der Suche nach Schutz. Er sprang auf, um ihr die Hand zu geben. Sie waren etwa gleich groß. Er machte tatsächlich einen Diener.

«Sie sind in den 16 Jahren der erste Mensch außerhalb meiner Familie, der sich für meine Schwester interessiert.»

Thomas Pohl hielt sich nicht mit langen Vorreden auf. Aber Ellen war daran gelegen, zu Beginn des Gespräches etwas über den Menschen zu erfahren, mit dem sie sich hier traf, sich ein Bild von seiner Glaubwürdigkeit und Aufrichtigkeit zu machen, bevor es um das eigentliche Thema ging. Das war nun mal ihre gewohnte Recherche-Methode.

«Interessanter Treffpunkt», sagte sie und schaute sich grinsend um.

«Ich habe heute den ganzen Tag hier in der Gegend zu tun», meinte Pohl fast entschuldigend. «Der Anwalt sagte, Sie wollten sich möglichst schnell mit mir treffen, also dachte ich ...»

«Das geht völlig in Ordnung.»

«Das Frühstück ist übrigens super hier. Ordentliche Portionen. Und preiswert. Kein Nepp. Die Rühreier mit Speck zum Beispiel kann ich nur empfehlen ...»

«Ich habe draußen auf dem Parkplatz Ihren Lieferwagen mit dem Firmenschriftzug gesehen.»

«Firmenschriftzug hört sich echt gut an. Wie Telekom oder Vorwerk oder so. Nä, das ist nur eine kleine Ein-Mann-Klitsche. Hausmeister-Service und Haushüter-Service. Wenn Sie also mal Ihren Rasen mähen lassen wollen oder in Urlaub sind und nicht wissen, wer Ihre Blumen gießen soll ... Obwohl ... ganz allein bin ich ja nicht. Meine Frau macht von zu Hause aus das Büro, die Termine und so. Das passt ganz gut. Unser Kleiner ist ja noch da und braucht seine Mama, zwölf ist er jetzt. Die Große ist aber schon aus dem Haus.»

«Wie alt ist Ihre Tochter?»

«22 ist die Jenny jetzt schon. Sie ist übrigens ... war übrigens das Patenkind meiner Schwester. Die Uschi war da immer stolz drauf. Eine tolle Patentante. Sie ist zwar auf Ursula getauft, aber wir haben sie immer nur Uschi genannt.»

Er schluckte. Seine Augen wurden feucht.

Die Kellnerin kam an den Tisch, und Ellen bestellte ein Wasser, Thomas Pohl eine Apfelschorle. Einer der Trucker am Nebentisch glotzte immer noch ungeniert.

«Kein Frühstück? Sie müssen doch Hunger haben. Ist echt lecker hier. Ich lade Sie ein!»

«Nein danke. Ich kriege morgens nie viel runter.»

«Das ist aber ungesund. Also ich frühstücke jeden Morgen um sechs mit meiner Frau.»

«Wie lange sind Sie schon verheiratet, Herr Pohl?»

«Seit 1988. Hier!»

Er kramte einen Briefumschlag aus der Innentasche seiner gefütterten Regenjacke, öffnete ihn, zog ein Foto heraus und legte es vor Ellen auf den Tisch.

«Das Bild ist auf unserer Hochzeitsfeier gemacht worden. 1988. Das hier ist meine Schwester. Das können Sie mitnehmen, wenn Sie es für Ihre Zeitung brauchen können.»

Eine hübsche Frau. 1988. Ellen rechnete im Kopf nach. 33 musste Ursula Gersdorff damals gewesen sein. Freundliche Augen. Blondes, lockiges Haar. Eine sorgsam toupierte Frisur, die Ellen an die amerikanischen Disco-Filme der späten 1970er Jahre erinnerte. Ein flaschengrünes, seidig schimmerndes Kleid. Viel Schmuck, auffällig viel Schmuck, goldglänzend, mehrere Kettchen um beide Handgelenke, Ringe an vier Fingern, gleich drei Goldkettchen in unterschiedlicher Länge um den Hals, und an dem freiliegenden, für den Betrachter sichtbaren linken Ohr baumelte ein türkis schimmernder, in Gold gefasster Stein.

Ursula Gersdorff saß an einem festlich gedeckten Tisch, der Fotograf direkt gegenüber, aber ihre ganze Aufmerksamkeit galt nicht der Kamera, sondern offenbar dem für den Betrachter unsichtbaren Menschen, der links neben dem Fotografen gesessen haben musste. Sie wirkte entspannt und zugleich hochkonzentriert. Davon zeugten ihre Augen und die halb geöffneten Lippen.

«Herr Pohl, heute ist die amtliche Bekanntmachung des Amtsgerichts bei uns im Blatt abgedruckt ...»

«Heute erst?»

«Ja. Wir erscheinen ja nur einmal die Woche. Wie kam es dazu, dass Sie und Ihre Schwester Lore sich entschieden haben, Ihre Uschi für tot erklären zu lassen?»

«Also, die Lore ist sehr krank. Seelisch krank. Wenn Sie verstehen, was ich meine. Seit damals. Aber es ist schlimmer geworden im Lauf der Zeit. Und sie ist ja auch nicht mehr die Jüngste. Damals, als die Uschi verschwunden ist, da hat die Lore vom Gericht die Bestallungsurkunde als Abwesenheitspfleger bekommen.»

«Was ist denn ein Abwesenheitspfleger?»

«Das ist so was wie der Vormund bei Minderjährigen, wenn die Eltern nicht mehr leben. Wenn jemand per Post nicht mehr erreichbar ist, kann dieses Amt entweder ein Verwandter freiwillig übernehmen, oder der Staat macht es. Das wollten wir natürlich nicht. Dass der Staat das macht. Also hat die Lore das gemacht. Die war ja damals noch Leiterin vom katholischen Kindergarten in Kirchfeld. Das war, bevor sie so krank wurde.»

«Und Ihre Eltern?»

«Also, mein Vater hatte damals schon den Tumor im Kopf. Er ist daran auch 2003 gestorben. Bis zu seinem Tod war er lange ein Pflegefall, das war für meine Mutter schon Arbeit genug. Außerdem hat es meine Mutter nicht so mit dem Lesen und Schreiben. Deshalb hat die Lore das übernommen. Ich hatte ja schon Familie und mich gerade selbständig gemacht. Und die Lore war alleinstehend und hatte immer früh Feierabend nach dem Kindergarten. Sie können sich nämlich gar nicht vorstellen, was das für eine Arbeit ist als Abwesenheitspfleger. Diese staatliche Bürokratie tut ja einfach so, als wäre der Mensch noch da. Zum Beispiel, als mein Vater dann starb. Die Erbschaftssache regeln. Versuchen Sie nur mal, ein Konto für einen Menschen zu eröffnen, der gar nicht da ist. Der Staat ignoriert völlig, dass die vermisste Person gar nicht mehr auffindbar ist. Das ist schon merkwürdig.»

«Und jetzt ...»

«Jetzt war es so, dass meine Schwester zu krank ist, um das noch weiter zu machen. Da kam natürlich die Frage, ob ich das jetzt übernehmen soll. Aber da habe ich gesagt, ich kann nicht dauernd so tun, als ob meine Schwester noch lebt.»

«Weil Sie glauben ...»

«Weil ich glaube, dass die Uschi tot ist.»

Thomas Pohl schlug die Hände vors Gesicht, um seine Tränen zu verbergen. Ellen wartete und schwieg, bis er sich wieder gefangen hatte und vom Tisch aufschaute. Ellen nahm sich vor, das Tempo zu verlangsamen und gelegentlich Fragen zu stellen, die nicht zwangsläufig zum Ziel führten, aber ihrem Gegenüber genügend Zeit zum Durchatmen ließen.

«Und deshalb sind Sie dann zum Anwalt.»

Thomas Pohl nickte.

«Um sich beraten zu lassen ...»

«Genau. Der Anwalt hat dann ein paar Wochen überlegt und geforscht und dann dieses Verschollenheitsgesetz gefunden. Dann habe ich mit der Lore darüber gesprochen, und nach ein paar Tagen haben wir uns entschieden, diesen Antrag zu stellen. Dann hat das Gericht natürlich noch Wochen gebraucht. Aber jetzt ist es so weit. Seit heute läuft die Frist. Sobald die Anzeige in der Zeitung erschienen ist, läuft die Frist, hat uns der Anwalt erklärt.»

«Können Sie sich noch erinnern, wann Sie Ihre Schwester zum letzten Mal gesehen haben?»

«Das weiß ich nicht mehr so genau. Aber ich weiß noch ganz genau, wann ich zum letzten Mal mit ihr gesprochen habe. Nämlich telefoniert. Das war am 20. März.»

«Am 20. März 1996? Also am Tag, bevor sie ...»

«Ja. Wir haben lange gesprochen. Sie war gut drauf. So wie immer. Sie war immer gut gelaunt, meine große Schwester. Sie ist ja zehn Jahre älter als ich, und meine älteste Schwester Lore, die ist noch mal zehn Jahre älter als die Uschi, also 20 Jahre älter als ich. Ich bin der Jüngste. Aber die große Schwester, die auf mich aufpasste, damit ich keine Dummheiten machte, war immer die Uschi, weil die Lore, die war ja schon erwachsen und längst im Beruf, als ich geboren wurde, und aus dem Haus. Sie zog nämlich aus, um Platz für mich zu machen. Das Haus war nicht besonders groß.»

«Sie sind demnach jetzt 47 und Ihre Schwester Lore 67.»

«Genau.»

«Und Ihre Mutter?»

«Die wird jetzt bald 84 Jahre alt.»

«Und wohnt wo?»

«Immer noch in unserem Elternhaus in Neukirch. Das Haus in der Arbeitersiedlung der alten Eisengussfabrik. Da sind wir alle aufgewachsen. Die Häuschen sind vor dem Krieg für die Arbeiter gebaut worden, aber die Eisengussfabrik, wo auch mein Vater gearbeitet hat, ist schon lange dicht. Meine Mutter wohnt noch da. Körperlich ist sie absolut fit. Wir haben das kleine Haus günstig kaufen können, den riesigen Gemüsegarten aufgegeben, den meine Mutter sowieso nicht mehr alleine bewirtschaften könnte, und angebaut. Mit eigener Zuwegung. So können wir ganz bequem regelmäßig nach ihr sehen und uns kümmern, wenn es was zu tun gibt. Ins Altenheim abschieben, käme jedenfalls nicht in Frage für uns. Kennen Sie die Siedlung? Sind sie eigentlich von hier?»

«Ja», sagte Ellen. «Ich bin von hier.» Es fühlte sich merkwürdig an, das zu sagen. Sie dachte einen Moment nach und beschloss dann, das Gespräch in Richtung 21. März 1996 zu lenken.

«Ihre Schwester hieß nicht Pohl, sondern Gersdorff ...», begann sie.

«Ja klar. Sie war ja verheiratet. Mit Veith.»

«Veith Gersdorff. Es gab doch mal einen Frauenarzt in Lärchtal, der hieß Gersdorff.»

«Das war der Vater von Veith. Der ist aber schon lange tot. Also bestimmt schon 20 Jahre. Aber so hat die Uschi den Veith ja überhaupt kennengelernt. Die Uschi hat nach der Realschule eine Lehre als Arzthelferin beim alten Gersdorff gemacht. Sie hatte immer nur gute Noten in der Schule, und die Ausbildung als Arzthelferin hat sie als die Beste ihres Jahrgangs in Nordrhein-Westfalen abgeschlossen. Sie hat dafür sogar eine Urkunde bekommen. Jedenfalls haben sich die beiden in dieser Zeit in der Praxis des Vaters kennengelernt. Sie sind ja gleich alt, beide Jahrgang 1955. Nur war der Veith damals in Bad Godesberg auf einem Internat, aber in den Schulferien war er immer bei seinen Eltern in Lärchtal.»

«Eine Jugendliebe also.»

«Nicht nur das. Das war die ganz große Liebe. Ich sehe sie

noch vor mir, als sei es gestern gewesen, Weihnachten 1995, bei meinen Eltern, er sitzt im Sessel, sie sitzt auf seinem Schoß, Küsschen, Händchen halten, wie frisch verliebt, wie die Turteltauben, dabei waren sie da ja schon ewig verheiratet. Das war ein Traumpaar, bis zum Schluss, bis zu dem Tag, als sie ...»

Thomas Pohl musste das Gespräch erneut für einen Moment unterbrechen. Ellen wartete mit der nächsten Frage.

Er schnäuzte sich die Nase, räusperte sich, nahm schließlich wieder Blickkontakt auf.

«Sie erzählten eben, am 20. März 1996 hätten Sie noch mit Ihrer Schwester telefoniert.»

«Ja. Am frühen Nachmittag war das.»

«Was ist am 21. März 1996 passiert?»

«Also ... abends spät rief der Veith an und sagte: Die Uschi ist nicht von der Arbeit nach Hause gekommen.»

«Wo hat sie denn gearbeitet?»

«In der orthopädischen Reha-Klinik in Altkirch. Halbtags, also von morgens bis mittags. Ich sagte, vielleicht hatte sie einen Unfall mit ihrem Auto und liegt jetzt irgendwo bewusstlos in der Böschung. Aber da sagte der Veith, daran hätte er auch schon gedacht, und er wäre deshalb schon die ganze Strecke abgefahren, bevor er bei uns angerufen hat. Auf dem Weg hat er nichts entdecken können, aber auf dem Parkplatz der Reha-Klinik, da hat er ihr Auto gefunden, und in der Klinik haben sie ihm dann gesagt, die Uschi wäre tagsüber gar nicht zur Arbeit erschienen.»

«Sie ist an diesem 21. März nicht bei ihrer Arbeitsstelle erschienen, aber das Auto stand vor der Tür?»

«Genau.»

«War es abgeschlossen?»

«Au, das weiß ich nicht. Oder nicht mehr. Aber der Veith hat es dann weggefahren, zurück nach Lärchtal.»

«Und dann haben Sie Vermisstenanzeige erstattet?»

«Also nicht ich, sondern der Veith. Das müsste dann am Morgen des 22. März gewesen sein. Ja, genau. Das war der Freitag. Da rief er mich mittags an und sagte, dass er gerade von der Polizei kommt und dass die sich jetzt darum kümmern.»

«Und was hat die Polizei unternommen?»

«Nicht viel ... glaube ich. Denn dann kam ja nur ein paar Tage später schon die Entwarnung.»

«Die Entwarnung? Was heißt das?»

«Also ich muss das gerade mal selbst in meinem Kopf sortieren. Also, der 20. März 1996 war ein Mittwoch. Da haben wir telefoniert, also die Uschi und ich. Der nächste Tag, der 21. März 1996, war ein Donnerstag. Da ist sie nicht mehr zur Arbeit erschienen. Und am Sonntag, das war der 24. März, da rief der Veith ganz aufgebracht an und sagte, die Uschi hat ihn gerade angerufen. Sie ist im Ausland, sie kommt nicht mehr zurück, sie hat einen anderen Mann kennengelernt und fängt mit dem im Ausland ein neues Leben an, und Veith soll uns bitte mitteilen, dass es ihr gut geht, aber dass sie keinen Kontakt mehr zu uns wünscht.»

«Und das war's?»

«Ja. Seitdem haben wir nie wieder was von ihr gehört.»

«Herr Pohl, können Sie sich vorstellen, warum sie keinen Kontakt mehr zu ihrer Familie wünschte ... also zu Ihnen, zur Schwester, zu ihren Eltern?»

«Nein. Keine Ahnung.»

«Wussten Sie, dass sie einen Liebhaber hatte?»

«Nein. So was hat wirklich keiner geahnt. Und glauben konnten wir es auch nicht. Ich habe Ihnen doch gerade erzählt, wie die immer zusammen rumgeturtelt haben auf Familienfesten. Ein Herz und eine Seele. Heute denke ich manchmal: Vielleicht habe ich meine Schwester gar nicht richtig gekannt.»

TAG 13

Insgeheim hatte Ellen darauf gesetzt, dass sich am Tag der Veröffentlichung der Amtlichen Bekanntmachung des Amtsgerichts scharenweise Leser in der Redaktion des Eifel-Kuriers melden würden. Leute, die sich an Ursula Gersdorff und an den 21. März 1996 erinnerten und das Bedürfnis verspürten, darüber zu sprechen und Hinweise loszuwerden.

Aber nichts geschah.

Kein einziger Mensch hatte sich seit gestern in der Redaktion gemeldet.

Sie sprach Arno Wessinghage darauf an:

«Ist hier vielleicht zufällig irgendwas in den letzten 30 Stunden eingegangen, was ich wissen sollte? Vielleicht ein anonymer Anruf, eine E-Mail, ein Brief oder ein Fax ...»

Wessinghage stand wortlos auf, fasste sie am Ellbogen, schleuste sie in Burgers verwaisten Glaskasten und schloss die Tür hinter sich, bevor er antwortete: «Was hast du denn erwartet?»

«Nun, was ich eben sagte: dass sich Menschen melden, die sich erinnern können, was am ...»

«Drei Dinge möchte ich dir dazu sagen.»

«Gerne. Schieß los.»

«Erstens: Wer liest denn schon freiwillig die amtlichen Bekanntmachungen in der Zeitung? Du etwa? Eine Handvoll Menschen vielleicht, die das aus beruflichen Gründen lesen müssen. Magere acht Zeilen im Kleingedruckten am Fuß der Terminseite, zwischen Grundbuchänderungen und Zwangsversteigerungen und öffentlichen Ausschreibungen der Kreisverwaltung oder der Stadtverwaltung, wenn eine Straße neu geteert werden soll.»

«Aber selbst diese Handvoll Menschen ...»

«Da wären wir schon bei Punkt zwei: Ellen, du hast zu lange in Großstädten gelebt. Du hast vergessen, wie so eine Kleinstadt am Arsch der Welt funktioniert. Die hat ihre eigenen Gesetze. Jeder kennt jeden, jeder weiß alles, aber niemand spricht offen darüber. Das tut man einfach nicht. Und dann auch noch so eine unappetitliche, anrüchige Sache: Arztgattin brennt mit ihrem Liebhaber durch. Um Gottes willen, und das im erzkatholischen Lärchtal. Die Leute waren vermutlich heilfroh, diese Geschichte längst erfolgreich verdrängt zu haben.»

«Du hast ja recht. Und der dritte Punkt?»

«Wenn Menschen in Deutschland etwas an die Öffentlichkeit transportieren wollen, ohne selbst in Erscheinung zu treten, dann wenden sie sich an den Spiegel oder an Hans Leyendecker von der Süddeutschen. Oder meinetwegen auch an die Bild-Zeitung oder an RTL. Aber doch nicht an den Eifel-Kurier. Der Eifel-Kurier des Herrn Burger ist eine Heile-Welt-Zeitung. Da kommt doch gar niemand auf die Idee, sich ausgerechnet bei uns zu melden.»

«Karl Malik hat mich eingestellt, weil ihm dieser unkritische Lokaljournalismus auf die Nerven geht.»

«Aber das wissen die Leser noch nicht. Sie sind es nicht gewohnt. Sie wissen auch nicht, dass ein seriöser Reporter seine Quellen schützt und sorgsam mit vertraulichen Informationen umgeht. Ganz nebenbei bemerkt: Herr Malik, unser geschätzter Verleger in Köln, hat es bislang leider versäumt, Herrn Burger, unseren geschätzten Redaktionsleiter vor Ort, über die veränderte Philosophie zu unterrichten. Oder aber Burger ignoriert es einfach.»

«Und jetzt? Ich bin auf freiwillige Informanten angewiesen. Sonst komme ich keinen Schritt weiter.»

«Ganz einfach, Ellen: Wir starten einen Versuchsballon. Wie viel Recherche-Material hast du?»

«Eine Menge Puzzleteile, aber die ergeben noch kein schlüssiges Bild.»

«Egal. Du hast noch fünf Tage Zeit. Burger ist krankgeschrieben und kommt nicht vor Erscheinen der nächsten Ausgabe zurück. Solange er nicht da ist, arbeitest du hier in seinem Büro.»

«Warum?»

«Niemand soll mitkriegen, mit wem du telefonierst, niemand soll sehen, was an Papieren auf deinem Schreibtisch rumliegt.»

«Misstraust du jemandem?»

«Grundsätzlich jedem. Steffi hält die Klappe nicht, weil sie nie die Klappe halten kann, und Bert Großkreuz hält die Klappe nicht, weil er sich überall in der Stadt lieb Kind machen will. Er ist geradezu süchtig nach Anerkennung und Schulterklopfen.»

«Was hast du vor, Arno?»

«Uns ist gerade eine ganzseitige Anzeige weggebrochen. Ein Elektronik-Discounter aus Altkirch hat storniert, und Breuer findet so schnell keinen Ersatz. Wir gehen in die Vollen, daran kann niemand in Lärchtal vorbei. Ich gebe dir eine Doppelseite. Kriegst du die sinnvoll gefüllt?»

«Ich werde mir Mühe geben.»

«Das reicht nicht, Ellen. Du musst bei dieser Geschichte so gut sein, wie du früher zu deinen besten Zeiten warst. Mein Bauchgefühl sagt mir nämlich, dass wir in ein gewaltiges Wespennest stechen werden.»

TAG 17

Für die Fahrt von Lärchtal bis zum Parkplatz der Orthopädischen Reha-Klinik in der Kreisstadt Altkirch brauchte Ellen exakt 35 Minuten. Ursula Gersdorffs tägliche Strecke zur Arbeit. Die Sonne schien vom wolkenlosen, sattblauen Himmel. 18 Grad. Für den Nachmittag kündigte der Wetterbericht 23 Grad an.

Für den Morgen des 21. März 1996, dem Tag, an dem Ursula Gersdorff auf dem Weg zur Arbeit spurlos verschwand, verzeichnete die Datenbank des zentralen Berliner MeteoArchivs in der Nordwesteifel leichten Regen und 6,3 Grad Celsius. Zwölf Euro hatte die schriftliche Auskunft des Wetterarchivs gekostet.

Ellen stieg aus dem Alfa, schulterte ihre Reportertasche und marschierte um fünf Minuten vor elf quer über den weitläufigen Parkplatz auf den Eingang zu.

Hier also hatte Ursula Gersdorffs Wagen an dem besagten Tag gestanden. Ein auberginefarbenes Cabriolet. Opel Kadett E GSi, Zweitürer, Baujahr '93, 2-Liter-Maschine, 115 PS, Sportsitze. Der Juniorchef des Opel-Händlers in Altkirch war so freundlich gewesen, ihr den Kaufvertrag rauszusuchen.

«Guten Morgen. Mein Name ist Ellen Rausch. Ich bin für 11 Uhr mit dem Geschäftsführer verabredet.»

«Gehen Sie ruhig durch. Herr Raetz erwartet Sie schon.»

«Guten Tag, Frau Rausch.» Ein Mann in den Fünfzigern erhob sich eilig hinter seinem Schreibtisch und kam ihr entgegen. Gut geschnittener Anzug, teure Schuhe.

«Guten Tag, Herr Raetz. Vielen Dank, dass Sie mir so kurzfristig einen Termin einräumen konnten.»

«Das ist doch selbstverständlich. Wir arbeiten immer gern mit der Presse zusammen. Wir sind ein offenes Haus.»

Die Tür ging auf, ein Mann und eine Frau traten ein.

«Darf ich vorstellen? Frau Rausch vom Eifel-Kurier, Frau Matzfeld, Herr Lischke. Aber bitte nehmen Sie doch Platz.» Raetz deutete auf die Sitzecke. Vier Kunstledersessel, ein kreisrundes gläsernes Tischchen. «Kaffee?»

Alle schüttelten den Kopf, niemand wollte Kaffee. Eine seltsame Spannung lag in der Luft.

«Wir haben rund 400 Mitarbeiter in der Klinik. Da kann man sich natürlich nicht an jeden erinnern, der mal vor so langer Zeit hier gearbeitet hat. Und übrigens auch gar nicht lange hier tätig war, wie wir inzwischen wissen. Deshalb habe ich Frau Matzfeld und Herrn Lischke dazugebeten. Als meine Verstärkung sozusagen.» Rolf Raetz lachte kurz über seinen Scherz, Ellen lächelte höflich, die beiden Mitarbeiter blieben ernst.

«Frau Matzfeld war bis zu ihrer Pensionierung Chefsekretärin des Ärztlichen Direktors und damit automatisch die unmittelbare disziplinarische Vorgesetzte der Verschollenen, die in unserem Medizinischen Archiv arbeitete. Und Herr Lischke ist unser Betriebsratsvorsitzender. Normalerweise gilt natürlich auch für mich das Motto *ladys first*, aber in diesem Fall erscheint es mir sinnvoll, dass Herr Lischke beginnt. Bitte sehr, Herr Lischke.»

Heiko Lischke räusperte sich kurz, dann griff er nach dem Hängeordner, den er zuvor auf dem Tisch abgelegt hatte. «Ich selbst habe diesem Unternehmen vor 16 Jahren noch gar nicht angehört, habe also auch keine Informationen aus eigener Anschauung. Die Personalakte ist turnusgemäß bereits vernichtet, da ist die Personalabteilung sehr penibel. Aber wie der Zufall es will, fand sich in der Ablage des Betriebsrates noch dieser Hängeordner zu der Personalsache Gersdorff. Mit diversen Notizen meines Vorgängers. Vermutlich, weil die Sache so mysteriös war. Aus der Lektüre ergibt sich folgendes Bild.»

Lischke räusperte sich erneut, bevor er weitersprach. Ellen entging nicht, dass Raetz einen kurzen, verstohlenen Blick auf seine Armbanduhr warf.

«Am 2. Januar 1995 hatte Ursula Gersdorff ihren ersten Tag als Sachbearbeiterin im Medizinischen Archiv. Als Teilzeitkraft. Sie arbeitete halbtags, immer am Vormittag. Sie hätte lieber volltags gearbeitet, kann ich aus den Notizen meines Vorgängers erkennen. Aber damals vertrat die Geschäftsführung noch die Auffassung, das genüge, um die dort anfallende Arbeit zu bewältigen. Mittlerweile konnten wir glücklicherweise eine Vollzeitstelle durchsetzen ... Während der nicht ganz 15-monatigen Dauer ihrer Tätigkeit gab es keine einzige Auffälligkeit. Das heißt, keine Abmahnung oder dergleichen. Am Donnerstag, den 21. März 1996, erschien sie nicht zur Arbeit. Unentschuldigt. Am

Freitag, den 22. März, tauchte die Polizei in der Klinik auf und stellte Nachforschungen über den Verbleib von Frau Gersdorff an. Zwei Beamte der Kripo Altkirch.»

Lischke unterbrach sich und rückte umständlich die Brille zurecht, um dem, was er als Nächstes zu sagen hatte, eine ganz besondere Bedeutung beizumessen:

«Am Montag, den 25. März, meldete sich die Polizei erneut, diesmal telefonisch, und teilte mit, die Sache habe sich erledigt, der Vermisstenfall sei aufgeklärt, Frau Gersdorff sei mit ihrem neuen Lebensgefährten ins Ausland verzogen und gedenke nicht, an ihren Arbeitsplatz zurückzukehren. Daraufhin sprach die Geschäftsführung bereits am Folgetag die fristlose Kündigung aus, und der damalige Betriebsrat stimmte dem umgehend zu. Ich kann mir die Bemerkung nicht verkneifen, dass ich dies aus heutiger Sicht höchst bedenklich finde.»

Raetz verdrehte die Augen und seufzte. Ellen hatte aber kein Interesse an einer längeren fruchtlosen Diskussion zwischen dem Geschäftsführer und dem Betriebsratsvorsitzenden. Deshalb funkte sie schnell dazwischen:

«Mich interessiert der Fall nicht so sehr aus arbeitsrechtlicher Sicht. Ich will einfach nur der Familie helfen, die seit 16 Jahren in dieser quälenden Ungewissheit lebt. Herr Lischke, Sie haben mir jedenfalls sehr geholfen. Denn jetzt ist klar, wieso im Polizeiarchiv keine Fallakte mehr existiert.»

«Wieso?»

«Der Vermisstenfall galt nach nur vier Tagen als aufgeklärt. Und die Akten aufgeklärter Fälle werden schon nach fünf Jahren vernichtet, während die Akten unaufgeklärter Fälle mindestens 30 Jahre lang aufbewahrt werden müssen. Frau Matzfeld, wie haben Sie denn die Sache damals erlebt?»

Helga Matzfeld schien sich nicht wohl in ihrer Haut zu fühlen und rutschte unruhig auf dem Sessel hin und her. «Wie gesagt, Frau Gersdorff war ja insgesamt gar nicht so lange bei uns.»

«Sie sind damals ihre direkte Vorgesetzte gewesen. Wie war Ursula Gersdorff denn so als Mitarbeiterin?»

«Also tadellos. Ich weiß noch, wie erstaunlich schnell sie sich in die neue Materie eingearbeitet hat. Da kamen ihr natürlich ihre Ausbildung als Arzthelferin und ihre langjährige Berufspraxis sehr zugute. Sie war hochprofessionell. Auch angenehm im Umgang, immer höflich, immer gut gelaunt. Aber eher unauffällig, eher zurückhaltend. Sie achtete sehr auf ihre Kleidung. Daran erinnere ich mich noch gut. Sie trug gern Figurbetontes, wenn Sie wissen, was ich meine.»

«Betont sexy also?»

«Nein, das trifft es nicht. Also eher damenhaft elegant. Kein für die Arbeit unangemessenes Dekolleté, der Rock immer korrekt bis knapp bis übers Knie. Noch lieber trug sie Hose mit Bluse oder Hosenanzüge. Aber ihr war offenbar wichtig, dass die Kleidung ihre tolle Figur und vor allem ihre schmale Taille betonte. Verstehen Sie, was ich meine?»

«Ich verstehe sehr gut, was Sie meinen.»

Helga Matzfeld lächelte dankbar. Die beiden Männer schauten reichlich verstört aus der Wäsche. Offenbar hatten sie überhaupt nicht verstanden, wovon gerade die Rede war.

«Würden Sie rückblickend sagen, es gab vor dem 21. März irgendwelche Anzeichen dafür, dass Ursula Gersdorff beabsichtigte, nicht mehr zur Arbeit zu erscheinen?»

«Überhaupt nicht. Allerdings muss ich dazu sagen: Sie erzählte grundsätzlich nie Privates. Kein Wort. Nicht mal vom Urlaub. Also von sich aus jedenfalls nicht. Da musste man sie schon fragen: Wie war denn der Urlaub, Frau Gersdorff? Selbst dann gab's zwei höfliche, nichtssagende Sätze, und das war's. Das gehörte vermutlich zu ihrer Auffassung von Professionalität, das Private und den Job strikt zu trennen.»

«Gab es private Anrufe während der Arbeitszeit?»

«Auch das nicht. Also, sie war ja auch viel alleine im Archiv. Aber ich habe das im Nachhinein kontrolliert. Natürlich erst, nachdem sie verschwunden war. Weil mir die Sache nachging.»

«Verstehe.»

«Der Computer der Hausanlage zeichnet das ja alles auf. Ergebnis: Sie hat in den 15 Monaten das Telefon im Archiv ausschließlich für hausinterne Gespräche verwendet. Kein einziger Anruf nach draußen oder von draußen. Seltsam, oder?»

«Ja, kann man wohl sagen.»

«Sie besaß meines Wissens auch kein Handy. Gab es vor 16 Jahren überhaupt schon Handys?»

«Jedenfalls waren sie noch nicht sehr verbreitet.»

«Der einzige Hinweis darauf, dass sie überhaupt ein Privatleben besaß, war ein Foto ihres Mannes auf ihrem Schreibtisch. Ein großes, gerahmtes Foto. Ein sehr attraktiver Mann übrigens.»

«Haben Sie ihn mal kennengelernt?»

«Ja.»

«Und?»

«Was und?»

«Wie haben Sie Herrn Gersdorff in Erinnerung?»

«Einmal brachte er eine Arbeitsunfähigkeitsbescheinigung seiner Frau vorbei. Persönlich. In meinem Büro. Das muss im Januar 1996 gewesen sein. Das erste Mal übrigens, dass sie krank war. Ich sagte noch, die Bescheinigung hätte er doch auch einfach mit der Post schicken können, statt eigens aus Lärchtal zu kommen. Er sagte, kein Problem, er habe ohnehin in Altkirch zu tun gehabt, und so sei das doch eine wunderbare Gelegenheit, einmal die reizende Chefin seiner Frau kennenzulernen. Wortwörtlich: *die reizende Chefin*. Er war sehr charmant. Er hatte diesen besonderen Blick, wenn Sie wissen, was ich meine. Wie soll ich sagen? Er hat mit mir geflirtet ... sogar heftig geflirtet ... anders kann ich das nicht bezeichnen. Obwohl ich doch schon gut zehn Jahre älter war als er. Aber das hat ihn keineswegs davon abgehalten. Ich behaupte mal, er kennt seine Wirkung auf Frauen sehr genau, und er genießt es, damit zu spielen. In dem Moment hat mir das sehr geschmeichelt. Aber im Nachhinein war es mir eher unangenehm. Also, nachdem ich eine Weile darüber nachgedacht hatte. Schließlich war er doch der Ehemann einer Mitarbeiterin.»

«Und die zweite Begegnung?»

«Die war am 21. März.»

«Der Tag, als ...»

«Genau. Da erschien er abends gegen 21 Uhr an der Pforte und verlangte, dass man ihm augenblicklich die Tür zum Medizinischen Archiv aufsperre. Er wolle sich persönlich davon überzeugen, dass seine Frau nicht bewusstlos unter ihrem Schreibtisch liegt.»

«Aber Sie sagten doch eben, Ursula Gersdorff sei an dem Tag erst gar nicht zur Arbeit erschienen.»

«Eben. Das war ja das Absurde. Der Pförtner rief mich ganz aufgeregt zu Hause an, und ich fuhr sofort in die Klinik. Ich wohne zum Glück nicht weit weg. Der Pförtner wusste, dass er einem Wildfremden nicht einfach so Zugang zum Archiv gewähren darf; dort sind ja hochsensible Patientenakten gelagert, die besonderen Datenschutzbestimmungen unterliegen. Aber Herr Dr. Gersdorff war sehr aufgebracht und einfach nicht zu beruhigen. Er knallte dem Pförtner seine Visitenkarte auf den Tisch und versicherte, er werde sich beim Ärztlichen Direktor über ihn beschweren und für seine sofortige Entlassung sorgen. Da können Sie sich vorstellen, wie aufgeregt der Pförtner war. Als ich dann eintraf, hat Herr Dr. Gersdorff auch mir mit rechtlichen Schritten gedroht. Unterlassene Hilfeleistung und solche Dinge. Auch mein Hinweis, dass seine Frau an dem Tag ja erst gar nicht zur Arbeit erschienen sei, konnte ihn nicht von seiner Forderung abbringen. Also bin ich schließlich mit ihm in den Keller hinunter und habe die Tür aufgesperrt. Um des lieben Friedens willen. Man muss das ja auch verstehen, dass er sich Sorgen machte. Er hat sich gründlich umgesehen, natürlich die ganze Zeit nur in meinem Beisein. Als er sein eigenes Foto auf dem Schreibtisch seiner Frau sah, ist er regelrecht zusammengezuckt. Er fragte, ob er das mitnehmen dürfe. Ich hatte nichts dagegen. Obwohl es mich ein bisschen gewundert hat. Ich war jedenfalls heilfroh, als er wieder gegangen war.»

«Vielen Dank, Frau Matzfeld.» Geschäftsführer Raetz schaute erneut auf seine Uhr, diesmal weniger diskret. «Wenn Sie keine Fragen mehr haben, Frau Rausch ...»

«Eine Sache vielleicht noch.» Helga Matzfeld hob schüchtern die Hand, wie in der Schule.

Ellen nickte ihr auffordernd zu.

«Also, eine Sache ist mir noch eingefallen. Zu Beginn der Woche, das müsste demnach Montag, der 18. März, gewesen sein, da kam die Frau Gersdorff in mein Büro und fragte, ob sie am Donnerstag, also dem Tag, wo sie dann gar nicht mehr erschienen ist, ausnahmsweise nachmittags statt vormittags arbeiten könne. Sie arbeitete ja halbtags bei uns, wie Herr Lischke schon erwähnte.»

«Und was haben Sie ihr geantwortet?»

«Das dies aus meiner Warte kein Problem sei.»

«Hat Frau Gersdorff einen Grund genannt?»

«Nein. Aber weil das aus arbeitstechnischer Sicht kein Problem darstellte, habe ich auch nicht nach einem Grund gefragt.»

TAG 18

Eine letzte Recherche, ein letzter Anruf vor der morgigen Veröffentlichung. Ellen griff zum Telefonhörer.

Dr. Veith Gersdorff. Facharzt für Allgemeinmedizin und Dermatologie. Praxis für ästhetische/kosmetische Medizin. Am Markt 11–13. Sprechstunden nur nach Vereinbarung.

Die junge Dame am anderen Ende der Leitung schöpfte aus ihrer Tätigkeit in der Praxis offenbar viel Selbstbewusstsein. Mehr Selbstbewusstsein jedenfalls, als es ihre überschaubare Intelligenz begründet hätte. Nachdem Ellen nur äußerst mühsam und nach mehreren vergeblichen Anläufen endlich klarstellen konnte, dass sie keineswegs einen Beratungstermin als neue Patientin wünsche, sondern Herrn Gersdorff vielmehr in ihrer Eigenschaft als Journalistin sprechen wolle, entgegnete die Dame schnippisch:

«Herr Dr. Gersdorff ist immer sehr beschäftigt. Ich kann Ihnen deshalb gar nicht sagen, ob ...»

«Mein Vorschlag: Dann fragen Sie ihn doch einfach.»

«Dafür müsste ich aber schon wissen, um was es geht.»

«Es geht um eine persönliche Angelegenheit, die mit seinem Beruf als Arzt nichts zu tun hat.»

«Sorry. Aber das genügt mir noch nicht als Auskunft. Der Herr Doktor will immer ganz genau wissen, um was es geht, bevor ...»

«Sagen Sie ihm doch einfach, es geht um seine spurlos verschwundene Frau.»

Schweigen in der Leitung. Offenbar musste sie den Satz erst einmal geistig verdauen. Mehrfach durch ihre kümmerlichen Gehirnwindungen schleusen. Dann ertönte eine ganz fürchterliche Warteschleifen-Instrumentalversion von Lionel Richies *Easy*. Die Geigen schafften es nicht mehr bis zum Refrain:

«Gersdorff.»

Angenehme Stimme.

«Guten Tag, Herr Dr. Gersdorff. Hier ist Ellen Rausch vom Eifel-Kurier. Sie haben vielleicht ...»

«Wer bitte?»

Entweder war er schwerhörig, oder der Eifel-Kurier gehörte nicht zu seiner bevorzugten Lektüre.

«Ellen Rausch vom Eifel-Kurier. Sie haben vielleicht vergangenen Mittwoch die amtliche Bekanntmachung des Amtsgerichts Lärchtal in unserer Zeitung gelesen.»

«Nein, habe ich nicht. Ich habe Ihr Blatt zwar abonniert, lese es aber nur sehr unregelmäßig, wie ich gestehen muss. Um was geht es denn in dieser Bekanntmachung?»

«Nun, Ihre Frau soll für tot erklärt werden.»

«Wie bitte? Meine Frau erfreut sich bester Gesundheit. Ich habe noch vor zehn Minuten mit ihr telefoniert.»

«Ich meine nicht Ihre dritte, sondern Ihre erste Ehefrau. Ursula Gersdorff. Sie ist doch vor 16 Jahren ...»

«Eben. Vor 16 Jahren. Ich wüsste nicht, was Sie oder die Öffentlichkeit das jetzt noch anginge.»

«Herr Dr. Gersdorff, ich muss Sie leider korrigieren: Nicht ich, sondern der Staat in Gestalt des Amtsgerichts Lärchtal hat jetzt, nach 16 Jahren, die Öffentlichkeit hergestellt. Durch die amtliche Bekanntmachung. Darin steht unter anderem ... warten Sie, ich lese es Ihnen vor ... hier steht wörtlich: Alle Personen, die Auskunft über die Verschollene geben können, werden aufgefordert, dies dem Gericht anzuzeigen.»

«Ja ... und?»

«Da Sie die amtliche Bekanntmachung nicht gelesen haben, ist es ja vielleicht hilfreich, dass ich Sie jetzt darüber informiere. Ich kann natürlich gut verstehen, dass Sie ...»

«Moment mal. Stopp, stopp, stopp. Frau ...»

«... Rausch. Ellen Rausch ...»

«Frau Rausch, wissen Sie eigentlich, was Sie da tun? Haben Sie überhaupt eine Ahnung? Sie reißen alte Wunden auf. Schmerzende Wunden. Ich war froh und dankbar, endlich darüber hinweg zu sein. Ich habe das inzwischen psychisch verarbeitet, das hat lange genug gedauert, wie Sie sich vielleicht vorstellen können oder auch nicht, je nachdem, über welche Sensibilität Sie verfügen. Allein schon dieser Anruf spricht allerdings dagegen, dass Sie auch nur einen Funken Sensibilität besitzen. Auch deshalb, aber nicht nur deshalb habe ich überhaupt kein Interesse, mit Ihnen darüber zu reden.»

«Das verstehe ich sehr gut, Herr Gersdorff. Es gehört allerdings zu meiner journalistischen Sorgfaltspflicht, auch Ihnen vorab die Gelegenheit zu geben ...»

«Vorab? Was bedeutet das ... vorab?»

Jetzt wurde er laut. Unangenehm laut. Die Tonlage kletterte eine ganze Oktav nach oben.

«Das bedeutet: vor der Veröffentlichung meines Textes.»

«Ihres Textes? Sie haben doch wohl nicht ernsthaft vor, dazu irgendetwas zu veröffentlichen. Das ist eine Privatangelegenheit. Verstehen Sie das unter journalistischer Sorgfaltspflicht? Schamlos im Privatleben anderer Menschen herumzustochern? Das ist ein Schmierenjournalismus, den wir von Herrn Burger so nicht gewohnt sind. Wer sind Sie überhaupt?»

«Wir können uns noch nicht kennen. Ich bin erst seit drei Wochen als Reporterin in der Redaktion des ...»

«Junge Frau, vielleicht ist es Ihrer beruflichen Unerfahrenheit geschuldet, dass Sie im Begriff stehen, einen Fehler zu begehen, einen schweren Fehler, der Sie Ihre weitere berufliche Karriere kosten kann. Ich empfehle Ihnen dringend, noch heute mit Ihrem Vorgesetzten darüber zu sprechen. Mit Herrn Burger. Augenblicklich. In Ihrem eigenen Interesse. Über die Geschmacklosigkeit, mich überhaupt damit zu behelligen, will ich jetzt einmal gnädig hinwegsehen. Guten Tag!»

Aufgelegt.

Er hatte einfach aufgelegt.
Junge Frau.
Sekunden später klingelte Steffis Telefon. Sie hatte Burgers Durchwahl für die Dauer seiner krankheitsbedingten Abwesenheit auf ihre Leitung umgelegt.

«Tut mir leid, Herr Dr. Gersdorff, Herr Burger ist im Augenblick nicht zugegen. Natürlich, ich werde es ihm ausrichten. Er wird Sie umgehend anrufen, sobald er wieder im Haus ist.»

Steffi legte auf und grinste breit. Mit keinem Wort hatte sie gegenüber dem Anrufer erwähnt, dass es noch eine ganze Weile dauern konnte, bis Herr Burger wieder im Haus war. Und dass sich dessen Magengeschwür auf keinen Fall vor Erscheinen der morgigen Ausgabe beruhigen würde.

TAG 19

Als der Wecker ihres iPhones um Punkt sieben Uhr losplärrte, sprang Ellen aus dem Bett, nahm ein frisches T-Shirt aus dem Schrank, schlüpfte in ihre Jeans, die noch vom Abend zerknüllt auf dem Fußboden lag, eilte hinunter in die Küche, schaltete die Kaffeemaschine ein, lief zur Haustür und zog die druckfrische Ausgabe des Eifel-Kuriers aus dem Briefkasten.

Wie vereinbart hatte Arno Wessinghage ihre Geschichte auf der Titelseite mit einigen Zeilen und einem kleinen Foto der Verschollenen angeteasert. Um die Neugierde auf die Geschichte im Inneren des Blattes zu lenken und dafür zu sorgen, dass sie auch wirklich niemand versehentlich überblättern konnte.

Ellen warf die Zeitung auf den Küchentisch, machte sich einen Espresso, setzte sich, trank einen Schluck und gleich noch einen, stellte die Tasse ab und holte tief Luft, bevor sie die Doppelseite genau in der Mitte der Zeitung aufschlug:

Vermisst. Verschollen.
Und beinahe vergessen

An einem tristen Märztag verschwindet die Lärchtaler Arzthelferin Ursula Gersdorff spurlos aus ihrem geordneten Leben. Jetzt, 16 Jahre später, soll sie für tot erklärt werden

Von Ellen Rausch

LÄRCHTAL. Auch heute wird Uschis Mutter wieder die Kerze vor dem gerahmten Foto der Tochter anzünden und Gott um ein Lebenszeichen bitten. Die Kerze auf der Kommode im Wohnzimmer entzündet die 84-jährige Liesel Pohl jeden Tag. Seit 16 Jahren. In fünf Wochen wird ihre geliebte Tochter sterben, sollte sich die spurlos verschwundene Arzthelferin nicht bis dahin in Zimmer 207 im ersten Stock des Amtsgerichts Lärchtal einfinden ...

Mitten auf der Doppelseite prangte riesengroß und seitenhoch das Foto, das Ursula Gersdorff bei der Hochzeit ihres Bruders Thomas Pohl im Sommer 1988 zeigte.

Den Besuch vor drei Tagen bei der 84-jährigen Mutter in der ehemaligen Fabrikarbeitersiedlung in Neukirch würde Ellen so schnell nicht vergessen. Sie saßen an jenem Sonntag zu dritt in der blitzblanken Küche: Liesel Pohl, ihr Sohn und Ellen. Die kleine, zierliche, weißhaarige Frau ließ die fremde Reporterin keine Sekunde aus den Augen, auch wenn sie zeitweise völlig teilnahmslos wirkte. Als würde sie der Inhalt des Gesprächs nichts angehen. Als sei das ausschließlich die Sache ihres Sohnes und dieser fremden Frau. Die 84-Jährige sprach kein Wort hochdeutsch. Sie redete ohnehin wenig. Vielleicht genierte sie sich gegenüber dem fremden Gast. Bei Ellen verstärkte sich von Minute zu Minute der Eindruck, dass sich die Frau in den vergangenen 16 Jahren einen seelischen Schutzpanzer zugelegt hatte, der auch in diesem Augenblick verhinderte, dass ihre Gefühle sichtbar wurden, während sie gemeinsam mit Ellen das dicke Album mit den Familienfotos durchblätterte.

Später, nachdem sie das Haus verlassen hatten, sagte Thomas Pohl, als müsse er sich für die Einsilbigkeit seiner Mutter entschuldigen: *Sie spricht nie darüber. Sie macht alles mit sich selbst aus. Mit sich und mit ihrem Herrgott.*

Nur ein einziges Mal hatte die alte Frau Ellen direkt angesprochen. Als ihr Sohn für einen Moment die Küche verlassen hatte, um das Familienalbum zu holen. Die Frau, die jeden Tag eine Kerze vor dem Foto ihrer Tochter anzündete, als wollte sie ihren Gott um ein Zeichen bitten, beugte sich über den Tisch, ergriff Ellens Hand, drückte sie fest und sagte fast flüsternd: *Die Uschi lebt nicht mehr. Ich spüre das. Die Uschi ist tot.* Dann kehrte Thomas Pohl zurück, und sie schauten sich die Fotos an:

Uschi als 16-Jährige in der Ausbildung im Labor der Arztpraxis des alten Gersdorff. Sie schaute angestrengt und zugleich voller Stolz durch ein Mikroskop. Lange Haare, fast bis zum Po, noch keine Locken, Mittelscheitel, ein kurzer, weißer Kittel, der ihre dürren Mädchenbeine freigab.

Uschi als 28-Jährige im Skiurlaub. Freche Zöpfe, freches Grinsen, Sommersprossen auf der Nase.

Uschi an einem namenlosen Strand. Bikini, gebräunte Haut, gute Figur, verträumter Blick.

Uschi als Braut, ganz in Weiß, in einer offenen Kutsche, vor die zwei Schimmel gespannt sind.

Ellen nahm das Foto aus dem Album und drehte es um. *9. Juli 1976.* Da war sie also 21 Jahre alt. Neben dem geöffneten Schlag der Kutsche stand ihr frisch angetrauter Mann und reichte ihr galant die Hand, um ihr beim Aussteigen behilflich zu sein. Der ebenfalls erst 21-jährige Veith Gersdorff trug einen taubenblauen, auf Taille gearbeiteten Samtanzug und eine überdimensionierte, ebenfalls taubenblaue Fliege. Mitte der 1970er Jahre war das vermutlich en vogue. Schwarzes, dichtes Haar, markantes Gesicht, ein Modellathlet mit der Figur eines Zehnkämpfers. Ein attraktiver Mann. Ein Traumpaar. Das Märchen vom Aschenputtel aus der Arbeitersiedlung, das statt eines echten Prinzen immerhin den einzigen Sohn eines Arztes heiratete.

Der Veith hatte sich ja nach dem Abitur als Zeitsoldat bei der Bundeswehr verpflichtet und da Medizin studiert. Anschließend hat er dann die Praxis des Vaters übernommen. Aber nicht als Frauenarzt, sondern als praktischer Arzt und als Facharzt für Hautkrankheiten. Dermatologe nennt man das. Das waren harte Zeiten am Anfang, weil die Praxis ziemlich heruntergekommen war und man sich ja wegen der anderen Fachausrichtung einen ganz neuen Patientenstamm aufbauen musste. Die haben sich damals echt was zusammen aufgebaut, die Uschi und der Veith. Die Uschi hat alles im Hintergrund gemanagt. Das Büro, das Telefon, die Termine, die Buchhaltung, die Abrechnungen mit den Krankenkassen, die ganze Wäsche und so ...

Das letzte Foto zeigte Uschi Gersdorff wenige Wochen vor ihrem 41. Geburtstag und drei Monate vor ihrem spurlosen Verschwinden. Weihnachten 1995. Sie saß in einem Sessel, der zweifellos zur Wohnzimmergarnitur ihres Elternhauses gehörte, wie Ellen mit einem Blick feststellen konnte. Sie trug einen schwarzen Gabardine-Hosenanzug. Das Jäckchen im Bolero-Stil, die Torero-Hose mit dem breiten Bund extrem hoch und eng geschnitten, sodass ihre schmale Taille betont wurde. So wie sie das mochte. Sie wirkte zierlich, fast mager. Wieder auffallend viel Schmuck, diesmal insgesamt sechs Ringe an den schmalen Fingern.

Sie sah weder besonders gesund noch besonders glücklich aus. So ganz anders als auf all den älteren Fotos.

Thomas Pohl tippte mit dem Finger auf das Foto.

Da war die Uschi schwanger.

Was? Hier? Als dieses Foto entstand?

Ja. Bei dem Weihnachtsfest hat sie uns das freudestrahlend erzählt. Sie war total glücklich. Endlich. Ich meine, sie war da ja auch schon fast 41 und zum ersten Mal schwanger. Leider hat sie das Kind verloren. Fehlgeburt. Einen Monat später schon.

Zwei Monate vor ihrem spurlosen Verschwinden.

Ellen machte sich eine zweite Tasse Espresso.

Die Fehlgeburt im Januar erklärte also die Krankmeldung, von der Uschis Vorgesetzte Helga Matzfeld berichtet hatte.

Ellen wandte sich wieder der aufgeschlagenen Zeitung zu und überflog ihren eigenen Text:

> Zeit heilt alle Wunden, heißt es. Doch der Heilungsprozess hat nie einsetzen können. Die Angehörigen von Vermissten leben permanent im seelischen Alarmzustand. Sie können nicht abschließen, solange nur ein einziger Funken Hoffnung besteht. Sie sind von einer unbeschreiblichen Leere erfüllt, weil ihnen die Rituale des Trauerns und Abschiednehmens versagt bleiben.
>
> Die Verschollenen existieren weiter, nehmen als Schattenmenschen am Familienleben teil, sind bei jedem Weihnachtsfest zugegen. Mitunter schleichen sich in die Köpfe der Verlassenen böse Gedanken: Wie konnte sie uns das nur antun, uns einfach so verlassen, ohne Nachricht, ohne ein Wort der Erklärung? Haben wir sie überhaupt richtig gekannt? Was haben wir denn nur falsch gemacht? Und warum hilft uns niemand?
>
> Die Gedanken drehen sich ewig im Kreis, und die kriminologische Forschung weiß, dass Angehörige von Langzeitvermissten häufig irgendwann auf Ablehnung stoßen. Man will die Geschichten nicht mehr hören. Das Umfeld geht auf Distanz, und die Angehörigen laufen zunehmend Gefahr, in die soziale Isolation abzurutschen.

Auch deshalb hat sich die Familie Pohl entschieden, ihre Uschi nun, nach fast 16 Jahren des vergeblichen Wartens und Hoffens, für tot erklären zu lassen.

Pro Jahr registriert das Bundeskriminalamt rund 100 000 Vermisstenanzeigen in Deutschland. Etwa 50 Prozent werden von den örtlichen Polizeidienststellen binnen Tagen aufgeklärt, mehr als 80 Prozent binnen Monatsfrist. Der Anteil der Personen, die seit mehr als einem Jahr vermisst werden, beläuft sich auf «nur» drei Prozent. Und dennoch sind dies in absoluten Zahlen nicht weniger als 3000 Menschen.

3000 Schattenmenschen alleine in Deutschland.

Ellen ging duschen. Sie verspürte keinen Hunger. Das passte gut. Denn sie hatte ohnehin nichts mehr im Haus, was sich als Frühstück geeignet hätte. Im Grunde hatte sie gar nichts mehr im Kühlschrank. Sie musste dringend mal wieder einkaufen. In den vergangenen sieben Tagen war sie neben den Recherchen zu dieser Vermisstensache zu gar nichts mehr gekommen. Nicht mal zu ihren Qigong-Übungen. Eine halbe Stunde täglich hatte sie sich vorgenommen. Eine halbe Stunde Tai-Chi-Qigong am Morgen gleich nach dem Aufstehen, eine Runde mit dem Fahrrad um den See nach der Arbeit. Um den Kopf freizukriegen. Das musste doch drin sein.

Nach der Arbeit.

Die Arbeit verfolgte sie bis in den Schlaf.

Schattenmenschen. 3000 Personen in Deutschland, über deren Verbleib nichts bekannt war.

Um 9 Uhr hatte sie den ersten Termin. Keine große Sache. Das Dach der katholischen Pfarrkirche wurde saniert und seit heute Morgen neu gedeckt. Mit Originalschiefer aus der Eifel. Gespräch mit Gemeindepfarrer Andreas Deutschmann und einem eigens für die lokale Presse angereisten Mitarbeiter der Unteren Denkmalschutzbehörde. Arno Wessinghage brauchte

120 Zeilen und drei Fotos plus einen Infokasten mit der Chronik der Kirche seit dem 13. Jahrhundert. Sollte er kriegen.

Ellen kletterte mit den beiden Männern im Dachgestühl der mittelalterlichen Kirche herum und hatte Mühe, sich auf den Monolog des Denkmalschützers zu konzentrieren, der ohne Punkt und Komma über die spezifischen Qualitäten des in der vulkanischen Osteifel unter Tage gewonnenen Schiefers schwadronierte.

Warum hatte Ursula Gersdorff für den 21. März die Arbeitszeit von vormittags auf nachmittags getauscht, wenn sie doch ohnehin nicht vorhatte, jemals an ihren Arbeitsplatz zurückzukehren? Um einen Vorsprung zu gewinnen?

Auch wenn die Akte vor elf Jahren ordnungsgemäß durch den Schredder geschickt wurde, weil der Vermisstenfall zu diesem Zeitpunkt seit fünf Jahren als aufgeklärt galt, so musste sich doch jemand bei der Polizei an jene vier Tage im März 1996 erinnern. Falls nicht alle damals Beteiligten heute in Rente waren.

Die Behörde blockte. Der Pressesprecher der Kreispolizei hatte Ellen am Telefon mit dem nichtssagenden Satz abgespeist, die Sache werde geprüft, und man werde zu gegebener Zeit mit einer schriftlichen Presseerklärung darauf reagieren.

Wenn Ursula Gersdorff mit einem Liebhaber durchgebrannt war und sich ins Ausland abgesetzt hatte, konnte sie selbst ihre Ehe wohl kaum noch als Traumehe wahrgenommen haben. Auch wenn Thomas Pohl heftig widersprochen hatte, als Ellen diesen Verdacht äußerte: *Sie hätten die beiden mal sehen sollen, als sie uns an Weihnachten 1995 in Neukirch besuchten: wie zwei frisch verliebte Turteltäubchen.* War dieses Verhalten der Schwangerschaft geschuldet? Veränderte die Fehlgeburt im Januar 1996 alles in dieser Ehe von Grund auf?

Ellen blickte hinauf zur Kirchturmuhr und verabschiedete sich vom Pfarrer und seiner denkmalpflegerisch vorbildlichen

Dachsanierung. Höchste Zeit. Um 10:30 Uhr hatte sie den nächsten Termin. Im Rathaus. Das einmal im Monat stattfindende Pressefrühstück mit dem Bürgermeister. Ein klassischer Hajo-Burger-Termin. Aber Burger war ja nun mal krank, und so hatte Arno Wessinghage ihr den Termin zugeschanzt.

Der Bürgermeister sah aus wie aus einem Bilderbuch, das Ellen als kleines Mädchen besaß. Noch mehr als den Bürgermeister hatte sie allerdings den Schutzmann mit seinem gewaltigen Walross-Schnurrbart geliebt. Der stand immer an der Straßenecke vor dem Tante-Emma-Laden und passte auf, dass kein böser Räuber der Tante Emma zu nahe kam.

Bürgermeister Clemens Urbach war genauso kompakt, pausbäckig und kahlköpfig wie sein Pendant aus Ellens Bilderbuch. Eine barocke Erscheinung im Dreiteiler. Nur die Gamaschen fehlten. Arno hatte Ellen gewarnt: *Der erste Eindruck täuscht gewaltig. Der Mann gibt sich gern jovial und volksnah. In Wahrheit ist Urbach ein ausgekochtes Schlitzohr.*

«Guten Tag. Ellen Rausch vom Eifel-Kurier.»

«Nanu? Wo ist denn unser Hajo?»

«Herr Burger ist leider krank.»

«Der Ärmste. Wieder das Magengeschwür?»

«Vermutlich.»

«Sehr bedauerlich, dass er ausgerechnet heute nicht dabei sein kann. Sie sind ja gar nicht im Thema drin.»

«Ich werde mir Mühe geben.»

«Das wäre im Interesse der Sache gar nicht schlecht. Schließlich geht es um die Zukunft unserer Stadt. Sind Sie neu beim Eifel-Kurier? Wie war noch mal Ihr Name?»

«Rausch. Ellen Rausch.»

Für den Bruchteil einer Sekunde zuckten Urbachs Mundwinkel. Als hätte er soeben an eine heiße Herdplatte gefasst.

«Gut. Dann sind wir ja vollzählig und können anfangen. Meine Damen und Herren, ich begrüße Sie ganz herzlich zu unserem monatlichen Pressefrühstück, das ja inzwischen schon zu einer guten Tradition geworden ist. Bitte bedienen Sie sich.»

Es gab Filterkaffee aus Thermoskannen und belegte Brötchen mit Schnittkäse, Leberwurst und halbierten Gürkchen.

Außer Ellen und Bürgermeister Clemens Urbach saßen an dem Konferenztisch zwei Männer, die als Leiter des Stadtplanungsamtes und Leiter des Bauamtes im Rathaus vorgestellt wurden, aber beide offenbar zum Schweigen und ehrfürchtigen Zuhören verdammt waren, ferner eine junge Frau, die als Reporterin für einen privaten, lokalen Radiosender im deutschbelgischen Grenzgebiet arbeitete und die Ellen schon häufiger bei Terminen in den vergangenen Wochen getroffen hatte. Gegenüber von Ellen saß ein spindeldürrer, dandyhaft gekleideter Mann mittleren Alters, der ihr mit gönnerhafter Miene und vielsagendem Lächeln seine Visitenkarte zuschob und sich auf diese Weise als Chefredakteur einer in Düsseldorf ansässigen Fachzeitschrift für Liebhaber des Golfsports zu erkennen gab. Eine dieser mit Werbung gespickten Hochglanz-Postillen, die in besseren Hotelzimmern auslagen.

Den Leiter des städtischen Planungsamtes hatte Ellen noch nie gesehen und dessen Namen sofort wieder vergessen, kaum dass Urbach ihn genannt hatte. Anfang vierzig vielleicht, einer dieser jungdynamischen, aalglatten Karrieristen. Aber dem Leiter des Bauamtes war sie schon mal begegnet. Gleich in der ersten Woche, bei der feierlichen Einweihung des Erweiterungsbaus des katholischen Kindergartens in Neukirch. Sie konnte sich sogar an den Namen erinnern, weil der Mann bei diesem Termin den verhinderten Bürgermeister vertreten hatte. Und Hajo Burger anschließend darauf bestanden hatte, dass der Name des Mannes in dem 80-Zeilen-Text auftauchte, obwohl der Mann bei der Einweihung so gut wie keinen Ton gesagt hatte.

Hans Knoop. Ja, so hieß der Mann, der sie nun mit scheuem, aber stetem Blick unentwegt über den Konferenztisch hinweg anstarrte. Ende fünfzig. Schütteres Haar, zerknitterter Anzug. Warum starrte er sie so penetrant an?

Ellen starrte zurück.

Der Mann sah augenblicklich weg.

Urbach räusperte sich. «Meine Damen und Herren, dieser heutige Tag ist ein ganz besonderer in der Geschichte unserer geliebten Heimatstadt. Ein Tag, der Lärchtal und seinen Bewohnern mit etwas Glück schon bald eine blühende Zukunft bescheren könnte. Sie ahnen es sicher schon: als Mekka des internationalen Golfsports. Denn heute Morgen erhielt ich die telefonische Bestätigung, dass unsere Anträge auf Bewilligung und finanzielle Unterstützung unseres wegweisenden Vorhabens in Düsseldorf und in Brüssel eingegangen sind. Natürlich wird die Prüfung einige Monate in Anspruch nehmen, aber der erste Schritt, der entscheidende Schritt ist nun getan. Ich bitte Sie allerdings eindringlich, diese Information zunächst noch vertraulich zu behandeln, bis die Sache in trockenen Tüchern ist. Aber dieses Pressefrühstück ist ja ohnehin in schöner, alter Tradition ein reines Hintergrundgespräch, nicht wahr, nur damit Sie die Dinge schon mal gehört haben und später richtig einordnen können.»

Ellen hasste Hintergrundgespräche. Sie waren moderne Maulkörbe, weil nichts, was dort mitgeteilt wurde, geschrieben werden durfte. Nur eitle und mittelmäßige Journalisten liebten Hintergrundgespräche. Weil sie sich geschmeichelt fühlten, dass man sie ins Vertrauen zog. Eitle und mittelmäßige Journalisten wie Hans-Joachim Burger. *Unser Hajo.*

Ein Golfplatz.

Mehr als das. Wenn Ellen die Pläne und Zeichnungen, die Auszüge aus der Baubeschreibung und die mit 3D-Software gebauten Bilder, die Urbach zwischen den Kaffeetassen auf dem Konferenztisch ausbreitete, richtig deutete, ging es um ein Golfer-Paradies mit 18-Loch-Platz, Driving Range, Clubhaus mit Duschen, Umkleiden, Sauna, Kamin-Lounge und angeschlossener

Golf-Akademie. Darüber hinaus waren ein 5-Sterne-Hotel mit 66 Doppelzimmern und acht Suiten sowie ein Spa-Bereich und ein Restaurant mit Spitzengastronomie geplant, weil man mit betuchten Gästen auch aus Belgien, Luxemburg, Frankreich und den Niederlanden rechnete.

Das Areal reichte bis ans Ostufer des Sees.

Der dichte Wald am Ostufer war auf den Ansichten allerdings nicht mehr zu sehen.

Einfach verschwunden. Und ihr Elternhaus am Westufer aus dieser Perspektive ebenso.

Ellen stellte bei solchen Hintergrundgesprächen grundsätzlich nie Fragen. Weil sie die Antworten nicht schreiben durfte. Also schwieg sie auch jetzt.

Urbach redete ohne Atempause. Investition in die Zukunft, klassische Win-win-Situation, ein Glücksfall für Lärchtal. Ellen hatte Mühe, sich zu konzentrieren. Der verschwundene Wald. Das verschwundene Haus am jenseitigen Ufer. Nach einer halben Stunde kam Urbach endlich zum Schluss.

Ellen hatte Stift und Notizblock in ihre Reportertasche gepackt und war schon im Begriff, mit den anderen das Büro zu verlassen, als der Bürgermeister sie zurückrief.

«Haben Sie noch eine Minute, Frau Rausch?»

Ellen kehrte zurück an den Konferenztisch und setzte sich.

«Sie sind doch die Tochter vom alten Rausch, nicht wahr?»

Ellen nickte.

«Mein nachträgliches Beileid. Ich kann Ihnen versichern, Ihre Eltern wurden in dieser Stadt hochgeschätzt. Fleißig. Bescheiden. So plötzlich aus dem Leben scheiden zu müssen, nur weil ein Lastwagenfahrer die Vorfahrt missachtet ... einfach unfassbar. Da fehlen einem die Worte. Zum Glück haben sie ja nicht leiden müssen. Sie sollen ja auf der Stelle tot gewesen sein.»

«Zumindest waren beide tot, als Feuerwehr und Notarzt nach

einer halben Stunde an der Unfallstelle eintrafen. Ob die Opfer von tödlichen Verkehrsunfällen nicht mehr leiden, wissen vermutlich nur die Opfer selbst.»

«Natürlich. Auch für die Stadt war das ein schmerzlicher Verlust. Ihre Eltern waren als langjährige Pächter ja so etwas wie die gute Seele des Campingplatzes. Solche zuverlässigen Leute, die das mit so viel Liebe und Hingabe machen, findet man heutzutage gar nicht mehr. Von dem Nachfolger haben wir uns schon wieder getrennt. Das ging gar nicht. Eine einzige Katastrophe war das. Der Mann war die halbe Zeit betrunken.»

«Und jetzt?»

«Was meinen Sie?»

«Haben Sie schon einen neuen Pächter?»

«Wir sind noch auf der Suche. So lange bleibt der Platz geschlossen. Ist ja ohnehin nur ein Saisongeschäft. Aber vielleicht passen ein Golf-Resort am Ostufer und der Campingplatz mit Badestrand am Westufer ja auch gar nicht so recht zusammen. Zum Beispiel wegen des völlig unterschiedlichen Publikums. Und wegen der Lärmentwicklung im Sommer durch den Badestrand am Campingplatz. Wasserflächen tragen Lärm ja besonders gut. Vielleicht wäre es die klügste Lösung, den Campingplatz zu schließen. Wir denken darüber nach. Die sanitären Anlagen müssten sonst dringend saniert werden, das ganze Areal entspricht nicht mehr dem heutigen Standard. Und woher soll die Stadt das Geld dafür nehmen? Am Ostufer müssen für das Golf-Projekt ohnehin ein paar Bäume fallen. Vielleicht sollte man im Gegenzug das Westufer komplett renaturieren und als Biotop ausweisen. Damit könnte man auch die Naturschützer beruhigen.»

«Das heißt aber doch im Klartext: Wenn die Stadt das Waldgrundstück am Ostufer an die Investoren verkauft und zugleich das Westufer unter Naturschutz stellt, dann gibt es gar keine Möglichkeit mehr, im See zu schwimmen.»

«Alles im Leben hat seinen Preis, Frau Rausch. So wie jede politische Entscheidung immer Vorteile wie auch Nachteile in sich birgt. Das ist alles eine Frage der sorgfältigen Abwägung. Und die perfekte Lösung gibt es nie. Auch nicht in diesem Fall. Aber: Die Camper lassen im Gegensatz zu den Golfern kaum Geld in der Stadt. Sie bringen ihre Lebensmittel von zu Hause mit, grillen abends vor dem Wohnwagen, statt unsere Gaststätten zu besuchen.»

«Glauben Sie denn im Ernst, dass die betuchten Gäste eines Golf-Hotels die Lärchtaler Dorfkneipen bevölkern und sich beim Lärchtaler Textileinzelhandel neu einkleiden?»

Clemens Urbach lehnte sich auf seinem Stuhl zurück, seufzte und schien sich soeben entschieden zu haben, Gespräche über das Projekt künftig nur noch mit Hajo Burger zu führen.

Ellen tippte mit dem Finger auf die Skizze, die den Blick von der Sonnenterrasse des Hotels über den See zeigte.

«Da fehlt übrigens mein Elternhaus am jenseitigen Ufer.»

Clemens Urbach beugte sich über die Pläne, als sei ihm dies bislang noch gar nicht aufgefallen.

«Ach, Frau Rausch. Sie wissen doch, wie diese Architekten sind. Haben immer nur das Ideal vor Augen. Allerdings muss ich sagen: Ein optisches Schmuckstück ist es ja tatsächlich nicht gerade. 1952. Der klassische Billigbau der Nachkriegszeit. Einfachverglasung. Da drinnen muss es doch ziehen wie Hechtsuppe. Die Stadt hat den Fehler begangen, das Haus Ende der 1960er Jahre zu einem Spottpreis an die Pächter des Campingplatzes zu verkaufen. Also an Ihre Eltern. Zum Glück nur das Gebäude. Läuft alles über Erbbaurecht. Das Grundstück gehört weiterhin der Stadt. Hätte man die Immobilie damals behalten und weiterhin an Ihre Eltern vermietet, dann hätten wir heute nicht das Problem.»

«Welches Problem?»

«Nun ja. Nicht, dass Sie denken, das sei alles auf meinem Mist gewachsen. Die Investoren sagen, es stört die Sichtachse.»

«Welche Sichtachse?»

«Die Gäste sollen nichts als unberührte Natur sehen und genießen dürfen, wenn sie ihren Blick über den See schweifen lassen.»

«Wer sind denn die Investoren?»

«Ein internationales Konsortium, das willens und in der Lage ist, sehr viel Geld in die Hand zu nehmen und ein solches Projekt zu stemmen. Das soll Ihnen zu diesem frühen Zeitpunkt einstweilen als Information genügen. Frau Rausch, ich schätze mal, Sie sind eine kluge und vernünftige Frau. Deshalb nehme ich auch an, Sie würden nicht nein sagen, wenn man eines Tages auf Sie zukäme und Ihnen ein gutes Angebot unterbreitete. Dann wären Sie die marode Hütte endlich los. Da herrscht ja sicher auch ein ganz gehöriger Investitionsstau. Die Stromleitungen, die über dem Putz verlaufen, die alten Wasserrohre, die vorsintflutliche Heizungsanlage, das ist doch alles noch aus den 1950er Jahren.»

«War's das, Herr Urbach?»

«Wie bitte?»

«Wenn Sie nichts mehr für mich haben, was die Lärchtaler Bürger am nächsten Mittwoch unbedingt im Eifel-Kurier lesen möchten, dann würde ich mich jetzt gerne verabschieden. Ich habe noch viel zu tun. War nett, mit Ihnen zu plaudern.»

TAG 23

Sonntag. Das Geläut der Kirchturmglocken wehte schwach über den in der Frühlingssonne funkelnden See und kündete vom Ende des Hochamtes. Es klang wie sanftes Meeresrauschen, wenn der Wind durch das frische, zarte Grün der Baumwipfel fuhr.

Ellen hatte sich eine Waldlichtung in der Nähe des Ufers

ausgesucht, um die 18 Grundübungen des Tai-Chi-Qigong zu absolvieren. Meditation durch sanfte Bewegung. Das Streben nach Harmonie von Körper und Seele, Atmung und Geist. Den Regenbogen schwingen. Die Wolken teilen. Den Affen abwehren. Wie eine Wildgans fliegen.

Nach einer halben Stunde war sie schweißgebadet. Die Wirkung der Übungen auf ihren Körper ließ nicht lange auf sich warten, mit Geist und Seele sah es allerdings anders aus. Ellen konnte ihren Kopf nicht ausschalten. Keine Chance. Zu viele Erinnerungen. Zu viele neue Gedanken.

Das Geläut der Kirchturmglocken war verstummt.

Ein Hund trottete über den schmalen Uferweg. Ein Border Collie. Die Ohren gespitzt, die Augen hellwach. Das Tier blieb stehen, ließ sich flach auf den Boden fallen, stellte den schwarzweiß gescheckten Kopf schief und betrachtete ungeniert das eigenartige Wesen auf der Lichtung, dessen zeitlupenartige, seltsam fließende Bewegungen so ganz und gar nicht in sein Interpretationsmuster der Gattung Mensch passten.

Dankbar, dass sein Herrchen Minuten später auf der Bildfläche erschien, sprang der Hund auf, tänzelte aufgeregt um ihn herum, wedelte eifrig mit dem Schwanz, ließ die rosafarbene Zunge aus dem Maul hängen, gab aber keinen Mucks von sich.

Der Mann war etwa in Ellens Alter. Er nickte freundlich und wandte seinen Blick sofort wieder diskret ab.

«Frank?»

Frank Hachenberg. Kein Zweifel.

Der Mann blieb stehen und drehte sich ungläubig um.

«Ellen!»

Er machte kehrt und stapfte über die Lichtung auf sie zu, strahlte übers ganze Gesicht. Und da waren sie plötzlich wieder, die ganzen Erinnerungen. Die Schulzeit. Der Nachmittag am See, ihre flüchtige Intimität. Ellen musste grinsen. Aus Frank Hachenberg war ein Mann geworden, natürlich.

Der Border Collie rannte los, überholte sein Herrchen, warf sich vor Ellen ins Gras, wälzte sich auf den Rücken und streckte alle viere von sich.

«Wen soll ich jetzt zuerst kraulen? Dich oder deinen Hund?»

«Mich natürlich.»

Ellen ging in die Hocke und kraulte den Border Collie am Hals. Der Hund fiepte dankbar.

«Hehehe, ich werde noch ganz eifersüchtig!»

Ellen richtete sich auf und umarmte den Mann, dem sie vor einer halben Ewigkeit die Unschuld genommen hatte.

«Schön, dass du wieder da bist, Ellen. Hatte sich natürlich schon rumgesprochen.»

«Hast du Lust auf ein zweites Frühstück?»

«Gute Idee.»

In der Küche gab Ellen dem Hund eine Schüssel mit Wasser.

«Magst du Rührei?»

«Klingt wunderbar. Kann ich dir helfen?»

«Nein. Setz dich einfach und erzähl mir was von dir.»

Frank Hachenberg setzte sich und schaute sich interessiert um, während Ellen vier Eier aufschlug, den Schneebesen aus der Schublade kramte, Milch aus dem Kühlschrank nahm und die Pfanne auf den Herd stellte.

«Was soll ich schon groß erzählen? Tja, der Hachenberg hat's tatsächlich wahr gemacht ...»

«... und ist Lehrer in Lärchtal geworden. Schon gehört.»

«Von wem?»

«Von Gaby.»

«Gaby Jacobs?»

«Klar. Du kannst dich also noch an sie erinnern.»

«Erinnern?» Frank lachte. «Weißt du, für dich sind das alles Figuren aus deiner fernen Vergangenheit. Für mich sind es Hauptdarsteller in meiner alltäglichen Gegenwart. Ich hatte ihre beiden Söhne in der Schule, den älteren in Sport, den jüngeren in Mathe. Arrogante Schnösel, alle beide. Eine ungesunde Überdosis Selbstbewusstsein, aber ohne jeden Funken Empathie. Richtige Sozialkrüppel. Passt ja in unsere Zeit. Die werden es noch weit bringen, da gehe ich jede Wette ein. Die Gaby mag ja eine ganz nette Frau sein, aber ihre beiden Söhne … Ist aber auch kein Wunder, bei dem Vater, den sie zum Vorbild hatten. Gisbert Jacobs war Vorsitzender der Schulpflegschaft, bis auch der jüngere Sohn das Abi in der Tasche hatte. An dem Tag, als er das Amt endlich aufgab, habe ich abends still und leise eine Flasche Champagner geköpft.»

«Kann ich gut verstehen.»

«Ein Kotzbrocken. Hast du noch Kontakt zu Gaby?»

«Wir haben uns 31 Jahre lang Ansichtskarten zum Geburtstag geschrieben. Sie aus Lärchtal, manchmal auch aus dem Urlaub, und ich von den wechselnden Stationen meines beruflichen Zigeunerlebens. Ich bin ja nie irgendwo so richtig heimisch geworden. An meinem zweiten Tag in Lärchtal rief ich sie an in meiner Not. Mir fiel nämlich schon am zweiten Abend die Decke auf den Kopf. Kleine Panikattacke. Sie sagte, ich soll doch einfach vorbeikommen. Fand ich sehr nett von ihr. Da habe ich auch ihren Mann kennengelernt. Der wurde allerdings auf eine nicht besonders angenehme Weise zutraulich.»

«Ja, so ist er, unser Lärchtaler Top-Banker. Der Gisbert Jacobs baggert jede Frau an. Hält sich für unwiderstehlich. Und ich fürchte, der Erfolg gibt ihm auch noch recht.»

«Der Erfolg als Banker?»

«Der Erfolg als Frauenheld.»

«Das heißt: Er betrügt Gaby?»

«Manchmal kann ich mich des Eindrucks nicht erwehren, dass in dieser bigotten Kleinstadt jeder jeden betrügt.»

«Und du?»

«Was meinst du?»

«Gehörst du zu den Betrügern oder zu den Betrogenen?»
«Ich habe niemanden, den ich betrügen könnte.»

Ellen stellte den Brotkorb und ein Holzbrett mit diversen Käsesorten auf den Tisch. Zum Glück hatte sie gestern groß eingekauft. Erst jetzt fiel ihr auf, dass sich Franks Haar von seinem Hinterkopf verabschiedet hatte. Der Hund wartete, bis Ellen sich setzte, dann legte er sich unter den Tisch zu ihren Füßen.

«Wenn er dich nervt, sag einfach Bescheid.»

«Er nervt nicht, er lässt mich dahinschmelzen. Was für ein Charmeur. Eine Scheibe Wurst kann ich ihm leider nicht anbieten. Oh, Pardon: dir leider auch nicht. Ich esse nämlich kein Fleisch, und ich habe nicht damit gerechnet, hier jemals Besuch zu empfangen. Ist er eigentlich ein Er oder eine Sie?»

«Wer? Alisa? Sie ist sogar vierfache Mutter. Wenigstens einmal wollte ich ihr die Mutterfreuden gönnen. Aber ich habe sie nach dem ersten Wurf sterilisieren lassen. Vier Welpen. Sie hat lange gebraucht, um mir zu verzeihen, dass ich ihre Kinder an fremde Menschen weggegeben habe.»

Alisa hob augenblicklich den Kopf, als ihr Name fiel. Ellen griff unter den Tisch und kraulte sie hinter den Ohren.

Frank sah sich erneut um.

«Als wäre die Zeit stehengeblieben. Die Küche, die Diele. Hier hat sich nichts verändert, bis auf die Espressomaschine.»

«Daran wird sich vorerst auch nichts ändern. Weil ich nicht weiß, wie lange ich bleibe.»

«Warum bist du überhaupt gekommen?»

«Weil ich dringend einen Job brauchte. Und Kalle mir den hier angeboten hat. Du kennst doch das Problem mit den irrationalen Verarmungsängsten der unteren Mittelschicht. Die haben wir doch schon mit der Muttermilch aufgesogen. Deswegen bist du doch auch vermutlich Beamter geworden.»

«Weiß nicht. Ich wollte unbedingt Lehrer werden. Schon immer. Über Unkündbarkeit und Pensionsanspruch und so was

habe ich damals gar nicht nachgedacht. Aber wir reden ja jetzt über dich und nicht über mich. Du warst doch eine echte Nummer in deiner Branche. Ich hab dich sogar mal im Fernsehen gesehen, in einer Talkshow, nachdem du diesen Pharmaskandal aufgedeckt hattest. Du müsstest doch überall einen Job kriegen.»
«Magst noch einen Kaffee?»
Frank nickte.
Ellen schäumte die erhitzte Milch auf, während die Maschine die Bohnen malte. Die feuerrote De Longhi war neben ein paar mitgebrachten Büchern, ihren Klamotten und ihren Schuhen tatsächlich das Einzige, was in diesem Haus an ihr früheres Großstadtleben erinnerte. Sie stellte die beiden Tassen auf den Küchentisch und setzte sich wieder.
Er hatte immer noch diesen gutmütigen, unschuldigen Dackelblick. Diesen Blick, den sonst nur ganz kleine Jungs haben. Und gewöhnlich verlieren, sobald sie Männer sein wollen.
«Frank?»
«Ja?»
«Warum hast du hier noch keine Frau fürs Leben gefunden?»
«Weil ich schwul bin.»
«Verstehe.»
«Schwul sein und Lehrer in Lärchtal ... die Kombination ist nicht ganz einfach. Ich kann das hier auf keinen Fall ausleben, und an eine feste Beziehung ist schon gar nicht zu denken. Nicht als Lehrer. Du hast keine Ahnung, wie die Leute hier sind. Dass ich schwul bin, weiß hier niemand. Du warst die erste und einzige Frau in meinem Leben, mit der ich geschlafen habe.»
«Ich fühle mich geehrt und geschmeichelt. Oder sollte ich mich eher beleidigt fühlen, weil du nach der Begegnung mit mir entschieden hast, nie wieder etwas mit einer Frau anzufangen?»
«Blöde Kuh. Du hast mich doch regelrecht verführt am See. Ich hatte doch gar keine Chance. Wenn es dich tröstet: Ich fand's richtig geil. Im Freien. Deine Schamlosigkeit. Dein androgyner

Körper. In Hörweite der anderen. Das Risiko, erwischt zu werden. Das war alles sehr aufregend.»

«Tja, das mit dem androgynen Körperbau hat sich inzwischen leider erledigt.»

«Ich habe erst als Student begriffen, dass ich anders bin ... dass ich mich nur in Männer verlieben kann. Das war am Ende des ersten Semesters, ich ... bis ich diese Erkenntnis akzeptieren konnte, verging noch mal viel Zeit. Du bist übrigens der erste Mensch in Lärchtal, dem ich das erzähle.»

«Danke für das Vertrauen. Sag bloß, du lebst deswegen wie ein Mönch. Das ist aber nicht gesund für die Seele.»

«Ab und an fahre ich freitagabends nach Köln, nehme mir ein Hotelzimmer und komme sonntags zurück.»

«Das geheime Doppelleben des Frank Hachenberg. Hast du schon mal daran gedacht, dich in eine größere Stadt versetzen zu lassen?»

«Ja.»

«Und? Was gibt's da für ein Problem?»

«Meine Mutter lebt noch. Ich kann sie nicht alleine lassen.»

«Ist sie krank?»

«Nicht direkt. Aber sie geht jetzt langsam auf die achtzig zu. Da kann doch jeden Tag was passieren.»

«Hast du schon mal darüber nachgedacht, dass sie ungefähr in deinem Alter war, als du dir nur ihr zuliebe das Problem mit einem geschlechtslosen Leben in Lärchtal an den Hals gehängt hast?»

«Ja. Aber da war sie doch schon Witwe. Allein. Einsam. Verstehst du? Mein Bruder lebte da schon in Zürich, mit Frau und drei kleinen Kindern.»

Ellen bohrte nicht weiter nach.

Stattdessen legte sie ihre Hand auf Franks Unterarm.

Mütter.

Sie kannte die Waffen der Mütter, die sie erbarmungslos gegen das Glück ihrer Kinder in Stellung brachten: Krankheit, Behinderung, Einsamkeit, die entbehrungsreiche, schlimmste aller schlimmen Kindheiten, der treulose oder grausame Ehemann. Alles, was geeignet erschien, ein permanent schlechtes Gewissen zu erzeugen, ließ sich zu wirkungsvollen Waffen schmieden. Die größte und nachhaltigste Wirkung hatten die Waffen der Mütter bei Einzelkindern. Oder bei Nachzüglern wie Frank.

«Frank?»

«Ja?» Er schluckte und kämpfte tapfer gegen die Tränen. Sie küsste ihn zärtlich auf die Wange.

«Hast du Lust auf einen Spaziergang? Dann erzähle ich dir zur Abwechslung mal von meinem verkorksten Leben. Man kann sein Leben nämlich auch ohne Zutun der Mütter versauen.»

Sie spazierten im Uhrzeigersinn um den See, vorbei an dem verwaisten Campingplatz, der verrosteten Schranke, dem mit Brettern vernagelten Fenster der Rezeption, die zugleich Kiosk und Frittenbude gewesen war. Noch immer hing die Langnese-Fahne neben der Tür. Verwittert und ganz blass von der Sonne. Aber die Holztische und die bunten, billigen Gartenstühle waren verschwunden. Ellen beschleunigte ihr Tempo.

Sie nahmen den Höhenweg, weil der Trampelpfad entlang des Ufers noch zu verschlammt war. Alisa lief voraus, blieb aber immer wieder stehen und sah sich kurz um, nur um sich zu vergewissern, ob die beiden Menschen ihr noch brav folgten.

«Lieber Frank, in was für einer gottverlassenen Gegend sind wir nur aufgewachsen.»

Frank lachte. Besser als heulen.

«Weißt du, wie die Preußen diesen Landstrich nannten, nachdem sie ihn 1815 beim Wiener Kongress von den Franzosen übernommen hatten?»

«Du wirst es mir sicher sagen.»

«Preußisch Sibirien. Passt doch, oder? Raues Klima, nirgendwo regnet es in Deutschland mehr als in der Eifel. Karge Böden, die nichts einbringen. Mehrere schwere Hungersnöte im 19. Jahrhundert. Krankheiten und Epidemien, Mangelernährung. Massenauswanderung nach Amerika. Im 19. und 20. Jahrhundert war die Eifel außerdem immer wieder Durchmarschgebiet. Westwall, Bunker und Panzersperren, Ardennenoffensive, die Schlacht im Hürtgenwald, das letzte Aufbäumen der Nazis gegen das vorzeitige Ende des Tausendjährigen Reiches. Lies mal Alfred Anderschs Roman *Winterspelt*.»

Ellen hakte sich bei Frank unter. «Werd ich mir merken. Kennst du den Roman *Weiberdorf* von Clara Viebig?»

«Sorry. Nie gehört.»

«Über die ersten Gastarbeiter, die aus einem Eifeldorf zu Fuß zur Kölner Dombauhütte marschierten und nur zu Weihnachten und zur Kirmes für ein paar Tage ihre Heimat besuchen konnten. Und was in dem Dorf den Rest des Jahres abging. Clara Viebig kennt heute leider kein Mensch mehr. Dafür haben die Nazis gesorgt. Weil sie den Fehler beging, einen Juden zu heiraten.»

«Mensch Ellen, wenn ich uns beide so reden höre, dann könnte man meinen, wir kleben doch stärker an unserer heimatlichen Scholle, als uns lieb ist.»

Sie schwiegen eine Weile und hingen ihren Gedanken nach, während sie dem Hund folgten.

«Nun bist du dran. Du wolltest mir von deinem verkorksten Leben erzählen», sagte Frank irgendwann.

Ellen lachte. «Also, dann wollen wir mal ... das war so ungefähr zwei Jahre, nachdem ich wegen des neuen Jobs von München nach Hamburg umgezogen war. Ich hatte alles, wovon viele ein Leben lang nur träumen können. Beruflichen Erfolg, Anerkennung, jede Menge Einladungen zu Partys, finanzielle Sorglosigkeit, ein traumhaftes Penthouse-Apartment mit Blick auf die Außenalster. Ich war auf dem absoluten Höhepunkt meiner Karriere ... als ich in diese Affäre mit meinem Chefredakteur schlitterte.»

«Schlitterte?»

«Ja. Leg jetzt bitte nicht jedes Wort auf die Goldwaage.»

«Ich meine nur: Schlittern klingt so unvermeidlich.»

«Du kennst ihn nicht. Und du kennst mich nicht, so wie ich war, damals. Wir hatten was getrunken.»

«Ach so. Was getrunken. Na dann. Das erklärt alles. Lass mich raten: Der Typ war verheiratet.»

«Ja.»

«Und es blieb nicht bei der einen Nacht.»

«Nein, blieb es nicht.»

«Und er sagte, er liebt dich und nur dich, und er ist so schrecklich unglücklich in seiner Ehe, seine Frau versteht ihn nicht und ist so unsensibel, und sobald die Kinder aus dem Gröbsten raus sind und das Abi in der Tasche haben, lässt er sich scheiden.»

«So ähnlich.»

«Und weil du ja so ein junges, unreifes Ding vom Land warst, hast du ihm das alles geglaubt.»

«Red keinen Unsinn. Ich war Mitte vierzig. Ich habe ihm das alles geglaubt, weil ich es glauben wollte.»

«Weil er dich auf Händen getragen hat? Oder weil der Sex mit ihm so phantastisch war?»

«Weil ich die totale Torschlusspanik hatte. Aus der Distanz betrachtet, war der Sex mit ihm allenfalls mittelmäßig. Männer in hohen Positionen überschätzen sich nicht nur im Job.»

«Wie lange lief das so?»

«Drei Jahre.»

«Drei Jahre! Du meine Güte. Drei Jahre lang die Nummer zwei, das ewige Warten, die ständige Angst vor Entdeckung, entwürdigende Zufallsbegegnungen in der Öffentlichkeit, einsame Wochenenden, verheulte Weihnachtstage, drei Jahre lang Lug und Trug und schlechtes Gewissen ...»

«Bitte hör auf damit.»

«Wie hast du das ausgehalten?»

«Ich hab mehrmals versucht, die Beziehung zu beenden.»

«Lass mich noch mal raten: Am Ende hast aber gar nicht du die Affäre beendet. Sondern er.»

«Weder noch. Eines Tages stand seine Frau vor meiner Wohnungstür. Sie sagte, sie wisse alles, sie habe es durch einen dummen Zufall herausgefunden, sie habe ihn zur Rede gestellt, ihm ein Ultimatum gestellt, ihr Mann habe ihr daraufhin alles gestanden und beteuert, niemals seine Ehe aufzugeben. Es war so erniedrigend. Die Arroganz dieser klapperdürren Gestalt im Prada-Kostüm. Dieser triumphierende Blick.»

«Gönne ihr den Triumph. Sei froh, dass du ihn los bist.»

«Heute sehe ich das tatsächlich so. Aber damals war ich schon sehr verletzt.»

«Wie hat er dir die Sache beigebracht?»

«Gar nicht. Er ließ sich von seiner Sekretärin verleugnen, er war nicht einmal zu einem letzten, klärenden Gespräch bereit.»

«Das ist wirklich nicht die feine Art. Aber liebe Ellen: Welches Ergebnis hattest du dir denn von einem letzten, klärenden Gespräch erwartet? Die Wahrheit? Die kanntest du doch auch schon so.»

«Weiß nicht. Keine Ahnung.»

Frank legte seinen Arm um ihre Schulter und wartete zwei Minuten mit der nächsten Frage.

«Das ist das Ende der Geschichte?»

«Leider noch nicht ganz.»

«Dachte ich mir schon.»

«Eine total bescheuerte Kurzschlusshandlung.»

«Nun ja. Total bescheuerte Kurzschlusshandlungen sind in solchen emotionalen Krisen eher die Regel als die Ausnahme.»

«Er ließ mir über die Personalabteilung einen Auflösungsvertrag und eine Abfindung anbieten. 120 000 Euro.»

«Nicht schlecht. Hätte meine Oma lange für stricken müssen. Ich vermute mal, du hast abgelehnt.»

«Ja. Ich Idiot. Stattdessen schrieb ich in meiner Wut für meinen alten Arbeitgeber in München unter Pseudonym ein Stück über das Schicksal von Zweitfrauen in Deutschland. Über die Ursachen und die Konsequenzen. Das Honorar habe ich an eines der autonomen Hamburger Frauenhäuser gespendet.»

«Wie nobel.»

«Dem Text war natürlich deutlich anzumerken, dass die Autorin sehr genau wusste, wovon sie schrieb. Obwohl ich natürlich keine Namen genannt habe ... und meine eigene Geschichte auch nur beispielhaft thematisiert und nicht unnötig dramatisiert habe. Allerdings hat er ruck, zuck rausgekriegt, wer hinter dem Pseudonym steckt. Irgendein Denunziant wird es ihm gesteckt haben. Irgendeiner seiner zahlreichen Männerfreunde. Diese Hochglanz-Branche ist wie ein Marktplatz voller Klatschweiber. Beiderlei Geschlechts. Oder es war von Anfang an ein abgekartetes Spiel. Keine Ahnung. Ist mir inzwischen auch egal.»

«Und du wurdest fristlos gekündigt, nehme ich an.»

«Vier Tage nach Erscheinen des Artikels wurde ich in die Personalabteilung bestellt. Der Justiziar persönlich drückte mir den Briefumschlag mit der fristlosen Kündigung in die Hand und ließ sich die Aushändigung quittieren. Begründung: die Konkurrenzausschluss-Klausel in meinem Arbeitsvertrag. Irreparabel zerstörtes Vertrauensverhältnis und so weiter. Ich musste auf der Stelle meinen Schreibtisch räumen und wurde anschließend von zwei Hausmeistern aus dem Verlagsgebäude eskortiert. Wahrscheinlich, damit ich unterwegs nicht auf die Idee komme, vor seiner Bürotür eine Bombe zu zünden.»

«Was dir durchaus zuzutrauen wäre.»

Sie passierten die Stelle, an der sie sich an einem heißen Sommertag vor 33 Jahren sehr nahe gekommen waren. Beide erkannten sie die kleine Sandbucht augenblicklich wieder, aber keiner von ihnen sagte ein Wort.

«Die Sache sprach sich rum wie ein Lauffeuer. Von da an machten alle einen großen Bogen um mich, als hätte ich Lepra oder eine andere lebensbedrohliche Krankheit.»

«Und deine Freunde?»

«Freunde?» Ellen lachte verbittert auf. «Party-Bekanntschaften. In dieser Szene checkt man neue Bekanntschaften ausschließlich unter dem Kriterium, ob sie einen beruflich weiterbringen. Oder aber vielleicht dem eigenen Ruf schaden könnten. Da war niemand mehr. Echte Freundschaften muss man wohl pflegen. Dafür fehlte mir immer die Zeit. Ich hatte all die Jahre überhaupt kein echtes Privatleben mehr. Nur der Job zählte. Nach der Kündigung gab es anfänglich noch vereinzelt diese peinlichen Kopf-hoch-Parolen bei zufälligen Begegnungen, wenn es die Leute nicht mehr rechtzeitig geschafft hatten, die Straßenseite zu wechseln. Am Ende dann gar nichts mehr. Niemand wollte mir einen Job geben. Alle Anstrengungen waren vergebens. Ein Reporter ist immer nur so viel wert wie seine jüngste Story. Und diese letzte Story war nun mal ein Riesenfehler gewesen. Mit ihr habe ich ihm ganz fürchterlich auf die Füße getreten. Ihn in seiner Eitelkeit verletzt. Verletze nie einen Mann in seiner Eitelkeit. Dann hast du einen Feind fürs Leben. Er hat seine Fühler überall in dieser Branche. Ich weiß, was für furchtbare Lügengeschichten er über mich verbreitet hat. Eine neurotische Stalkerin sei ich gewesen. Als meine Ersparnisse zur Neige gingen, ein halbes Jahr nach der Kündigung, habe ich die teure Penthouse-Wohnung an der Außenalster aufgegeben. 2300 Euro kalt pro Monat. War ja auch ziemlich irrsinnig, jeden Monat 2300 Euro nur für ein Dach über dem Kopf auszugeben, oder? Ich bin umgezogen, nach Wilhelmsburg, jenseits des Hafens, 48 Quadratmeter. Das Gute daran war: Da gab es dann keine zufälligen peinlichen Begegnungen mehr.»

Sie redete ohne Unterlass, während sie um den See spazierten, sie redete sich alles von der Seele, sie erzählte einem Menschen, mit dem sie seit mehr als drei Jahrzehnten nicht mehr gesprochen hatte, von dem tiefen, schwarzen Loch, in dem sie gefangen war und am Ende nur noch einen einzigen Ausweg sah: die Selbstvernichtung.

Die Hündin hielt sich unentwegt dicht an ihrer Seite und leckte ihr hin und wieder die Hand. Und Frank schwieg und hörte nur zu und unterbrach sie kein einziges Mal. Sie erzählte von der Klinik, von der Qual, in die Abgründe der eigenen Seele blicken zu müssen, von ihrer schmerzensreichen Wiedergeburt, sie redete, bis sie wieder in der Gegenwart und vor dem Haus ihrer Eltern angelangt waren, sie erzählte von Kalles Anruf und dem Treffen in Köln und seinem Angebot und der ersten Begegnung mit Hajo Burger, sie erzählte von den neuen Kollegen und von dem Zufall, dass Burger sich krankmeldete und Arno zum Zahnarzt musste und Steffi ihr die Redaktionspost auf den Schreibtisch legte und Ellen darin die acht dürren Zeilen des Amtsgerichts fand.

«Du hast ja einen ganz schönen Wirbel verursacht.»

«Womit?»

«Na, mit deiner Geschichte letzten Mittwoch.»

«Wirbel? Ich habe eher den Eindruck, dass kein Mensch in Lärchtal die Geschichte gelesen hat.»

«Da irrst du dich gewaltig.»

«Frank, ich hatte gleich am Mittwoch zufällig einen Termin beim Pfarrer und anschließend beim Bürgermeister. Bei Andreas Deutschmann wegen seines neuen Kirchendachs, bei Clemens Urbach wegen des Golfplatz-Projektes. Keiner der beiden hat auch nur ein Wort über die Geschichte verloren. Und in der Redaktion hat sich kein einziger Leser gemeldet. Als ob niemand hier diese Frau gekannt hat, die vor 16 Jahren spurlos verschwunden ist.»

«Das wundert mich überhaupt nicht.»

«Was?»

«Ellen! Du warst lange weg, das merkt man. Du bist längst zur Großstadtpflanze mutiert. Lass dich nicht täuschen. Ich sage dir: Jeder hier hat Uschi Gersdorff gekannt. Sofern er oder sie vor 16 Jahren schon erwachsen war und in Lärchtal wohnte. Aber diese beiden Eigenschaften treffen ja nun mal auf den Großteil der Einwohner zu. Obwohl ich sie nicht persönlich kannte, sehe ich sie noch vor mir, als sei es gestern gewesen: zum Beispiel, wie sie über den Marktplatz radelt, mit ihrem Holland-Fahrrad, so ein Körbchen auf dem Gepäckträger, für die Besorgungen, schwarze Lederhose, Pelzmantel, immer wie aus dem Ei gepellt.»

«Fahrrad und Pelzmantel? Interessante Kombi.»

«Sie hatte zweifellos einen gewissen Hang zur Exzentrik. Und sie zeigte gern, was sie hatte. Die Attribute ihres Wohlstandes, vor allem Kleidung und Schmuck. Sie demonstrierte gern, dass sie es zu etwas gebracht hatte. Seht her, ich habe es geschafft.»

«Ist ja auch als Arztgattin nicht so schwer.»

«Du täuschst dich schon wieder. Sie hat den Gersdorff kennengelernt, da hatte der noch nicht mal das Abi. Eine Jugendliebe. Sie hat ihn geheiratet, da war der noch Student.»

«Aber immerhin war ihr doch wohl klar, dass der Medizinstudent sich eines Tages ins gemachte Nest setzen und die Praxis seines Vaters übernehmen würde. Immerhin arbeitete sie doch schon als Arzthelferin bei dem Alten.»

«Die Praxis war völlig veraltet, als der Sohn sie übernahm. Regelrecht heruntergekommen. Außerdem hatte er ja als Allgemeinmediziner und Hautarzt ein anderes Fachgebiet als der Vater und musste sich also einen völlig neuen Patientenstamm aufbauen. Der alte Gersdorff war ja Frauenarzt gewesen, und einige Leute hier behaupteten damals, über kurz oder lang hätte der alte, sabbernde Sack ohnehin seine Approbation verloren, weil er die Finger nicht bei sich behalten konnte. Aber auch das wurde immer wieder unter den Teppich gekehrt, so wie in Lärchtal grundsätzlich alles unter den Teppich gekehrt wird. Jedenfalls: Ohne seine Frau Uschi als Arbeitstier und guten Geist im Hintergrund hätte Veith Gersdorff das nie und nimmer geschafft, die schwierigen ersten Jahre zu überstehen.»

«Und warum hat sie dann zuletzt in einer Klinik in Altkirch gearbeitet statt in der Praxis ihres Mannes?»

«Ich habe keine Ahnung.»

«Wenn doch alle in Lärchtal die Ursula Gersdorff gekannt haben, warum wird dann so ein Geheimnis aus ihrem Verschwinden gemacht? Ein Mensch verschwindet einfach so aus ihrer Mitte, und niemanden interessiert das?»

Frank ging in die Hocke und kraulte die Hündin unter dem Hals. Ellen kramte in den Taschen ihrer Jacke nach dem Schlüssel für die Haustür. War da noch eine Antwort auf ihre Frage zu erwarten? Sie zügelte mühsam ihre Ungeduld. Schließlich hob Frank den Kopf, sah zu ihr hoch und lächelte angestrengt. Tiefe Falten durchfurchten die Nasenwurzel und die Stirn.

«Machst du mir noch einen Milchkaffee?»

TAG 24

Mitten in der Tagesschau klingelte es an der Haustür. Hans-Joachim Burger legte die Wärmflasche beiseite, schloss den Hosengürtel und erhob sich ächzend vom Sofa.

Mit jedem und allem hatte er um diese Uhrzeit gerechnet. Mit seiner Frau, die den Spieleabend des katholischen Frauenverbandes vorzeitig verlassen und in ihrer Schusseligkeit vergessen hatte, ihren Hausschlüssel einzustecken. Mit dem Nachbarn, dem der Zucker oder das Salz oder was auch immer ausgegangen war.

Aber nicht mit Clemens Urbach.

«Du?»

«Ja, ich. Darf ich reinkommen? Oder wollen wir uns lieber hier draußen unterhalten?»

Burger ließ Urbach den Vortritt und schloss die Tür. Urbach setzte sich unaufgefordert an den ovalen Biedermeier-Esstisch aus Kirchbaum, schob mit dem Handrücken die Tischdeko wie eine lästige Fliege beiseite, legte seine abgewetzte Aktentasche auf die Tischplatte, öffnete sie, zog ein Papier heraus, entfaltete es zur vollen DIN-A-3-Größe und schob es Burger zu.

Eine Fotokopie der Doppelseite vom vergangenen Mittwoch.

«Wer ist diese Frau?»

«Uschi Gersdorff. Die erste Frau von ...»

«Ich meine die Autorin, du Idiot.»

«Ellen Rausch.»

«Lesen kann ich selbst.»

«Die Tochter vom alten Rausch.»

«Hajo, du bringst mich noch zur Weißglut. Ich weiß, dass sie die Tochter vom Rausch ist. Ich will von dir wissen, wie sie ist, wie sie tickt, wann sie pinkeln geht, von wem sie sich ficken lässt, wer sie eingestellt hat und was sie im Schilde führt.»

«Eingestellt hat sie der Malik. Da wurde ich gar nicht gefragt. Ist wohl eine alte Jugendsünde von ihm, habe ich gehört. Hat mal was mit ihr gehabt, als er noch hier zur Schule ging. Ansonsten weiß ich nicht viel über sie.»

«Wie kommt sie dazu, in dieser alten Sache rumzuschnüffeln?»

«Ich weiß es nicht.»

«Ich dachte, du bist hier der Redaktionsleiter!»

«Sie ist wohl zufällig darauf gestoßen. Durch die ...» Burger hielt die Luft an. Das Geschwür. Er versuchte, den heftigen Schmerz in seinem Bauch zu ignorieren. Als zöge ihm jemand ein Messer kreuz und quer durch den Unterleib. Burger war auf der Hut. Er kannte diesen plötzlichen Wechsel im Tonfall. Urbach spielte in der Öffentlichkeit gern die Rolle des gemütlichen, tapsigen Tanzbärs. Das mochten die Leute. Seine Wähler. Die perfekte Tarnung.

In Wahrheit war Urbach ein Alligator.

Der seine Opfer mit Haut und Haar verschlang.

«Clemens, das lief alles während meiner krankheitsbedingten Abwesenheit. Ich wusste nichts davon.»

«Dann überleg dir mal, wie du das wieder zurechtbiegst. Jetzt wäre übrigens der richtige Zeitpunkt, deinem Gast etwas anzubieten. Ich könnte einen Cognac vertragen.»

Burger erhob sich, dankbar für die Gesprächspause, und holte einen Cognac. Sein Gehirn lief auf Hochtouren. Aber seine Gedanken drehten sich nur im Kreis.

Urbach nahm einen Schluck aus dem Schwenker und verzog augenblicklich das Gesicht.

«Was für ein Fusel. Wo hast du den denn her?»

«Keine Ahnung. Den hat meine Frau gekauft.»

«Hast du mich verstanden? Du rückst das wieder gerade in der Zeitung. In der nächsten Ausgabe. Ist das klar?»

«Aber ich ...»

«Kein Aber!»

«Klar. Du kannst dich auf mich verlassen.»

Urbach ließ seine Bauarbeiterfaust auf den Tisch knallen. «Ich kann es immer noch nicht fassen. Das ist eine Ungeheuerlichkeit, den Veith so bloßzustellen. Nach so vielen Jahren erneut dem hässlichen Dorfklatsch auszuliefern. Du hast ja keine Ahnung, wie der damals gelitten hat, als die Uschi mit dem Belgier auf und davon ist. Hajo, jetzt pass gut auf: Wenn Gersdorff ins Zwielicht gerät, wenn Lärchtal ins Gerede kommt, wenn andere Medien, die etwas bedeutender sind als dein dämliches Käseblatt, hier auftauchen und rumschnüffeln und auf das Golfplatzprojekt stoßen, dann springen die Investoren ab. Dann war's das. So schnell kannst du gar nicht gucken, wie die das sinkende Schiff verlassen. Dann platzt der Luftballon. Paff. Dann gibt's einen gewaltigen Knall, und alles schwappt an die Oberfläche. Dann können wir alle einpacken. Aber der Erste, der dann einpacken kann, das bist du. Dafür werde ich sorgen.»

«Clemens, nun beruhige dich doch. Ich sagte doch schon ...»

«Halt die Klappe. Das war erst Punkt eins.»

«Was noch?»

«Es gibt immer drei Möglichkeiten. Erste Möglichkeit: Man kauft lästige Störenfriede ein. Jeder hat seinen Preis. Zweite Möglichkeit: Man macht lästige Störenfriede mundtot, indem man ihren Ruf zerstört. Bis sie sich vor Scham verkriechen. Dritte Möglichkeit: Man sorgt dafür, dass sie für immer verschwinden.»

«Verschwinden? Was soll das heißen?»

«Spreche ich so undeutlich? Verschwinden heißt verschwinden! Einfach weg aus Lärchtal.»

«Damit möchte ich nichts zu tun haben.»

«So? Damit möchtest du nichts zu tun haben?» Urbach beugte sich über den Tisch und packte Burgers Handgelenk. «Dafür ist es jetzt zu spät, Hajo. Das hättest du dir vorher überlegen sollen – bevor du die Pressearbeit für das Golfresort-Projekt übernommen hast. Erklär doch mal jemandem die völlig überzogenen Honorare, die du bislang dafür erhalten hast. Auf welcher Steuererklärung tauchen die eigentlich auf? Und wie lässt sich das überhaupt mit deinem Posten beim Eifel-Kurier vereinbaren? Mit dem Pressekodex? Was würde Malik wohl dazu sagen, wenn er das wüsste?»

Urbach hielt ihm die Belege unter die Nase. Quittungen, die Burgers Unterschrift trugen.

«Meinst du, ich überlasse irgendwas dem Zufall? Hajo, du hängst da mit drin.»

Burger sackte sichtlich in sich zusammen.

«Ich muss mehr über die Rausch erfahren. Du musst ihren wunden Punkt finden. Die soll nicht denken, dass sie einfach herkommen kann und schreiben kann, was sie will. Das mit der Uschi und unser Projekt … sie soll die Finger davon lassen. Sonst wird sie noch den Tag verfluchen, an dem sie zurück nach Lärchtal gekommen ist.»

TAG 26

Botulinum-Neurotoxin, besser bekannt unter dem handelsüblichen Namen «Botox», fällt als Nervengift unter das Kriegswaffen-Kontrollgesetz. Lähmt injiziertes Botulinum-Neurotoxin über längere Zeit die emotionale Mimik der Gesichtsmuskulatur, dann schränken mit der Zeit auch die gefühlsverarbeitenden Hirnregionen ihre Aktivität ein, weil sie über die Rezeptoren das Signal erhalten, nicht mehr benötigt zu werden.

Es gibt Großstadtgeheimnisse.
Es gibt Kleinstadtgeheimnisse.
Großstadtgeheimnisse bleiben gewöhnlich nie lange geheim. Sie werden munter verbreitet und lustvoll ausgeschmückt, selbst wenn sie frei erfunden sind. Großstadtgeheimnisse erfüllen einen sozialhygienischen Zweck: Sie schaffen ein wärmendes Gefühl der Gemeinsamkeit und Verbundenheit in einem anonymen Lebensumfeld, das dem vereinsamenden Rudeltier Mensch in der Regel wenig Gelegenheit zu Empfindungen wie Gemeinsamkeit oder Verbundenheit bietet.
Kleinstadtgeheimnisse hingegen werden sorgsam gehütet. Das gemeinsame Schweigen, ein ungeschriebenes Gesetz wie das der Omertà unter Mitgliedern der Mafia, erfüllt ebenfalls

einen sozialhygienischen Zweck: Es sichert das Überleben der kleinstädtischen Sozialgemeinschaft.

Dr. Veith Gersdorff war ein geachtetes Mitglied seiner Sozialgemeinschaft. Er war Vorstandsvorsitzender und Mäzen des Tennisclubs TC Blau-Weiß Lärchtal, er stiftete Trikots und Pokale für die Jugendmannschaften der Fußballabteilung des TuS Lärchtal, er unterstützte Pfarrfeste, Schulfeste, Junggesellenfeste, Schützenfeste mit beträchtlichen Summen.

Außerdem war er das Verbindungsglied zwischen den Eliten der Kleinstadt und einer internationalen Investmentgruppe, die das Geld ihrer Kapitalanleger in ein Golfresort samt Luxushotel am Lärchtaler See zu investieren gedachte. Gersdorff hatte es geschafft, das Interesse der Investoren überhaupt erst auf das abgelegene Fleckchen Erde im tiefen Westen der Eifel zu lenken. Dabei waren ihm seine beruflichen Kontakte sowie jene der einflussreichen Gatten seiner Kundinnen hilfreich gewesen.

Der Facharzt für Allgemeinmedizin und Dermatologie überließ die Behandlung von Schuppen und grippalen Infekten bereitwillig der örtlichen Konkurrenz, seit er sich vor geraumer Zeit und mit stetig wachsendem wirtschaftlichen Erfolg aufs Spritzen spezialisiert hatte. Darin war er ein wahrer Meister: Falten unterspritzen mit Hyaluronsäure oder Botox, Lippen aufspritzen mit Kollagen, körpereigenem Fett oder Silikon. Dr. Gersdorff betrieb ästhetische Medizin ohne Skalpell, und das in Perfektion. Sein Ruf und seine schonende Methode waren inzwischen legendär und lockten vornehmlich weibliche Patienten von Frankfurt bis Düsseldorf nach Lärchtal. Seit einigen Jahren strahlte sein guter Ruf auch über die nahe Staatsgrenze hinweg bis in die besseren Gegenden von Brüssel, Antwerpen, Luxemburg, Amsterdam und Den Haag. Und genau das, nämlich die Ausweitung seines Einzugsgebietes, war Gersdorffs Problem. Die medizinischen Eingriffe waren zwar ambulant zu bewältigen, doch die weite Anreise ließ die Kundschaft immer häufiger nach adäquaten Übernachtungsmöglichkeiten fragen. Hinzu kam, dass auch Patientinnen aus der näheren Umgebung wie Köln, Bonn, Aachen oder Trier das Bedürfnis verspürten, sich nach dem Eingriff noch ein paar Tage und Nächte in der Abgeschiedenheit der Eifel zu verkriechen, bis die nur kurzzeitig hässlichen Folgen der Behandlung ausreichend abgeklungen waren, um sich in neuer Jugend und Schönheit wieder zu Hause öffentlich zu präsentieren. Doch die gewünschten adäquaten Übernachtungsmöglichkeiten existierten in Lärchtal nun mal nicht. Eine eigene stationäre, hotelartige Privatklinik war schlichtweg nicht finanzierbar und medizinisch auch nicht angezeigt. Und die biederen Pensionen für Wanderer, die billigen Hotels für durchreisende Handelsvertreter und Monteure kamen natürlich für Gersdorffs Klientel nicht in Frage.

Ein Golf-Resort mit Fünf-Sterne-Hotel und Spitzengastronomie würde das Problem auf der Stelle lösen. Dr. Veith Gersdorff plante zudem, die räumlich an ihre Grenzen stoßende Praxis in dem denkmalgeschützten Altbau am Marktplatz aufzugeben und eine neue, moderne, großzügig geschnittene Tagesklinik im ersten Stock des Hotelneubaus zu eröffnen.

Gersdorffs geschäftliche Interessen deckten sich harmonisch mit den politischen des Lärchtaler Bürgermeisters. Clemens Urbach war wild entschlossen, das Projekt samt Baubeginn noch vor der Kommunalwahl im Mai 2014 durchzupeitschen. Seine von ihm gegründete FWG stellte seit 2009 die mit Abstand stärkste Fraktion im Rat. Und mit Gisbert Jacobs, Gabys Ehemann und Direktor der Sparkasse, hatte Urbach einen Fraktionsvorsitzenden, der nach seiner Pfeife tanzte. Ein Projekt, bei dem es um viel Geld ging. Sehr viel Geld. Öffentliche Zuschüsse in zweistelliger Millionenhöhe. Vom Land. Vom Bund. Von der EU. Zur Förderung einer extrem strukturschwachen Region in Europa.

Ellen, das scheint wohl zur Natur des Menschen zu gehören: Sobald es um viel Geld geht, setzt die Moral aus. Auch hier in Lärchtal wollen sich manche Leute ein dickes Stück vom Kuchen abschneiden. Allen voran Clemens Urbach.

Mein Kollege Arno Wessinghage hat mich schon gewarnt, Urbach sei ein ausgekochtes Schlitzohr.

Ellen, das ist echt die Untertreibung des Jahrhunderts. Urbach trampelt jeden gnadenlos nieder, der sich ihm in den Weg stellt. Ohne mit der Wimper zu zucken.

Behauptete Frank Hachenberg.

Frank musste es wissen. Oberstudienrat Frank Hachenberg saß nämlich seit 2009 im Stadtrat. Für die Grünen.

Was? Du machst Kommunalpolitik?

Ja. Warum denn nicht?

Ellen sah auf die Uhr. Kurz nach sieben. Deutlich zu früh, um Arno anzurufen. Wer wurde schon gern beim Frühstück mit dienstlichen Dingen behelligt? Aber sie musste ihn sprechen, noch bevor er zur Arbeit fuhr. Sie musste ihm erzählen, was sie in den vergangenen zwei Tagen herausgefunden hatte. Sie brauchte einen Feedback-Partner. Ein Korrektiv. Jemanden, der die richtigen Fragen stellte. Arno war der Einzige in der Redaktion, der das konnte.

Theoretisch konnte sie ihn natürlich auch später in der Redaktion ansprechen. Aber sie hatte um halb zehn den ersten Termin, die Einweihung des neuen Kinderspielplatzes in Kirchfeld, den Mitglieder des Junggesellenvereins ehrenamtlich errichtet hatten. Außerdem war Hans-Joachim Burger inzwischen genesen und seit Montag wieder im Dienst. Ellen dachte mit Grauen daran, ihm heute erstmals wieder zu begegnen. Sie hatte gestern und vorgestern Urlaub genommen, um ein paar private Dinge zu regeln. Zum Beispiel ihr Auto bei der Kreisverwaltung in Altkirch umzumelden. Und um in dieser mysteriösen, 16 Jahre alten Vermisstengeschichte endlich voranzukommen.

Sie setzte sich auf die verwitterte Holzbank draußen auf der Veranda, ließ ihren Blick über den See schweifen, nippte an ihrem Kaffee und widmete sich wieder dem Inhalt ihres Notizblocks.

Das Golfresort-Projekt.

Da stand eine Menge auf dem Spiel. Sprudelnde Gewerbesteuern zum Beispiel. Und die Hoffnung auf Arbeitsplätze sowie lukrative Aufträge für Zulieferer aus der heimischen Wirtschaft.

Einzelhandel. Landwirtschaft. Bauwirtschaft.

Clemens Urbach war Bauunternehmer. Nach seiner ersten Wahl zum hauptamtlichen Bürgermeister im Jahr 1999 hatte er seine Ehefrau als Geschäftsführerin der Firma eingesetzt.

Drei Jahre zuvor war Ursula Gersdorff spurlos verschwunden.

Am 21. März 1996.

Wenn doch alle in Lärchtal die Ursula Gersdorff gekannt haben, wie du sagst: Warum wird dann so ein Geheimnis aus ihrem Verschwinden gemacht? Ein Mensch verschwindet einfach so aus ihrer Mitte, und keinen interessiert das?

Kleinstadtgeheimnisse.

Ganz einfach, Ellen. Sie hatte einen Liebhaber. Einen schwerreichen belgischen Geschäftsmann aus Brügge, der in Bad Godesberg ein Ladenlokal in bester Lage unterhielt und mit wertvollen Antiquitäten handelte. Also nicht diesen Plunder vom Flohmarkt, richtige Antiquitäten. Möbel, Kunstwerke und so weiter. Bonn war da zwar schon nicht mehr Bundeshauptstadt. Aber bis Ende der 1990er Jahre war ja noch eine Menge Politikervolk da und das Bad Godesberger Diplomatenviertel voll mit potenziellen Kunden. Ich vermute allerdings, dass der Belgier früh die Zeichen der Zeit erkannt hat und ihm klar war, dass es irgendwann vorbei sein würde. Jedenfalls hat sich die Uschi Gersdorff mit ihm ins Ausland abgesetzt, um ein neues Leben anzufangen.

Ins Ausland ...

Nach Brasilien, hieß es.
Woher weißt du das alles?
Das hat man sich damals erzählt.
Wer hat das erzählt?
Keine Ahnung. Ist ja auch schon eine Weile her. Alle hier haben das damals erzählt. Sie soll ja auch schon vorher einige außereheliche Beziehungen gehabt haben. Aber ihr Mann hat ihr jedes Mal verziehen. Alle hatten damals Mitleid mit Veith Gersdorff. Diese undankbare Frau. Erst holt er sie aus der Arbeitersiedlung, trägt sie auf Händen, behängt sie mit Pelzmänteln und teurem Schmuck, und zum Dank geht sie ständig fremd und brennt schließlich mit diesem Belgier durch.
Ist das auch deine Meinung?
Ellen, ich gebe nur wieder, was man sich damals hier in Lärchtal so erzählt hat. Aber ich habe auch keine Anhaltspunkte, die für eine andere Version sprechen.

Ellen war noch am Sonntag, gleich nachdem Frank aufgebrochen war, zur Familie Pohl nach Neukirch gefahren.

Thomas Pohl hockte mit hängenden Schultern auf dem Sofa wie ein Häuflein Elend. Seine Frau Elke saß neben ihm und hielt seine Hand. Eine nette, warmherzige Frau.

Warum haben Sie mir nichts von diesem Belgier erzählt?
Ich hatte es einfach vergessen. Längst verdrängt. Es war so erniedrigend. Es war so demütigend.
Was?
Meine Schwester, eine notorische Fremdgängerin ...
Kannten Sie ihn?
Wen?
Diesen Belgier.
Nein.
Herr Pohl, Sie müssen mir alles sagen. Auch wenn es unangenehm ist. Sonst finden wir nie die Wahrheit heraus.
Was soll ich denn sagen? Ich wusste doch auch vor Uschis Ver-

schwinden nichts von irgendwelchen Liebschaften. Und von der Sache mit diesem Belgier habe ich so wie alle anderen erst nach ihrem Verschwinden gehört.
Elke Pohl nickte heftig.

Am Montag fuhr Ellen nach Hessen. Langen, eine Kleinstadt knapp 20 Kilometer südlich von Frankfurt. Den Namen der Frau und die Adresse hatte sie von Elke Pohl.
Wilma Neuhaus. Nachbarskind. Klassenkameradin. Uschis beste Freundin bis ins frühe Erwachsenenalter.
Eine ernste Person, konzentriert und besonnen.
Sie war ehrgeizig. Immer die Klassenbeste. Sie hat immer fleißig gelernt. Sie wollte es zu etwas bringen, wollte raus aus der Siedlung. Aber sie hatte auch eine starke soziale Ader. Sie hätte einem ihr letztes Hemd gegeben, wenn man in Not war.
Wilma Neuhaus war ebenfalls in der Siedlung aufgewachsen. Sie hatte mit Uschi Pohl die Grundschule und die Realschule besucht. Auch als sie später in Bonn wohnte und als Sekretärin in der Staatsschutzabteilung des Bundeskriminalamtes arbeitete, hielt sie noch Kontakt zu Uschi. Erst als Wilma Neuhaus mit ihrem Mann nach Hessen umzog, ebbte der Kontakt ab. Man telefonierte nur hin und wieder, schrieb sich gelegentlich Briefe.
Wir haben oft zu viert Silvester gefeiert, als wir beide schon verheiratet waren, oder sind zusammen in den Urlaub gefahren.
Gerd Neuhaus, Wilmas Mann, ein angenehm zurückhaltender und höflicher Mensch, holte den Projektor und eine Kiste mit alten Super-8-Filmen vom Speicher.
Das war an der holländischen Nordsee. Stimmt's, Gerd?
Ja. In der Nähe von Zandvoort.
Da muss die Uschi so 25, 26 gewesen sein. So wie ich auch. Wir hatten ein Häuschen am Meer gemietet, mit zwei Schlafzimmern. Für ein verlängertes Wochenende. Abends haben wir dann immer zusammen gegessen. Mal haben die Männer gekocht und die Frauen abgewaschen,

am nächsten Abend war es dann umgekehrt. Wir hatten immer viel Spaß zusammen.

Uschi und Wilma beim Abwasch. Gerd filmt. Manchmal springt Veith ins Bild und macht Faxen. Albern. Wilma lacht. Uschi nicht. Sie wirkt ernst. Schüchtern. Scheu. Fast teilnahmslos. Trocknet sorgsam das Geschirr ab. Setzt sich anschließend mit den anderen wieder an den Tisch und nippt an ihrem Glas. Vielleicht fühlt sie sich wegen der laufenden Kamera unwohl.

Später dann, als Wilma und ich schon nach Hessen gezogen waren, luden uns die Gersdorffs ab und zu nach Lärchtal ein, zum Beispiel zu ihrem alljährlichen Sommerfest. Da waren dann natürlich noch andere Gäste. Diese Ungezwungenheit von früher war weg. Sie wollten uns demonstrieren, was sie inzwischen für einen tollen Bekanntenkreis hatten, seit es ihnen wirtschaftlich gut ging. Leute aus dem Tennisclub, Kollegen von Veith, ein Professor auch, Unternehmer von weit her, sogar ein Botschafter war mal da. Diese Leute trugen die Nase ziemlich hoch, und wir hatten das Gefühl, sie sehen auf uns herab. Also nicht die Uschi, der Veith auch nicht. Aber diese Leute, mit denen sie sich neuerdings umgaben. Da haben wir uns nicht mehr wohlgefühlt und den Kontakt allmählich einschlafen lassen.

Welchen Eindruck hatten Sie von der Ehe? Waren die beiden glücklich?

Also, wir hatten ja die letzten Jahre bis zu Uschis Verschwinden nur wenig Kontakt. Gesehen haben wir uns gar nicht mehr.

Und vorher?

Eine Ehe wie aus dem Bilderbuch. Ständig klebten sie aneinander, fassten sich an, Küsschen hier, Küsschen da. Mir schien das manchmal etwas aufgesetzt zu sein. Vor allem in der Öffentlichkeit. Als würden sie Rollen spielen, sobald andere dabei waren.

Was könnte das bedeuten?

Ich weiß es nicht. Ich weiß es wirklich nicht.

Wie haben Sie von Uschis Verschwinden erfahren?

Veith rief mich an. Ungefähr eine Woche danach. Da erzählte er auch, sie sei ständig fremdgegangen, schon seit Jahren. Da könne er ganze Aktenordner füllen mit ihren Affären. Da war viel Hass in seiner Stimme. Keine Trauer, sondern Hass.

Glaubten Sie ihm?

Warum nicht? Warum sollte er mir das denn sonst erzählen? Natürlich war ich irritiert. So kannte ich die Uschi nicht. Ich hatte sie von früher eher als schüchtern und zurückhaltend gegenüber Männern in Erinnerung.

Kurz vor acht. Ellen klappte das Notizbuch zu, ging zurück ins Haus und wählte Arnos Privatnummer. Er meldete sich nach dem zweiten Klingeln.

«Ja?»

«Guten Morgen, Arno. Ellen hier. Bevor du in die Redaktion fährst, würde ich gerne noch mit dir ...»

«Ellen!»

«Was denn?»

«Hast du schon in die Zeitung geschaut?»

Mittwoch. Der Erscheinungstag des Eifel-Kuriers. Sie hatte völlig vergessen, die Zeitung aus dem Briefkasten zu holen.

«Schau in die Zeitung, Ellen. Es ist vorbei.»

Aufgelegt.

Schlüssel.

Gartentor.

Briefkasten.

Der Schlüssel hakte in dem verrosteten Schloss des verbeulten Briefkastens. Geh endlich auf, du verdammter ...

Titelseite.

Die Aufmachung.

Ellen wurde schwarz vor Augen.

Sie torkelte zurück in die Küche, ließ sich auf den Stuhl sacken und schloss die Lider.

Alles drehte sich im Kreis.

Vermisstenfall offenbar aufgeklärt

Polizei: Neue Erkenntnisse nach aktuellen Ermittlungen

Von Hans-Joachim Burger

LÄRCHTAL. Nach jüngsten Erkenntnissen der Polizei hat sich die vor 16 Jahren spurlos verschwundene Lärchtaler Arzthelferin Ursula G. seinerzeit tatsächlich, wie schon lange vermutet, mit einem Liebhaber ins Ausland abgesetzt, um dort ein neues Leben zu beginnen. «Wir haben nach aktuellen Ermittlungen allen Grund zu der Annahme, dass sich die Verschollene im Ausland befindet und ihren einstigen Lebensmittelpunkt freiwillig verlassen hat», bestätigte jetzt ein Sprecher der Kreispolizeibehörde Altkirch auf Anfrage des Eifel-Kuriers. Dafür soll es inzwischen auch eine Zeugin geben, so die Polizei.

Derweil konnte auch geklärt werden, warum die Polizei zunächst keine Kenntnis von dem Vermisstenfall hatte, als der Eifel-Kurier erstmals bei den Beamten der Lärchtaler Wache nachhörte: Die Akten unaufgeklärter Fälle werden mindestens 30 Jahre lang aufbewahrt, die Akten aufgeklärter Fälle hingegen werden ordnungsgemäß nach Ablauf von fünf Jahren vernichtet.

«Welche konkreten Erkenntnisse im März 1996 zur Einstellung der Ermittlungen führten, lässt sich heute nicht mehr rekonstruieren», so die Polizei. Allerdings stehe zu vermuten, dass die genannte Zeugin damals schon eine entscheidende Rolle bei der Aufklärung des Vermisstenfalles spielte. Sie soll die beste Freundin von Ursula G. gewesen sein und deren damaligen Mann am 22. März 1996 zur Vermisstenanzeige bei der örtlichen Polizei begleitet haben. Bekanntlich darf die Polizei gar nicht weiterermitteln, wenn eine Person aus freien Stücken den bisherigen Lebensmittelpunkt verlässt. Das verbietet in Deutschland schon das Grundgesetz.

Der damalige Ehemann hatte seine Ehefrau Ursula am 22. März 1996 bei der Polizei als vermisst gemeldet. Sie war am Vortag auch nicht mehr an ihrer Arbeitsstelle erschienen. Am 24. März, ein Sonntag, meldete sich Ursula G. telefonisch bei ihrem Mann und teilte ihm mit, sie befinde sich mit ihrem Liebhaber bereits im Ausland und wolle dort ein neues Leben anfangen. Es gehe ihr gut, er solle sich keine Sorgen machen. Sie bedankte sich bei ihm für die letzten Ehejahre und entschuldigte sich für die Ungewissheit der letzten Tage. Sie bat ihn, ihre Familie darüber zu informieren. Sie selbst wünsche ausdrücklich keinen Kontakt mehr zu ihren Verwandten.

Die Redaktionsleitung des Eifel-Kuriers bittet ihre Leserinnen und Leser für die irreführende und oberflächlich recherchierte Berichterstattung der vergangenen Woche ausdrücklich um Entschuldigung.

TAG 27

Für einen Menschen, der weder über einen Schulabschluss noch über eine ordentliche Berufsausbildung verfügte, hatte es Karl Malik bemerkenswert weit gebracht. Der durchgeknallte Kalle war alles andere als doof. Im Gegenteil. Malik war hochintelligent und belesen. Schon als Kind verschlang er Bücher, um seinen unbändigen Wissensdurst zu stillen, belletristische Klassiker ebenso wie Fachliteratur über Raumfahrt, über die antiken Philosophen, über die Französische Revolution. Die städtische Leihbücherei war sein Zuhause. Nur Schulbücher las er nicht. Weil er sich von Lehrern grundsätzlich nichts sagen ließ. Weil er sich von niemandem etwas vorschreiben ließ.

Mit 16 verließ er seine Heimatstadt Lärchtal und alles, was ihn bis dahin geprägt hatte: das Grab seiner Mutter, die gleich nach seiner Geburt gestorben war; den verwahrlosten Hof seines cholerischen, prügelnden und ewig betrunkenen Vaters; die Schule, pure Zeitverschwendung; dieses süße, hemmungslose, rotzfreche Mädchen namens Ellen Rausch, das er nur Tage zuvor entjungfert hatte und dem er, nass und nackt und erschöpft neben ihr im warmen Sommerregen auf der Waldwiese liegend, hoch und heilig versprochen hatte, sie zu retten und mitzunehmen in die große, goldene Stadt namens Köln.

In Wahrheit hatte er damals keine Sekunde daran gedacht, sie tatsächlich mitzunehmen. Er wollte frei sein, leicht sein, alles hinter sich lassen, um alles vor sich zu haben.

Der durchgeknallte Kalle. Nur seinen Spitznamen nahm er mit. Die Straßen Kölns seien seine Schule des Lebens gewesen, erzählte er später gern und ausführlich einer Kölner Boulevardzeitung. Nachdem er es geschafft hatte. So als erzählte er vom Krieg. Was sich konkret in diesen frühen Kriegsjahren ereignet hatte, davon erzählte er allerdings nie.

Karl Malik war geschäftsführender Gesellschafter eines von ihm vor neun Jahren gegründeten Mietwagen-Unternehmens der besonderen Art. Die ansehnliche Fahrzeugflotte bestand aus gut einem Dutzend schwarz lackierter und stets auf Hochglanz polierter deutscher Oberklasse-Limousinen der Marken Mercedes, BMW und Audi. Das Personal bestand aus einer Chefsekretärin, zwei Telefonistinnen, zwei Schreibkräften, drei Mitarbeitern in der Buchhaltung, drei Kfz-Mechatronikern, einigen Billigkräften für die Wagenwäsche sowie einem Dutzend durchtrainierter und speziell ausgebildeter Chauffeure mit Manieren, die bei Bedarf auch als Bodyguards überzeugten.

Karl Maliks Kundschaft stammte vorwiegend aus der Medienbranche. Seine Chauffeure sorgten dafür, dass Schauspieler, Moderatoren und prominente Talkgäste zuverlässig vom Flughafen in die TV-Studios der Kölner Peripherie in Ossendorf, Bocklemünd, Hürth oder Mülheim gelangten und anschließend sicher in ihre Hotels. Sandra Maischberger ließ sich nicht selten gleich nach der Talkshow zurück nach Berlin zu ihrer Wohnung am Prenzlauer Berg fahren, um ihrem kleinen Sohn am nächsten Morgen das Frühstück bereiten zu können, und Dieter Bohlen mochte grundsätzlich keine Hotelzimmer, weshalb er sich im Anschluss an die Suche nach dem Superstar in der Regel noch in der Nacht bis vor seine Haustür in Tötensen bei Hamburg kutschieren ließ.

Karl Maliks Chauffeurdienst war ein gut geöltes Zahnrädchen in der vom zweitgrößten europäischen Rundfunksender WDR, vom größten deutschen Privatsender RTL und von mehreren Dutzend Filmproduktionsfirmen befeuerten Medienmaschinerie, die in Köln mehr als 40 000 Menschen ernährte.

Gelegentlich kam schon mal der ein oder andere bizarre Sonderauftrag hinzu. Etwa ein soeben bei Sotheby's in London ersteigertes Frühwerk von Matisse unverzüglich und sicher zu einer Finca im andalusischen Marbella zu transportieren. Oder den geliebten Porsche eines urlaubenden Industriellen über Nacht von dessen Feriendomizil auf Sylt zurück zum ersten Wohnsitz in Düsseldorf zu überführen, damit er dem Auftraggeber nach dem morgendlichen Rückflug gleich wieder zur Verfügung stand. Oder die Gattin eines vielbeschäftigten Bankers zu Hause in Bad Homburg im Taunus abzuholen und zum Frust-Shoppen in die Goethestraße im nahen Frankfurt zu begleiten.

Karl Malik war rundum zufrieden mit seinem Leben.

Der 50-Jährige rauchte und trank inzwischen nur noch in Maßen, ernährte sich kalorienarm und vorwiegend vegan, trieb regelmäßig Sport, besuchte mindestens zweimal pro Woche das Konditionstraining seines alten Boxclubs, auch wenn er längst nicht mehr in den Ring stieg. Wozu sollte er sich sein Gesicht ramponieren lassen? Malik besaß eine hübsche Gründerzeit-

Villa im noblen Kölner Stadtteil Marienburg, ein hübsches Anwesen mit unverbaubarem Meerblick im mallorquinischen Port d'Andratx samt hübscher 14-Meter-Yacht unten im Hafen, die er günstig aus der Insolvenzmasse eines bankrotten Bauunternehmers loseisen konnte, und neuerdings eine hübsche, wenn auch nicht besonders intelligente Freundin, deren Vater er hätte sein können. Seither ließ er sich regelmäßig beim Friseur seines Vertrauens die ergrauenden Haare tönen. Er hielt seine 28-jährige Gefährtin mit seiner Kreditkarte bei Laune und verschaffte ihr über seine guten Beziehungen eine Nebenrolle in einer der in Köln produzierten Daily Soaps.

Den Eifel-Kurier hatte er vor fünf Jahren nur so zum Spaß gegründet. Und aus Verärgerung darüber, dass die angrenzenden regionalen Zeitungsverlage in Trier, Koblenz, Köln und Aachen seine strukturschwache Heimat als weißen Fleck auf der publizistischen Landkarte betrachteten. Das mochte er nämlich gerne: anderen beweisen, dass sie eine geschäftliche Chance verpasst hatten. Die Rendite blieb zwar übersichtlich, aber der Spaßfaktor für Kalle war angemessen groß.

Nur der Inhalt des Blattes befriedigte ihn noch nicht. Sein Spaßfaktor wäre wesentlich größer, wenn der Eifel-Kurier die Mächtigen in der Stadt Lärchtal so richtig aufmischen würde.

Deshalb hatte er Ellen Rausch eingestellt.

«Wenn du publizistischen Wirbel erzeugen willst, dann hättest du nicht den Burger als Lokalchef einstellen dürfen.»

«Ach, der Hajo. Zum Start vor fünf Jahren war er genau der Richtige. Ein erfahrener Lokaljournalist. Oder meinst du, ich hätte Giovanni di Lorenzo von Hamburg nach Lärchtal locken können? Glaubst du denn, die guten Leute der Branche standen damals Schlange, um an einer Neugründung in der tiefsten Provinz mitzuwirken, von der nicht einmal sicher war, ob sie das erste halbe Jahr überlebt? Ich musste nehmen, was sich anbot.»

«Arno ist ein guter Mann.»

«Ich weiß, ich weiß. Hast du gewusst, dass er 1975 der letzte deutsche Reporter war, der als Augenzeuge aus Kambodscha berichtete, als Pol Pot sich schon anschickte, das Land mit seinem Steinzeit-Kommunismus zu verwüsten? Millionen Tote. Arno Wessinghage war damals Mitte zwanzig. Für mich ein Held. Er hat die Killing Fields mit eigenen Augen gesehen. In letzter Minute ist ihm damals die Flucht durch den Dschungel nach Thailand gelungen.»

«Ich hatte keine Ahnung.»

«Leider ist er inzwischen völlig ausgebrannt. Zieht morgens in der Redaktion als erste Amtshandlung seine Pantoffeln an und weigert sich, unter Menschen zu gehen und auch nur eine Zeile selbst zu schreiben. Ein Jammer.»

«Aber er produziert die Seiten zuverlässig, er redigiert sehr gründlich und sorgt so für ein Minimum an Qualität. Nur den Burger, den darf niemand redigieren.»

«Ja, ja, ja, Ellen. Ich kenne das Problem. Aber ich kann es im Augenblick nicht lösen.»

Sie saßen beim Espresso in der Wagenhalle der ehemaligen Feuerwache Nr. 4 Cöln Süd. Der im späten 19. Jahrhundert entstandene Backsteinbau in der Nähe des Großmarkts war ursprünglich Heimat für Löschfahrzeuge und unzählige Meter Wasserschläuche gewesen. Heute war es ein Restaurant für die besser verdienenden Kreativen aus der Fernseh- und Werbebranche, die inzwischen die Südstadt, über Jahrzehnte das bunte, herrlich verwahrloste und preiswerte WG-Viertel der Kunststudenten und brotlosen Alternativen, okkupierten und die Immobilienpreise in unverschämte Höhen trieben. Ellen Rausch hatte die Spaghetti mit Kapern, Oliven, frischen Tomaten und Parmesan gegessen, Karl Malik einen gemischten Salat mit veganem Dressing.

Ellen öffnete ihre Tasche, zog die aktuelle, gestern erschienene Ausgabe heraus, knallte sie auf den Tisch und tippte mit dem Zeigefinger auf den letzten Absatz der Titelgeschichte.

«Sorg dafür, dass der Burger mich bei dieser Geschichte in Ruhe lässt. Sorg dafür, dass er mir nicht noch mal in die Parade fährt und meine Arbeit lächerlich macht. Sonst bin ich auf der Stelle weg. Darauf kannst du dich verlassen.»

«Hast du was Neues in Aussicht?»

«Nein.»

«Dann wirst du auch nicht gehen.»

«Doch. Das werde ich.»

«Ohne was Neues zu haben?»

«Ohne was Neues zu haben.»

Jemand nickte Karl im Vorbeigehen freundlich zu, Kalle nickte zurück und warf ihm ein fröhliches «Wie geht's?» hinterher, dankbar für die kleine Ablenkung von diesem angespannten Gespräch. Der Kleidung und dem Dreitagebart nach zu urteilen konnte der Kerl, den Kalle gegrüßt hatte, Immobilienmakler, Anwalt, Fernsehproduzent oder Bordellbesitzer sein. Nirgendwo in Deutschland war das anhand des Äußeren schwieriger einzuschätzen als in Köln, wo Halbwelt und bessere Gesellschaft traditionell einer gegenseitigen Faszination erlagen.

Karl wandte sich wieder Ellen zu und seufzte.

«Der neue Geschäftsführer der Galopprennbahn in Weidenpesch. Ich gebe ihm zwölf Monate.»

«Aha.» Ellen gab sich Mühe, ein Maximum an Desinteresse und Gelangweiltheit in dieses eine Wort zu legen.

Kalle rieb sich die Nasenwurzel.

Ellen sagte nichts.

«Ausgerechnet jetzt diese uralte Kamelle.»

«Früher ging's ja wohl nicht. Vor 16 Jahren gab's weder den Eifel-Kurier noch die Eifel-Kurier-Reporterin Ellen Rausch.»

«Das ist mir schon klar.»

«Na also.»

«Ich meine doch nur ... wegen des Golf-Resorts ...»
«Was?»
Kalle kratzte sich am Kopf.
Ellen starrte ihn ungläubig an. «Kalle, du willst mir doch wohl nicht etwa sagen, du hängst da mit drin?»
«Nicht so richtig.»
«Nicht so richtig?»
«Urbach hat mich angesprochen. Ob ich als Mitinvestor einsteigen will. Die Sache klingt ausgesprochen interessant.»
«Ausgesprochen interessant. Weißt du eigentlich, dass man den Lärchtalern ihren See wegnehmen will? Die eine Hälfte des Ufers gehört dann zum Golfplatz, die andere Hälfte soll unter Naturschutz gestellt werden. Vorher muss aber noch der Campingplatz verschwinden. Und das Haus meiner Eltern.»
«Sei doch froh, dass du die alte Bruchbude endlich loswirst und sogar noch anständiges Geld dafür kriegst, wenn du dich clever anstellst. Und erzähl mir jetzt bitte nicht, dass du besonders schöne Erinnerungen an diesen Käfig deiner Kindheit hast.»
«Darum geht es doch nicht.»
Der junge Kellner mit der abenteuerlichen Gelfrisur trat an ihren Tisch und fragte, ob er noch etwas bringen dürfe. Ellen schüttelte den Kopf. Kalle bestellte einen spanischen Brandy.
Sie schwiegen, bis der Brandy kam.
Kalle nahm einen Schluck, stellte das Glas ab und leckte sich die Lippen. «Der ist echt gut. Gran Duque d'Alba. Aus Jerez de la Frontera. Du verpasst was. Solera-Verfahren. Gran Reserva. Im Sherry-Fass gereift. Okay. Ich pfeife Burger zurück. Leg los. Aber du hast maximal drei Monate. Wenn du diese Frau bis dahin nicht gefunden hast, ist die Sache ein für alle Mal gestorben.»

TAG 29

«Knoop?»

Eine Frauenstimme. Unsicher. Offenbar bekam Familie Knoop selten Anrufe am Samstagmorgen. Oder aber Anrufe, die nichts Gutes verhießen.

«Guten Morgen, Frau Knoop. Ellen Rausch vom Eifel-Kurier. Könnte ich vielleicht mal Ihren Mann sprechen?»

Der Hörer wurde ohne ein weiteres Wort abgelegt. Gedämpftes Getuschel. Schließlich eine Männerstimme:

«Ja, hier Knoop?»

«Guten Morgen, Herr Knoop. Verzeihen Sie bitte die Störung. Ich hoffe, ich rufe nicht zu früh an. Ellen Rausch vom Eifel-Kurier. Erinnern Sie sich vielleicht? Wir sind uns schon begegnet, kürzlich beim Hintergrundgespräch im Rathaus, und davor schon mal bei der Einweihung des ...»

«Ich weiß, wer Sie sind. Was wollen Sie? Ich bin nicht im Dienst. Es ist Wochenende.»

«Ich dachte mir, dass es vielleicht nicht ganz passend wäre, Sie im Bauamt aufzusuchen. Herr Knoop, ich würde mich gerne mal in Ruhe mit Ihnen unterhalten. Gerne außerhalb des Rathauses.»

«So? Über welches Thema denn?»

«Das Projekt.»

«Welches Projekt meinen Sie?»

«Das Golfresort-Projekt.»

Schweigen.

«Herr Knoop, ich kann Ihnen garantieren, dass alle Informationen von mir absolut vertraulich behandelt werden ... Herr Knoop?»

Aufgelegt.

Die Leitung war tot. Hans Knoop, Leiter des Bauamtes der Stadt Lärchtal, hatte einfach aufgelegt.

TAG 31

Den Mann fürs Grobe hatte sich Clemens Urbach ganz anders vorgestellt. *Wir haben den richtigen Mann für Ihr Problem, Herr Urbach. Ein Profi. Der Mann fürs Grobe.*

Der Mann fürs Grobe trug einen gut geschnittenen grauen Anzug und eine dezente Krawatte. Urbach fiel es schwer, das Alter des Mannes zu schätzen. Irgendetwas zwischen Anfang vierzig und Mitte fünfzig. Groß. Schlank. Volles Haar. Der Mann sprach akzentfreies Hochdeutsch, dennoch war sich Urbach aus einem nicht benennbaren Grund sicher, dass er nicht aus Deutschland stammte. Er wusste nichts über ihn, nicht einmal seinen Namen. Nur seine Handynummer.

Der namenlose Mann hatte Manieren und Charisma.

Und klare Vorstellungen von seinem Job.

Urbach schob eine Fotokopie des Bewerbungsschreibens über den Tisch. «Darin finden Sie ihren Lebenslauf. Außerdem liegt da noch ein Zettel von mir drin, mit der Privatadresse und der Adresse der Redaktion. Mehr habe ich leider nicht.»

«Das genügt vollkommen. Was wollen Sie?»

«Ganz einfach: Ich will all das über diese Frau wissen, was nicht in ihrem Lebenslauf steht.»

«Verstehe. Also all das, was sie erpressbar machen könnte.»

«Korrekt. Außerdem will ich, dass Sie ihr schon mal einen kleinen Schrecken einjagen. Damit sie weiß, was sie riskiert.»

«Kein Problem. Sie bestimmen die Dosis.»

«Ich weiß gar nicht, wie Sie heißen.»

«Das macht nichts. Nennen Sie mich einfach Jochen.»

TAG 33

Neue Antworten, noch mehr Fragen.

Ursula Gersdorff war Ende 1995 schwanger gewesen. Zum ersten Mal während ihrer Ehe. Mit fast 41 Jahren. Im Januar 1996, zwei Monate vor ihrem spurlosen Verschwinden, erlitt sie eine Fehlgeburt.

«Die Uschi hat sich wahnsinnig auf das Kind gefreut», versicherte Thomas Pohl, und seine Frau Elke nickte zustimmend. «Sie hat es uns allen beim Weihnachtsfest 1995 erzählt und ganz stolz ihren Mutterpass herumgereicht.»

Ellen erinnerte sich an das Foto, das sie im Familienalbum der Pohls gesehen hatte. Weihnachten 1995. Ursula Gersdorff saß in einem Sessel im Wohnzimmer ihrer Mutter. Sie wirkte geistesabwesend. Mit ihren Gedanken weit weg. Sah so eine glückliche werdende Mutter aus? Aber ein Foto war nur eine Momentaufnahme, der Bruchteil einer Sekunde im Gefühlsleben eines Menschen, und es wäre journalistisch nicht korrekt, daraus voreilige Schlüsse zu ziehen.

Erstmals schwanger mit 40. Der späte Kinderwunsch war zwar heute keine Seltenheit mehr, aber auch nicht die Regel. Hatte das Ehepaar Gersdorff vorher nie den Wunsch nach Kindern gehegt?

«Sie mussten doch erst mal die Praxis aufbauen», sagte Thomas Pohl, als müsste er sich im Namen seiner Schwester dafür rechtfertigen. «Da war doch gar keine Zeit für Kinder.» Ellen Rausch spürte deutlich, dass dies nicht seine selbst gebildete Meinung war, sondern die seiner großen Schwester. Oder die des noch größeren Ex-Schwagers. Denn Thomas und Elke Pohl hatten sich ebenfalls ein eigenes, kleines Unternehmen aufgebaut, ihren Hausmeister-Service, und trotzdem Kinder in die Welt gesetzt.

Und warum stieg Ursula Gersdorff aus der gemeinsam aufgebauten Praxis aus und trat am 2. Januar 1995 einen Halbtagsjob in der Reha-Klinik in Altkirch an? Täglich mehr als eine Stunde Fahrtzeit hin und zurück, die Benzinkosten, um für vier Stunden Arbeit als gelernte Arzthelferin im Medizinischen Archiv nicht gerade ein Vermögen zu verdienen. Patientenakten sortieren. Lief die Praxis in Lärchtal etwa so schlecht?

Thomas Pohl sah Ellen an, als hätte er sich die Frage selbst noch nie gestellt. «Ich glaube, die Praxis lief da schon gut. Sie leisteten sich ja einiges. Das Haus. Antiquitäten. Alte Uhren zum Beispiel. Der Veith liebte schöne Autos. Oldtimer vor allem. Heute fährt er ja einen nagelneuen SUV, so ein Monstrum von Audi, aber damals hatte er als Zweitwagen, als Hobby, noch diesen Oldtimer, einen Triumph TR6. Cabriolet. Schickes Teil. Sechszylinder. Der sah aus wie frisch aus dem Laden, kann ich Ihnen sagen. Ein echter Hingucker. In das Auto hat er damals viel Zeit und Geld investiert.»

Ursula Gersdorff holte sich bei ihrer Vorgesetzten Helga Matzfeld nur wenige Tage vor dem 21. März die Erlaubnis, an jenem Donnerstag, dem Tag ihres Verschwindens, ausnahmsweise nachmittags statt vormittags arbeiten zu dürfen. Ohne der Vorgesetzten eine Begründung zu nennen. Was hatte sie an jenem Morgen des 21. März 1996 vor? Wollte sie Zeit gewinnen, damit ihr Verschwinden erst später auffiel?

Wem sollte es erst später auffallen?

Wäre es da nicht viel klüger gewesen, sich für ein, zwei Tage, für den Rest der Woche krankzumelden?

«Sie schwankte ständig zwischen Euphorie und nagenden Zweifeln», erinnerte sich Inge Henscheid an die kurze Zeit der Schwangerschaft. Die heute 60-jährige alleinstehende Buchhändlerin sei damals Ursula Gersdorffs engste Freundin gewesen, hatte Frank Hachenberg für Ellen in Erfahrung gebracht und ihr die Adresse genannt.

«Engste Freundin, na ja.» Inge Henscheid lächelte, ihre

freundlichen Augen versanken in Erinnerungen. «Wir kannten uns aus der Frauengymnastikgruppe des Turnvereins. Ich bin ja zwei Jahre älter als die Uschi. Ich glaube, sie mochte mich. Vielleicht, weil ich irgendwie anders war als die Damen aus ihrem Tennisclub. Aber denken Sie deshalb nicht, dass die Uschi mir Geheimnisse anvertraut hätte. Sie war sehr verschlossen. Immer freundlich, immer nett, aber sehr verschlossen. Sie erzählte kaum etwas über sich. Wir sahen uns einmal pro Woche bei der Gymnastik in der Turnhalle, und danach gingen wir meistens noch für ein, zwei Stündchen in den Gasthof hier am Markt, zu zweit, manchmal waren aber auch noch andere Frauen aus der Gruppe dabei. Seit wir uns durch die Gymnastik kannten, kam sie dann auch häufiger hier in meine Buchhandlung. Sie las gern Ratgeber, Psychologie, Lebensbewältigung, solche Sachen. Tipps für eine glückliche, erfüllende Partnerschaft. Da ist das Angebot ja riesig. Belletristik kaufte sie eher selten. Eigentlich nur, wenn ich ihr etwas besonders ans Herz legte. Und wenn gerade keine Kundschaft im Laden war, dann quatschten wir noch ein bisschen, nichts Besonderes, und ich machte manchmal Kaffee. Aber sie hat mir nie irgendwelche Geheimnisse anvertraut. Außer die Sache mit der Schwangerschaft. Aber das war ja auch kein richtiges Geheimnis. Und dann hatte sie die Fehlgeburt.»

«Hatte Ursula Gersdorff noch weitere Freundinnen?»

«Nicht in dem Sinne, wie ich den Begriff definiere. Aber nach meiner strengen Definition wäre ja nicht einmal ich ihre Freundin gewesen. Oberflächliche Bekanntschaften aus dem Tennisclub. Die bessere Gesellschaft Lärchtals, wenn Sie verstehen, was ich meine. Da traf man sich aber wohl auch nur paarweise. Da war ich vermutlich die große Ausnahme. Es gab da noch eine alte Schulfreundin, die inzwischen im Hessischen lebt, aber da war der Kontakt damals schon weitgehend eingeschlafen, hatte die Uschi mal erzählt.»

«Waren Sie diese beste Freundin, die Ursulas Ehemann Veith

Gersdorff am 22. März 1996 zur Polizei begleitet hat, um eine Vermisstenanzeige aufzugeben?»

«Ich? Nein!» Inge Henscheid riss entsetzt die Augen auf.

«Was an meiner Frage ist so entsetzlich?»

«Meinen Sie etwa die Sache, die letzten Mittwoch im Eifel-Kurier stand? Was dieser schreckliche Burger da wieder in seiner unnachahmlichen Prosa verfasst hat?»

«Genau.»

«Ich kann mir beim besten Willen nicht vorstellen, wem die Uschi mehr anvertraut haben könnte als mir. Und wie wenig sie mir anvertraut hat, habe ich Ihnen ja bereits geschildert. Mir gegenüber hat sie nie einen Liebhaber erwähnt. Und auch nie von Plänen gesprochen, ihren Mann zu verlassen. Was alles nichts heißen muss, so verschlossen, wie sie war. Sie hat auch nie über ihre Ehe gesprochen. Aber im ganzen Leben nicht hätte ich ausgerechnet den Veith Gersdorff zur Polizei begleitet. Und mit Sicherheit wäre er auch nicht auf die Idee gekommen, mich darum zu bitten.»

«Und warum nicht?»

«Weil ich ihn nicht mag. Gelinde gesagt. Ich mochte ihn damals schon nicht, und ich mag ihn immer noch nicht. Ein echter Großkotz. Hält sich für unwiderstehlich. Der baggert jede Frau an, die ihm über den Weg läuft. Dafür war ja auch schon sein Vater bekannt. Der Apfel fällt bekanntlich nicht weit vom Stamm. Mich wundert das überhaupt nicht, dass sich die Uschi auf und davon gemacht hat. Hätte ich auch getan. Der unwiderstehliche Dr. Veith Gersdorff ist der Typ, der jede Frau kriegen, aber keine halten kann. Er ist ja jetzt schon zum dritten Mal verheiratet. Mit einer 24 Jahre jüngeren Polin. Eine nette Frau, zweifellos. Lasse ich nichts drauf kommen. Er hat einen fünfjährigen Sohn mit ihr.»

«Und die zweite Ehefrau?»

«Die Sonja. Alkoholikerin, seit der Trennung.»

«Wissen Sie den Nachnamen?»

«Gersdorff. Sie hat den Ehenamen nach der Scheidung behalten. Warum auch immer. Sie wird ihre Gründe haben. Aber die wohnt schon lange nicht mehr hier in Lärchtal. Ich meine kürzlich gehört zu haben, sie sei inzwischen nach Blankenheim gezogen. Hat da angeblich jemand Neues. Die Tochter kann einem jedenfalls echt leidtun. Armes Kind. So etwa 14 müsste die Klara jetzt sein. Seit einem halben Jahr lebt sie jetzt bei ihrem Vater und dessen neuer Frau. Sie geht hier in die Gesamtschule.»

Sie wurden unterbrochen. Eine ältere Frau betrat den Buchladen und sah sich hilflos um, als wäre dies der erste Buchladen-Besuch ihres Lebens. «Guten Tag. Wie kann ich Ihnen helfen?»

«Ich suche ein Geburtstagsgeschenk für mein Enkelkind.»

«Junge oder Mädchen?»

«Mädchen.»

«Wie alt ist sie?»

«Wer?»

«Ihre Enkelin.»

«Neun. Also bald zehn. Aber jetzt noch neun. Bis zu ihrem Geburtstag. Sie heißt Alice.»

Ellens Gedanken schweiften ab.

In der Redaktion würdigte Burger sie keines Blickes und sprach auch kein Wort mehr mit ihr. In Ordnung. Hauptsache, er ließ sie in Ruhe. Kalle hatte also ganze Arbeit geleistet. Und Burger war jetzt stinksauer, dass Ellen weiter in der Sache recherchierte.

Die Pressestelle der Kreispolizeibehörde in Altkirch beantwortete Ellens Fragen nur noch in schriftlich gestellter Form. Per Mail. Und die Kollegen der Polizeiwache in Lärchtal hatten einen Maulkorb verpasst bekommen.

Eifel-Kurier: Ihre jüngsten Ermittlungsergebnisse veranlassen Sie zu der Erkenntnis, dass Ursula Gersdorff vor 16 Jahren mit einem Liebhaber ins Ausland gegangen ist. Was konkret haben Sie denn in jüngster Zeit ermitteln können?

Polizei: Aus ermittlungstaktischen Gründen können wir dazu derzeit keine Auskunft geben.

Eifel-Kurier: Obwohl der Vermisstenfall 16 Jahre lang als aufgeklärt galt, die Akte im März 1996 nach nur vier Tagen geschlossen und nach Ablauf von fünf Jahren vernichtet wurde, wird nun wieder ermittelt? Warum?

Polizei: Der exakte Ablauf der Ereignisse vor 16 Jahren lässt sich heute beim besten Willen nicht mehr rekonstruieren. Einige Beamte, die möglicherweise in den Fall involviert waren, sind inzwischen verstorben und können daher auch nicht mehr befragt werden.

Eifel-Kurier: Wegen welchen Verdachts wird ermittelt?

Polizei: Es gibt keinen Verdacht. Der Fall wird wie ein gewöhnlicher Vermisstenfall behandelt. Es gibt deutliche Anhaltspunkte dafür, dass sie Lärchtal 1996 freiwillig verlassen hat. So sieht das übrigens auch die zuständige Bonner Staatsanwaltschaft, der die Sache inzwischen vorgelegt wurde.

Eifel-Kurier: Wenn Sie aber doch über Anhaltspunkte verfügen, dass Ursula Gersdorff noch lebt – weshalb soll sie im Sinne des Verschollenheitsgesetzes für tot erklärt werden?

Polizei: Das steht in alleiniger Verantwortung des Amtsgerichts Lärchtal sowie der Antragsteller.

Eifel-Kurier: Stehen Sie im Informationsaustausch mit dem Amtsgericht Lärchtal und den Antragstellern?

Polizei: Kein Kommentar.

Eifel-Kurier: Wenn Sie aber doch so sicher sind, dass Ursula Gersdorff im März 1996 freiwillig ins Ausland gegangen ist, dann haben Sie doch gar keine rechtliche Handhabe mehr, um weiterzuermitteln.

Polizei: Das ist keine Frage Ihrerseits, sondern eine unzulässig verkürzte und laienhafte Darstellung der Angelegenheit. Wir beantworten nur konkrete Fragen.

Eifel-Kurier: Kennen Sie den Aufenthaltsort der Vermissten?

Polizei: Nein. Wir ermitteln noch.

Eifel-Kurier: Haben Sie die Identität des Liebhabers inzwischen ermitteln können? Angeblich soll es sich um einen wohlhabenden belgischen Geschäftsmann aus Brügge handeln, der bis 1996 von einem Büro und Ladenlokal in Bad Godesberg aus mit Antiquitäten handelte.

Polizei: Aus datenschutzrechtlichen Gründen können wir dazu keinerlei Auskunft geben.

Eifel-Kurier: Wurde das am 21. März 1996 auf dem Parkplatz des Arbeitgebers in Altkirch vorgefundene Fahrzeug Ursula Gersdorffs kriminaltechnisch untersucht?

Polizei: Wie bereits erwähnt, lassen sich Art und Umfang der Ermittlungen vor 16 Jahren heute nicht mehr rekonstruieren, weil die Akte vor elf Jahren ordnungsgemäß vernichtet wurde. Es ist aber davon auszugehen, dass die zuständigen Beamten seinerzeit alles im Rahmen des Möglichen und Notwendigen getan haben.

Eifel-Kurier: In Ihrer Pressemitteilung erwähnen Sie eine Zeugin. Wer ist sie, und was genau kann sie bezeugen?

Polizei: Aus datenschutzrechtlichen Gründen können wir ihre Identität nicht preisgeben. Die Aussage der Zeugin ist aber erhellend in Bezug auf die näheren Umstände der Ereignisse im März 1996. Mehr lässt sich dazu derzeit nicht sagen.

Inge Henscheid verabschiedete die Kundin und setzte sich wieder zu Ellen. «Bitte entschuldigen Sie.»

«Kein Problem. Ist ja schließlich Ihr Job, Bücher zu verkaufen. So wie es mein Job ist, den Leuten auf den Wecker zu gehen und Löcher in den Bauch zu fragen.»

«Sie gehen mir keineswegs auf den Wecker. Ich bin sogar froh, darüber reden zu können.»

Sie plauderten noch eine Weile miteinander, aber die Buchhändlerin wusste nichts mehr zu berichten, was Ellen weiterhelfen konnte. Die Frauen gaben sich zum Abschied die Hand. Ellen war schon an der Tür, als Inge Henscheid sagte:

«Wissen Sie, was mich damals am meisten geärgert hat?»

«Sie werden es mir sagen.»

«Wie er systematisch ihren Ruf ruiniert hat, kaum dass sie weg war. Wie er nach ihrem Verschwinden in der ganzen Stadt schlecht über sie redete, immer und überall. Auch gegenüber Uschis Familie. Dabei war Uschis Vater damals schon todkrank.

Ich kann ja den Zorn eines Ehemanns verstehen, einfach so verlassen zu werden. Aber das ist noch kein Grund, die gemeinsamen Ehejahre dermaßen in den Dreck zu ziehen. Sie habe so viele Affären gehabt, mit den Geschichten könne er ganze Aktenordner füllen, erzählte er damals jedem, der es hören wollte. Und viele wollten es natürlich hören. Genau das. Denn das war ja spannend. Ein bisschen Aufregung, ein bisschen Abwechslung, ein bisschen gespielte Empörung im langweiligen, tristen Lärchtaler Alltag. Dabei war er doch derjenige, der nie etwas anbrennen ließ. Das Schlimmste, das Schäbigste für mich und vor allem für Uschis Familie war: Er hat dafür gesorgt, dass wir sie nicht in bester Erinnerung behalten durften.»

«Aber warum hat sie diesen Weg gewählt? Warum hat sie sich nicht einfach scheiden lassen, statt einfach zu verschwinden? Ich meine, das waren immerhin die 1990er Jahre und nicht die Fünfziger. Selbst in Lärchtal wäre eine Scheidung doch nichts Außergewöhnliches gewesen.»

«Ich weiß es nicht. Ich weiß es wirklich nicht. Niemand wusste, was in Uschis Kopf wirklich vor sich ging.»

TAG 36

Sie verließen die Pizzeria am Marktplatz kurz vor Mitternacht. Als letzte Gäste, wie sollte es anders sein? Der Wirt namens Paolo begleitete sie zur Tür und verabschiedete Frank Hachenberg und Ellen Rausch mit Handschlag. *Ciao, Frank. Ciao, Signora. Buona notte.* Sie hörten, wie sich innen der Schlüssel im Schloss drehte.

«Nehmen wir noch einen Absacker bei mir?»

Ellen schüttelte den Kopf. «Nimm's mir nicht übel, Frank. Aber ich bin hundemüde. War echt nett mit dir, mein Lieber. Soll ich dich noch schnell nach Hause fahren?»

«Nicht nötig. Ich wohne ja quasi um die Ecke. Fünf Minuten zu Fuß. Ein bisschen frische Luft wird mir guttun nach dem Grappa. Kannst du denn überhaupt noch fahren? Du kannst auch bei mir schlafen, kein Problem.»

«Danke für das Angebot. Aber das geht schon.» Sie hatte im Lauf des langen Abends ein Gläschen Prosecco als Aperitif getrunken, außerdem zwei Gläser Weißwein und dazu eine Menge Wasser. Und den Grappa nicht angerührt.

Sie fühlte sich keineswegs betrunken. Sie verspürte zwar wenig Lust, ihren Führerschein zu verlieren. Aber das hier war schließlich nicht Hamburg, sondern Lärchtal. Und die Polizeiwache in Lärchtal war nachts gar nicht besetzt.

Ellen schaute Frank eine Weile amüsiert nach, wie er über den menschenleeren Marktplatz davonschwankte. Er hatte drei oder vier Gläser Weizenbier intus und am Ende die halbe Flasche Grappa geleert, die Paolo großzügig auf dem Tisch hatte stehenlassen.

Es tat gut, dass es Frank gab. Es tat gut, einen Freund zu haben in dieser unfreundlichen Welt.

Warum nur waren die besten Männer schwul?

Als Frank schließlich um die Ecke bog, machte sich Ellen in entgegengesetzter Richtung auf den Weg zu ihrem Auto, das sie am Morgen vor der Redaktion geparkt hatte.

U2. *With or without you.* Live in Mailand. *Buona sera, Milano.* Schrie Bono ins Mikrophon. Genau das Richtige, jetzt und hier. Sie sang lauthals mit, bei geöffnetem Seitenfenster, Ellen und Bono im Duett, live in Lärchtal, während sie die beleuchteten Straßen der Stadt hinter sich ließ, von der Bundesstraße nach links abbog und in das Dunkel der schmalen Landstraße eintauchte, die das hügelige Weideland in Richtung See durchschnitt. *Where the streets have no name.* Das Scheinwerferpaar im Rückspiegel registrierte sie kaum. Weit weg. Sie konzentrierte sich einfach auf die Straße. Und merkte, dass sie doch ein bisschen beduselt war.

Plötzlich flog der Lichtkegel heran, wuchs groß und grell im Rückspiegel. Vermutlich wieder einer dieser Luxusgeländewagen, die in den besseren Kreisen von Lärchtal so beliebt waren und deren Eigentümer meinten, die Straßen gehörten ihnen allein.

Auf der abschüssigen Allee, die hinunter zum See führte, keine hundert Meter vor der nächsten Linkskurve, setzte der SUV zum Überholen an, ein mächtiges, schwarzes Gebirge aus Stahl, gleichauf mit dem kleinen Alfa, dessen Dach dem Geländewagen mal gerade bis zum Türgriff reichte.

«Nun mach schon, du Idiot. Fahr endlich vorbei.»

Unmittelbar vor der scharfen Linkskurve ruckte das Ungetüm plötzlich nach rechts und schnitt ihr den Weg ab, als sei der italienische Kleinwagen Luft. Ellen trat augenblicklich in die Bremse. Zu spät. Der Baum wurde groß und größer. Sie riss das Lenkrad nach rechts, um dem drohenden Aufprall zu entgehen. Der Alfa schoss zwischen zwei Alleebäumen hindurch und durchbrach einen Weidezaun.

Eine Weile noch war das Fauchen und Brüllen des Geländewagens aus der Ferne zu hören.

Dann war es still.

Ellen startete den abgewürgten Motor. Der Alfa sprang tatsächlich an, augenblicklich schrie Bono seinen Refrain in die Stille. *I Still Haven't Found What I'm Looking For.* Ellen schaltete die Musik aus, legte den Rückwärtsgang ein und gab vorsichtig Gas.

Keine Chance.

Die Räder drehten auf dem weichen Boden durch.

Sie stieg aus dem Wagen.

Ihre Knie zitterten. Ihre Hände zitterten. Sie brauchte eine Ewigkeit, um das Handy aus ihrer Tasche zu kramen.

Kein Empfang.

Ellen zog die Pumps aus und warf sie durch das offene Seitenfenster in das Wageninnere. Dann stapfte sie los, über die Weide, in Richtung der Anhöhe, die sie als Schattenriss im fahlen Mondlicht ausmachte. Sie zitterte am ganzen Körper, in dem viel zu dünnen Sommerkleidchen mit den Spaghettiträgern, ohne Schuhe auf dem feuchten, morastigen Erdboden. Aber sie zitterte weniger vor Kälte, sondern vor Angst, einer diffusen Angst, die sich ihrer bemächtigte. Keuchend kletterte sie die Steigung hinauf, immer weiter, in der Hoffnung, so dem Funkloch rund um dem See zu entkommen, sie stolperte, sie stürzte, sie schlug sich die nackten Knie auf, weil sie mehr darauf achtete, das Handy in ihrer Hand zu schützen als ihren Körper. Sie kam wieder hoch und kletterte mit zusammengebissenen Zähnen weiter.

Endlich. Das Display meldete endlich Empfang. Mit klammen Fingern wählte sie Franks Nummer.

Eine halbe Stunde später tauchte Frank auf.

Auf dem Beifahrersitz eines Pick-ups. Am Steuer saß ein Mann, den Frank als Ingo vorstellte. Ingo war deutlich jünger als sie beide. Er sprach nicht viel, Frank umso mehr, während Ingo den Alfa mit der Seilwinde des Wagens zurück auf die Straße zog. Frank legte seine Jacke um ihre nackten Schultern. Sie fror erbärmlich. Die aufgeschürften Knie brannten.

Ingo nahm eine Taschenlampe aus dem Führerhaus des Wagens, legte sich rücklings auf den Asphalt und verschwand unter dem Alfa. Nach ein paar Minuten tauchte er wieder auf.

«Scheint noch alles so weit in Ordnung zu sein. Aber besser, Sie kommen mit dem Alfa morgen in der Werkstatt vorbei, damit ich ihn mal auf die Grube fahren kann. Tagsüber kann ich das besser beurteilen. Frank hat meine Adresse.»

«Mach ich. Vielen Dank.»

Ingo nickte nur, kletterte zurück in den Pick-up, startete den Dieselmotor und fuhr davon.

«Wetten, dass du in deinem Hamburg nicht so schnell Hilfe bekommen hättest?»

«Wetten, dass mir das in Hamburg gar nicht passiert wäre?»
«Wie geht es dir?»
«Wie es so geht nach einem Unfall.»
«Bist du sicher, dass dies ein Unfall war?»
«Hör auf, Frank. Mal jetzt bitte nicht den Teufel an die Wand. Komm, ich fahr dich jetzt nach Hause.»
«Kommt nicht in Frage. Ich lasse dich diese Nacht nicht allein. Wir fahren jetzt zu dir. Dann nimmst du ein heißes Bad und kriegst einen heißen Tee, und ich bringe dich ins Bett und lese dir noch eine Gutenachtgeschichte vor. Keine Widerrede.»

TAG 38

Sich zum Meer neigen und zum Himmel schauen. Die elfte der insgesamt 18 Grundübungen des Tai-Chi-Qigong.

Das Meer.

Der Lärchtaler See war das große Meer ihrer Kindheit gewesen. Weite, Ferne, Hoffnung. Nur am Ufer ihres Sees hatte sie sich frei gefühlt. Ihr See, ja, ihr See. So friedlich, so unberührt an diesem frühen, sonnigen Morgen.

Endlich wurde es warm. Richtig warm. Sommerlich warm.

Das Einzige, auf das sich Ellen die ganze Zeit wie ein kleines Kind gefreut hatte, seit Kalle ihr einen Job ausgerechnet in Lärchtal angeboten hatte, war dieser Moment: Sie beendete die Übung, indem sie das Qi der Erde in ihren Unterbauch strömen ließ, dann riss sie sich das T-Shirt und die weite, schlabberige Leinenhose vom Leib, rannte nackt und übermütig die zehn Meter bis zum Ufer hinunter und juchzte laut auf, bevor sie sich kopfüber in das wild funkelnde, noch viel zu kalte Wasser stürzte.

Eine halbe Stunde und eine heiße Dusche später saß sie mit ihrem Kaffeebecher auf der Veranda. Sie hatte das Festnetz-Telefon lautlos geschaltet. Zum ersten Mal war sie dankbar dafür, dass es hier draußen keinen Handy-Empfang gab. Thomas Pohl rief inzwischen fast täglich an, bevorzugt am frühen Morgen oder am späten Abend. *Hallo, Frau Rausch, hier ist der Thomas Pohl. Haben Sie schon was Neues?* Sie konnte es ihm nicht verdenken. Seine Nerven lagen blank, seit Burger diesen Mist geschrieben und veröffentlicht hatte. *Frau Rausch, sind Sie denn jetzt nicht mehr für uns zuständig? Doch, doch, Herr Pohl. Machen Sie sich keine Sorgen. Ich kümmere mich weiter um die Sache.*

Die Sache.

Auf ihren Knien lag ein prall gefüllter Aktenordner.

Den hatte Thomas Pohl gestern Abend vorbeigebracht.

Vielleicht können Sie ja was damit anfangen.

Was ist das, Herr Pohl?

Ein Aktenordner.

Das sehe ich.

Den hat meine Schwester damals angelegt. Also die Lore, meine älteste Schwester. Als die Lore damals die Bestallungsurkunde als Abwesenheitspfleger für die Uschi bekam, da hat sie den angelegt.

Wie geht es Ihrer Schwester?

Nicht so gut. Sie ist jetzt wieder in der Klinik in Köln. Seit drei Wochen schon. Sie war wieder völlig apathisch. Grübelte nur vor sich hin. Den Aktenordner habe ich mitgenommen, als ich ihr beim Kofferpacken geholfen habe. Bevor ich sie in die Klinik gefahren habe. Ich dachte ...

Und warum bringen Sie ihn mir erst jetzt? Drei Wochen später?

Weil ich ihn erst vor einer Stunde zurückbekommen habe.

Zurückbekommen? Von wem?

Von der Altkircher Kripo. An dem Tag, als Sie den großen Bericht im Eifel-Kurier hatten, da bin ich nach Altkirch gefahren, mit der Ausgabe des Eifel-Kuriers und dem Aktenordner, habe alles auf den Tisch geknallt und gesagt: So, ihr Pfeifen, ihr Sesselfurzer auf Steuerzahlerkosten, vielleicht werdet ihr jetzt endlich mal munter und unternehmt was, wenn ihr schon vor 16 Jahren gepennt habt.

Aha. Verstehe. Sesselfurzer. Die waren sicher sehr dankbar für die offenen Worte ...

Schön wär's. Die waren ziemlich sauer. Heute kam der Aktenordner mit dem Paketdienst zurück. Zu unserer Entlastung und so weiter, stand in dem Begleitbrief. Ein gewisser KOK Robert Lindemann hat das unterschrieben. Was heißt KOK?

Kriminaloberkommissar.

Also schon was Höheres.

Wie man's nimmt.

Auf dem Briefkopf stand eine Durchwahlnummer. Da habe ich gleich mal angerufen und prompt diesen Lindemann an der Strippe, so ein junger, arroganter Schnösel. Von oben herab. Wissen Sie, was der mir gesagt hat?

Keine Ahnung.

Da steht ja nichts Interessantes drin. Das hat der zu mir gesagt. Wörtlich. Da steht ja nichts Interessantes drin.

Die Einschätzung des ihr unbekannten Kriminaloberkommissars Robert Lindemann konnte Ellen Rausch nicht unbedingt teilen. Die halbe Nacht, bis halb vier Uhr morgens, hatte sie mit der Lektüre der Dokumente zugebracht. Erst als ihr beim Lesen immer wieder die Augen zufielen, ging sie ins Bett, fand aber keinen Schlaf und stand um halb sieben wieder auf.

Eine Ansichtskarte aus Mallorca, adressiert an Heinrich und Liesel Pohl. Uschis Eltern. Der Poststempel trug das Datum 23. September 1996. Das Foto auf der Vorderseite zeigte die Kathedrale von Palma. Auf der Rückseite stand: *Ihr habt zwar eure Tochter verloren. Aber euren lieben, guten Schwiegersohn werdet ihr auf immer und ewig behalten. Bis bald, euer Veith*

Eine Trauerkarte, offenbar nach dem Tod von Heinrich Pohl im Jahr 2003 an die Witwe Liesel Pohl geschickt: *Trotz allem, was deine Tochter mir angetan hat, sind meine Gedanken in dieser schweren Stunde bei dir. Dein Veith*

In dem Aktenordner fand sich auch die Kopie eines Schreibens des Anwalts von Dr. Veith Gersdorff, mit dem am 17. Oktober 1996, also ein halbes Jahr nach Ursula Gersdorffs spurlosem Verschwinden und vier Wochen nach dem Mallorca-Urlaub, beim Amtsgericht Lärchtal die Scheidung beantragt worden war. Auf Seite 2 des Antrags stand zu lesen:

Offenbar hat die Antragsgegnerin einen wohlhabenden Geschäftsmann kennengelernt, mit dem sie ins Ausland gegangen ist. Drei Tage nach ihrem völlig überraschenden Verschwinden aus dem gemeinsamen Haus der Parteien erhielt der Antragsteller von ihr am 24. März 1996 einen Anruf mit der Mitteilung, sie befinde sich im Ausland, ihr gehe es gut, sie sei finanziell abgesichert. Sie bedankte sich für die letzten Ehejahre und entschuldigte sich für die letzten drei Tage.

Ursula Gersdorff rief also ihren Mann an, um dem offenbar die quälende Ungewissheit zu nehmen und die Sorge, ihr könnte etwas zugestoßen sein. *Sie bedankte sich für die letzten Ehejahre und entschuldigte sich für die letzten drei Tage.* Aber warum meldete sie sich nie wieder bei ihrer Familie? Nicht bei ihren Eltern, nicht bei ihren beiden Geschwistern? Nicht einmal, als ihr Vater Heinrich Pohl an den Folgen des Gehirntumors starb?

Die Kopie des Scheidungsantrags hatte das Amtsgericht Lärchtal an die vom Staat eingesetzte Abwesenheitspflegerin Lore Pohl geschickt. Scheidungen in Abwesenheit des Ehepartners sind nach dem Gesetz durchaus möglich, müssen aber entsprechend begründet sein. Da das obligatorische Trennungsjahr noch nicht vollzogen war, der Gesetzgeber aber einen Nachweis der Zerrüttung verlangt, musste der Antragsteller schon schweres Geschütz gegen die *unbekannt Verzogene* auffahren: Von *mehreren ehewidrigen Verhältnissen der Antragsgegnerin* war in dem dreiseitigen Schreiben die Rede. Und im letzten Satz hieß es: *Der Antragsteller ist nicht bereit, die Ehe mit der An-*

tragsgegnerin fortzusetzen. Das ist ihm angesichts dessen, was er in den letzten Jahren in dieser Ehe hat durchmachen müssen, auch nicht zumutbar.

Das Amtsgericht folgte der Argumentation des Anwalts. Wenige Monate später, im Februar 1997, war die Ehe geschieden und der Weg frei für die nächste Hochzeit. Mit der in Scheidung lebenden Sonja Donath, medizinische Fachangestellte, 1961 als Sonja Gloyna in der DDR geboren, in einer am deutsch-polnischen Grenzfluss Neiße gelegenen Kleinstadt namens Forst. Im März 1998 kam die gemeinsame Tochter Klara zur Welt. Aber die Ehe hielt nicht lange. Sonja Gersdorff reichte die Scheidung ein. Und Dr. Veith Gersdorff heiratete wenige Monate nach der Scheidung erneut: die polnische Staatsbürgerin Ewa Nowak (Jahrgang 1979), gelernte Arzthelferin. 2007 wurde der gemeinsame, heute fünf Jahre alte Sohn Moritz geboren.

Ellen blätterte weiter, suchte nach der Textpassage, die sie schon in der Nacht als äußerst merkwürdig empfunden hatte, kurz bevor ihr vor Erschöpfung die Augen zugefallen waren.

Das auf den 14. Dezember 1996 datierte Schreiben des Rechtsanwalts der Familie Pohl, der während des Scheidungsverfahrens den Lärchtaler Arzt um Übergabe der persönlichen Habe der Verschwundenen an die Familie bat. Erst am 7. Januar 1997 antwortete Dr. Veith Gersdorff:

Bitte sehen Sie mir nach, dass ich erst jetzt antworte, aber ich habe mich über die Feiertage auf einer Urlaubsreise befunden. Bei allem Verständnis für den Wunsch der Familie Pohl kann ich in dieser Angelegenheit leider nicht behilflich sein. Denn entgegen meiner ursprünglichen, bei der Polizei in der Vermisstenanzeige bezeugten Annahme, Ursula habe am Tag ihres Verschwindens lediglich ihre Handtasche mitgenommen, als sie morgens zur Arbeit fuhr, musste ich inzwischen, während der Vorbereitung einer Urlaubsreise nach Mallorca im September, feststellen, dass sie auch unseren großen Hartschalenkoffer mitgenommen hat. Ferner ihren gesamten, wertvollen Schmuck, den zum größten Teil ich ihr geschenkt habe. Ferner einen (nämlich den ungleich wertvolleren) ihrer beiden Pelzmäntel. Den anderen, nicht so wertvollen Mantel, einen schwarzen Nerz, habe ich Ursulas bester und Ihren Mandanten bekannten Freundin Jana Nuschke geschenkt, aus Dankbarkeit für ihre selbstlose Unterstützung in den ersten Tagen nach Ursulas Verschwinden und weil sie mich um ein Erinnerungsstück an ihre Freundin bat. Alles andere habe ich mit Hilfe von Jana in die Altkleidersammlung gegeben. Mir war es wichtig, mich möglichst schnell von allen sichtbaren Erinnerungen an Ursula zu befreien.

Ursulas Auto, das ich vergangenen März unversehrt auf dem Parkplatz ihres Arbeitgebers vorgefunden hatte, habe ich inzwischen (mit hohem Verlust) veräußert, und zwar bei jenem Autohaus in Altkirch, wo wir es seinerzeit auch als Neuwagen gekauft hatten.

Zum Schluss erlauben Sie mir die Bemerkung: Die Familie Pohl hätte ja durchaus auch etwas früher auf den Gedanken kommen können, nach Erinnerungsstücken zu fragen.

Mit freundlichen Grüßen
Dr. Veith Gersdorff

Jana Nuschke. Ursulas beste Freundin.

Ellen lief in die Küche und kramte das alte Telefonbuch ihrer Eltern aus der Schublade.

Kein Eintrag unter Nuschke.

Gedankenlos griff sie nach ihrem Notebook. Und legte es gleich wieder zurück auf den Tisch. Sie hatte es für einen kurzen Moment vergessen: In diesem verfluchten Haus am See gab es ja weder Handy-Empfang noch Internet. Sie nahm das Festnetz-Telefon und wählte Thomas Pohls Nummer. Er meldete sich nur zwei Sekunden später. Als hätte er die ganze Zeit vor seinem Telefon ausgeharrt und nur auf ihren Anruf gewartet.

«Hallo, Frau Rausch. Ich hatte schon versucht, Sie anzurufen.»

«Sagt Ihnen der Name Jana Nuschke etwas?»

«Jana wie?»

«Jana Nuschke. Sie soll die beste Freundin Ihrer Schwester gewesen sein.»

«Nie gehört.»

«Bitte tun Sie mir den Gefallen und fragen Sie auch Ihre Frau, Ihre Schwester und Ihre Mutter nach dem Namen.»

«Mach ich. Haben Sie schon was Neues, Frau Rausch?»

«Herr Pohl, ich will mich nur noch mal vergewissern: Die Uschi hat sich seit ihrem Verschwinden nie wieder gemeldet, nicht bei Ihnen oder Ihrer Frau, nicht bei Ihren Eltern, nicht bei Ihrer Schwester Lore, nicht telefonisch, nicht brieflich ...»

«Das habe ich Ihnen doch alles schon gesagt, Frau Rausch. Nie! Nur der Anruf bei Veith mit der Bitte, uns das auszurichten. Bei der Beerdigung unseres Vaters habe ich mich die ganze Zeit umgeschaut, ob sie nicht irgendwo steht, unter den Trauergästen, in der letzten Reihe, um von uns nicht gesehen zu werden. In jedem Urlaub, an der Nordsee, in Spanien, überall habe ich mich ständig umgeschaut, in den ersten Jahren, das war schon eine Manie, diese trügerische Hoffnung, ihr zufällig zu begegnen, auch wenn das natürlich Quatsch war. Aber ich konnte nicht anders.»

«Danke. Bitte verzeihen Sie mein hartnäckiges Nachfragen. Ich melde mich wieder bei Ihnen.»

Ellen legte auf und versuchte es bei Wilma Neuhaus in Langen bei Frankfurt, aber auch diese frühere Weggefährtin hatte von der ominösen Jana Nuschke noch nie etwas gehört.

Ein letzter Versuch bei der Buchhändlerin Inge Henscheid: ebenfalls Fehlanzeige. Den Namen der Frau hatte Ursula ihr gegenüber nie erwähnt.

Nachdem Ellen aufgelegt hatte, klappte sie ein paar Mal unmotiviert den Aktenordner auf und zu. Verdammt. So kam sie nicht weiter. Sie brauchte dringend Hilfe. Sie scrollte durch das Adressbuch ihres ansonsten nutzlosen iPhones. Eine Zeitreise durch ihre berufliche Vergangenheit.

> **Vandenhove, Pierre.** Chefredakteur RTC Télé Liège. Privat: Rue Lombard, 11, 4000 Liège.
> **Paulmann, Alex.** Landeskriminalamt Bremen/Direktion Kriminalpolizei. 28329 Bremen, In der Vahr 76.
> **Dr. Ansgar Freiherr zu Putlitz.** Vortragender Legationsrat Erster Klasse. Auswärtiges Amt, 10117 Berlin, Werderscher Markt 1.

Drei Namen, drei Chancen.

Pierre Vandenhove kannte Ellen noch aus uralter Zeit, als der Belgier als Reporter für RTL in Luxemburg und dann in Köln gearbeitet hatte. Inzwischen war er Chefredakteur eines regionalen Fernsehsenders in seiner Heimatstadt Lüttich.

Alex Paulmann war Spezialist für Cold Cases und hasste nichts mehr als ungeklärte Fälle. Beim Bremer Landeskriminalamt hatte er die Abteilung Operative Fallanalyse aufgebaut, nachdem er sich als einer der ersten Kriminalisten Deutschlands intensiv, aber auch kritisch mit der Profiling-Methode der amerikanischen Bundespolizei beschäftigt hatte. Der ehemalige langjährige Leiter der Bremer Mordkommission war in seinem Berufsleben an mehr als 1000 Todesermittlungen beteiligt gewesen.

Ellen schrieb die drei Telefonnummern auf eine neue Seite ihres Notizbuches. Dann griff sie wieder zum Hörer.

TAG 42

In der 749 Kilometer langen Bundesautobahn 1, einer der ältesten und längsten Autobahnen Deutschlands, die von Saarbrücken nahe der französischen Grenze via Köln, Dortmund, Bremen, Hamburg und Lübeck bis nach Heiligenhafen an der Ostseeküste führte, klaffte selbst 80 Jahre nach Baubeginn aus unerfindlichen Gründen immer noch ein 25 Kilometer breites Loch. Wer beispielsweise also von Saarbrücken nach Dortmund wollte, wählte besser gleich den Umweg über die A48 zum Rhein, fuhr weiter über die heillos überlastete A61 nach Norden und erst bei Köln auf die A1. Allemal besser, als sich in der Westeifel auf einem abenteuerlichen Zickzackkurs aus schmalen, schlecht beschilderten Kreisstraßen heillos zu verfransen. Somit gab es in Deutschland wohl keine einsameren Autobahnabschnitte als die beiden losen Enden der A1 diesseits und jenseits der Lücke. Die beiden teuersten Sackgassen Europas.

Dort, wo die A1 nördlich der Lücke wieder Fahrt aufnahm, hatten die Verkehrsplaner auf der grünen Wiese einen riesigen Parkplatz angelegt. Für Berufspendler, die Fahrgemeinschaften bilden sollten, um Sprit und Geld zu sparen.

Als Ellen Rausch am späten Freitagabend auf den Parkplatz einbog, waren die Autos der Berufspendler längst verschwunden.

Sieben Minuten vor Mitternacht.

Sieben Minuten zu früh.

Ellen passierte einen geparkten Sattelschlepper. Französisches Kennzeichen. Geschlossene Vorhänge versperrten die Sicht durch die Fensterscheiben des Führerhauses. 50 Meter weiter parkte ein Mercedes der C-Klasse. Die Scheinwerfer des Alfa erfassten für einen kurzen Moment das Innere des Wagens. Zwei Menschen. Leben. Und vielleicht auch bald neues Leben, den rhythmischen Bewegungen nach zu urteilen.

Das dritte und letzte Auto war ein VW Passat. Im hintersten Winkel, rückwärts eingeparkt, Motorhaube und Windschutzscheibe in Richtung Einfahrt. Fluchtbereit. Im Inneren das Glimmen einer Zigarette.

Fahren Sie bis zum Ende des Parkplatzes. Ein VW Passat älterer Bauart. Sollte Ihnen jemand folgen, bin ich sofort weg.

Ellen stieg aus, öffnete die Beifahrertür des Passats und setzte sich. Das Innere des Wagens stank nach Rauch.

Nach Rauch und nach Angstschweiß.

«Guten Abend, Herr Knoop.»

Hans Knoop antwortete nicht, sondern zog an seiner Zigarette und starrte durch die Windschutzscheibe auf die rund 200 Meter entfernt liegende Einfahrt zum Parkplatz. Schließlich öffnete er die Seitenscheibe und warf die Kippe hinaus.

«Ich habe mich mit meiner Frau beraten. Sie hat mir dringend davon abgeraten, mich mit Ihnen zu treffen. Nächstes Jahr werde ich pensioniert. Dann hat das Ganze ohnehin ein Ende.»

Ellen schwieg, wartete ab.

«Wissen Sie, es wird ja heutzutage gern und viel gelästert und gespottet über das deutsche Berufsbeamtentum. Das ist ja inzwischen ein regelrechter Volkssport geworden. Und da ist vor allem Neid im Spiel: Anstellung auf Lebenszeit, Unkündbarkeit, sichere Pensionen, Beihilfe zur Krankenversicherung und was sonst noch alles. Die Medien schüren diesen Neid. Dabei müssten die Medien nur mal recherchieren, bevor sie ihre Stammtisch-Parolen verbreiten, um die öffentliche Meinung aufzuheizen.»

«Herr Knoop, ich ...»

«Nein, das ist jetzt sehr wichtig! Hören Sie mir bitte zu. Oder wir lassen das Ganze!»

«Einverstanden.»

Knoop stierte weiter durch die Windschutzscheibe. Er hatte Ellen noch kein einziges Mal angesehen. Er trug einen grauen Anzug und ein weißes Hemd, aber keine Krawatte. Das Licht der

Straßenlaterne fiel in seinen Schoß. Knitterfalten. Knoops Gesicht hingegen blieb im Dunkel.

«Der preußische Soldatenkönig Friedrich Wilhelm I. hat das Berufsbeamtentum erfunden, und sein Sohn, der kluge, aufgeklärte Friedrich der Große, hat es ausgebaut. Friedrich der Große hat sich selbst als ersten Diener des Staates bezeichnet. Auch seine Beamten sollten Diener des Staates sein, nur dem Staat und dem Gemeinwohl und nicht einem einzelnen Fürsten verpflichtet. Deshalb das Alimentationsprinzip. Um die Beamten immun zu machen gegen äußere, sachfremde Beeinflussungen und Bestechungsversuche. Sie sollten gefeit sein gegen Machtgelüste, Gier und Korruption.»

«Das scheint nicht restlos gelungen zu sein.»

«Ihr Einwand ist durchaus berechtigt. Aber schauen Sie mal in andere Länder dieser Erde. Und da müssen Sie gar nicht bis in die Dritte Welt gehen. Da reicht schon der Blick in diverse Staaten der EU. Da hat die Korruption ein völlig anderes Ausmaß als bei uns. Ich will auch nicht behaupten, dass die im Preußischen Allgemeinen Landrecht von 1794 verfassten Rechte und Pflichten der Diener des Staates noch in allen Teilen der Lebenswirklichkeit des 21. Jahrhunderts gerecht werden. Ich will Ihnen mit meinen Ausführungen nur sagen, warum *ich* den Beruf des Beamten gewählt habe. Genau aus diesem Grund: um dem Staat zu dienen, dem Gemeinwohl, und nicht einem einzelnen Fürsten.»

«Ist Clemens Urbach ein solcher Fürst?»

Knoop reagierte nicht auf die Frage, sondern führte unbeirrt seinen Gedanken fort. «In den hergebrachten Grundsätzen des Berufsbeamtentums ist auch von der Hingabe an den Beruf die Rede. Ich habe mich diesem Beruf immer gerne hingegeben und meine Entscheidungen stets davon abhängig gemacht, ob sie dem Gemeinwohl dienen. Zu den hergebrachen Grundsätzen des Berufsbeamtentums, denen ich mich verpflichtet fühle, zählt auch die Amtsverschwiegenheit. Das ist ein Problem.»

«Warum treffen Sie sich mit mir?»

«Güterabwägung, wenn man so möchte. Einerseits die Pflicht zur Amtsverschwiegenheit. Andererseits die bittere Erkenntnis, dass ich die hergebrachten Grundsätze des Berufsbeamtentums verletze, wenn ich weiterhin schweige.»

Ein Motor wurde gestartet. Knoop zuckte zusammen und riss die Augen auf. Seine Hände umkrampften das Lenkrad. Der Mercedes rollte vom Parkplatz. Erst als der Wagen die Straße erreicht hatte, wurden die Scheinwerfer eingeschaltet.

Knoop redete fast im Flüsterton weiter. «Es ist doch überall dasselbe. Schauen Sie sich nur um in Deutschland. Die Hamburger Elbphilharmonie. Der Flughafen Berlin-Brandenburg. Stuttgart 21. Der Nürburgring. Das WCCB, das World Conference Center im ehemaligen Bonner Regierungsviertel. Es ist überall dasselbe. Einige wenige kassieren ab, und wenn's schiefgeht, haftet die Solidargemeinschaft. Wir alle. Gewinne werden privatisiert, Verluste werden sozialisiert. Und der Staat lässt sich melken. Der Bund, die Länder, die Kommunen, die Bürger. Wir alle lassen uns melken. Und dann ist plötzlich kein Geld mehr da für die Unterhaltung von Musikschulen oder Freibädern, für die Sanierung von Kindergärten oder Radwegen. Die privaten Vermögen in Deutschland wachsen und wachsen, und der Staat wird ärmer und ärmer.»

«Kommen wir etwas vom Thema ab, Herr Knoop?»

«Nein. Überhaupt nicht. Genauso läuft es mit dem Golfresort-Projekt in Lärchtal. Einige Skrupellose bedienen sich schamlos an den öffentlichen Zuschüssen in Millionenhöhe, und die Zeche werden noch unsere Kindeskinder zahlen. Frau Rausch: Lärchtal wird sich heillos verschulden, so viel steht jetzt schon fest.»

«Warum das? Ich dachte, das ist kein öffentliches, sondern ein rein privates Bauprojekt.»

Knoop lachte auf. Ein kurzes, hysterisches Lachen.

«Bitte entschuldigen Sie. Wie sollen Sie auch wissen, was da passiert. Der alte Hütchenspieler-Trick. Natürlich ist das ein rein privates Projekt. Aber mit öffentlicher Absicherung. Null Risiko. Es war vereinbart, dass die Investoren Eigenkapital in zweistelliger Millionenhöhe mitbringen. Das haben sie aber bis heute nicht beigebracht, obwohl schon öffentliche Gelder in erheblichem Umfang geflossen sind. Angeblich für die Planungskosten. Also wollte man zur Deckung des fehlenden Eigenkapitals die Lärchtaler Sparkasse anzapfen. Ein pflichtbewusster Sachbearbeiter lehnte das Kreditersuchen jedoch ab. Jedem kleinen Häuslebauer würde das Ersuchen abgelehnt, wenn er nicht ein Minimum an Eigenkapital nachweisen kann. Und außerdem würde die Sparkasse darauf bestehen, ins Grundbuch eingetragen zu werden. Das kam aber für die Investorengruppe überhaupt nicht in Frage. Daraufhin gab es ein vertrauliches Gespräch zwischen Clemens Urbach, seines Zeichens Bürgermeister von Lärchtal und zugleich Vorsitzender des Verwaltungsrats der Sparkasse, und dem Sparkassendirektor Gisbert Jacobs, zugleich Vorsitzender der FWG, Urbachs Mehrheitspartei im Stadtrat. Und siehe da: Der Stadtrat bewilligte eine Bürgschaft für den Kredit in Höhe des ursprünglich vorgesehenen Eigenkapitals der Investoren. Die Bürgschaft wurde allerdings Nebenabrede genannt. *Nebenabrede.* Ein schöner Euphemismus. Damit diese Feierabendpolitiker im Stadtrat nicht begreifen, was genau sie da per Handzeichen verabschieden. Genauso ist das übrigens mit dem WCCB in Bonn gelaufen. Nur dass der Bonner General-Anzeiger das alles aufgedeckt hat. Aber wer soll das denn hier aufdecken? Der Eifel-Kurier vielleicht?»

«Ja, vielleicht. Wenn Sie ...»

«Machen Sie sich nicht lächerlich. Hajo Burger ist doch nichts weiter als eine Marionette in den Händen von Urbach.»

«Und Sie? Sie sind der Bauamtsleiter. Sie ...»

«Ja. Aber ich bin abgemeldet. Ich wurde ausgebootet, Frau

Rausch. Der Urbach weiß doch ganz genau, was ich für einer bin. Ein superkorrekter Beamter, der dem Fortschritt im Weg steht. Alles fing damit an, dass die Stadt Lärchtal das Seegrundstück, das einzige Filetstück im städtischen Grundbesitz, für 80 000 Euro an die Investoren verkauft ... also quasi verschenkt hat. Damals hatte ich eine Aktennotiz an den Bürgermeister verfasst und meine Bedenken angemeldet, ob das denn im Sinne des Gemeinwohls sein könne. Also hat Urbach inzwischen alles an meinen Kollegen delegiert. Kevin Schwab, Leiter des Stadtplanungsamtes. Urbach hat ihn zum Projektleiter ernannt. Sind Sie ihm schon mal begegnet? Natürlich: Er saß ja bei diesem Hintergrundgespräch im Rathaus gleich neben Urbach.»

«Dieser gut gekleidete junge Bursche?»

«Ja. Dieser gut gekleidete und aalglatte und gewissenlose junge Bursche. Urbachs Ziehkind. Die neue Generation.»

Knoops Stimme zitterte. Vor Wut. Und vor Erschöpfung. Er zündete sich die nächste Zigarette an.

«Und wer sind die Investoren?»

«Ein internationales Konsortium mit offiziellem Firmensitz in Costa Rica. Heuschrecken, die über den Globus schwärmen und auf solche Gelegenheiten wie in Lärchtal lauern, um das Geld ihrer Anleger zu mehren. In Costa Rica werden Gewinne, die bei Geschäften im Ausland erzielt wurden, nicht besteuert.»

«Und wer sind die Gewinner in Lärchtal?»

«Allen voran natürlich Clemens Urbach und seine Baufirma. Gisbert Jacobs, wenn auch in deutlich bescheidenerem Umfang. Aber ich bin sicher, er wurde geschmiert. Oder erpresst. Kevin Schwab, der hofft, seine devote Willfährigkeit diene seiner Karriere. Er will Urbach als Bürgermeister beerben, wenn der mal aus Altersgründen aufhört. Eine Handvoll Honoratioren dieser Stadt, angesehene, wohlhabende Bürger, allesamt Mitglieder der UWG, die sich persönliche Vorteile vom wirtschaftlichen Aufschwung durch das Golfresort-Projekt versprechen. Hajo Burger, den man schon mit einem Schulterklopfen bestechen kann und der überglücklich ist, wenn jemand wie Urbach ihm anbietet, sich zu duzen. Er schreibt ja schon jetzt die lächerlichen Pressemitteilungen, und angeblich wurde ihm der Job als hauptberuflicher Pressesprecher des Golfresorts in Aussicht gestellt. Burger durfte auch schon eine Lärchtaler Delegation zu einem viertägigen Arbeitstreffen nach Costa Rica begleiten. *Get together* unter Palmen. Es soll äußerst kooperativ und heiter zugegangen sein bei diesem Treffen, erzählt man sich. Man ist sich in jeder Hinsicht nähergekommen.»

«Und Veith Gersdorff?»

«Ach, der Herr Dr. Gersdorff. Der Liebling aller Schwiegermütter. Was rede ich: der Liebling *aller* Frauen in Lärchtal. Vor allem der verheirateten Frauen. Er hat den Kontakt zwischen Urbach und der Investorengruppe hergestellt und dafür eine Vermittlungsprovision kassiert. Das ist nichts Ungesetzliches, sofern er Steuern dafür gezahlt hat. Ferner profitiert er indirekt. Er hofft auf neue Kundschaft, er braucht eine adäquate Übernachtungsmöglichkeit für seine Patientinnen, und er träumt von schicken, neuen Praxisräumen im Golfhotel. Auch das ist alles legal. Wenn man so will, ist Veith Gersdorff noch der harmloseste und gesetzestreueste unter den heimischen Akteuren. Aber wenn Lärchtal durch diese mysteriöse Vermisstensache auch außerhalb der Eifel ins Gerede kommt, wenn sich noch andere Medien als der Eifel-Kurier für diese Sache zu interessieren beginnen, dann werden sich die Investoren irgendwann zurückziehen. Die scheuen nämlich die Öffentlichkeit wie der Teufel das Weihwasser. Es gibt schließlich noch andere Gemeinden auf dieser Welt, die man melken kann. Die sind nicht auf Lärchtal angewiesen. Aber umgekehrt ist Urbach auf die Investorengruppe angewiesen.»

«Herr Knoop, ich habe einen alten Schulfreund, der sitzt für die Grünen im Stadtrat. Vielleicht ...»

«Frank Hachenberg.»

«Woher wissen Sie ...»

«In einer Kleinstadt wie Lärchtal gibt es keine Geheimnisse. Haben Sie das noch nicht begriffen? Hachenberg ist zweifellos ein netter Kerl. Hat das Herz am rechten Fleck. Müht sich ab. Ackert. Aber diesen ehrenamtlichen Feierabend-Politikern fehlt doch einfach die Zeit, die nötig wäre, um da durchzublicken. Nicht wenigen fehlt es allerdings auch an Engagement und an Intellekt. Sie lassen sich von ihrem Fraktionsvorsitzenden sagen, wie sie abzustimmen haben. Ist doch viel bequemer. Außerdem: Wer lässt sich vor der Wahl schon gerne vorhalten, dass er dem Fortschritt im Weg steht? Das macht Urbach sehr geschickt. Und ebenso geschickt ist er im Verschleiern seiner Machenschaften. Es gibt übrigens nichts Schriftliches von ihm in den Akten. Nicht mal die Kopie einer Mail. Das überlässt er alles seinen Adlaten. Urbach erledigt alles mündlich oder fernmündlich. Wie ein Mafia-Pate. Außerdem habe ich Ihnen ja nur die Spitze des Eisbergs geschildert. Und selbst ich weiß längst nicht alles. Seit ich ausgebootet wurde.»

«Aber die Opposition im Stadtrat müsste doch ...»

«Blödsinn. Die Grünen hat Urbach übrigens erfolgreich geködert, indem er ihnen versprach, das dem Golfresort gegenüberliegende Westufer rückzubauen, den Campingplatz zu schließen, die Holzwirtschaft einzustellen und das komplette Areal als Biotop ausweisen zu lassen. Dumm nur, dass dort Ihr Elternhaus steht. Man wird Ihnen sicher bald ein Angebot machen, Frau Rausch. Pech für Sie, dass Ihnen das Grundstück nicht gehört, sondern nur das marode Gebäude. Erbbaurecht.»

Rasselnd und fauchend sprang der Dieselmotor des Sattelschleppers an und riss ein Loch in die Stille. Die Luftdruckbremsen zischten, als der Fahrer sie löste. Der Lastwagen beschrieb einen weiten Bogen über den Platz, um die Ausfahrt zu erreichen, ohne wenden zu müssen. Die starken Scheinwerfer erfassten den Passat. Ellen blinzelte in das grelle Licht, Knoop hob die Hände schützend vors Gesicht.

Minuten später verlor sich das Brummen und Jaulen des Dieselmotors im Dunkel der Nacht.

Jetzt waren sie allein.

Der Bauamtsleiter und die Lokaljournalistin.

«Ich könnte ein Gespräch zu dritt arrangieren. Sie, ich und Frank Hachenberg. Und Sie erzählen ihm alles.»

«Das bringt doch überhaupt nichts. Die Opposition im Stadtrat spielt doch nur die Rolle des Hofnarren am Hofe von Fürst Clemens, seit Urbachs FWG die absolute Mehrheit besitzt. Wir haben Vertraulichkeit vereinbart, Frau Rausch. Ich möchte auf keinen Fall, dass zu diesem Zeitpunkt noch jemand ...»

«Schon gut. Ich habe verstanden.»

Knoop löste die Hände vom Lenkrad und wischte sie an seinen Hosenbeinen trocken.

«Erinnern Sie sich an diesen Spielfilm mit Robert Redford und Dustin Hoffman? Über den Watergate-Skandal?»

«Klar!»

«Die trafen sich mit ihrem geheimnisvollen Informanten immer in einer Tiefgarage. Deep Throat haben die beiden Journalisten ihren namenlosen Informanten genannt. *Deep Throat*. Nach einem Pornofilm der 1970er Jahre. Wie originell. Leider gibt es in Lärchtal keine Tiefgarage. Deshalb sitze ich jetzt hier mit Ihnen, in meinem ollen Passat, auf diesem idiotischen Parkplatz statt mit meiner lieben Frau und einem schönen Glas Rotwein zu Hause auf der Wohnzimmercouch. Und Deep Throat war, wie sich erst kürzlich, nach so vielen Jahren herausstellte, der damals stellvertretende Direktor des FBI. Ein Profi in Sachen Sicherheit, der genau wusste, wie man sich zu schützen hat. Ich weiß das nicht. Ich bin ein kleiner Beamter in der Verwaltung einer Kleinstadt. Und wissen Sie, was? Ich hänge an meinem mickrigen Leben.»

«Herr Knoop! Meinen Sie nicht, dass der Vergleich hinkt? Bei der Watergate-Affäre ging es immerhin um ...»

«Sie irren schon wieder, Frau Rausch. Die Dimension spielt dabei gar keine Rolle. Deep Throat sagte den beiden Journalisten in der Tiefgarage: *Folgt der Spur des Geldes.* Wie wahr. Entscheidend ist doch nur: Wer die Pläne von gierigen, skrupellosen Menschen durchkreuzt, der muss mit dem Schlimmsten rechnen. Wenn solche Menschen Gefahr wittern, sich in die Enge getrieben fühlen, ihre Haut retten wollen, dann ist ihnen jedes Mittel recht. Dann scheuen sie kein Risiko. Dann kennen sie kein Erbarmen. Dann gehen sie über Leichen.»

Ellen schwieg und dachte nach.

«Sie glauben mir nicht, oder?»

«Ich denke nur nach, Herr Knoop.»

«Vielleicht hilft es Ihnen beim Nachdenken, wenn ich noch mal auf das Beispiel WCCB in Bonn zurückkomme: Nachdem der General-Anzeiger seine Recherchen veröffentlicht hat ... nicht nur einmal, sondern immer wieder, stets mit neuem Recherchematerial, sodass wirklich niemand in der Stadt mehr vorbeischauen konnte, da biss sich ein junger, ehrgeiziger Staatsanwalt in die Sache fest. Eines Tages stürzte er aus der sechsten Etage eines öffentlichen Parkhauses mitten in der City. Suizid, hieß es. Private Probleme. Fremdverschulden ausgeschlossen, obwohl es keine Zeugen gab. Dann machte sich der nächste Bonner Staatsanwalt an die WCCB-Akten. Und wurde plötzlich wegbefördert. Ins Düsseldorfer Justizministerium. Jetzt fängt die Staatsanwaltschaft wieder bei null an. Zufälle gibt's!»

Er schwieg einen Moment und schaute sie dann fest an.

«Frau Rausch, ich halte Sie für eine tüchtige Journalistin. Aber Bob Woodward und Carl Bernstein, die beiden Journalisten, die Watergate aufdeckten, hatten die mächtige Washington Post im Rücken. Die uneingeschränkte Rückendeckung der

Chefredaktion und der Verlegerin. Sie schreiben für den Eifel-Kurier. Sie haben einen korrupten Redaktionsleiter und einen Eigentümer, dem man ein vitales Interesse an dem Golfresort-Projekt nachsagt. Also null Rückendeckung. Warum sollte ich Ihnen helfen?»

«Sie helfen sich damit selbst. Sie tun etwas gegen Ihr permanent schlechtes Gewissen. Denken Sie daran, warum Sie mal Beamter geworden sind. Wollen Sie nächstes Jahr mit der Gewissheit in Pension gehen, dem Unrecht nicht Einhalt geboten zu haben? Nein, das wollen Sie nicht. Der Eifel-Kurier ist in der Tat das falsche Medium für die Golfresort-Affäre. Aber ich habe noch alte Kontakte, persönliche Kontakte zu Kollegen großer Blätter. Zeitungen, Zeitschriften. Erfahrene Journalisten. Wir sollten es zumindest versuchen.»

«Sie sind sehr hartnäckig, Frau Rausch.»

«Ja, so sagen manche. Ich brauche allerdings Beweise. Schriftliche Beweise. Dokumente.»

«Sie haben gut reden.»

«Anders geht es nicht.»

«Ich kann nichts versprechen.»

«Ich weiß.»

«Ich sagte ja schon: Urbach hinterlässt nie etwas Schriftliches, das ihn kompromittieren könnte.»

«Sie sagten es.»

«Ich habe keinen offiziellen Zugang zu den Projektakten.»

«Ich weiß. Ich will Sie auch nicht drängen ...»

«Natürlich wollen Sie das. Lügen Sie mich jetzt bitte nicht an. Bis jetzt habe ich Ihnen nämlich vertraut. Wir brechen das Gespräch an dieser Stelle ab. Es ist schon spät. Ich bin sehr müde. Bitte verlassen Sie jetzt meinen Wagen. Ich fahre als Erster vom Platz. Sie warten dann hier noch mindestens zehn Minuten. Ich biege nach links ab und fahre die Strecke über Blankenheim. Sie biegen nach rechts ab und nehmen den Weg, den Sie auch gekommen sind. Rufen Sie mich nicht an! Ich melde mich bei Ihnen.»

«Versprochen?»

«Versprochen.»

Frische Luft. Ellen lehnte sich gegen die Motorhaube und wartete zwölf Minuten. Dann stieg sie in den Alfa, verließ den verwaisten Parkplatz.

Sie war noch keine 50 Meter auf der Landstraße unterwegs, als sie einen schwarzen Porsche Cayenne passierte, der in einem schmalen, dunklen Feldweg parkte. Aber sie war viel zu schnell unterwegs und zu sehr mit ihren Gedanken beschäftigt, um dies zu bemerken.

TAG 51

Arno Wessinghage sagte nichts, sondern starrte schweigend auf seinen Monitor und wartete geduldig, bis das Glockengeläut der benachbarten Kirche verstummte.

Sonntag in Lärchtal. Hochamt.

Vermutlich saß die halbe Stadt in der Kirche. Ellen Rausch und Arno Wessinghage saßen in der Redaktion.

Ellen hatte ihren Bürostuhl zu Wessinghages Schreibtisch gerollt. Sie saß dicht neben ihm und starrte nicht in Wessinghages Monitor, sondern ihren Kollegen an, weil sie schon kannte, was da auf dem Bildschirm zu lesen war. Ihr Text, der am kommenden Mittwoch in der nächsten Ausgabe des Eifel-Kuriers erscheinen sollte. Stattdessen versuchte sie vergeblich, in Wessinghages Gesicht zu lesen, was er von ihrem Text hielt. Sie zügelte mühsam ihre Ungeduld. Arno Wessinghage war ein langsamer Leser.

Jetzt war er endlich durch und scrollte zurück zum Anfang. «Sag bitte was, Arno.»

Weltweit keine Spur von Ursula Gersdorff

Der angebliche belgische Liebhaber der vor 16 Jahren spurlos verschwundenen Lärchtaler Arzthelferin entpuppt sich als Phantom. Welche Rolle spielt die geheimnisvolle Frau mit dem schwarzen Nerzmantel?

Von Ellen Rausch

LÄRCHTAL. Heute um Mitternacht läuft die Frist ab. Die seit 16 Jahren verschollene Ursula Gersdorff ist der vor sechs Wochen per Amtlicher Bekanntmachung im Eifel-Kurier veröffentlichten Aufforderung des Lärchtaler Amtsgerichts, sich bis heute «in Zimmer 207, 1. Stock» einzufinden, bisher nicht nachgekommen. «Morgen werden die Antragsteller und die zuständige Bonner Staatsanwaltschaft angeschrieben», erläutert Amtsgerichtsdirektor Martin Schulte das weitere formaljuristische Procedere. «Ergeht kein Widerspruch, wird Ursula Gersdorff offiziell für tot erklärt.»

«Der Einstieg gefällt mir», sagte Wessinghage. «Knapp, kühl, viel Understatement. Dass du das offizielle Datum des Fristablaufs als Legitimierung für die neue Veröffentlichung benutzt, ist clever.»

«Danke.»

Wessinghage scrollte weiter, Absatz für Absatz, änderte nur hier und da ein Wort oder eine Satzstellung, ohne dies zu begründen. Aber Ellen sah, wie der Text mit jeder Korrektur besser wurde. Im Redigieren war Wessinghage ein wahrer Meister.

Ursula Gersdorff ist seit ihrem spurlosen Verschwinden am 21. März 1996 in keinem Einwohnermelderegister Deutschlands mehr aufgetaucht; und über das Auswärtige Amt in Berlin konnte der Eifel-Kurier nun klären, dass die Lärchtalerin in den vergangenen 16 Jahren bei keiner deutschen diplomatischen oder konsularischen Vertretung auf dieser Welt ihren Reisepass oder Personalausweis verlängern ließ. Falls Ursula Gersdorff noch leben sollte, so lebt sie ohne gültige Identität.

«Der kleine Eifel-Kurier und das Auswärtige Amt in Berlin. Da werden die Lärchtaler aber staunen. Wer ist die Quelle?»

«Ein hoher Diplomat im AA. Er schuldete mir noch einen Gefallen. Eine alte Geschichte. Aber für ihn war das nur ein Anruf und ein paar Klicks am Computer, um das zu überprüfen.»

«Es wäre schön, wenn du deine Quelle im Text namentlich nennen und zitieren könntest.»

«Klar wäre das schön. Aber das geht nicht. Wir haben eine Vereinbarung. Der Mann bekäme mächtig Ärger. Was er für mich getan hat, ist ein klarer Verstoß gegen den Datenschutz.»

Arno Wessinghage las weiter.

Und blieb am übernächsten Absatz hängen:

Auch das Gerücht von dem schwerreichen belgischen Liebhaber, das vor 16 Jahren in Lärchtal die Runde machte, hält nach Informationen des Eifel-Kuriers einer genaueren Überprüfung nicht stand. Der Mann, mit dem sich Ursula Gersdorff am 21. März 1996 angeblich nach Brasilien abgesetzt haben soll, sei ein Antiquitätenhändler aus Brügge gewesen, der im Bonner Stadtbezirk Bad Godesberg ein Ladenlokal betrieb, hieß es damals.

Doch weder beim Bonner Einzelhandelsverband noch bei der zuständigen Industrie- und Handelskammer kann man sich an einen belgischen Antiquitätenhändler mit Ladenlokal im ehemaligen Bad Godesberger Diplomatenviertel erinnern. Der Eifel-Kurier recherchierte gemeinsam mit Kollegen des belgischen Fernsehsenders RTC Télé Liège in der alten Kaufmannsstadt Brügge. Ergebnis: Auch dort ist ein belgischer Antiquitätenhändler aus Brügge, der angeblich in Bad Godesberg tätig war und beide Standorte im März 1996 endgültig verlassen haben soll, völlig unbekannt.

«Der Eifel-Kurier ist also in der Lage, ausländische Fernsehsender für seine Recherchezwecke zu mobilisieren. Klingt nicht schlecht. RTC ist aber doch ein französischsprachiger Regionalsender, wenn ich mich recht entsinne. Lüttich liegt in der Wallonie. Aber Brügge liegt meines Wissens in Westflandern, ist also flämisch.»

«Ich weiß, ich weiß, ich weiß.»

«Das reicht mir nicht als Antwort.»

«Arno, du bist ein misstrauischer Pedant. Leider kann ich dir im Augenblick nicht mit einem flämischen Medium dienen. Pierre Vandenhove ist Chefredakteur von RTC Télé Liège und war so nett, mit mir nach Brügge zu fahren und den Türöffner bei den Behörden zu spielen. Mit der Sprache war das kein Problem, weil seine Mutter aus Flandern stammt und Pierre zweisprachig aufgewachsen ist. Außerdem spricht er auch noch sehr gut Deutsch, während mein Französisch ausgesprochen mies ist und ich Flämisch natürlich überhaupt nicht verstehe. Dafür musste ich am Vorabend mit ihm in Lüttich essen gehen und mich seiner beharrlichen Bemühungen erwehren, mich anschließend noch in sein Bett zu kriegen.»

«So genau wollte ich es auch wieder nicht wissen. Aber du musst verstehen, dass ich deinen Recherchen auf den Zahn fühle.»

«Klar. Das ist dein Job. Und ich bin dir dankbar dafür, dass du extra für mich deinen freien Sonntag opferst.»

«Ich hätte am Montag oder Dienstag nicht die nötige Ruhe hier. Okay. Weiter im Text. Es kommt ja noch dicker.»

Inzwischen konnte der Eifel-Kurier auch die Identität jener geheimnisvollen Zeugin klären, die nach jüngsten Angaben der Polizei Ursula Gersdorffs damaligen Ehemann am 22. März 1996 zur Lärchtaler Wache begleitet haben soll, um Vermisstenanzeige zu erstatten. Da die Polizei über keine eigenständigen Informationen über jene Märztage vor 16 Jahren verfügt, weil die Vermisstenakte vor elf Jahren vernichtet wurde und der damalige Leiter der Wache in Lärchtal im Herbst 1996 seiner Krebserkrankung erlag, wurde Ex-Ehemann Dr. Veith Gersdorff vor wenigen Wochen erneut als Zeuge befragt und nannte dabei diese Frau, die er als Ursula Gersdorffs damalige beste Freundin bezeichnete. Die Frau bestätigte jetzt laut offizieller Auskunft gegenüber der Polizei diese Angaben.

Seltsam ist nur: Keine der Freundinnen, Bekannten, Arbeitskolleginnen und Familienangehörigen Ursula Gersdorffs, mit denen der Eifel-Kurier bislang im Lauf der Recherchen gesprochen hat, kann sich an eine «beste Freundin» dieses Namens erinnern.

Tatsächlich aber existiert diese Frau: Sie wurde 1966 in einer Kleinstadt in der Lausitz unmittelbar an der polnischen Grenze geboren, wohnte im März 1996 in der Lärchtaler Nachbargemeinde Dahlem und war erst 29 Jahre alt, als die damals 41-jährige Arzthelferin spurlos verschwand. Nur wenige Wochen nach Ursula Gersdorffs Verschwinden kündigte sie ihre Mietwohnung in Dahlem und zog in ein 128 Kilometer entferntes Dorf im Westerwald, östlich des Rheins, unweit der A3-Abfahrt Montabaur. Zuvor schenkte ihr Ursula Gersdorffs damaliger Ehemann noch einen schwarzen Nerzmantel aus dem Besitz der Verschollenen.

Im Westerwald meldete sich die Frau aber schon wenige Monate später, am 15. November 1996, wieder ab, um zurück in die Westeifel zu ziehen, nach Altkirch, wo sie bis heute wohnt, inzwischen geheiratet und den Namen ihres Mannes angenommen hat.

Die geheimnisvolle «beste Freundin» möchte nicht mit dem Eifel-Kurier über Ursula Gersdorff und die Ereignisse im März 1996 sprechen. Das ist ihr gutes Recht. Und deshalb nennen wir nicht ihren Namen.

«Wer ist diese Frau?»

«Jana Menzel. Sie ist Mitarbeiterin in einem Fitness-Studio in Altkirch. 1996 hieß sie noch Jana Nuschke. Unter diesem Namen wurde sie 1966 in Forst in der damaligen DDR geboren. In derselben Kleinstadt an der polnischen Grenze wie Veith Gersdorffs zweite Ehefrau Sonja. Was natürlich nichts bedeuten muss.»

«Und sie wollte nicht mit dir reden?»

«Nein. Ihr Mann ging ans Telefon und sagte, sie sei auf der Arbeit, ich solle es entweder später noch mal versuchen oder im Fitness-Studio anrufen, wenn es dringend sei. Er schien jedenfalls völlig arglos zu sein. Es schien ihn auch nicht weiter zu interessieren, weshalb ich seine Frau sprechen wollte.»

«Und dann hast du sie auf der Arbeit angerufen.»

«Nein. Ich bin gleich vorbeigefahren. Ich wollte unbedingt ihr Gesicht sehen. Ich wollte sehen, wie sie reagiert, wenn ich den Namen Ursula Gersdorff erwähne.»

«Und? Wie hat sie reagiert?

«In einem Fitness-Studio lächeln die Mitarbeiter ununterbrochen. Das gehört offenbar zu ihrem Job. Das Lächeln dieser Frau verschwand allerdings augenblicklich, als ich mich vorstellte. Mein Name genügte. Ich musste nicht einmal sagen, um was es geht. Für einen Moment wurde sie echt leichenblass unter ihrer Sonnenbank-Bräune. Sie wich sogar einen Schritt zurück. Als hätte ich eine ansteckende Krankheit. Aber dann fing sie sich erstaunlich schnell, servierte mich eiskalt ab, sagte, sie habe kein Interesse, mit mir zu reden, und ich solle sie jetzt bitte schön nicht weiter bei der Arbeit stören, sie habe noch eine Menge zu tun, bis ihr Kurs anfängt. Drehte sich um und verschwand.»

«Kurs?»

«Ja. Bauch-Beine-Po.»

«Ich verstehe gar nichts mehr.»

«Ist nicht deine Welt, Arno. Sie selbst sah übrigens so aus, als würde sie diesen Kurs jeden Tag geben. Und außerdem so gut wie nichts essen. Die hautengen Sportklamotten ließen da keinen Zweifel. Eine Narzisstin, wenn du mich fragst. Ein Mensch mit narzisstischer Persönlichkeitsstörung.»

«Unsere Welt ist heute voller Narzissten. Es heißt übrigens Kursus. Einen Kurs bestimmt man auf hoher See.»

«Ich weiß, Arno. Sie sagte aber Kurs und nicht Kursus. So wie fast alle Menschen außer dir.»

Stattdessen hätte sie auch sagen können: Arno, diese Frau war mir echt unheimlich. Sie hat mir regelrecht Angst eingeflößt. Schon diese physische Präsenz. Oberarme und Schultern wie ein Kerl. Sehnige Unterarme. Der winzige, muskulöse Hintern. Eine durch und durch unangenehme Erscheinung, die bei Ellen augenblicklich Fluchtreflexe auslöste. Die eiskalten Augen. Die strengen, maskulinen Gesichtszüge. Die künstlich gebleichten Zähne. Die von täglicher UV-Strahlung gegerbte, schnell gealterte Haut. Dazu diese weißblond gefärbten, mädchenhaft langen Haare, deren Länge so gar nicht zu der maskulinen Erscheinung passte. Eingearbeitete Extensions. Aber was sollte sie Arno schon über künstlich eingeflochtene Synthetikhaare erzählen?

Arno schwieg und scrollte weiter.

«Hier. Das Zitat des Ehemannes. Dass Ursula Gersdorff ihn drei Tage nach ihrem Verschwinden aus dem Ausland angerufen habe. *Sie bedankte sich für die letzten Ehejahre und entschuldigte sich für die letzten drei Tage.* Hast du für das Zitat einen Beleg? Ich dachte, Veith Gersdorff spricht nicht mit dir?»

«Der Satz steht so wortwörtlich in seinem Scheidungsantrag vom Oktober 1996. Ich habe eine Kopie.»

«Gut. Ich frage ja nur. Wie hast du diese geheimnisvolle Frau mit dem Nerzmantel ausfindig machen können?»

«Die Sekretärin des Bürgermeisters der Verbandsgemeinde Wirges im Westerwald war so freundlich, für mich ins Archiv des Einwohnermeldeamtes zu tauchen. Auch diese Quelle können wir nicht offen nennen, aber das ist ja auch nicht von Belang. Denn an der Existenz der Jana Menzel, geborene Nuschke, besteht ja kein Zweifel mehr, seit sie in diesem Fitness-Studio leibhaftig vor mir stand.»

«Hast du eine Vermutung, was diese Jana Menzel mit der Vermisstensache zu tun haben könnte?»

«Über das hinaus, was wir wissen? Nein.»

«Es ist zwar reichlich geschmacklos, aber noch kein Verbrechen, Ursula Gersdorffs Pelzmantel zu verschenken, kaum dass sie verschwunden ist. Oder? Du sagtest doch, du wolltest mit diesem Profiler sprechen. Wie heißt er noch gleich?»

«Alex Paulmann. Gründer und Leiter der Abteilung Operative Fallanalyse beim Landeskriminalamt Bremen. Habe ich auch. Paulmann sagt, er kann sich unmöglich in den Fall eines fremden Bundeslandes einmischen. Und er könne auch keine Ferndiagnose geben. Aber nachdem ich ihm mein gesamtes Recherchematerial präsentiert hatte, wurde er ganz still und begnügte sich mit der Andeutung, es könne sich vielleicht lohnen, in der Sache weiterzumachen. Das Gleiche gilt für zwei ehrenamtliche Mitarbeiter des Weißen Rings in Altkirch. Zwei pensionierte Kriminalbeamte, die mir bei der Einschätzung des Falls sehr geholfen haben. Aber offiziell darf der Weiße Ring als Opferschutz-Organisation nicht tätig werden, weil ja offiziell kein Verbrechen vorliegt, es also kein Opfer gibt. Deshalb habe ich anschließend den Berendes kontaktiert. Der ist ja Freiberufler und muss sich nicht an irgendwelche Dienstvorschriften halten. Der Berendes ist zwar kein Kriminalist, sondern Wissenschaftler, aber er ist durch seine Fernsehauftritte halbwegs prominent. Und wir brauchen dringend prominente Unterstützung, damit man uns nicht nachsagen kann, wir reiten hier eine Kampagne.»

Die angebliche Danksagung per Telefon wie auch die angebliche Entschuldigung klingt in den Ohren des renommierten Kölner Forensikers Dr. Mark Berendes «völlig verrückt». Berendes: «Dass ein polizeilich unbescholtener Mensch, also kein Berufskrimineller, freiwillig aus seinem Leben verschwinden kann, ohne auch nur eine einzige Spur zu hinterlassen, das gibt es nur in schlechten Romanen. Ich kenne jedenfalls keinen einzigen Fall.»

Dr. Mark Berendes, öffentlich bestellter und vereidigter Sachverständiger für Sicherung, Untersuchung und Auswertung kriminaltechnischer Spuren, wie es im Behördendeutsch heißt, ist einer der renommiertesten und erfolgreichsten wissenschaftlichen Forensiker Deutschlands. Der Biologe, Zoologe und Psychologe promovierte an der Universität Köln mit einer Arbeit über genetische Fingerabdrücke. Anschließend absolvierte er diverse kriminaltechnische Ausbildungen, unter anderem an der legendären FBI-Academy in Quantico/Virginia. 1997/1998 gelang Berendes der entscheidende Indizienbeweis, der zur Verurteilung des niedersächsischen Pastors Klaus Geyer führte. Der evangelische Pfarrer und Aktivist der Friedensbewegung wurde des Totschlags an seiner Ehefrau Veronika für schuldig befunden.

Nun ist Berendes der Bitte des Eifel-Kuriers nachgekommen und hat die Schauplätze jener Märztage des Jahres 1996 in Augenschein genommen, ferner mit der Familie Pohl gesprochen und das bisherige Recherchematerial des Eifel-

Kuriers sorgfältig studiert. «Suizid oder einen Unfall halte ich angesichts der gegebenen Umstände für eher unwahrscheinlich», sagt Berendes. «Sofern es überhaupt stimmt, dass sie selbst mit ihrem Auto vom Lärchtaler Wohnhaus zu ihrer Arbeitsstätte nach Altkirch gefahren ist und es dort abgestellt hat. Das Auto könnte übrigens mit etwas Glück sogar heute noch brauchbare Spuren liefern – wenn man es findet und es nicht inzwischen in der Schrottpresse gelandet ist.»

Im Gespräch mit dem Eifel-Kurier überrascht Berendes mit einem deutlichen Fazit: «Dass Ursula Gersdorff ein neues Leben angefangen hat, scheint mir eine falsche Grundannahme zu sein. Dieser Fall stinkt zum Himmel. Er ist einer dieser gar nicht so seltenen, im Anfangsstadium vollkommen vermurksten und deshalb so tragischen Fälle, die durch falsche Grundannahmen entstehen.» Dennoch hält Berendes ihn keineswegs für hoffnungslos: «Dieser Fall ist auch nach 16 Jahren noch lösbar, wenn mit genügend Personaleinsatz und Energie ermittelt wird.» Berendes weiter: «Ich denke, dass die Personen, die wissen, was vor 16 Jahren mit Ursula Gersdorff geschehen ist, inzwischen schwer ins Schwitzen kommen.»

Arno kratzte sich nachdenklich am Kopf.

«Was ist, Arno? Hast du Bedenken?»

«Presserechtlich ist das alles sauber. Keine Frage. Bis an die Grenze, aber sauber. Und vom journalistischen Handwerk her betrachtet ist nicht nur der raffinierte Ausstieg aus deinem Text mit diesem Zitat des Forensikers sauber gelöst.»

«Aber?»

«Aber, aber, aber. Wenn wir am Mittwoch mit der Geschichte erscheinen, wird diese kleine Lärchtaler Welt nicht mehr dieselbe sein wie zuvor. Es wird ein Erdbeben geben, das die Grundfesten dieses modrigen Sozialgefüges erschüttert.»

«Gut so.»
«Ellen ...»
«Ja?»
«Ich mache mir Sorgen, dass du unter den einstürzenden Lärchtaler Fassaden begraben werden könntest.»

TAG 54

Wissenschaftler kennen das Phänomen der seismischen Ruhe unmittelbar vor dem Ausbruch eines Erdbebens.

Hans-Joachim Burger war schon seit drei Tagen in Rostock, als die neue Ausgabe des Eifel-Kuriers erschien. Und er würde auch den Rest der Woche dort bleiben. Kalle hatte ihn zu einem Fachseminar der Bundeszentrale für politische Bildung geschickt. Thema der einwöchigen Veranstaltung: *Die Zukunft der Lokalzeitung.* Burger hatte sich mit Händen und Füßen gewehrt. Wer sollte denn ausgerechnet ihm noch etwas Neues beibringen können, was Lokalzeitung betrifft, hatte er argumentiert. Aber Kalle ließ sich nicht erweichen. Denn er wollte Burger in diesen Tagen auf keinen Fall in Lärchtal haben.

Die seismische Ruhe wurde erstmals am Vorabend des Erscheinens der neuen Ausgabe unterbrochen. Durch ein schwaches Zucken auf der Richterskala in Gestalt eines klingelnden Telefons.

«Hallo, Ellen. Hier ist die Gaby.»
«Hallo, Gaby.»
«Wollte mich einfach mal melden.»
«Schön, das freut mich.»
«Stör ich dich gerade bei irgendwas? Musst du nur sagen, dann rufe ich dich ein anderes Mal an.»
«Überhaupt nicht.»

«Wir haben ja schon ewig nichts mehr von dir gehört. Seit deinem Besuch hier vor zwei Monaten. Wie geht's denn so?»

«Kann nicht klagen. Viel Arbeit. Und wie geht's dir?»

«Gut. Bei mir gibt's ja nie viel zu erzählen. Seit die Jungs aus dem Haus sind, ist ja jeder Tag wie der andere.»

Sie lachte. Verlegen.

Dann rückte sie endlich mit der Sprache raus.

«Gisbert fragt, ob wir uns nicht bald mal wieder treffen sollten. Bei uns im Garten. Nächsten Samstag. So ab 16 Uhr. Es soll am Wochenende ja so richtig schön werden. Gisbert würde noch ein paar Freunde einladen, dann würdest du endlich auch mal ein paar Leute hier kennenlernen, und wir könnten in Ruhe über alles reden.»

«Über alles reden? Über was denn?»

«Na ... über das Golfplatz-Projekt zum Beispiel.»

«Was hat denn dein Mann damit zu tun?»

«Gisbert? Ich bitte dich: Er ist doch Direktor der Sparkasse, und die ist ja an der Finanzierung beteiligt. Und als FWG-Fraktionsvorsitzender natürlich auch. Gisbert ist ja politisch gesehen quasi die rechte Hand des Bürgermeisters ...»

«... der wiederum Aufsichtsratsvorsitzender der Stadtsparkasse Lärchtal ist. Das erleichtert sicher manches.»

«Das heißt bei Sparkassen aber Verwaltungsrat und nicht Aufsichtsrat. Was willst du denn damit andeuten?»

«Vielen Dank für das nette Angebot, Gaby. Aber ich habe im Augenblick echt viel zu tun und bin ganz froh, in meiner knapp bemessenen Freizeit meine Ruhe zu haben.»

«Aber vielleicht würde dir das mal guttun. Mal unter Menschen kommen. Andere Gesichter sehen. Jeder Mensch braucht auch private Kontakte. Und du könntest mal in Ruhe mit Gisbert und Clemens über die Sache reden.»

«Clemens?»

«Clemens Urbach. Unser Bürgermeister. Er würde sich jedenfalls freuen, dich mal privat kennenzulernen. Ganz ungezwungen, auf neutralem Boden, beim gemütlichen Grillabend in unserem Garten. Und dann könnte er dir mal erklären, wie wichtig das Golfresort-Projekt für unsere Stadt ist.»

«Gaby, der Golfplatz ist gar nicht mein Thema. Das ist Burgers Thema, und der ist doch offenbar ganz eng mit Urbach.»

«Das schon. Aber Gisbert meint, Burgers Tage beim Eifel-Kurier seien vielleicht schon gezählt. Er ist ja oft krank, und diese Woche ist er auch schon wieder ...»

«Keine Sorge. Burger ist weder krank noch gekündigt. Er ist bei einer Fortbildung in Rostock und nächste Woche wieder da. Und ich arbeite momentan an einem anderen Thema.»

«Diese hässliche Geschichte etwa?»

«Wenn du mit hässlicher Geschichte das mysteriöse Verschwinden eines Menschen meinst: ja.»

«16 Jahre lang hat das niemanden interessiert. Und jetzt fängst du an und machst diesen Wirbel. Wieso eigentlich?»

«Wieso eigentlich? Weil ich vor 16 Jahren hier noch keinen Wirbel veranstalten konnte. Hast du Ursula Gersdorff gekannt?»

«Natürlich. Jeder in Lärchtal kannte sie.»

«Und kam dir ihr Verschwinden nie merkwürdig vor?»

«Wieso? Sie ist doch mit ihrem belgischen Liebhaber auf und davon. Diese undankbare Person. Sie hatte den attraktivsten und charmantesten Ehemann von ganz Lärchtal, um den sie von jeder Frau hier beneidet wurde, ausnahmslos. Ein Mann, der ihr jeden Wunsch von den Augen ablas, sie aus der Arbeitersiedlung rausgeholt und ihr ein sorgenfreies Leben ermöglicht hat. Hast du eine Ahnung, aus was für einer Familie die Uschi kommt?»

«Ja. Aus einer Arbeiterfamilie. Sehr nette Leute. Dieser belgische Liebhaber ist übrigens eine reine Erfindung.»

«Was? Wie meinst du das?»

«Hast du ihn etwa gekannt?»

«Nein. Woher hätte ich ...»

«Kennst du jemanden, der ihn gekannt hat?»
«Nein. Aber die Polizei hat doch ...»
«Lies morgen früh den Eifel-Kurier.»
«Schreibst du etwa schon wieder darüber? Gisbert sagt, du machst einen großen Fehler. Du ruinierst die Stadt. Ohne Veith gibt's kein Golfresort. Und ohne das Projekt hat Lärchtal keine Zukunft, sagt Gisbert. Wenn Veith die Lust an dem Projekt verliert, weil ihn die örtliche Zeitung ständig anfeindet, dann sind auch die Investoren weg ...»
«Gaby?»
«Ja?»
«Lass uns das Gespräch für heute beenden. Ich habe noch viel zu tun. Und wenn es Gisbert so viel Freude macht: Sag ihm, ich komme zu seinem Grillfest.»
«Tatsächlich?»
«Spätestens um 17 Uhr bin ich bei euch. Und bestell ihm schöne Grüße von mir.»

Gegen 10 Uhr am nächsten Morgen meldete der Vertrieb, die aktuelle Ausgabe des Eifel-Kuriers sei bereits ausverkauft. Das passierte gewöhnlich frühestens nach drei Tagen, meistens aber nie. Wenige Minuten später rief die Lärchtaler Buchhändlerin Inge Henscheid in der Redaktion an und teilte Ellen mit, soeben seien zwei Ratsmitglieder der FWG in ihrem Laden aufgetaucht und hätten sämtliche Exemplare des Eifel-Kuriers aus ihrem Bestand aufgekauft. Sie vermute deshalb, dass dies auf Veranlassung von Clemens Urbach im Augenblick im gesamten Verbreitungsgebiet der Zeitung geschähe. Kalle entschied, nachzudrucken und die Einzelverkaufsstellen ein zweites Mal zu beliefern. Aber die Druckerei in Altkirch sah sich wegen Terminschwierigkeiten außerstande, den Sonderauftrag so kurzfristig zu erledigen.

Also machte sich Kalle auf die Suche nach einer anderen Druckerei im Umkreis und gab Anweisung nach Lärchtal, Ellens Geschichte komplett ins Internet zu stellen und zudem den Link über Facebook zu verbreiten.

Ein Werbeplakat in DIN-A4-Größe, das Bert Großkreuz in aller Eile entworfen hatte, faxte Steffi Kaminski an die Einzelverkaufsstellen, um auf die Internet-Adresse der Website des Eifel-Kuriers aufmerksam zu machen. Aber die meisten Einzelhändler weigerten sich, das Plakat aufzuhängen, wie Anzeigenbetreuer Dietmar Breuer bei einem telefonischen Rundruf in Erfahrung brachte. Im Lauf des frühen Nachmittags meldeten sich vier Lärchtaler Geschäftsleute, um den Vertrag aufzukündigen, der sie gegen eine monatliche Pauschale zur Auslage des Eifel-Kuriers auf ihren Ladentheken verpflichtete, und stornierten auch gleich noch ihre für das laufende Kalenderjahr geplanten Anzeigenstrecken. Man wolle nicht länger mit einem Medium zusammenarbeiten, das den Namen und den guten Ruf Lärchtals in den Dreck ziehe, lautete unisono die Begründung. Mit der wortgleichen Begründung hatten bis dahin auch schon 18 Abonnenten gekündigt – per Mail, telefonisch oder aber persönlich am Tresen der Geschäftsstelle.

Ohne Angabe von Gründen entzog die Stadtverwaltung Lärchtal dem Eifel-Kurier um 14.36 Uhr per Fax den Titel als Organ für die Amtlichen Bekanntmachungen der Kommune. Kalle beauftragte seinen Anwalt mit der Prüfung einer Beschwerde beim Kölner Regierungspräsidium, der zuständigen Aufsichtsbehörde für die Stadtverwaltung Lärchtal. Anzeigenbetreuer Dietmar Breuer war mit seinen Nerven bereits restlos am Ende.

Um 15.08 Uhr meldete sich der erste Fernsehsender. RTL aus Köln. Man sei von Karl Malik auf die interessante Geschichte im Internet aufmerksam gemacht worden. Ellen versprach, sich innerhalb einer Stunde wieder zu melden, und rief Kalle an.

«Wir müssen jetzt über Bande spielen, Ellen. Die sitzen das sonst locker aus und warten, bis uns die Luft ausgeht.»

«Aber wir haben die Story doch exklusiv.»

«Scheiß drauf, Ellen. Erst exklusiv, dann pleite. Da gibt's doch irgendwo bei einer ehemaligen Schulfreundin in Frankfurt diese alten Super-8-Filme mit der Vermissten, oder? Die schaffst du jetzt ran. Davon machen wir digitale Kopien. Das Fernsehen braucht Bewegtbilder. Du gibst ihnen alle Unterstützung, die sie brauchen. Mach den Türöffner, gib den Touri-Guide. Da werden außer RTL noch andere anrufen, garantiere ich dir. Aber niemand kriegt irgendwas exklusiv. Alle werden versorgt. Und hör gleich mal nach, ob die Familie Pohl mitspielt.»

«Kalle, wir müssen die Familie schützen. Die reden sich sonst vor laufenden Kameras um Kopf und Kragen.»

«Verstehe. Dann machst du eben nicht nur den Türöffner und den Touri-Guide, sondern nebenbei auch noch den Aufpasser und Medienberater der Familie. Das ist jetzt dein Job, Ellen. Klar so weit? Ich verlass mich auf dich.»

Tatsächlich meldeten sich neben RTL noch der WDR aus Köln und das Landesstudio Düsseldorf des ZDF. Ellen vereinbarte Termine für die nächsten drei Tage. Dann rief sie Thomas Pohl an und unterrichtete ihn über die jüngste Entwicklung. Mit der Antwort hatte sie nicht gerechnet, jedenfalls nicht in dieser Deutlichkeit und Entschiedenheit:

«Natürlich mache ich da mit. Das kann uns doch nur helfen. Aber die sollen die Finger von meiner Frau, meinen Kindern, meiner Mutter und meiner Schwester lassen. Das ist die Bedingung. Wenn das klar ist, trete ich vor die Kamera. Mein Wort. Ich mache alles, was vielleicht hilft, die Uschi zu finden. Nur das zählt.»

«Herr Pohl ...»

«Ja?»

«Haben Sie schon mal vor einer Fernsehkamera gestanden?»

«Noch nie. Aber es gibt für alles ein erstes Mal.»

Sie vereinbarten, dass Ellen bei jedem Fernsehinterview dabei sein würde, um notfalls eingreifen und Schaden von Thomas

Pohl abwenden zu können. Und sie vereinbarten für den nächsten Morgen ein Treffen, um sich darauf vorzubereiten.

Um 17.32 Uhr wurde in der Geschäftsstelle des Eifel-Kuriers ein Brief abgegeben. Auf dem Umschlag stand:
Redaktion, zu Händen Frau Rausch PERSÖNLICH.
Offenbar mit einer Schreibmaschine getippt.
Kein Absender.

In dem Umschlag befand sich nichts weiter als ein kleiner, quadratischer Notizzettel. Darauf war handschriftlich eine Telefonnummer notiert, ferner die Aufforderung: *Rufen Sie doch mal den Malermeister und Schützenkönig Albert Schäfer an und fragen Sie ihn nach Ursula Gersdorff.*

Ellen wählte die angegebene Nummer.
Niemand hob ab.
Der Anrufbeantworter meldete sich.
Ellen legte auf, ohne eine Nachricht zu hinterlassen.
Eine halbe Stunde später versuchte sie es erneut.
Wieder vergeblich.
Sie sah im Internet nach.
Die Nummer stimmte, der Name ebenso.

Die Historische St. Sebastianus Schützenbruderschaft Lärchtal 1412 e. V. hatte tatsächlich eine eigene Website, und die zeigte ein Foto mit dem im vergangenen Herbst zum Schützenkönig gekrönten Albert Schäfer. Kantiger Typ. Ernster Blick. Uniform.

Neben ihm standen eine Frau im langen weißen Rüschenkleid sowie Pfarrer Andreas Deutschmann in seiner Funktion als Präses der Schützenbruderschaft, wie der Bildtext verriet. Der Name der Frau hingegen verdiente keine Erwähnung. Der Pastor strahlte breit und selig in die Kamera, als hätte er selbst den Schießwettbewerb gewonnen und nicht etwa Albert Schäfer.

Der Malermeister unterhielt ebenfalls eine eigene Website, die für den kleinen Handwerksbetrieb im Lärchtaler Stadtteil Sankt Martin warb. *Tapezier- und Malerarbeiten aller Art.*

Um 19.48 Uhr hatte sie schließlich Erfolg.
«Schäfer?»
«Guten Abend, Herr Schäfer. Ellen Rausch vom Eifel-Kurier. Ich weiß nicht, ob Ihnen mein Name etwas sagt. Ich bin die Reporterin, die sich um das Verschwinden ...»
«Ich weiß. Ich habe Ihre Artikel gelesen. Auch den von heute. Und warum rufen Sie jetzt ausgerechnet mich an?»
Gute Frage. Ehrliche Antwort.
«Wir haben einen anonymen Hinweis bekommen.»
«Aha. Und was wollen Sie von mir wissen?»
Die Stimme klang distanziert, vorsichtig, aber weder unsympathisch noch unfreundlich.
«Haben Sie Ursula Gersdorff gekannt?»
«Gekannt? Das ist vielleicht zu viel gesagt. Aber ich hatte eine kurze, intensive Begegnung mit ihr. Das war ungefähr ein Jahr, bevor sie dann verschwand.»
«Wären Sie bereit, mit mir darüber zu sprechen?»
«Jetzt? Am Telefon?»
«Wenn es Ihnen nichts ausmacht ... sonst können wir uns aber auch gerne morgen oder in den nächsten Tagen treffen.»
«Morgen früh fahre ich in den Urlaub.»
«Verstehe. Wo geht's denn hin?»
«An die Ostsee. Zwei Wochen. Holländische Nordseeküste wäre natürlich bedeutend näher. Aber meine Frau und ich lieben nun mal die Ostsee. Halbinsel Fischland-Darß-Zingst.»
«Oh. Ich war mal in Wustrow.»
«Genau dahin fahren wir. Zum vierten Mal.»
«Das ist ja ein Zufall. Ich habe schöne Erinnerungen an Wustrow. Die Landschaft, die weißen Sandstrände. Leider war ich bisher nur ein einziges Mal dort.»
Schweigen.
«Herr Schäfer? Sind Sie noch da?»
«Ja. Wir können jetzt am Telefon darüber sprechen.»

«Nur wenn es Ihnen nichts ausmacht ...»

«Wissen Sie, das ist meine zweite Ehe. Ich war schon mal verheiratet. Für das Scheitern einer Ehe gibt es ja immer mehrere Gründe, und einer der Gründe ist man ja oft auch selbst, wenn man ehrlich ist. Da darf man sich nichts vormachen. Aber ein Grund in diesem speziellen Fall war sicher auch Dr. Veith Gersdorff.»

«Was war denn damals passiert?»

«Ich sagte ja schon, das war ungefähr ein Jahr vor Ursula Gersdorffs Verschwinden. Ein Freitagabend im Frühling. Es hatte den ganzen Tag geregnet. Da klingelte es plötzlich bei uns an der Tür. Ich machte auf, und da stand Ursula Gersdorff. Und hinter ihr stand wie ein begossener Pudel ihr Mann. Die Frau Gersdorff sagte: *Guten Abend, Herr Schäfer. Dürfen wir vielleicht reinkommen? Es gibt etwas Wichtiges zu besprechen.* Ich kannte sowohl sie als auch ihn bis dahin nur vom Sehen. Da saßen wir also nun im Wohnzimmer, meine damalige Frau Petra und das Ehepaar Gersdorff und ich. Ich bot dem überraschenden Besuch etwas zu trinken ab, aber Ursula Gersdorff lehnte ab und sagte stattdessen: *Herr Schäfer, wissen Sie eigentlich, dass mein Mann und Ihre Frau seit geraumer Zeit ein Verhältnis miteinander haben?* Mir schnürte es die Kehle zu. Ich sah meine Frau an und wusste im selben Moment, dass es stimmte. Ich konnte es in ihrem Gesicht lesen. Sie schaute mich trotzig an, schien nicht einmal ein schlechtes Gewissen zu haben.»

Ellens Hand krampfte ums Telefon. Sie hatte keine Ahnung, wie sie reagieren sollte. Aber das war auch nicht nötig. Albert Schäfer redete nach einer kurzen Atempause einfach weiter. Als wäre er dankbar, dies alles nach 17 Jahren endlich loszuwerden. Gegenüber einem wildfremden Menschen.

«Herr Gersdorff sagte dann, dass er meine Frau über alles liebe und mit ihr ein neues Leben beginnen wolle. Und meine Frau, also meine damalige erste Frau, die nickte heftig. Sie lächelte ihn die ganze Zeit verliebt an, während ich danebensaß wie ein Depp. Können Sie sich das vorstellen?»

«Was für eine unglaubliche Situation ...»

«Da sagen Sie was. Wir redeten ungefähr drei Stunden lang. Ich war wie benommen. Ich wusste gar nicht mehr, ob das überhaupt real war oder ob ich vielleicht einen furchtbaren Albtraum hatte. Am Ende haute Ursula Gersdorff mit der Faust auf den Tisch und sagte: *Ich bin nicht bereit, meine Ehe einfach so aufzugeben. Ich werde um meinen Mann kämpfen. Und ich gehe nicht eher hier raus, bis wir einen neuen Termin für ein zweites Gespräch ausgemacht haben.*»

Schweigen.

«Und? Kam es zu dem zweiten Treffen?»

«Ja. Wir vereinbarten den Sonntagabend. Sie können sich vielleicht vorstellen, in welchem Zustand ich diese zwei Tage verbracht habe. Dann war es so weit. Am Sonntagabend saß das Ehepaar Gersdorff wieder in unserem Wohnzimmer. Das Gespräch dauerte diesmal nur ein paar Minuten. Ursula Gersdorff schubste ihren Mann an, und der sagte: *Ich habe mich nach reiflicher Überlegung entschlossen, bei meiner Frau zu bleiben.* Mehr sagte er nicht. Meine damalige Frau saß da mit versteinerter Miene, als die Gersdorffs gingen. Als hätte sie der Schlag getroffen. Wir sprachen nie wieder darüber. Ursula Gersdorff rief mich dann ein paar Tage später in der Werkstatt an und schlug vor, dass wir die beiden vielleicht eine Weile im Auge behalten sollten. Nur sicherheitshalber. Aber das war mir zuwider.»

Atempause.

Albert Schäfer zog hörbar an seiner Zigarette.

«Ungefähr ein Jahr später, an einem Donnerstag im März, war die Frau Gersdorff dann verschwunden. Mit einem Liebhaber ins Ausland, hieß es. Sie werden es nicht glauben, Frau Rausch: Nur einen Tag, nachdem sie verschwunden war, am Freitag also, rief der Gersdorff meine Frau daheim an, während ich auf der Arbeit war, und sagte: *Ich bin jetzt wieder frei für dich.* Meine Frau, also meine damalige Frau, hat es mir noch am selben Abend erzählt. Ich glaube nicht, dass sie auf sein Angebot eingegangen ist. Unsere Ehe ist dann aber trotzdem einige Zeit später gescheitert, aber das ist eine andere Geschichte.»

Schäfer machte eine kurze Pause, als müsse er erst die Erinnerungen an damals vertreiben, bevor er weitersprechen konnte.

«Frau Rausch», fuhr er schließlich fort. «Ich finde das höchst seltsam. Schon am Freitag rief Veith Gersdorff meine damalige Frau an und sagte, er sei jetzt wieder frei, aber erst am Sonntag hat Ursula Gersdorff ihn angeblich angerufen und ihm mitgeteilt, dass ihr nichts zugestoßen sei und dass sie freiwillig mit einem Liebhaber ins Ausland gegangen wäre. Woher also hatte er schon freitags die Gewissheit, dass sie nicht wieder auftauchen wird? Dass sie nicht vielleicht bloß einen Unfall hatte oder so?»

«Das klingt tatsächlich äußerst seltsam. Ich denke, Sie müssen das unbedingt der Polizei erzählen.»

Albert Schäfer lachte. Ein bitteres Lachen.

«Habe ich doch. Gleich nach Ihrer ersten Veröffentlichung im Eifel-Kurier habe ich bei der Kripo in Altkirch angerufen. Dieser arrogante Schnösel, den ich da in der Leitung hatte, sagte mir doch tatsächlich, für Gerüchte und Bettgeschichten interessiere man sich nicht. Ich entgegnete: *Das ist kein verdammtes Gerücht vom Hörensagen, was ich Ihnen hier weitergebe, sondern das habe ich selbst erlebt.* Und wenn er sich mal den feinen Herrn Dr. Gersdorff genauer anschauen würde, dann bliebe es nun mal nicht aus, ständig auf Bettgeschichten zu stoßen. Das habe ich ihm gesagt. Da wurde er ganz giftig und legte schließlich auf. Er hat einfach aufgelegt. Können Sie sich das vorstellen?»

«Herr Schäfer, wissen Sie noch, wie der Mann hieß?»

«Selbstverständlich. Ich hab's mir nämlich aufgeschrieben. Moment. Hier: Kriminaloberkommissar Robert Lindemann.»

Kurz vor Mitternacht verließ Ellen Rausch die Redaktion und fuhr nach Hause. Was für ein Tag! Zum Glück war Arno ihr eine große Stütze gewesen. Aber auch Steffi und Bert spielten phantastisch mit. Und Kalle, der durchgeknallte Kalle, verhielt sich einfach großartig. Nur Dietmar Breuer war inzwischen dem Nervenzusammenbruch nahe, obwohl Kalle ihm zugesagt hatte, die entgangene Provision für die stornierten Anzeigen mit einer Pauschale aufzufangen. Aber wie lange würde Kalle das finanziell durchhalten?

Noch bevor sie aus dem Wagen stieg, spürte sie, dass irgendetwas nicht stimmte. Ganz und gar nicht stimmte.

Sie nahm die Taschenlampe aus dem Handschuhfach. Hier draußen wurde es nachts so dunkel wie nie in der Großstadt. Selbst der Himmel war an diesem Abend pechschwarz. Die Außenbeleuchtung des Hauses war kaputt, sie war noch nicht dazu gekommen, sie reparieren zu lassen.

Der Kauz schwieg.

Das Laub in den Wipfeln der Bäume rauschte leise im Wind.

Die Taschenlampe könnte mal neue Batterien vertragen.

Die Haustür!

Die Haustür stand weit offen. Das Holz hing in Fetzen rund um das Schloss. Die Tür war mit massiver Gewalt aufgebrochen worden.

Warum nur wohnte sie mutterseelenallein in einem Wald ohne Handy-Empfang?

Sie horchte.

Nichts.

Das Herz schlug ihr bis zum Hals.

Dunkle, scheinbar längst verdrängte Erinnerungen zuckten wie grelle Blitze durch ihr Gehirn. Düstere Bilder aus ihrer beruflichen Vergangenheit. Nächtliche Anrufe. Der aufheulende Motor, als sie die Straße zur Hälfte passiert hatte. Morddrohungen im Briefkasten. Fing das jetzt alles wieder von vorne an?

Einen Moment spielte sie mit dem Gedanken, zurück zum Auto zu rennen und wegzufahren. Weit weg, immer weiter weg, weg aus Lärchtal, weg aus der Eifel, zurück nach Hamburg.

Dann entschied sie sich anders.

Sie holte einmal tief Luft, rannte los, durch den Flur, in die Küche, drückte im Vorbeilaufen den Lichtschalter, drei schnelle Schritte bis zum Schrank, sie riss die Schublade auf, griff nach dem großen, scharfen Fleischmesser, wirbelte herum, lauschte erneut.

Ihr Blick fiel auf die gegenüberliegende Wand.

Rot wie Blut. Jemand hatte mit blutroter Farbe und in riesigen Lettern einen Satz auf die Wand hinter dem Tisch gepinselt:

VERSCHWINDE ODER DU BIST TOT

Das Messer in ihrer Hand zitterte. Um sie herum die Stille des Hauses, nur das Pochen ihres Herzens.

Sie horchte erneut.

Da war nichts. Nur diese Warnung an der Wand, die ihr einen Schauder über den Rücken jagte.

Ihr Blick fiel auf den Küchentisch, wo noch am Morgen ihr Notebook gelegen hatte. Leer. Der Rechner war verschwunden.

Sie schlich zurück in den Flur, spähte nach rechts und links. Das Telefon. Mit zitternder Hand wählte sie Franks Nummer, ließ es sechs, sieben Mal läuten.

Hier Frank Hachenberg. Leider bin ich im Augenblick nicht zu Hause. Aber ich würde mich über eine Nachricht freuen ...

Sie legte auf.

Der einzige Mensch, der ihr einfiel, war Thomas Pohl. Seine Nummer kannte sie inzwischen auswendig.

Sie wählte.

Die Sekunden dehnten sich zur gefühlten Ewigkeit.

Ihr gehetzter Blick schoss kreuz und quer durch den Flur, zu der zerfetzten Haustür, zur Treppe, zurück zur Haustür.

«Ja?»

«Herr Pohl? Hier ist Ellen Rausch.»

Sie hatte zu flüstern versucht, aber aus ihrem Mund war nur ein heiseres Krächzen gekommen.

«Hallo? Wer ist da?»

«Rausch hier. Ellen Rausch.»

«Hallo, Frau Rausch. Sie klingen gar nicht gut ...»

«Herr Pohl, Sie müssen mir helfen. Bitte! Können Sie vielleicht herkommen? Ganz schnell?»

«Wo sind Sie denn?»

«In meinem Haus.»

«Ich komme sofort.»

TAG 55

An Schlaf war in dieser Nacht keine Sekunde zu denken gewesen. Die erste Hälfte war sie mit Aufräumen beschäftigt, die zweite Hälfte mit ziellosem, ergebnislosem Grübeln.

Thomas Pohl hatte knapp zwanzig Minuten gebraucht.

Zwanzig Minuten hatte sie sich nicht vom Fleck gerührt, nur den Griff des Messers umklammert, den schweißnassen Rücken gegen die Flurwand gepresst, die Augen auf die offene Haustür gerichtet.

Das Geräusch des Motors.

Das Licht der Scheinwerfer.

«Frau Rausch? Ich bin's. Der Thomas Pohl.»

Augenblicklich war alle Kraft aus ihrem Körper gewichen, das Messer klirrend zu Boden gefallen.

Gemeinsam mit ihm hatte sie das restliche Haus inspiziert.
Ein Schlachtfeld.
Jemand hatte ganze Arbeit geleistet.

Im Schlafzimmer ihrer Eltern waren die Schubladen aus Schränken und Kommoden gerissen und deren Inhalt auf den Fußböden verstreut worden.

Im Wohnzimmer waren sämtliche Vasen, der ganze Stolz ihrer Mutter, gegen die Wände geschleudert worden. Die Gardine hing in Fetzen von der Stange. Bücher und Fotoalben aus den Vitrinen und Regalen lagen zerfleddert auf dem Fußboden.

In ihrem Zimmer gab es nicht so viel zu zerstören.

Das Ikea-Regal lag quer im Zimmer. Ihre gesamte Kleidung war aus dem Schrank gerissen und im Zimmer verstreut worden.

Sämtliche Schnellhefter und Mappen mit den Dokumenten und Rechercheunterlagen zum Vermisstenfall Ursula Gersdorff, die sie auf dem Nachttisch neben dem Bett aufbewahrt und gestapelt hatte, waren verschwunden.

Außerdem stank es fürchterlich.

Jemand hatte auf ihr Bett uriniert.

Thomas Pohl stellte die Regale wieder auf, reparierte die Haustür notdürftig und versprach, gleich am nächsten Tag eine neue, stabile Tür mit Sicherheitsschloss zu besorgen.

Er bot ihr an, in seinem Haus zu übernachten, aber das wollte sie nicht. Daraufhin setzte er sich in die Küche. Sie ermahnte ihn, endlich nach Hause zu fahren. Er lehnte ab.

Eine Weile schwiegen sie einfach nur. Aber Schweigen war nicht Thomas Pohls größte Stärke. Also erzählte er von seiner Kindheit in der Siedlung, wie der Vater arbeitslos wurde, als die Fabrik schloss, wie der Vater immer verschlossener wurde und depressiv, weil er in seinem Alter keine Arbeit mehr fand, und in seiner Verzweiflung das Trinken anfing. *Aber er ist immer ein guter Vater geblieben. Er hat uns nie geschlagen. Und die Uschi hat ihn über alles geliebt. Und sich solche Sorgen gemacht, als er den Tumor bekam und immer weniger wurde. Sie wäre doch zu seiner Beerdigung gekommen, oder? Natürlich wäre sie das. Ganz sicher sogar, Frau Rausch.* Dann erzählte Thomas Pohl, wie er als D-Jugendlicher mit seiner Fußballmannschaft mal bei einem Freundschaftsspiel haushoch gegen die D-Jugend von Bayern München gewonnen hatte und wie anschließend zwei wichtige Herren aus München bei seinen Eltern erschienen, weil sie den talentierten Jungen in das Fußball-Internat des FC Bayern holen wollten, aber der Vater dies rigoros abgelehnt habe.

Ellen konnte aus seinen Erzählungen nicht erkennen, ob er diese frühe, entscheidende Weichenstellung in seinem Leben heute noch bedauerte oder aber fatalistisch hinnahm.

Sie fragte aber auch nicht danach.

Um sechs Uhr machte sie ihm Kaffee, um kurz vor sieben Uhr verabschiedete er sich zur Arbeit. Mit spürbar schlechtem Gewissen. Sie schaffte es nicht, ihm das zu nehmen.

Sie duschte und zog sich frische Sachen an. Nun blieb ihr noch eine halbe Stunde Zeit, um sich unbeobachtet auszuheulen. Aber die Tränen kamen nicht. Sie saß einfach nur da und starrte auf die Wand.

VERSCHWINDE ODER DU BIST TOT

Um acht Uhr rief sie die nachts nicht besetzte Polizeiwache Lärchtal in der Poststraße an und meldete den Einbruch. Um halb neun stoppte ein Streifenwagen vor dem Haus. Sie kannte die beiden Uniformierten: Willy Junglas, der Leiter der Wache, und sein junger Kollege Ingo Becker.

Die beiden Schutzpolizisten nahmen sämtliche Räume, die Schmiererei an der Küchenwand sowie die zerfetzte Haustür in Augenschein. Sie machten eine Menge Fotos und ansonsten einen etwas ratlosen Eindruck. Sie setzten sich an den Küchentisch, Junglas machte sich Notizen. Ellen bot Kaffee an, sie nickten dankbar und verlegen.

«Sie hätten gestern Abend die Wache in Altkirch anrufen können, die ist nämlich auch nachts besetzt.» Sagte Junglas.

«Aha. Wusste ich nicht.»

«Was wussten Sie nicht?»

«Dass die sich auch nachts gleich auf den weiten Weg nach Lärchtal machen, wenn man wegen eines Einbruchs anruft.»

«Sie hätten nicht alles schon aufräumen und sauber machen sollen. Jetzt wird das mit den Fingerabdrücken schwierig.»

«Aha. Hätte ich vielleicht auch in der Pisse von diesen Schweinen schlafen sollen? Außerdem wollen Sie mir doch nicht allen Ernstes weismachen, dass Sie in einen Wohnungseinbruch besondere Energie bei der Ermittlungsarbeit investieren. Wie hoch ist in Deutschland die Aufklärungsquote bei Wohnungseinbrüchen? Und Ihre persönliche, liegt die deutlich höher? Hatten Sie hier überhaupt schon mal einen Einbruch aufzuklären? Das ist doch lediglich ein Fall für Ihre Statistik. Und für die Versicherung.»

«Haben Sie eine gute Versicherung?»

«Keine Ahnung.»

«Frau Rausch, wir nehmen die Sache durchaus ernst. Das ist kein gewöhnlicher Einbruch. Das hier ist eine Morddrohung.»

Junglas deutete auf die Wand.

«Entschuldigen Sie bitte. Das war unfair von mir. Ich bin mit den Nerven am Ende. Was wollen Sie denn jetzt tun?»

«In ungefähr einer Stunde werden die Altkircher Kollegen vom kriminaltechnischen Ermittlungsdienst hier sein.»

«Die werden unzählige Fingerabdrücke meiner Eltern finden, die sie aber nicht als solche identifizieren und von möglichen anderen unterscheiden können, weil sie nicht in Ihrem Computer existieren. Außerdem wette ich, dass die Fingerabdrücke der Täter, falls die tatsächlich so blöd waren und keine Handschuhe trugen, ebenfalls nicht erfasst sind. Das waren keine Profis. Das waren unbescholtene, ehrbare Lärchtaler Bürger, wichtige Stützen der Lärchtaler Gesellschaft. Jede Wette.»

«Das sind Unterstellungen, Frau Rausch.»

«Nennen Sie es, wie Sie wollen.»

«Hätten Sie nicht den Fehler gemacht und Ihre Bettwäsche nicht gleich in die Waschmaschine gesteckt, dann hätten die Kollegen jetzt eine brauchbare DNA-Probe nehmen können.»

«Sie haben völlig recht. Aber ich war gestern Abend ziemlich durch den Wind.»

«Das verstehen wir gut.» Willy Junglas wandte sich seinem jungen Kollegen zu: «Ingo, willst du dich nicht draußen mal ein wenig umsehen, ob es rund ums Haus noch Spuren gibt?»

Ingo Becker blickte verständnislos zurück.

«Was für Spuren denn?»

«Na, Reifenspuren, Zigarettenkippen, Fußabdrücke zum Beispiel. Hauptsache, du siehst dich draußen mal gründlich um.»

Allmählich schien der junge Kollege zu begreifen.

«Klar. Kann ich machen. Dann bis später.»

Becker verließ die Küche.

Junglas kratzte sich eine Weile nachdenklich am Kopf, bevor er mit der Sprache herausrückte.

«Wissen Sie, Frau Rausch, ob Sie's glauben oder nicht: Mir stinkt das hier alles gewaltig.»

Junglas machte eine Pause. Ellen schwieg.

«Mir stinkt gewaltig, wie sich einzelne Kollegen der Kripo in Altkirch in dieser Angelegenheit bisher verhalten haben. Aus Bequemlichkeit, aus Arroganz, aus Dummheit, vielleicht auch aus Personalmangel ... aus welchen Gründen auch immer. Wenn ich nur schon diesen Lindemann sehe. Sind Sie dem schon mal begegnet? Kriminaloberkommissar Robert Lindemann, der mit seinen inzwischen auch schon 40 Jahren immer noch den Berufsjugendlichen gibt und sich für unwiderstehlich hält.»

«Ich hatte noch nicht das Vergnügen», sagte Ellen spitz. «Aber Herr Pohl zum Beispiel. Der fand Herrn Lindemann übrigens alles andere als unwiderstehlich. Wenn alle Ihre Kollegen so arrogant wären wie Herr Lindemann, dann müsste sich die Polizei gar nicht länger wundern, warum die Bürger sich immer seltener freiwillig als Zeugen melden.»

Junglas nippte an seinem Kaffee.

Dann blickte er ihr lange in die Augen, mit ernstem Blick, die Stirn in tiefe Falten gelegt.

«Frau Rausch, vielleicht kann ich mich revanchieren.»

«Wie meinen Sie das?»

«Seltsamerweise vertraue ich Ihnen. Obwohl Sie Journalistin sind. Sie haben gute Arbeit geleistet. Und bleiben trotzdem seriös dabei. Vielleicht habe ich deshalb Vertrauen zu Ihnen, obwohl wir uns ja so gut wie gar nicht kennen.»

«Danke.»

«Was ich Ihnen sagen wollte – ich habe sämtliche alten Akten aus den Jahren 1995 bis 1998 aus dem Archiv der Kreispolizei in Altkirch geholt und gründlich durchforstet. Jedenfalls diejenigen Akten, die noch existieren. Der damalige Leiter der Lärchtaler Wache, also der Vorgänger meines langjährigen Vorgängers, war im März 1996 schon schwer krebskrank und ist im Herbst 1996 ins Krankenhaus gekommen und dort gestorben. Das geht alles aus den alten Dienstplänen hervor. Man könnte sich also vorstellen, dass er das Verschwinden der Ursula Gersdorff vielleicht nicht mit dem nötigen dienstlichen Engagement begleitet hat, weil seine privaten Sorgen da schon längst alles andere überschattet haben.»

Junglas nippte erneut an seinem Kaffee. Ellen schwieg.

«Ich habe mir auch die zentrale polizeiliche Datei der unbekannten Toten vorgenommen, die von den Landeskriminalämtern gefüttert und vom Bundeskriminalamt gepflegt wird.»

«Und?»

«Fehlanzeige. Man hat in den vergangenen 16 Jahren in ganz Deutschland keine einzige weibliche Leiche gefunden, die auch nur halbwegs auf Ursula Gersdorff passen würde.»

Ellen spürte deutlich, dass sich Junglas allmählich dem entscheidenden Punkt näherte.

«Erst vor ein paar Tagen bin ich dann noch auf eine alte Akte aus dem Sommer 1996 gestoßen. Keine richtige Ermittlungsakte, wie wir sie in NRW üblicherweise führen. Eine dünne Mappe. Eine abgeheftete Korrespondenz mit den belgischen Kollegen in Eupen. Deshalb hatte ich sie zunächst auch beiseitegelegt und dummerweise nicht sofort einen Blick hineingeworfen.»

«Und was steht drin?»

«Damals wurde die Lärchtaler Wache von der belgischen Polizei um Amtshilfe gebeten. Sie wissen ja, bis zur Grenze ist es von hier ja nur ein Katzensprung. Wenige Kilometer hinter der Grenze haben die Belgier ein Naturschutzgebiet ausgewiesen, das nennen sie *Reservée Naturelle Hautes Fagnes*. Heidelandschaft, Hochmoore, vereinzelte Waldstücke. Mitten durch das Naturreservat führt die Nationalstraße 67 von der deutschen Grenze nach Westen, in Richtung Küste. An dieser Nationalstraße liegt auf halber Strecke zwischen der Grenze und Eupen ein Parkplatz für Wanderer, und von diesem Parkplatz führen zwei beschilderte Wanderwege links und rechts ins Moor. An der Kopfseite, wo es keinen Weg gibt, sondern einen kleinen, aber dichten Wald, hatte man knapp vierzig Meter Luftlinie vom Parkplatz entfernt eine Frauenleiche gefunden.»

«Wann war das?»

«Am 18. Juli 1996. Keine vier Monate nach Uschi Gersdorffs Verschwinden. Beziehungsweise: An diesem Tag hatte ein Mountainbiker aus Eupen die belgische Polizei informiert. Gefunden hat er die Leiche bereits am Tag zuvor. Aber er traute sich zunächst nicht, zur Polizei zu gehen.»

«Warum denn nicht?»

«Er war ein Spanner. Tagsüber wird der Parkplatz von Wanderern genutzt, abends von Liebespaaren, die den Wagen dort abstellen und sich in die einsame Natur aufmachen, um ungestört zu sein. In der Nähe ist auch ein See, den man von dort aus zu Fuß erreichen kann. Außerdem verdingten sich damals auf dem Parkplatz abends, wenn die Wanderer verschwunden waren, osteuropäische Prostituierte. Ein provisorischer Straßenstrich. Den gibt's aber dort inzwischen nicht mehr. Jedenfalls schlich der Mann dort abends gern im Gebüsch herum, um heimlich Paare beim Sex zu beobachten. Tagsüber betrieb der Mann als geachteter Bürger ein Lebensmittelgeschäft in Eupen. Also versicherte ihm die belgische Polizei, sozusagen als kleines Entgegenkommen für seine Aussagebereitschaft, seine sexuelle Präferenz nicht an die große Glocke zu hängen, und machte aus ihm in den offiziellen Pressemitteilungen einen Mountainbiker, auch wenn das Radeln querfeldein im Naturreservat selbstverständlich verboten ist.»

«Und die Leiche?»

«Sie musste nach dem Grad der Verwesung zu urteilen schon einige Monate dort gelegen haben. War notdürftig verscharrt worden. Jemand hatte eine Mulde gegraben und Erde über sie geschüttet. In solchen Fällen ist es immer nur eine Frage der Zeit, bis die Tiere des Waldes eine Leiche freilegen. Allerdings konnten die Wildtiere keinen allzu großen Schaden anrichten, weil die Leiche in dicke Plastiksäcke gepackt und außerdem sorgsam verschnürt war. Mit einem stabilen Rollladenband.»

«Vermutlich, um sie besser transportieren und anschließend vom Parkplatz in den Wald tragen zu können.»

«Exakt. Denn das letzte Stück ist nicht befahrbar und konnte nur zu Fuß zurückgelegt werden. 40 Meter mit einer Leiche durch den dichten Wald, das heißt schon was.»

«Konnte man sie identifizieren?»

«Nein. Man sammelte und dokumentierte damals mehr als

300 Spuren. Dazu gehörte zum Beispiel eine leere Champagnerflasche, die keine zwei Meter vom Fundort der Leiche entfernt lag. Dieses Indiz konstruierte man später als Beleg, dass es sich bei der unbekannten Toten vermutlich um eine osteuropäische Prostituierte vom nahen Straßenstrich handelte. So erklärte man sich auch, dass niemand in Belgien die Tote vermisste. Dabei konnte die leere Flasche schon längst da gelegen haben, als die Tote vermutlich nachts im Schutz der Dunkelheit dort abgelegt und notdürftig verscharrt wurde. Möglicherweise ein purer Zufall.»

«Wie ist die Frau zu Tode gekommen?»

«Ebenfalls Fehlanzeige. Dafür war der Verwesungszustand wohl schon zu weit fortgeschritten. Die belgischen Rechtsmediziner fanden jedenfalls außer einigen Nagespuren von Wildtieren keine nennenswerten Beschädigungen an den Knochen und auch keine toxischen Einlagerungen im Gewebe. Man konnte lediglich mit Gewissheit feststellen, dass die Frau etwa 1,60 Meter und mittleren Alters war. Forensik-Experten der Universität Brüssel legten sich anschließend noch fest, dass die Tote blond und europäischer Abstammung gewesen sein muss. Interessant wird es dann aber bei der Bekleidung.»

«Inwiefern?»

Willy Junglas reckte sein mächtiges Kinn vor, lockerte die Krawatte und öffnete den obersten Knopf seines Uniformhemdes.

«Eine ziemlich geschmacklose Hose, was die Farbe und die Musterung des Baumwollstoffes betrifft, wenn Sie mich fragen. So eine Art Jogginghose, orangefarben, neon-orange, so ein weites, schlabberiges Teil, mit Bündchen an den Fesseln und einem breiten Gummizug in der Taille. Außerdem sind da solche antiken oder chinesischen Verzierungen auf den Stoff gedruckt, und auf dem linken Bein steht in riesigen Buchstaben das Wort *Chervò*.»

Ellen horchte auf.

«Chervò? Sie meinen diese italienische Designermarke? Ziemlich teure Sportklamotten, oder?»

«Genau. Außerdem trug die Leiche eine langärmelige Bluse, marineblau mit weißen Punkten. Ich frage mich, ob sich eine osteuropäische Prostituierte in diesem Clownskostüm tatsächlich große Chancen bei der Kundschaft ausgerechnet hätte.»

Und Ellen fragte sich, ob Ursula Gersdorff, die immer so viel Wert auf elegante, figurbetonte Kleidung gelegt hatte, in einem solchen Aufzug jemals freiwillig das Haus verlassen hätte.

Aber sie sagte nichts.

«Schuhe oder Sandalen oder Socken fand man allerdings keine. Aber sie trug Ohrschmuck. Einen schlichten Stecker mit Perle an einem Ohr und außerdem so ein Gehänge, sieben Zentimeter lang, sehr auffällig.»

«Was schließen Sie daraus?»

«Gar nichts. Ich bin kein Kriminalbeamter, Frau Rausch. Ich war immer nur Schutzpolizist. Aber ich mache mir so meine Gedanken. Über Spur 24.»

«Was ist Spur 24?»

«Jedes Fundstück und jeder Hinweis – kurz: jede Spur – bekommt in der Ermittlungsakte eine durchlaufende Nummer. Wissen Sie ja vermutlich. Und die Belgier haben gründlich gearbeitet. Als sie nicht mehr weiterwussten, haben sie die Medien eingeschaltet und ausführlich informiert. Auch die westdeutschen Medien, speziell die in Aachen, Köln, Bonn, Koblenz und Trier, wegen der Nähe zur belgischen Grenze. Sie stellten den Medien auch Fotos vom Ohrschmuck und von der seltsamen Kleidung zur Verfügung. Leider wurden in den Zeitungen damals Fotos noch nicht in Farbe gedruckt, sondern in Schwarzweiß. Ein Krankenpfleger der Reha-Klinik in Altkirch las den Bericht über die unbekannte Frauenleiche zufällig im Kölner Stadt-Anzeiger und meldete sich bei der Polizei: ob das nicht vielleicht seine ehemalige Kollegin Ursula Gersdorff sein könnte, die seit dem 21. März 1996 nicht mehr an ihrer Arbeitsstelle in der Reha-Klinik erschienen war? Die habe doch ganz in der Nähe, wenn auch jenseits der Grenze gewohnt.»

«Spur 24?»

«Ganz genau. Die belgische Polizei vermerkte den Hinweis als Spur 24 in ihrer Ermittlungsakte und bat die deutsche Polizei um Amtshilfe. Das Ersuchen wurde vom für Tötungsdelikte zuständigen KK 11 des Bonner Polizeipräsidiums über die Kripo der Kreispolizeibehörde Altkirch bis zu meinem krebskranken Vorvorgänger in der Lärchtaler Wache durchgereicht. Der machte sich dann zu Fuß auf den Weg zur Praxis des Ehemannes. Dr. Veith war ja zu diesem Zeitpunkt noch offiziell mit ihr verheiratet. Die Scheidung wurde ja erst im Oktober beantragt.»

«Und was sagte der Ehemann?»

«Gersdorff versicherte laut Kopie der Zeugenvernehmung, bei der in Belgien gefundenen unbekannten Toten könne es sich auf keinen Fall um seine vermisste Frau Ursula handeln, weil die Konfektionsgröße der Kleidung nicht stimme und seine Frau weder diese schreckliche Hose noch diese seltsame Bluse, noch diesen Ohrschmuck besessen habe.»

«Hat man ihm etwa Fotos von der Leiche gezeigt?»

«Natürlich nicht. Das können Sie Angehörigen nicht zumuten. Haben Sie eine Ahnung, wie eine Leiche aussieht, die Wochen oder Monate im Wald gelegen hat? Man hat ihm Fotos von der Kleidung und vom Schmuck gezeigt. Also ein Originalfoto vom Schmuck, ein Detailfoto von der Bluse und ein Katalogfoto von der Hose. Die Bonner Mordkommission hatte nämlich ermitteln können, wo die Hose vermutlich gekauft wurde.»

Ellen hielt den Atem an. Junglas fummelte an seiner Schirmmütze herum, die auf dem Küchentisch lag.

«Der Name Chervò führte zu dem Modehersteller in Norditalien, ganz in der Nähe des Gardasees. Dort war zu erfahren, dass die Hose zu einer seltenen Kollektion von Unikaten gehörte, die in der Saison 1992/93 in nur 27 Exemplaren gefertigt und testweise vertrieben worden war. Das teure Designerteil lief nicht besonders gut ... was mich persönlich nicht besonders wundert. Weitere Ermittlungen ergaben, dass davon nur drei Stück den Weg über die Alpen nach Deutschland gefunden hatten, allesamt in eine Bad Godesberger Boutique, und dort erst Mitte 1995 als stark preisreduzierte Restpostenware verkauft werden konnten – eine davon in der Kleidergröße des im Wald in Belgien gefundenen Exemplars. Die italienische Größe 44. Das entspricht der deutschen Kleidergröße 38. Leider konnte sich in der Boutique niemand mehr an die damalige Käuferin erinnern.»

«Und welche Größe soll Ursula Gersdorff damals nach Auskunft ihres Mannes getragen haben?»

«Größe 36.»

«Na ja. Kleidungsstücke fallen je nach Hersteller schon mal unterschiedlich aus. Vielleicht wollte sie es ja etwas bequemer haben in der Schlabberhose, auch wenn sie sich gewöhnlich immer extrem figurbetont kleidete, wie alle erzählen.»

«Aber er versicherte ja auch während der Zeugenvernehmung, sie habe ein solches Kleidungsstück gar nicht besessen. Ebenso wenig wie den Ohrschmuck und diese auffällige Bluse.»

«Rein theoretisch könnte sie die Sachen natürlich auch gekauft haben, nachdem sie ihn bereits verlassen hatte.»

«Klar. Aber in diesem Punkt haben die Kollegen dann irgendwann geschlampt. Und nicht nur in diesem.»

«Worauf spielen Sie an?»

«Der Einzige, der in dieser Sache befragt und über den Leichenfund unterrichtet wurde, ist Gersdorff. Nicht aber die Familie Pohl.»

«Das darf doch nicht wahr sein.»

«Ist aber so. Entweder dachte sich der – wie gesagt – schwer krebskranke Leiter der Lärchtaler Wache, das würde den ebenfalls schwer krebskranken Vater der Vermissten und die restliche Familie zu sehr aufregen, oder er ging wie selbstverständlich davon aus, dass der Ehemann seine Schwiegereltern davon unterrichtet. Das Schlimme aber ist: Weder die Kripo in Altkirch noch die Mordkommission in Bonn wurden stutzig, als sie die Abschrift der Vernehmung erhielten. Unfassbar. Auch wenn die Familie Pohl unmöglich sämtliche Kleidungsstücke der Vermissten kennen konnte ... zu dem auffälligen Ohrschmuck hätten sie aber vielleicht was sagen können. Ich begreife es nicht.»

«Aber das lässt sich doch leicht nachholen.»

«Nach 16 Jahren? Wüssten Sie noch mit Bestimmtheit zu sagen, welchen Schmuck Ihre erwachsene Tochter oder Ihre zehn Jahre ältere Schwester vor 16 Jahren getragen hat? Juristisch ist eine solche Aussage nach so langer Zeit jedenfalls nicht belastbar. Außerdem ist das die Angelegenheit der Kripo. Wie gesagt: Ich bin Schutzpolizist. Ich habe Ihnen alles gesagt, was ich zu sagen habe, Frau Rausch. Und kommen Sie nur ja nicht auf die Idee, mich demnächst in Ihrem Blatt zu zitieren.»

Fast zeitgleich trafen die Kriminaltechniker aus Altkirch mit ihren Alukoffern und Thomas Pohl mit der neuen Haustür ein. Ellen verließ das Haus, ging hinunter zum See und setzte sich auf einen umgestürzten morschen Baumstamm. Am liebsten hätte sie sich ins Auto gesetzt und wäre weggefahren, raus aus diesem verfluchten Lärchtal, nur weg, weit weg, ans Meer, um sich den Kopf freipusten zu lassen. Und in Ruhe darüber nachzudenken, was die nächsten Schritte sein könnten. Keine Zeit. In zwei Stunden würde das WDR-Kamerateam eintreffen, und sie wollte Thomas Pohl nicht mit den Fernsehleuten alleine lassen. Die Welt drehte sich erbarmungslos weiter, wie sollte es auch anders sein.

Als Ellen nach dem Drehtermin in der Redaktion eintraf, hatte die Nachricht vom Überfall längst die Runde gemacht. Die

Damen von der Geschäftsstelle guckten ganz betreten, Arno tätschelte ihr väterlich und verlegen die Schulter, Steffi brachte ihr sofort einen Kaffee und schenkte ihr ein mitfühlendes Lächeln, selbst Bert Großkreuz gab sich betont kollegial und berichtete ihr stolz von den rasant gestiegenen Klicks, womit er die Zahl der Seitenaufrufe im Internet zum Vermisstenfall meinte.

Am Nachmittag rief Frank Hachenberg an.

«Wie geht's dir, meine Liebe?»

«Es geht so.»

«Da war ein Fernsehteam in der Stadt unterwegs.»

«Ich weiß.»

«Wann und wo wird das gesendet?»

«WDR, heute Abend in der Aktuellen Stunde.»

«Schade. Dann kann ich es nicht sehen.»

«Findest du aber auch morgen noch in der WDR-Mediathek. Wo bist du denn heute Abend?»

«Falls ihr es noch nicht wissen solltet: Für heute um 18 Uhr wurde kurzfristig eine Sondersitzung des Stadtrates im Rathaus einberufen. Das hast du aber nicht von mir. Es gibt nämlich auf Wunsch des Bürgermeisters einen Dringlichkeitsantrag zu verabschieden.»

«Aha. Zu welchem Thema?»

«Der Eifel-Kurier soll nicht länger Organ für die Amtlichen Bekanntmachungen der Stadt Lärchtal sein.»

«Das wissen wir bereits. Die Nachricht hat uns Clemens Urbach gestern schon schriftlich zukommen lassen. Wieso dann jetzt noch eine demokratische Abstimmung darüber?»

«Das ist keine demokratische Abstimmung, das ist lediglich ein formeller Akt. Damit die Kommunalaufsicht in Köln zufrieden ist. In Lärchtal gibt's nämlich schon lange keine demokratischen Strukturen mehr. Seit Bauunternehmer Clemens Urbach aus der CDU ausgetreten ist und die FWG gegründet hat, wird hier autoritär regiert. Die FWG hat bei der letzten Kommunalwahl 57,2 Prozent geholt. Und bei der Bürgermeister-Direktwahl hat Urbach sogar 67,4 Prozent bekommen. Der Mann ist ein cleverer Populist und Demagoge. Der Berlusconi von Lärchtal. Der könnte hier in der Kirche während der Messe die Monstranz aus dem Tabernakel klauen, und die Leute würden es ihm als Kavaliersdelikt nachsehen. Na ja, das ist jetzt vielleicht etwas übertrieben. Beim Thema Kirche verstehen die Leute hier nämlich keinen Spaß. Und auf ein harmonisches Verhältnis zu Pfarrer Deutschmann legt Clemens Urbach den allergrößten Wert. Aber ansonsten kann er als Bürgermeister tun und lassen, was er will, zumal er seine Fraktion im Griff hat und besonders willfährige und treue Gefolgsleute mit den entsprechenden Posten versorgt.»

«Zum Beispiel Gabys Ehemann Gisbert.»

«Genau. Urbachs treu ergebener Knappe Gisbert. Sehr praktisch, wenn man als Bauunternehmer und Immobilieninvestor den Stadtrat, die kommunale Verwaltung und den Vorstand der heimischen Sparkasse nach Gutdünken steuern kann.»

«Aber die Grünen scheint Urbach ja offenbar auch ganz gut im Griff zu haben.»

«Wie meinst du das?»

«Na, ihr habt euch doch mit dem Biotop am Westufer des Sees ködern lassen, wie ich hörte.»

«Ellen! Das war, bevor du nach Lärchtal zurückgekehrt bist. Ich hatte nicht im Traum damit gerechnet, dass du jemals mal wieder hier auftauchen würdest. Geschweige denn, dass du ins Haus deiner Eltern ziehen würdest. Außerdem hatte ich das nicht alleine zu entscheiden. Und ja – mag sein, dass wir uns mit dem Biotop ködern lassen haben. Aber uns war halt klar, dass wir das Projekt ohnehin nicht verhindern können. So ließe sich wenigstens ein kleiner ökologischer Nutzen aus der Sache ziehen.»

«Okay. Schon gut.»

«Ellen?»

«Ja?»
«Bist du jetzt sauer auf mich?»
«Nein. Merkwürdigerweise nicht. Ist die Sitzung heute Abend eigentlich öffentlich?»
«Natürlich nicht.»
«Schade. Wie lange wird sie dauern?»
«Kann man nicht sagen. Nicht so lange. Es gibt ja nur einen einzigen Tagesordnungspunkt. Und vor der Abstimmung ein bisschen Empörung seitens der Opposition. Aber das perlt an Urbach ab wie Regen auf Ölzeug. Warum fragst du?»
«Ich würde gerne bei dir übernachten. Geht das?»
«Klar geht das. Meine bescheidene Wohnung verfügt zwar über kein Gästezimmer, aber mein Bett ist groß genug, wenn das für dich in Ordnung ist. Du kriegst auch ein eigenes Kopfkissen und ein frisch bezogenes Plumeau. Außerdem wird Alisa dich vor mir beschützen. Also hab keine Angst.»
«Danke», sagte Ellen ins Telefon. «Ich habe keine Angst vor dir. Aber vor fast allen anderen in Lärchtal.»

Autohaus Weiler GmbH
Vertragshändler Opel und Kia
Ihr freundliches Autohaus mit dem perfekten Rundum-Service mitten in der Kreisstadt Altkirch

Geschäftsführer: Karlheinz Weiler

per Fax an Eifel-Kurier, Lärchtal, z. Hd. Frau Ellen Rausch
<u>PERSÖNLICH</u>

Ihre Anfrage bezügl. Opel Kadett E Cabrio GSi
VIN W0L000 043NB558

Sehr geehrte Frau Rausch,

bezugnehmend auf Ihre Anfrage über den Verbleib des o. g. Fahrzeugs kann ich Ihnen Folgendes mitteilen:

Das Ehepaar Gersdorff aus Lärchtal wurde im Spätsommer 1993 bei uns vorstellig. Ich selbst habe Ursula Gersdorff und Dr. Veith Gersdorff das o. g. Neufahrzeug verkauft und kann mich auch noch sehr gut an die Auslieferung sowie an die Kfz-Übergabe erinnern. Dies ist mir auch wegen der ungewöhnlichen Farbwahl und der luxuriösen Sonderausstattung des Fahrzeugs erinnerlich.

Allerdings habe ich das o. g. Fahrzeug zu einem späteren Zeitpunkt (Sie nannten das Datum Frühjahr 1996) entgegen Ihrer Annahme weder als Gebrauchtfahrzeug angekauft noch im Kundenauftrag verkauft. Mir ist auch keine entsprechende Anfrage seitens des Herrn Dr. Gersdorff bekannt. Hier müssen Sie einer irrtümlichen Information unterliegen.

Ich war zum damaligen Zeitpunkt, als mein Vater noch Seniorchef war, in unserem Hause als Verkaufsleiter tätig. Eine solche Angelegenheit wäre also auf alle Fälle über meinen Tisch gegangen. Auch habe ich das Ehepaar Dr. Gersdorff nach der Übergabe des Neufahrzeugs nie wieder bei uns gesehen, weder gemeinsam noch einzeln.

Für weitere Fragen stehe ich Ihnen gern zur Verfügung.

Mit freundlichen Grüßen
Karlheinz Weiler
Geschäftsführer

TAG 56

Ellen brauchte fast zwei Stunden von Lärchtal bis zum Bonner Polizeipräsidium. Während der Fahrt von der Westeifel ins deutlich wärmere Rheintal stieg die Temperatur um mehr als fünf Grad. Ein schöner Tag, nur ein paar verstreute Wölkchen am Himmel.

Ellen hatte keine Ahnung, was sie in wenigen Minuten erwarten würde. Der Anruf hatte sie am frühen Morgen erreicht, kaum dass Frank die Wohnung verlassen hatte, um rechtzeitig zur ersten Stunde in der Schule zu sein.

Sie war gerade bei ihrer zweiten Tasse Kaffee und kraulte Alisa am Hals, als die Hündin plötzlich die Ohren spitzte. Fast unmittelbar darauf klingelte ihr Handy.

Der Anrufer stellte sich als Erster Kriminalhauptkommissar Friedhelm Martini vor, Leiter des Kriminalkommissariats 11 im Polizeipräsidium Bonn. Ob man sich vielleicht mal treffen könnte? Wenn möglich, nicht in Lärchtal. Wenn es ihr nichts ausmache, im Bonner Präsidium. Heute noch?

Dagegen hatte sie überhaupt nichts einzuwenden. Ellen war heilfroh, der trügerischen Idylle der Kleinstadt, die sie seit zwei Tagen als geradezu lebensbedrohlich empfand, wenigstens für ein paar Stunden entfliehen zu können.

Der dreistöckige, weitläufige Gebäudekomplex lag am östlichen Rheinufer und sah ziemlich neu aus. Ellen stellte den Alfa auf dem seitlich gelegenen Besucherparkplatz ab und warf einen Blick auf ihre Armbanduhr. Zwei Minuten vor der vereinbarten Zeit. Sie nahm den Fußweg, der sich durch einen Miniaturpark samt künstlichem Bachlauf vor der Frontseite des Gebäudes entlangschlängelte, passierte die vor dem Haupteingang geparkten Streifenwagen und betrat die großzügig bemessene Empfangshalle.

Sofort steuerte ein Mann auf sie zu, der am Tresen des Info-

Schalters gelehnt, offenbar schon auf sie gewartet und die Wartezeit genutzt hatte, um mit der Frau hinter dem Tresen ein Schwätzchen zu halten. Etwa eins neunzig groß, ein Kreuz wie ein Möbelpacker, kräftiges Kinn, rostrotes, struppiges Haar, das offenbar schon lange kein ausgebildeter Friseur mehr zu Gesicht bekommen hatte, rostroter Dreitagebart, Jeans, weißes Hemd ohne Krawatte, braunes Tweed-Sakko mit Lederflicken an den Ellbogen. Es fiel ihr schwer, das Alter des Mannes zu schätzen, Mitte fünfzig vielleicht.

«Frau Rausch?»

«Ja. Und Sie sind ...»

«Friedhelm Martini. Schön, dass Sie es so kurzfristig einrichten konnten. Wenn Sie mir bitte folgen würden ...»

Ein Lächeln, aber keine sichtbare Gefühlsregung. Gläserne Türen öffneten sich wie von Geisterhand. Mit dem ebenfalls gläsernen Aufzug ging es hinauf in den dritten Stock.

Am Ende des Flurs öffnete Martini eine Bürotür und ließ ihr den Vortritt. Rechts ein Schreibtisch, dahinter ein Sideboard, links ein Konferenztisch mit acht Stühlen. Flipchart in der Ecke, dahinter versteckt ein Garderobenständer. Über dem Sideboard hinter dem Schreibtisch eine gut zwei Meter breite Pinnwand. Daran war eine Landkarte befestigt, perforiert von einem Dutzend Stecknadeln mit roten Köpfen. Die Westeifel und die Ardennen von Altkirch bis Eupen. Was genau die Stecknadeln markierten, konnte Ellen auf die Entfernung nicht ausmachen. Aber sie konnte deutlich erkennen, dass neben der Landkarte ihre sämtlichen Veröffentlichungen zum Vermisstenfall Ursula Gersdorff im Eifel-Kurier hingen. Als Ausdrucke im DIN-A3-Format.

«Kaffee?»

«Nein danke.»

«Ein Wasser vielleicht?»

«Gerne.»

Martini stellte ein Tablett mit zwei Gläsern und einer Flasche Gerolsteiner auf den Konferenztisch.

«Gute Wahl. Der Kaffee bei uns ist nämlich eine ziemliche Katastrophe.» Er lachte und schaute sie dann ernst an.

«Frau Rausch, ich will nicht lange um den heißen Brei herumreden. Ich habe Sie hergebeten, weil wir zum jetzigen Zeitpunkt unnötiges Aufsehen in Lärchtal vermeiden möchten.»

«Na wunderbar, das deckt sich ja vortrefflich mit der Intention der Lärchtaler Honoratioren.»

Null Reaktion. Der Mann ließ sich nicht aus der Reserve locken. Was Ellens Ehrgeiz weckte.

«Frau Rausch, wir haben einen Anruf von Herrn Junglas erhalten. Dem Leiter der Wache in Lärchtal.»

Gekonnte Atempause.

Komm schon! Pokerface kann ich auch.

«Wie Sie vielleicht wissen, arbeiten die umliegenden Kreispolizeibehörden autark. In unserer Nachbarschaft sind das außer Altkirch noch Euskirchen und Siegburg. Das gilt natürlich auch für deren Kriminalkommissariate. Bis auf eine Ausnahme: Bei Kapitalverbrechen sind automatisch wir zuständig.»

«So? Ist mir da was entgangen? Welches Kapitalverbrechen hat sich denn Ihrer Meinung nach in Lärchtal zugetragen?»

Martini ignorierte Ellens zynische Bemerkung und fuhr unbeirrt mit seinem Vortrag fort:

«Das KK 11, dem ich und 22 weitere Kollegen angehören, ist neben den Todesermittlungen in diesem großen Radius auch noch für sämtliche Sexualstraftaten, Vermisstensachen und Brandstiftungen innerhalb Bonns und einiger angrenzender Nachbargemeinden zuständig.»

«Ganz schönes Paket.»

«Genau darauf wollte ich hinaus. Allein bei den Polizeidienststellen unseres Präsidiums werden pro Jahr rund 2000 Vermisstenanzeigen gestellt. Der Großteil wird zügig geklärt.

Jugendliche Heiminsassen, die abhauen, weil sie keinen Bock mehr auf die Gängelei haben, zum Beispiel.»

«Die Statistiken sind mir bekannt. Auch die bundesweite Statistik des BKA: 100 000 Vermisstenanzeigen pro Jahr in Deutschland. Davon bleiben drei Prozent dauerhaft vermisst. Das sind jedes Jahr 3000 Menschen in Deutschland, über deren Schicksal nichts bekannt wird. Wie viele sind es bei Ihnen in Bonn?»

Er musterte sie schweigend. Dieser Röntgenblick, der ihr bis in die Eingeweide fuhr. Ellen malte sich in Gedanken aus, wie es sich wohl anfühlen musste, Kriminalhauptkommissar Friedhelm Martini in einem Vernehmungszimmer als Verdächtiger gegenüberzusitzen. Keine besonders angenehme Vorstellung.

«So kommen wir nicht weiter, Frau Rausch.»

«Sehe ich auch so. Zumal für mich weder Ziel noch Weg erkennbar sind. Helfen Sie mir auf die Sprünge: Wo wollen wir denn überhaupt hin, Herr Martini?»

«Ich habe Ihre Berichte gelesen. Die stehen ja inzwischen auch alle im Internet. Sie sind bisher ausgesprochen fair mit der Polizei umgegangen. Diese Erfahrung machen wir nicht allzu oft mit den Medien.»

«Ich muss Sie enttäuschen. Da steckte eine nüchterne taktische Überlegung dahinter. Blindlings auf die Polizei draufzuknüppeln, hätte doch nur den Korpsgeist in Ihren Reihen geweckt. Dann solidarisieren sich doch automatisch die Engagierten mit den weniger Engagierten. Dann säße ich vermutlich jetzt nicht hier, und Herr Junglas hätte Sie auch nicht angerufen.»

«Möglich.»

«Ich bin sogar sicher. Und nun?»

«Wie bereits gesagt: Nur bei Ermittlungen im Zusammenhang mit unnatürlichen Todesfällen dehnt sich die Zuständigkeit des Bonner Polizeipräsidiums in Richtung Westen auf den gesamten Landkreis Altkirch bis zur belgischen Grenze aus.

Wir werden einen Weg finden, dass uns die belgischen Kollegen nach 16 Jahren noch einmal offiziell um Amtshilfe im Zusammenhang mit der unbekannten Frauenleiche ersuchen.»

«Und dann?»

«Dann bitten wir die Mitglieder der Familie Pohl um eine Speichelprobe. Machen die das mit?»

«Da sehe ich überhaupt kein Problem. Zumindest nicht bei der Mutter und beim Bruder.»

«Das reicht uns schon. Der Vater ist 2003 gestorben, habe ich bei Ihnen gelesen. Gibt es noch weitere Geschwister?»

«Eine Schwester. Zehn Jahre älter als Ursula Gersdorff, zwanzig Jahre älter als Thomas Pohl. Schwer krank seit ... seit dem Verschwinden ihrer Schwester. Befindet sich derzeit stationär in einer psychosomatischen Klinik in Köln. Wenn Sie die Blutsverwandten testen wollen ... heißt das etwa: Es gibt die DNA der in Belgien gefundenen Toten?»

«Ja. Die ist damals gesichert worden. Die Technologie war 1996 zwar noch nicht so ausgereift wie heute. Aber man ahnte schon, dass dies nur noch eine Frage der Zeit sein würde. Deshalb wurde schon genetisches Material vorsorglich asserviert.»

«Das heißt, wenn Sie eine Speichelprobe von Thomas Pohl und seiner Mutter nehmen, dann können Sie feststellen, ob die im Sommer 1996 in Belgien gefundene Frauenleiche ...»

«Moment. So einfach ist das auch wieder nicht. Die genetischen Fingerabdrücke von Blutsverwandten sind ja nicht identisch, wie Sie sich denken können. Wenn wir die Original-DNA von Ursula Gersdorff besäßen, dann wäre das tatsächlich nur ein Knopfdruck, und der an die Datenbank angeschlossene Computer würde in Minutenschnelle feststellen, ob es sich um ein und dieselbe Person handelt oder nicht. Bei Verwandten handelt es sich aber lediglich um Annäherungswerte. Der Computer würde also versagen und einen Negativ-Bescheid ausspucken. Da müssen also im Labor des Düsseldorfer Landeskriminalamtes die Experten ran und manuell vergleichen, abwägen, logische Schlüsse ziehen, die auch juristisch verwertbar sind. Das dauert. Außerdem wollen wir uns, wenn wir schon mal dabei sind, nicht auf die unbekannte Tote in Belgien beschränken. Wir haben allein in Nordrhein-Westfalen derzeit 194 unbekannte Tote in der Datei.»

«Aber Junglas sagte, davon käme niemand in Betracht.»

«Ich fürchte, diese Diagnose überschreitet seine Kompetenz. Er kann sich ja nur die Fotos der Toten in der BKA-Datei angeschaut haben. Ich kann Ihnen ja mal Fotos von Leichen zeigen, die zwei Wochen im Rhein gelegen haben. Sie würden darauf Ihren eigenen Ehemann nicht wiedererkennen.»

Unwillkürlich warf Ellen einen Blick auf Martinis rechte Hand. Kein Ehering. Die Scheidungsrate war bei Polizeibeamten extrem hoch, hatte sie mal gelesen. Martini registrierte aufmerksam ihren Blick. Dem Mann entging nichts. Also beeilte sich Ellen, das Thema zu wechseln.

«Und wie lange dauert das, bis Sie ein Ergebnis aus Düsseldorf vorliegen haben?»

«Wochen. Vielleicht Monate. Wir werden uns nämlich brav in der Warteschlange des Labors anstellen müssen. Ein 16 Jahre alter Fall genießt nicht unbedingt Priorität.»

«Und was machen Sie in der Zwischenzeit?»

Martini deutete auf die Aktenberge, die sich auf seinem Schreibtisch türmten. «Keine Sorge, Frau Rausch. Uns wird so schnell nicht langweilig hier. Wir haben nämlich noch den ein oder anderen aktuellen Fall zu lösen.»

«Und warum sitze ich hier?»

«Wir bitten Sie um Ihre Hilfe. Verfügen Sie zum Beispiel über aufschlussreiche Recherche-Ergebnisse, die Sie bisher noch nicht veröffentlicht haben? Oder vielleicht gar nicht veröffentlichen können, weil es presserechtlich zu heikel wäre?»

Ellen dachte augenblicklich an den Lärchtaler Schützenkönig. Und an einige andere seltsame Gespräche und Begegnungen.

«Warum sollte ich kooperieren? Meine bisherigen Versuche, mit der Kripo zusammenzuarbeiten, verliefen nicht eben zufriedenstellend.»

«Das wird sich ändern.»

«Ihr Wort in Gottes Ohr.»

«Frau Rausch, ich hänge mich jetzt ziemlich weit aus dem Fenster: Sie kriegen das Ergebnis aus Düsseldorf von mir persönlich. Bevor es unsere Pressestelle an die Medien weitergibt.»

«Das hilft mir unter Umständen nicht viel, weil der Eifel-Kurier nur einmal pro Woche erscheint.»

Friedhelm Martini schwieg. Ellen wusste, dass ihr Gegenüber jetzt kein weiteres Wort mehr darüber verlieren würde. Konnte sie ihm trauen, nur weil er diesen gutmütigen Dackelblick aufsetzte? Andererseits: Was hatte sie zu verlieren?

«Zunächst würde ich mir an Ihrer Stelle mal von Thomas Pohl den Aktenordner geben lassen, den ihm die Altkircher Kripo mit dem Hinweis zurückgegeben hat, da stünde ja nichts Interessantes drin. Den Ordner hatte Lore Pohl in ihrer Eigenschaft als amtlich bestellte Abwesenheitspflegerin ihrer Schwester Ursula angelegt und jahrelang aktualisiert. Solange sie das noch konnte.»

«Und Sie sind der Meinung, dass in dem Aktenordner durchaus Interessantes zu finden ist.»

«Oh ja. Darin finden Sie zum Beispiel einige aufschlussreiche Briefwechsel zwischen der Familie Pohl und Veith Gersdorff. Seltsame Widersprüche. Eigenartige Geschichten. Nur ein Beispiel: Zu Beginn hieß es, Ursula Gersdorff habe am Tag ihres Verschwindens am 21. März lediglich ihre Handtasche dabeigehabt, als sie zur Arbeit fuhr. Einige Monate später hingegen schrieb Veith Gersdorff, sie habe einen großen Koffer und ihren gesamten wertvollen Schmuck mitgenommen.»

Friedhelm Martini stemmte sich aus dem Stuhl, ging die drei Schritte zu seinem Schreibtisch, kramte eine Weile herum und kehrte mit einem Notizbuch und einem Kugelschreiber zum Konferenztisch zurück. Mitten im Schreiben sah er kurz auf:

«Erzählen Sie ruhig weiter!»

«Ich habe inzwischen mit der zweiten, geschiedenen Ehefrau sprechen können. Sonja Gersdorff. Gelernte Arzthelferin übrigens. Die sagte frei heraus, das wäre falsch: Alles sei noch vorhanden gewesen, als sie zum ersten Mal das Haus betreten habe. Der Koffer, der Schmuck, die Kleidung, sogar die Zahnbürste. *Die Schränke waren noch proppenvoll*, sagte sie wörtlich.»

«Welchen Eindruck machte die Frau auf Sie?»

«Ich denke, sie hat ein erhebliches Alkoholproblem. Zweifellos eine intelligente Frau. Denkt nach, bevor sie den Mund aufmacht. Nicht gerade sonderlich sympathisch, aber klug und besonnen. Über den Verlauf ihrer Ehe und den Grund der Trennung wollte sie leider nicht mit mir sprechen. Aber ich weiß von damaligen Nachbarn, denen sie sich seinerzeit anvertraut hatte, dass sie sich scheiden lassen wollte, weil sie das Doppelleben und das ewige Fremdgehen ihres Mannes nicht mehr ertrug. Und noch etwas: In einem der Briefe an den Rechtsanwalt der Familie behauptet Veith Gersdorff, er habe das Cabriolet seiner Frau im Frühjahr 1996 – unter erheblichen Verlusten, wie er betonte – an jenen Opel-Händler zurückgegeben, bei dem der Neuwagen im Spätsommer 1993 gekauft worden war. Das ist gelogen. Fragen Sie doch mal beim Autohaus Weiler in Altkirch nach.»

Martini schrieb fleißig mit. Der Kugelschreiber flog über das Papier. Erst als er wieder aufblickte, redete Ellen weiter:

«Waldemar Müller. Deutschstämmiger Aussiedler aus Kasachstan. Hat als junger Mann gleich nach seiner Umsiedlung nach Deutschland ein paar Jahre ein kleines, schäbiges Möbliertzimmer im Souterrain des Hauses der alten Gersdorffs am Marktplatz bewohnt. Also bei Veith Gersdorffs Eltern. Wohnt heute in Köln. Adresse und Telefonnummer kriegen Sie noch von mir. Kann ich Ihnen alles per Mail schicken. In jener Zeit war Waldemar Müller so etwas wie der persönliche Haussklave der Gersdorffs. Müller erinnert sich, wie Veith Gersdorff am 23. März 1996, ein Samstag, also zwei Tage nach ihrem Verschwinden, am späten Vormittag im Haus seiner Eltern erschien und Müller ihm zufällig im Treppenhaus begegnete. Müller grüßte freundlich und erkundigte sich höflich nach dessen Frau, von deren Verschwinden er nichts wusste. *Die ist weg, die kommt nicht mehr wieder*, habe Veith Gersdorff geantwortet und ihn dann stehen lassen. Müller sagt, er habe keineswegs betroffen geklungen, eher gut gelaunt. Wohlgemerkt: Erst einen Tag später, am Sonntag, will Veith Gersdorff einen Anruf seiner Frau erhalten haben, in dessen Verlauf sie ihm mitteilte, sie sei mit einem Liebhaber ins Ausland und komme nicht mehr wieder zurück.»

Martini verzog keine Miene.

«Etwa eine halbe Stunde nachdem Veith Gersdorff am Samstagmorgen im Haus seiner Eltern eingetroffen war, wurde Waldemar Müller hinauf in die Beletage bestellt. Änne Gersdorff, die Mutter, teilte ihm mit, er solle sich für kommenden Samstag nichts vornehmen, sondern ihrem Sohn helfen, dessen Haus zu entmisten. Die Mutter führte das Zepter im Hause Gersdorff, sagt Müller. Und die Lebensrolle des einzigen Sohnes sei es wohl gewesen, der Mutter zu gefallen.»

«Das ist nicht selten die Lebensrolle von Einzelkindern.»

«Eine Woche später war es dann so weit. *Wir haben das Zeug säckeweise aus dem Haus im Ardennenweg getragen und in einem angemieteten VW-Bus verstaut*, sagt Müller. Blaue Müllsäcke. Hauptsächlich Kleidung. Ganze Schränke habe man ausgeräumt. An Details kann er sich nicht mehr erinnern. Und wohin Veith Gersdorff das Zeug anschließend gebracht hat, weiß Müller auch nicht, weil er dafür nicht mehr benötigt wurde und gehen durfte.

Interessant ist aber in diesem Zusammenhang: Wenn die spätere zweite Ehefrau Sonja Gersdorff die Schränke noch proppenvoll gesehen hat, wie sie selbst sagt, dann muss sie ja schon in den ersten Tagen nach Ursula Gersdorffs Verschwinden in dem Haus am Ardennenweg ein und aus gegangen sein.»

«Was natürlich nichts bedeuten muss. Jedenfalls nicht im streng strafrechtlichen Sinne.»

«Natürlich nicht. Es beschreibt lediglich, dass der angesehene Arzt Dr. Veith Gersdorff als Vorgesetzter einen besonders liebevollen Umgang mit seinem weiblichen Personal pflegt. Auch seine aktuelle dritte Ehefrau, eine 24 Jahre jüngere Polin, war zuvor als Arzthelferin bei ihm beschäftigt.»

«Was ebenfalls nichts bedeuten muss.»

«Richtig. Ebenso wenig wie die Tatsache, dass Jana Menzel, so heißt die mysteriöse Frau, die gleich in den ersten Tagen Ursula Gersdorffs schwarzen Nerzmantel geschenkt bekam, in derselben DDR-Kleinstadt an der polnischen Grenze geboren wurde wie Sonja Gersdorff. Nur eines ist klar: Ursula Gersdorffs beste Freundin, wie Veith Gersdorff sie beschreibt, war Jana Menzel auf keinen Fall. Das Motiv für die Schenkung des Pelzmantels aus Ursula Gersdorffs Besitz muss also ein anderes gewesen sein. Mit mir will sie nicht darüber reden. Aber vielleicht ja mit Ihnen. Und wo wir schon mal dabei sind, im Intimleben fremder Menschen zu wühlen: Rufen Sie doch mal den Lärchtaler Malermeister Albert Schäfer an. Die Kripo in Altkirch interessiert sich nicht dafür, was er zu erzählen hat. Ich hingegen finde es hochinteressant. Bin gespannt, wie es Ihnen geht. Sämtliche Namen, Adressen und Telefonnummern kann ich heute Abend mailen.»

Martini schob seine Visitenkarte über den Tisch. Ellen steckte sie ein, ohne einen Blick darauf zu werfen.

«Das wäre sehr nett. Darf ich Sie vielleicht zum Mittagessen in unsere Kantine einladen?»

«Gerne. Aber erst, wenn wir fertig sind.»

Martini klappte eine neue Seite in seinem Notizbuch auf.

«Was haben Sie noch?»

«Nicht mehr so viel. Ursula Gersdorff wurde Ende 1995 schwanger und erlitt im Januar 1996, zwei Monate vor ihrem Verschwinden, eine Fehlgeburt. So erzählt es die Familie Pohl. In Lärchtal erzählt man sich gerne eine andere Version: Sie sei gar nicht von ihrem Ehemann schwanger gewesen, sondern von ihrem geheimnisvollen Liebhaber, und sie habe keine Fehlgeburt erlitten, sondern das Kind abtreiben lassen, weil es nicht von ihrem Mann war. Wie das bei Gerüchten so üblich ist, beteiligen sich viele mit Leidenschaft an der Verbreitung, aber kaum jemand kann sich an die ursprüngliche Quelle erinnern.»

«Aber Sie hegen insgeheim einen Verdacht, wer die Quelle aller Gerüchte sein könnte.»

«Ja. Beziehungsweise: Das ist inzwischen kein Verdacht mehr, sondern eine gesicherte Erkenntnis.»

Sie musste den Namen der Quelle nicht aussprechen. Friedhelm Martini machte sich eine Notiz.

«Letzter Punkt: In Lärchtal wohnt und arbeitet ein Mann namens Jürgen Klein. Versicherungskaufmann. Er ist selbständig, betreibt eine Agentur. Er und seine Frau waren eng befreundet mit dem Ehepaar Gersdorff. Man war im selben Tennisclub und traf sich auch privat. Silvester, Geburtstage und so weiter. Ursula Gersdorff war die Patentante der ältesten Tochter der Kleins, so wie sie ja auch die Patentante der Tochter ihres Bruders war. Sie hatte wohl echt was los mit Kindern, auch wenn sie selbst nie Kinder bekommen hat. Was bei beiden nicht an mangelnder Zeugungsfähigkeit lag, wie wir ja inzwischen wissen.»

Martini warf einen Blick auf seine Notizen: «Veith Gersdorff hat später mit seiner zweiten und mit seiner dritten Ehefrau jeweils ein Kind bekommen.»

«So ist es. Das Mädchen ist 14 Jahre alt, der Junge fünf. Aber ich wollte Ihnen etwas über Jürgen Klein erzählen. Sämtliche Versicherungen des Ehepaars Ursula und Veith Gersdorff liefen damals über die Agentur Klein ... Autos, Hausrat, Haftpflicht, Rechtsschutz, was es alles so gibt und was man so braucht, privat und als selbständiger Arzt mit eigener Praxis. Jürgen Kleins Beziehung zu Veith Gersdorff ist inzwischen deutlich abgekühlt. Ich kenne den Grund nicht, und er möchte auch nicht darüber sprechen. Das habe ich zu respektieren. Aber im März 1996 hat Klein seinem Tennisfreund Gersdorff die Geschichte vom neuen Leben seiner treulosen Gattin mit dem omnipotenten Liebhaber im Ausland voll abgekauft. Von Brasilien sei immer wieder die Rede gewesen. Damals, Anfang 1996, lief die Kleinstadt-Praxis wohl überhaupt nicht gut. Lange bevor Gersdorff seine Marktnische entdeckte, sich als wahrer Meister der Schönheitschirurgie erwies und bald zahlungskräftige Frauen von Frankfurt bis Düsseldorf nach Lärchtal lockte. Damals aber, zu Beginn des Jahres 1996, fehlte der Praxis hinten und vorne das organisatorische Händchen seiner Frau, die aber für sich schon mehr als ein Jahr zuvor entschieden hatte, lieber als schlecht bezahlte Arzthelferin in der Altkircher Reha-Klinik zu arbeiten und täglich die lange Fahrt auf sich zu nehmen.»

«Als Halbtagskraft.»

«Ja. Im Medizinischen Archiv der Klinik war damals nur eine Planstelle als Halbtagskraft frei.»

«Schwer nachzuvollziehen, warum sie das gemacht hat. Wenn sie doch die Praxis ihres Mannes mit aufgebaut hatte, so etwas wie die gute Seele des Ladens war. Das haben Sie doch mal so geschrieben, wenn ich mich richtig erinnere?»

«Ich weiß die Gründe nicht.»

«Und was hat das mit dem Versicherungsmann zu tun?»

«Gar nichts. Ich wollte Ihnen nur die atmosphärischen Umstände verdeutlichen. Der Praxis ging es also im März 1996 gar nicht gut. Etwa zwei Monate nach Ursula Gersdorffs Verschwinden am 21. März erscheint Veith Gersdorff bei seinem Tenniskumpel in der Agentur: Die Uschi habe ihn gestern angerufen.»

«Angerufen?»

«Sie habe ihn aus Brasilien angerufen, sie wolle auch finanziell reinen Tisch machen, und deshalb wolle sie unbedingt, dass der kleine Vermögensfonds, der auf ihren Namen lief, auf ihren Mann umgeschrieben und ausgezahlt werden solle. Ungefähr 12 000 Mark waren da angespart.»

«Moment mal.»

Friedhelm Martini sprang auf, eilte zu seinem Schreibtisch, wühlte in den Aktenbergen, bis er fand, was er suchte.

«Hier steht's. Ziemlich bald nach Ihrer ersten Veröffentlichung im Eifel-Kurier ist Dr. Veith Gersdorff von den Kollegen der Kripo Altkirch zu einer neuerlichen Zeugenvernehmung geladen worden. Weil man ja keine Fallakte mehr besaß. Und da sagte er aus, dass er nach dem sonntäglichen Anruf am 24. März 1996 nie wieder ein Lebenszeichen von seiner Frau erhalten habe.»

«Dann streichen Sie sich die Stelle mal rot an. Denn auch diversen Mitgliedern der Familie Pohl gegenüber hat er sich immer wieder damit gebrüstet, er stünde hin und wieder noch in telefonischem Kontakt, dürfe aber die Telefonnummer nicht weitergeben, weil die Uschi das nicht wolle.»

«Wie bitte? Sie wünschte keinen Kontakt zu ihren Eltern und ihren Geschwistern ... aber hielt Kontakt zu dem Mann, den sie verlassen hat und der ein halbes Jahr später die Scheidung einreichte?»

«Ja. So seine Version. Und Jürgen Klein war damals nicht weniger überrascht als Sie. Aber Veith Gersdorff hat offensichtlich ein Händchen dafür, Leute um den Finger zu wickeln. Ein begnadeter Manipulator, wenn Sie mich fragen. Klein entgegnete damals, er brauche das aber schriftlich, und zwar von der Uschi unterschrieben. Kein Problem, antwortete Veith Gersdorff, und ein paar Tage später hatte der Versicherungsagent das schriftlich. Unterschrieben von Ursula Gersdorff. Und Dr. Veith Gersdorff war bald um 12 000 D-Mark reicher. Tolle Frau, oder? Verlässt zwar ihren Mann, aber will unbedingt, dass es ihm finanziell gut geht. Nur zu ihrer eigenen Familie nimmt sie nie wieder Kontakt auf. Nicht einmal, als ihr geliebter Vater im Sterben liegt.»

Friedhelm Martini kratzte sich am Kopf, was seine struppige Frisur noch mehr in Unordnung brachte.

«Das war übrigens alles, Herr Hauptkommissar. Mehr habe ich leider nicht zu bieten ... Hallo? Venus an Mars? Haben wir noch Funkverbindung?»

Martini sah plötzlich auf und grinste breit.

«Ich für mein Teil habe einen Bärenhunger. Und Sie?»

Im Aufzug, auf dem Weg zur Kantine, nutzte sie den letzten, kurzen Augenblick unter vier Augen: «Wissen Sie, die Familie Pohl hätte es verdient, wenn endlich Klarheit über Uschis Schicksal bestünde. Die Ungewissheit ist die Hölle. Sie können nicht abschließen, sie können sich nicht verabschieden, sie können nicht trauern, solange diese Ungewissheit besteht. Niemand steht auf ihrer Seite. Sie werden in Lärchtal behandelt wie Aussätzige.»

«Ich weiß, was Sie meinen.»

«Wird dieser Kriminaloberkommissar Robert Lindemann von der Kripo in Altkirch weiter für den Fall zuständig sein?»

«Nein. Er wird abgezogen. Wir übernehmen jetzt.»

«Wie haben Sie das denn so schnell hingekriegt?»

Martini setzte seinen Röntgenblick auf, als müsste er ein letztes Mal überprüfen, ob er ihr trauen konnte.

Der Aufzug stoppte.

«Sie werden das nicht schreiben! Versprochen?»

«Versprochen.»

«Eine kleine Ermittlung in eigener Sache. Dienstintern. Anschließend ein kurzes, vertrauliches Telefonat unserer Präsidentin mit dem Landrat in Altkirch als oberstem Dienstherrn der dortigen Kreispolizeibehörde. Kriminaloberkommissar Robert Lindemann wurde abgezogen, weil er als befangen gilt.»

«Befangen? Wieso das?»

«Der Leiter der Lärchtaler Wache, der die Sache vor 16 Jahren gründlich vermasselt hat, bevor er seinem Krebsleiden erlag.»

«Ja?»

«Der Mann war Lindemanns Patenonkel.»

TAG 57

Die Morgensonne malte schmale, grellweiße Striche auf den Holzfußboden und auf die Bettdecke. Ellen warf einen Blick auf den abgeschalteten Radiowecker. Kurz vor zehn. Sie sprang aus dem Bett, nackt, wie immer, weil sie Nachthemden und Schlafanzüge hasste, lief zum Fenster, stieß die Fensterläden auf – und zuckte augenblicklich zurück.

Unten auf dem Hof stand vor dem offenen Schuppen, unter dessen Dach ihr Alfa parkte, ein Streifenwagen. Das Plexiglas des Blaulichts schimmerte in der Sonne.

Am vorderen rechten Kotflügel lehnte Ingo Becker, reckte das Kinn gen Himmel und sonnte sich mit geschlossenen Augen. Er konnte sie also unmöglich gesehen haben, wie sie nackt am offenen Fenster stand. Offenbar hatte er nicht einmal gehört, wie die Fensterläden aufgestoßen wurden.

Toller Beschützer.

Die Schirmmütze lag hinter ihm auf der Motorhaube, die Ärmel seines Uniformhemdes hatte er bis knapp unter die Achseln hochgekrempelt, damit auch die beeindruckenden Bizepskugeln in den Genuss der bräunenden UV-Strahlung kamen.

Ellen schlüpfte in den Bademantel, ging barfuß die Treppe

ins Erdgeschoss hinunter, schloss die Haustür auf und trat auf die Veranda. Ingo Becker wirbelte auf dem Absatz herum.

«Morgen, Herr Becker. Was machen Sie denn hier?»

Der junge Mann wirkte verlegen. Entweder lag das an ihrer Frage oder an ihrer Erscheinung. Vielleicht hatte sie ihn aber auch nur unsanft aus seinen sonnigen Tagträumen gerissen.

«Morgen. Wir schauen jetzt in unregelmäßigen Abständen hier vorbei. Ob alles seine Ordnung hat. Wir wollen Präsenz zeigen. Null Toleranz. Sie haben es wahrscheinlich nur noch nicht bemerkt, weil Sie ja tagsüber immer unterwegs sind und die Nacht davor woanders verbracht haben. Was zweifellos eine sehr vernünftige Idee war.»

«Aber inzwischen habe ich beschlossen, mich nicht einschüchtern zu lassen. Das hier ist mein Zuhause.»

«Verstehe. Natürlich können wir keinen Personenschutz rund um die Uhr gewährleisten. Dazu fehlen uns die Kapazitäten. Aber wir setzen auf den Überraschungseffekt.»

«Den Überraschungseffekt. Aha. Verstehe. Ich gehe jetzt jedenfalls eine Runde schwimmen. Wollen Sie mich vielleicht überraschen und mitkommen?»

Nein, wollte er natürlich nicht.

Oder er durfte es nicht.

Oder er traute sich nicht.

Als sie zurück zum Ufer schwamm, schämte sie sich für ihr pubertäres Verhalten. Der Junge machte nur seinen Job, und sie konnte dankbar sein, dass die Polizei sie beschützte. Es war ein kleines, billiges Vergnügen gewesen, diesen vor Männlichkeit strotzenden, jungen, schüchternen Polizeibeamten mit ihrer Frage in Verlegenheit zu bringen.

Ein zu billiges Vergnügen. Ellen kam sich vor wie diese alten Säcke, die junge Kellnerinnen anflirten und sich dabei für unwiderstehlich halten und nicht kapieren, dass sie sich deren Aufmerksamkeit mit dem Trinkgeld erkaufen.

Ellen stieg aus dem Wasser und genoss eine Weile das sanfte Prickeln der verdunstenden Tropfen auf ihrer Haut. Dann hüllte sich in den flauschigen Bademantel.

Seit zwei Jahren hatte sie keinen Mann mehr gehabt. Seit ihrem Sturz in das tiefe, schwarze Loch. Auch während der schmerzvollen Zeit in der Klinik hatte sie keinen Gedanken daran verschwendet. Sicheren Boden unter die Füße bekommen. Nicht wieder abstürzen. Überleben. Nur das hatte gezählt.

Kein Mann seit zwei Jahren. Und solange sie in Lärchtal wohnte und arbeitete, würde sich daran wohl auch nichts ändern.

Sie lief zurück zum Haus.

Der Streifenwagen war verschwunden. Stattdessen stand nun Thomas Pohls Lieferwagen an derselben Stelle. Der Besitzer saß mit hängenden Schultern auf der untersten Stufe der Veranda, sprang aber sofort auf, als er sie sah.

«Guten Morgen, Frau Rausch.»

«Guten Morgen, Herr Pohl. Wie geht es Ihnen?»

«Wir dürfen die Wand streichen.»

«Was?»

«Die Küchenwand. Der Herr Junglas hat mich angerufen. Er hat das Okay von der Bonner Staatsanwaltschaft gekriegt. Ist ja alles ermittlungstechnisch dokumentiert, mit Fotos und so. Ich werde zuerst grundieren müssen. Ist nicht so einfach bei Lackfarben aus der Sprühdose. Aber keine Sorge, das kriege ich hin. Wenn Sie wollen, kann ich gleich loslegen.»

Sie machte ihm Kaffee, während er seine Gerätschaften aus dem Lieferwagen lud und in die Küche trug.

«Haben Sie was Neues, Frau Rausch?»

«Ja. Aber ich will zuerst duschen und mir was anziehen.»

Als Ellen zwanzig Minuten später in Jeans und T-Shirt erschien, hatte Thomas Pohl die Wand bereits ein erstes Mal gestrichen. Er saß am Küchentisch und trank seinen Kaffee. Der

Schriftzug war nur noch schwach zu erkennen, das satte Rot einem blassen Rosa gewichen, manche Buchstaben waren auch schon komplett verschwunden. Aber in Ellens Kopf ergänzten sie sich auf der Stelle wieder zu ihrer ursprünglichen, zerstörerischen Kraft:

VERSCHWINDE ODER DU BIST TOT

Noch nie in ihrem Leben hatte sie sich von ihrem Lebensumfeld so abgelehnt gefühlt. Nicht in dieser Massivität und Deutlichkeit. Nicht mal als Kind von ihrem Vater. In diesem Haus.

«Handlanger von Urbachs Baufirma.»

«Was meinen Sie, Herr Pohl?»

«Ich glaube nicht, dass Veith irgendwelche Leute in Ihr Haus geschickt hat. Und selbst kriegt er so etwas sowieso nicht hin. Nein, Veith war das auf keinen Fall. Das passt nicht zu ihm. Ich glaube, dass Clemens Urbach seine Handlanger geschickt hat. Das hier hat gar nichts mit meiner Schwester zu tun, sondern damit, dass die Unruhe, die Sie mit Ihren Artikeln stiften, die Geldgeber für das Golfplatz-Projekt abschrecken könnte. So einfach ist das. Es geht doch immer nur ums Geld.»

«Möglich. Aber wie kommen Sie darauf?»

«Weil der Veith ein Feigling ist. Ein größerer Feigling ist mir noch nie untergekommen. Eine Memme. Das ist überhaupt kein Mann. Ein großer Junge, ein Kindskopf, trotz seines Doktortitels. Wenn meine Schwester nicht gewesen wäre, gäbe es die Praxis heute gar nicht. Der Veith hätte gar nicht den Mumm dazu gehabt. Der knickt doch bei jedem Problemchen sofort ein. Hilflos wie ein Baby. Da könnte ich Ihnen Geschichten erzählen ... unfassbar.»

«Erzählen Sie doch mal eine.»

«Ich weiß noch genau, wie der mich mal mitten in der Nacht aus dem Bett geklingelt hat: *Aus der Garage kommt Qualm. Tho-*

mas, was soll ich tun? Der jammerte wie ein kleines Kind. Um halb zwei Uhr morgens war das. Ich fragte: *Steht das Garagentor offen?* Er antwortete: *Ja. Was soll ich tun?* Ich raunzte ihn an: *Na was wohl? Nimm den Feuerlöscher, den ich dir letztes Jahr besorgt habe, und lösch den Brand.* Den hatte ich ihm geschenkt, nachdem sich in einem Gespräch bei einer Familienfeier herausgestellt hatte, dass es im Haus keinen Feuerlöscher gab. Ist doch ein Unding, oder? Er jammerte weiter: *Ich weiß nicht, wie das geht mit dem Feuerlöscher. Weiß nicht mehr, wie das Ding funktioniert. Ich krieg das nicht hin.* Ich sagte: *Dann ruf jetzt sofort die Feuerwehr. Verstehst du? Sofort! Auf der Stelle!* Dann bin ich los, mit meinem Feuerlöscher, aber von der Siedlung in Neukirch bis zum Ardennenweg in Lärchtal sind es selbst bei Missachtung sämtlicher Verkehrsregeln gut zwanzig Minuten. Als ich ankam, stand die Garage längst lichterloh in Flammen, und die Lärchtaler Feuerwehr war erst kurz vor mir eingetroffen. Zum Glück konnten die verhindern, dass die Flammen auf das Wohnhaus übergriffen. Das schöne Haus mit dem vielen Holz drin, Holzböden, Holztreppe. Das hätte gebrannt wie Zunder. Zu dem Zeitpunkt, als Veith mich angerufen hatte, da hätte man die Sache vermutlich noch mit einer simplen alten Wolldecke erledigen können. Oder mit dem Gartenschlauch. Der lag nämlich angeschlossen, aber unangerührt gleich neben der Garage. Stattdessen hat der Herr Doktor vermutlich stundenlang die Bedienungsanleitung des Feuerlöschers studiert und schließlich mich angerufen.»

Ellen musste lachen.

«Der Mann ist nicht besonders lebenstüchtig, oder?»

«Da sagen Sie was. Und feige ist er auch noch. Ein Jammerlappen. Wie er da stand, wie angewurzelt in seinem feinen Schlafanzug und den Lederpantoffeln. Das Bild habe ich noch genau vor Augen: Zittert wie Espenlaub und schaut zu, wie wieder mal andere seine Probleme lösen.»

«Wo war denn Ihre Schwester?»

«Im Krankenhaus. Wegen der Fehlgeburt. Sonst wäre es ja gar nicht so weit gekommen. Die Uschi hätte sich zu helfen gewusst.»

«Und wie war es zu dem Brand gekommen?»

«Das konnte nie geklärt werden. Jedenfalls war auch das Auto futsch. Weiß gar nicht mehr, was das für eine Kiste war. Waren ja immer tolle Autos, die er hatte. Aber Veith war immer gut versichert. Vollkasko natürlich. Die Garage wurde dann abgerissen und neu gebaut. Hat auch die Versicherung bezahlt.»

Thomas Pohl machte sich wieder an die Arbeit. Ellen brachte ihn unterdessen auf den aktuellen Nachrichtenstand, beschränkte sich aber auf die positiven Neuigkeiten im Zusammenhang mit ihrem Besuch im Bonner Präsidium, weil sie merkte, wie seine Hände vor Aufregung und Anspannung zitterten. Deshalb erzählte sie ihm auch immer noch nichts von der unbekannten Frauenleiche, die man vor 16 Jahren im Wald jenseits der belgischen Grenze gefunden hatte. Weshalb sollte sie ihn jetzt unnötig aufregen, wenn sich herausstellte, dass die Tote doch eine Prostituierte aus Rumänien oder Bulgarien oder Moldawien war?

Sie nahm das Fahrrad aus dem Schuppen und fuhr zum Einkaufen in die Stadt. Auf dem Marktplatz kettete sie das Rad an einen Laternenpfahl, um den Rest zu Fuß zu erledigen.

Als sie die Bäckerei betrat, verstummte augenblicklich das Gespräch der drei älteren Kundinnen im Laden. Ellen versuchte, den feindseligen Blick der Bäckersfrau zu ignorieren.

«Ja bitte?»

Die kleine, dicke Frau hinter dem Tresen hob das Kinn und fixierte Ellen über die gesenkten Köpfe der Kundinnen hinweg.

«Guten Morgen. Bin ich denn schon an der Reihe?»

«Nein. Aber Sie müssen auch gar nicht länger warten. Wir sind nämlich komplett ausverkauft.»

«Verstehe ich nicht. Die Regale sind doch voll.»

«Alles vorbestellt. Außerdem haben wir schon geschlossen.»

«Sieht nicht gerade geschlossen aus.»

«Sie wollen es wohl einfach nicht verstehen, oder? Störenfriede und Nestbeschmutzer werden hier nicht bedient. Guten Tag!»

Kalter Triumph im Blick. Auch die drei Stammkundinnen starrten sie nun unverhohlen feindselig an.

Also kaufte Ellen ihr Brot in der Lidl-Filiale am Stadtrand. Und alles andere, was sie benötigte.

Als sie zurückkehrte, packte Thomas Pohl gerade zusammen und verstaute alles in seinem Lieferwagen. Der Schriftzug war nicht mehr zu sehen. Er existierte nur noch in ihrer Erinnerung.

«Soll ich Ihnen schnell was zu essen machen?»

Er schüttelte den Kopf.

«Vielen Dank, dass Sie extra am Samstag gekommen sind.»

«Bin ich doch so gewöhnt. Samstags zu arbeiten. Auch wenn die Geschäfte im Moment schlechter laufen.»

«Wie kommt's?»

«Sind ein paar Stammkunden abgesprungen. Aufträge kurzfristig storniert. War ja mit zu rechnen, seit dem Artikel am Mittwoch.»

«Wieso?»

«Weil niemand mehr etwas mit der Familie Pohl zu tun haben will. Das ist ja im Prinzip jetzt schon seit 16 Jahren so. Was meinen Sie, warum meine Schwester Lore ihren Job als Leiterin des katholischen Kindergartens in Kirchfeld verloren hat? Da hat der Pastor Deutschmann für gesorgt. Ja, sie war krank geworden, nachdem die Uschi verschwunden war und all diese schlimmen Sachen über sie erzählt wurden. Krank an der Seele. Na und? Jeder kann doch mal ernsthaft krank werden, oder? Aber der Pastor und der Pfarrgemeinderat, die haben so lange auf sie eingeredet, bis sie aufgegeben hat. Frührentnerin. Die Lore hat ihre Arbeit geliebt. Aber als sie die verloren hat, ging das mit der Krankheit erst richtig los. Das hat ihr den Rest gegeben.

Nicht mehr erwünscht zu sein. Nicht mehr gewollt. Die Ablehnung hat ihr den Rest gegeben. Aber so ist das, wenn man aus der Arbeitersiedlung von Neukirch kommt. Man wird von der Lärchtaler Gesellschaft bestenfalls geduldet, solange man sich anstrengt. Aber wehe, man macht einen Fehler. Wehe, man hat eine Schwester wie die Uschi. Dann wird man als Familie geächtet, als hätte man die Pest. Darüber müssten Sie mal schreiben, Frau Rausch. Damit alle Welt erfährt, was hier so läuft. Darüber müssten Sie mal die Wahrheit schreiben. Damit allen hier endlich der Spiegel vorgehalten wird und jeder hier die eigene hässliche Fratze im Spiegel sehen kann. Das wäre nur gerecht.»

Ellen schwieg. Was sollte sie Thomas Pohl auch sagen? Sollte sie ihm erklären, dass Gerechtigkeit nichts weiter als ein schönes Wort für Wahlkampfreden war? Ein Menschheitstraum, der in Wahrheit nirgendwo auf dieser Welt gelebt wurde? Dass es zur alltäglichen Gratwanderung im Journalismus gehörte, private Interessen vom öffentlichen Interesse zu unterscheiden? Dass schon jedem Volontär eingebläut wurde, journalistische Distanz zum Objekt der Betrachtung und Beschreibung zu wahren?

Nachdem Thomas Pohl gefahren war, blieb sie noch lange auf der Veranda sitzen und dachte nach.

Ihre journalistische Distanz hatte sie längst verloren. Zu sehr war sie schon emotional verstrickt in das Hoffen und Bangen und das seit 16 Jahren währende Leid der Familie Pohl.

Man musste auch nicht aus der Arbeitersiedlung der stillgelegten Fabrik stammen, um in Lärchtal als Außenseiter gebrandmarkt zu werden. Das wusste Ellen aus eigener Erfahrung. Damals genügte es schon, wenn die Eltern Zugezogene waren. Flüchtlinge aus dem Osten. Und obendrein protestantischen Glaubens in der erzkatholischen Eifel. Damals genügte es schon, wenn man sich als Mädchen nicht normgerecht verhielt, sich anders kleidete, Jeans statt Faltenröcke trug, bauchnabelfreie

T-Shirts statt gestärkte Blusen, Chucks an den Füßen, den eigenen Kopf zum Denken benutzte, nicht für die Versteigerung beim Junggesellenfest zur Verfügung stand und auf der falschen Seite des Sees mit den falschen Leuten schwimmen ging.

Ellen entschied sich für ihr weißes, knielanges Etuikleid, beschränkte sich auf Ohrstecker und einen Armreif als Schmuck und wählte die offenen Schuhe mit dem Python-Muster und den Zehn-Zentimeter-Absätzen, die sie sich vor vier Jahren in Mailand gekauft, aber bislang kaum getragen hatte. Sie wollte groß wirken heute. Groß und stark, unnahbar und unangreifbar.

Die Temperatur war im Lauf des Tages auf 28 Grad gestiegen. Um 16.27 Uhr parkte Ellen den Alfa im Ardennenweg, nahm ihr Gastgeschenk, eine hübsch verpackte Flasche Crémant von der Loire, vom Beifahrersitz, überquerte die Straße und klingelte an der Tür des Hauses mit der Nummer 14.

Gaby öffnete. Ihr Lächeln wirkte seltsam gequält.

«Endlich! Alle sind schon da. Durchs Wohnzimmer und die Terrassentür in den Garten. Ich hab noch zu tun.»

Sie verschwand in der Küche.

Alle sind schon da. Wer auch immer *alle* waren. Ein leiser, aber deutlich vernehmbarer Vorwurf in der Stimme. *Ab 16 Uhr*, hatte sie am Telefon gesagt. *Spätestens um 17 Uhr bin ich da*, hatte Ellen geantwortet. Jetzt war es 16.29 Uhr.

Ellen konnte sich des Eindrucks nicht erwehren, dass *alle* vornehmlich wegen ihr gekommen waren. Denn sämtliche Köpfe flogen augenblicklich herum, sämtliche Augenpaare starrten sie ungeniert an, als sie die Terrasse betrat.

«Ellen!»

Gisbert Jacobs legte die Grillzange weg und stürmte auf sie zu. Er trug eine schwarze Schürze und darunter ein hellblaues, kurzärmeliges Bürohemd samt sorgsam gebundener Krawatte. Auf der Schürze stand in goldenen Lettern *Mein Grill, meine*

Regeln! zu lesen. Noch bevor sich Ellen von der Lektüre erholt hatte, fiel Gisbert ihr auch schon um den Hals und küsste sie. Einmal links, einmal rechts, noch einmal links. Er deutete die Küsse nicht an, nein, er drückte seine feuchten Lippen auf ihre Wangen.

«Schön, dass du gekommen bist.»

Seine Hand streichelte ihren nackten Arm. Sie streckte ihm die Flasche Crémant entgegen, um die Hand loszuwerden.

«Danke für die Einladung.»

«Clemens kennst du ja schon. Mit den anderen machst du dich sicher selbst bekannt. Alles supernette Leute. Ich muss mich nämlich dringend wieder um den Grill kümmern.»

Alles supernette Leute.

Sie kannte tatsächlich nur Clemens Urbach, den Bürgermeister. Gaby erschien mit einer Salatschüssel und stellte sie auf den Terrassentisch. Sie trug eine weiße Caprihose, weiße Ballerinas mit rosa Schleife und eine rosafarbene Bluse, wie Ellen erst jetzt aus etwas Abstand registrierte. Gaby wich Ellens Blick aus und verschwand wieder in Richtung Küche.

Ellen schenkte sich ein Glas Weißwein ein aus der offenen Flasche, die in einem Kübel mit Eiswürfeln lehnte.

Sie spürte die Blicke im Nacken.

Okay. Angriff ist die beste Verteidigung.

Sie nahm das Glas und marschierte auf Clemens Urbach zu. Der tat überrascht, als bemerkte er ihre Anwesenheit erst jetzt.

«Frau Rausch. Schön, Sie zu sehen!»

«Die Freude ist ganz meinerseits, Herr Bürgermeister.»

«Wie geht es denn unserem Hajo? Ist er schon wieder krank? Doch hoffentlich nichts Ernstes?»

«Nein, nein. Alles in Ordnung. Er hat vergangene Woche ein Seminar in Rostock besucht. Ab morgen ist er wieder in der Redaktion erreichbar.»

«Ein Seminar?»

«Ein Fortbildungsseminar für Redaktionsleiter. Zur Zukunft des Lokaljournalismus.»

«Und? Hat der Lokaljournalismus denn eine Zukunft?»

«Da müssen Sie schon Herrn Burger fragen. Da ist er ja jetzt der Experte, seit dem Seminar.»

«Unser Hajo. Wenn es ihn nicht schon gäbe, müsste man ihn erfinden. Vielleicht hätte er besser ein Seminar über Rechtschreibung besucht. Da hätte er noch was lernen können.»

Urbach lachte schallend über seinen Witz.

Die Taktik war ziemlich durchsichtig. Er stellte sich kumpelhaft auf Ellens Seite, um sie aus der Reserve zu locken.

«Jetzt mache ich Sie aber mal mit ein paar anderen Gästen bekannt, Frau Rausch. Übrigens alles sehr nette Leute hier. Alle sind schon ganz begierig, Sie endlich kennenzulernen.»

«Ist Ihre Frau auch hier, Herr Urbach?»

«Bin ich denn verrückt? Ich will doch meinen Spaß haben. Nein, Scherz beiseite. Meine Frau ist bedauerlicherweise terminlich verhindert. Außer uns beiden sind heute tatsächlich nur Paare da, soweit ich das überblicke. Leider kein attraktiver Single dabei für Sie, Frau Rausch. Die sind hier in Lärchtal nämlich immer ganz schnell weg vom Markt.»

«Machen Sie sich keine Sorgen um mich, Herr Urbach. Ich bin nicht auf der Suche.»

«Ihr Glas ist ja fast leer. Und der Rest sicher schon warm. Geben Sie her! Mit leerem Glas redet es sich so schlecht.»

Ehe sie widersprechen konnte, nahm er ihr halbvolles Glas und verschwand. Zwei Minuten später kehrte er mit einem vollen zurück. An der Oberfläche schwammen drei Eiswürfel.

Tatsächlich nur Paare. Ein Dutzend vielleicht. Die Namen konnte sie sich unmöglich merken. Ein Rechtsanwalt nebst Gattin, ein Notar nebst Gattin, ein Architekt nebst Gattin, ein Zahnarzt nebst Gattin, der Eigentümer eines Baumarktes nebst Gattin, ein Immobilienmakler nebst Gattin.

Leider kein Botox-Spezialist nebst Gattin.

Die männlichen Gäste der Gartenparty gaben sich Ellen gegenüber betont charmant und interessiert, die Frauen durchweg distanziert bis unverhohlen feindselig. Das Verhalten ihrer Begleiterinnen schien die Männer aber nicht weiter zu irritieren.

Die Frau des Architekten tauchte neben Clemens Urbach auf und begann, seinen Hinterkopf hingebungsvoll zu kraulen.

«Mein lieber Clemens: Wo ist denn der Veith?»

Ihre Zunge hatte Mühe, die Worte zu formen. Sie hielt einen Cocktail in der Hand. Vermutlich nicht der erste des Tages. Vermutlich auch nicht der letzte für heute.

«Der lässt sich entschuldigen.»

«Ooooch. Wie schade. Wie kann er uns das antun?»

«Der Lendenwirbel. Seine Schwachstelle. Eine falsche Bewegung beim Tennis, und zack!»

«Ich wusste gar nicht, dass ausgerechnet die Lenden seine Schwachstelle sind», sagte die Frau des Architekten und versuchte dabei einen unschuldigen Jungmädchenblick, der aber gründlich misslang. Denn erstens war der überwiegende Teil ihrer für die Mimik verantwortlichen Gesichtsmuskeln lahmgelegt. Zweitens war die Frau mindestens Ende fünfzig, vielleicht auch schon Anfang sechzig. Und drittens passten die schlauchbootartigen Lippen überhaupt nicht zu der Schulmädchen-Attitüde. Sie hatte ihr Haar zu zwei seitlich vom Kopf abstehenden Zöpfen geflochten. Pippi Langstrumpf. Ihr extravaganter Faltenrock, der 90 Prozent ihrer gebräunten Storchenbeine unbedeckt ließ, hüpfte bei jeder Bewegung fröhlich auf und ab. Ihre in Proportion zu ihrem ausgemergelten Körper viel zu großen Brüste sahen aus wie mindestens zehn Zentimeter zu hoch angeschraubt. Beim Anblick dieser Frau musste Ellen unwillkürlich daran denken, was sie bei ihren ersten Recherchen zufällig über Botox gelesen hatte:

... fällt als Nervengift unter das Kriegswaffen-Kontrollgesetz.

Urbachs Blick verschwand vollständig in ihrem tiefen Ausschnitt, während er ihr antwortete:

«Keine falschen Verdächtigungen, liebste Lieselotte. Ich war nämlich Augenzeuge. Ich war sein Tennispartner, als es gestern Abend auf dem Court passierte. Der arme Kerl.»

«Du sollst mich doch nicht so nennen», schimpfte sie und stampfte mit dem Fuß auf.

«Bitte entschuldige. Du hast ja recht: Lilo klingt viel schöner als Lieselotte. Kannst du mir noch ein einziges Mal verzeihen?»

Statt ihm zu verzeihen, musterte sie Ellen von Kopf bis Fuß. Das Ergebnis der Musterung verriet sie mit keiner Miene. Wie auch.

«Sie sind also diese Journalistin.»

«Ich bin mir zwar nicht sicher, was Sie mit *dieser* Journalistin meinen, aber ja: Ich bin tatsächlich eine.»

«Reden Sie nicht so geschwollen daher. Sie wissen genau, was ich meine. Sind Sie Veith schon einmal begegnet?»

«Nein. Bisher hatte ich nur telefonisch das Vergnügen.»

«Da haben Sie was verpasst, meine Liebe. Wenn Sie ihm nämlich persönlich begegnet wären, wenn Sie ihm nur ein einziges Mal in die Augen geschaut hätten, dann würden Sie nicht mehr dauernd so dummes Zeug schreiben.»

«Ich fürchte, Sie haben eine völlig falsche Vorstellung von journalistischer Arbeit», konterte Ellen. Sie fühlte sich in dieser Gesellschaft zunehmend unwohl. Aber hatte sie etwas anderes erwartet? Sie nahm einen tiefen Schluck von ihrem Wein. Die Frau des Architekten ließ sie keine Sekunde aus den Augen.

Urbach schnappte sich erneut Ellens Glas und verschwand damit in der Menge. Ellen sah sich verlegen um und wandte sich schließlich zum Gehen.

«War nett, mit Ihnen zu plaudern. Ich werde dann mal ...»

«Sie werden gar nichts. Ich bin nämlich Abonnentin Ihres Käseblatts. Und Sie werden einer zahlenden Kundin wohl noch einen Augenblick zuhören müssen, ob Sie wollen oder nicht. Wissen Sie eigentlich, was die Uschi für eine billige Schlampe war?» Eine deutliche Spur Dünkel mischte sich in ihren Tonfall. Dünkel, gepaart mit Verachtung. «Zuerst lässt sie ihn mit der Praxis im Stich. Sucht sich lieber einen mies bezahlten Job in Altkirch. Sortiert lieber Akten im Keller der Reha-Klinik, um finanziell unabhängig zu sein. Wie lächerlich. Und dann verlässt sie Veith so mir nichts, dir nichts. Jede Frau in diesem verdammten Kaff hier hat sich die Finger nach diesem Mann geleckt. Aber die hatte komplett die Bodenhaftung verloren. Vom Arbeiterkind zur Gräfin von Piesepampel höchstpersönlich. Pelzmäntel, teurer Schmuck. Die hatte vergessen, wo sie herkam. Von ganz unten nämlich. Aus der Gosse. Wenn der Veith sie nicht da rausgeholt hätte.»

Urbach war zurück und schob Ellen ein frisch gefülltes Weinglas in die Hand. «Schön, dass ihr beiden euch so gut versteht. Ich muss mich leider einen Moment entschuldigen, der Grillmeister braucht Unterstützung.»

Weg war er. Und Ellen wieder allein mit dieser unerträglichen Person. Die nun zumindest endlich zum Kern der Sache kam.

«Frau Rausch, ohne dieses Golf-Projekt geht das Kaff hier vor die Hunde. Darüber sollten Sie mal schreiben.» Aufgeregtes Faltenrock-Wippen. «Ohne das Golf-Projekt sind wir hier abgemeldet. Und zwar für immer.»

«Darum kümmert sich mein Redaktionsleiter.»

«Der Burger? Hören Sie auf. Der Burger, diese Pfeife. Der hat doch keine Ahnung. Das ist eine Nummer zu groß für ihn. Was rede ich: Mindestens drei Nummern zu groß ist das für ihn. Wir brauchen jetzt dringend kompetente mediale Unterstützung.»

«Sie haben doch schon den Chefredakteur von diesem Golf-Magazin, wie heißt er noch gleich?»

«Und was Ihre marode Hütte am See betrifft – ich mache Sie gerne gleich mal mit Fred bekannt. Der ist Immobilienmakler.

Der versteht was davon. Der kümmert sich gerne darum, dass die Investoren Ihnen einen anständigen Preis für die Bruchbude zahlen. Mein Wort.»

Ellen wurde mit einem Mal schwindlig. Sie spürte, wie ihr der Wein zu Kopf stieg.

«Ich glaube, es wird allmählich Zeit für mich zu gehen ...»

Aber da war plötzlich wieder Urbach und legte tatsächlich seine Hand um ihre Hüfte.

«Liebste Ellen, kommt ja gar nicht in Frage. Die Party hat doch gerade erst angefangen. Wo nächtigen Sie denn?»

«Wo schon. Im Haus meiner Eltern natürlich.»

«Aber ich hörte kürzlich, irgendwelche Vandalen hätten sich im Haus zu schaffen gemacht?»

«Wo hört man denn so etwas, Herr Urbach?»

«Bitte nennen Sie mich doch Clemens. In Lärchtal gibt es keine Geheimnisse.»

«So? Keine Geheimnisse?»

«Wenn ich es Ihnen sage.»

«Liebster Clemens: Dann können sie mir sicher auch sagen, wo Ursula Gersdorff vor 16 Jahren abgeblieben ist.»

Ellen drehte sich auf dem Absatz um, ließ Urbach und Pippi Langstrumpf stehen und ging zurück in Richtung Haus. Nichts wie weg hier. Gaby stand vor der Terrassentür, als wollte sie den Zugang verwehren. Hass im Blick.

«Vielen Dank für die Einladung, Gaby. Ich möchte jetzt gehen.»

Keine Reaktion. Nur dieser hasserfüllte Blick.

Ellen stieß sie beiseite und wollte über die Türschwelle steigen, als sie auf ihren hohen Absätzen wegknickte. Jemand fing sie auf. Jemand, der schon dicht hinter ihr gestanden haben musste. Gisberts Stimme an ihrem Ohr. Gisberts Atem in ihrem Nacken. Gisberts Hand auf ihrem Hintern. Ellen rammte ihm ihren Ellbogen in die Rippen. Raus hier. Nichts wie weg.

TAG 58

Das Läuten der Kirchturmglocken drang durch die geschlossenen Fenster in das muffige Büro im ersten Stock. Der etwa vier mal vier Meter große Raum roch nach altem Papier, billigem Furnierholz und Stempelkissenfarbe. Das Läuten der Glocken zum Hochamt klang wie eine letzte Mahnung, dass er im Begriff stand, unrecht zu tun. Hans Knoop legte seine Hände auf die kunstlederne Schreibunterlage und spürte mit seinen Fingern den Rändern nach. Die Unterlage wellte sich an den Kanten. Vielleicht kam das davon, dass die Putzkolonnen zu feuchte Lappen benutzten, wenn sie die Schreibtische reinigten. Vielleicht sollte er bei Gelegenheit eine Bedarfsmeldung schreiben und eine neue für seinen Schreibtisch anfordern. Vielleicht sollte er sich das gönnen. Nach so vielen Jahren. Eine nagelneue Schreibtischunterlage im Jahr vor der Pensionierung. Vielleicht sollte er jetzt einfach aufstehen, sein Büro verlassen, das verwaiste Rathaus verlassen, nach Hause gehen, auf seine Hilde warten, dass sie vom Kirchgang zurückkehrte, sie in den Arm nehmen und sagen: *Du hast dich umsonst gesorgt, Hilde. Ich habe es mir anders überlegt. Ich habe kein Unrecht getan.*

Hans Knoop rückte die Schreibunterlage zurecht, bis sie exakt im rechten Winkel zu den Kanten der Tischplatte lag, erhob sich aus dem Stuhl und verließ sein Büro.

Am Ende des Flurs nahm Knoop die Notfalltreppe ins zweite Stockwerk. Er hätte Sportschuhe mit Gummisohlen anziehen sollen.

Aber wer sollte ihn schon hören, am Sonntag?

Der Flur im zweiten Stock war besser in Schuss. Frisch gestrichen. An den Wänden zwischen den Bürotüren hingen gerahmte Fotos von Lärchtal. Die Gusseisenfabrik in der Nachkriegszeit. Arbeiter mit stolz geschwellter Brust. Der Campingplatz und die Badeanstalt in den 1950er Jahren. Frauen mit Badehauben. Ein

VW-Käfer, ein Opel Kapitän, ein NSU Prinz und ein Ford Taunus 17M parkten mitten auf dem Marktplatz.
Die Tür zu Urbachs Büro.
Hans Knoop drückte die Klinke hinunter.
Die Tür war verschlossen.
Natürlich war die Tür verschlossen. Wie hatte er auch nur im Traum daran denken können, sie könnte unverschlossen sein?
Auch die Tür zum Vorzimmer war verschlossen.
Knoop schlich weiter bis zur nächsten Tür.
Ein letzter Versuch.
Neben der Tür stand in Augenhöhe auf einer Tafel:

Stadtplanungsamt
Leiter
Kevin Schwab

Hans Knoop drückte die Klinke.
Augenblicklich schwang die nur angelehnte Tür auf.
Mitten in dem mit Designer-Schreibtisch und Designer-Schreibtischlampe und Designer-Sitzecke ausgestatteten Büro stand Kevin Schwab. In strahlend weißer Tennis-Kleidung.
«Meine Güte, Knoop, haben Sie mich vielleicht erschreckt. Was machen Sie denn hier?»
«Ich ... ich hatte noch zu tun im Büro. Bin etwas im Rückstand mit den Baugenehmigungen. Und dann hatte ich auf einmal Schritte gehört und wollte mal nachschauen. Man kann ja nie wissen heutzutage. Man hört und liest ja so viel. Und Sie?»
«Ich war schon auf dem Weg zum Tennis mit Veith Gersdorff. Der ist mir nämlich noch eine Revanche schuldig. Heute hätte ich ihn geschlagen, aber gerade hat er abgesagt, der Feigling. Per SMS. Sein Rücken. Und da ich schon mal aus dem Haus war, dachte ich, fahr schnell ins Büro und erledige noch rasch ein paar Dinge, die Urbach morgen braucht. Sie wissen ja: Das

Projekt hält uns im Moment ziemlich auf Trab. Ich wollte gerade runter ins Archiv, um mir die entsprechenden Akten zu holen.»

«Die Projekt-Akten haben Sie im Archiv? Ist das nicht lästig?»

«Ich hasse es, mir das Büro mit Papier zuzumüllen. Wie sieht das denn aus? Am liebsten hätte ich alles nur noch digital auf meinem Rechner, aber da macht Urbach leider nicht mit. Das ist nicht seine Welt. Er will alles zum Projekt nur als Papier. Da ist er stur. Er sagt, Papier kann man notfalls blitzschnell durch den Shredder jagen. Nun versuchen Sie mal, dem Alten klarzumachen, dass man Dateien auf einer Festplatte viel schneller löschen kann. Nichts zu machen.»

Kevin Schwab legte seine Hand auf Knoops Schulter und schob ihn aus der Tür. «Jetzt will ich Sie aber nicht länger aufhalten, Knoop. Sie haben sicher noch eine Menge zu tun.»

TAG 59

Am ersten Arbeitstag nach seiner Rückkehr aus Rostock wechselte Hans-Joachim Burger kein einziges Wort mit ihr; er würdigte sie nicht mal eines Blickes.

Dafür kümmerte sich Burger umso intensiver um die Volontärin, die frisch aus dem zweimonatigen Blockseminar für künftige Redakteure an der Akademie für Publizistik in Hamburg zurückgekehrt war. Anna-Lena Berthold. Jung, hübsch, intelligent, höflich, hilfsbereit. Eine seltene Kombination.

Jeder Kollege hatte an diesem Morgen einen Glückskäfer aus Schokolade vorgefunden, die sie auf sämtliche Schreibtische verteilt hatte. Kluges Mädchen.

Vermutlich war sie mit einer Menge Flausen im Kopf von der Akademie zurückgekehrt. Gut so. Junge Leute sollten unbedingt

Flausen im Kopf haben. So viele wie möglich, so lange wie möglich. Ellen befürchtete nur, Burger könnte sie ihr in Windeseile austreiben. Er gab sich schon alle Mühe, zitierte sie alle halbe Stunde in sein Büro, redigierte ihre Artikel bis zur Unkenntlichkeit, kommentierte jede seiner Korrekturen wortreich und hielt ihr in seinem Glaskasten lange Vorträge. Vermutlich über die Zukunft des Lokaljournalismus.

Um 12.10 Uhr verließ Ellen die Redaktion und fuhr nach Neukirch. Für 13 Uhr hatte sich das RTL-Team angekündigt. Ellen wollte vorher unbedingt noch mit Thomas Pohl reden und ein paar Verhaltensregeln absprechen. Die WDR-Leute vergangene Woche waren nicht nur nett während der Dreharbeiten gewesen, sondern auch ausgesprochen fair in ihrem anschließenden Bericht. Ellen befürchtete, Thomas Pohl könnte daraus den falschen Schluss ziehen, alle Fernsehteams seien so. Nett waren sie zunächst alle. Fair hingegen nicht unbedingt.

Als sie um 12.30 Uhr den Alfa auf dem Hof vor dem Haus parkte, bemerkte sie sofort den weißen Van mit dem Kölner Kennzeichen.

Das hatte gerade noch gefehlt.

Sie klingelte an der Haustür.

Niemand öffnete.

Sie drückte erneut den Klingelknopf. Und noch einmal.

«Frau Rausch?»

Ellen blickte nach oben. Thomas Pohl winkte aufgeregt aus einem Fenster im ersten Stock des Nachbarflügels.

«Wir sind bei meiner Mutter. Die Haustür nebenan. Warten Sie, ich drücke Ihnen auf.»

Auch das noch.

Mach schon! Ein Summen, die Tür sprang auf, und Ellen hetzte die enge Stiege des Altbaus nach oben.

Zu spät.

Als sie das Wohnzimmer betrat, schaltete der Kameramann

gerade den Scheinwerfer aus, der Tonmann stöpselte das Mikrophon aus dem Aufnahmegerät.

Auf dem Sofa saß Liesel Pohl wie ein Häuflein Elend, vor sich auf dem Couchtisch das Album mit den Fotos ihrer Tochter. Blass, verstört, erschöpft, Schweißperlen auf der Stirn, von der Hitze des Scheinwerfers und von der Aufregung.

«Ganz prima haben Sie das gemacht, Frau Pohl.» Sagte eine junge Frau von Anfang dreißig. Tailliertes Sakko, enge Jeans, lange Beine, Pumps mit Acht-Zentimeter-Absätzen.

«Moment. Das war nicht abgemacht.» Sagte Ellen.

«Was soll das denn jetzt heißen?» Sagte die RTL-Reporterin und runzelte missbilligend die Stirn.

«Wir hatten 13 Uhr vereinbart. Außerdem hatten wir abgemacht, dass nur Thomas Pohl vor der Kamera redet und der Rest der Familie außen vor bleibt.»

«Wir mussten kurzfristig umdisponieren und waren halt eine Stunde früher hier. Außerdem zwingen wir ja niemanden dazu, vor die Kamera zu treten. Wo also ist das Problem?»

«Mal ehrlich, Frau Rausch», schaltete sich Thomas Pohl ein. «Die haben ganz höflich gefragt, ob außer mir vielleicht auch die Mama bereit wäre, und da habe ich sie gefragt, und sie hatte nichts dagegen. Die haben die Mama sogar dabei gefilmt, wie sie die Kerze vor Uschis Bild auf der Kommode anzündet. So wie sie das jeden Morgen macht. Das sieht bestimmt gut aus nachher. Damit die Fernsehzuschauer Mitgefühl kriegen.»

«Darf ich vielleicht mal durch?»

Die RTL-Reporterin baute sich vor ihr auf. Sie war einen Kopf größer als Ellen. Gertenschlank. Kalt wie Hundeschnauze.

Ellen trat aus dem Türrahmen zurück in die schmale Diele und machte der RTL-Frau Platz. Deren Blick glich einer Kriegserklärung. Klack, klack, klack, die hölzerne Stiege hinunter.

Sichtlich verlegen folgten ihr der Kameramann und der Tonmann. Tür auf, Tür zu, vorbei.

«Wollen Sie einen Kaffee, Frau Rausch? Ich hatte eine Kanne für das Fernsehteam gemacht, aber die ist noch fast voll.»

Liesel Pohl schien Ellen gar nicht zu bemerken. Sie hatte das Album wieder aufgeklappt, betrachtete die Fotos, strich zärtlich mit der Hand darüber, war bei ihrer Tochter, weit weg.

«Herr Pohl, wir müssen reden.»

«Gerne. Jetzt?»

«Jetzt.»

Sie gingen nach nebenan in Liesel Pohls Küche.

«Wussten Sie etwa, dass die wesentlich früher kommen?»

«Wollen Sie wirklich keinen Kaffee?»

«Bitte beantworten Sie meine Frage!»

«Ja.» Thomas Pohl blickte verlegen zu Boden. «Die nette Frau hat heute Morgen bei mir angerufen. Sie war wirklich sehr nett. Sie müssten früher kommen, leider sei es nicht anders möglich, kurzfristige Terminverschiebungen, ich habe nicht ganz verstanden, um was es da ging. Aber mir persönlich war das ja egal. Mein Terminkalender ist heute sowieso leer.»

«Und warum haben Sie mich nicht gleich angerufen?»

«Ehrlich gesagt?»

«Ja klar!»

«Ich hab's vergessen. Ich hab's einfach vergessen.»

«Sie hatten mich doch gebeten, auf Sie aufzupassen, wenn das Fernsehen kommt. Und ich hätte heute gerne noch vor dem Drehtermin mit Ihnen geredet.»

«Aber das ist doch schon mit den Leuten vom WDR ganz super gelaufen. Ich weiß doch jetzt, wie's funktioniert.»

«Sie wissen gar nichts, Herr Pohl.»

«Jetzt machen Sie aber mal einen Punkt, Frau Rausch. Ich weiß wirklich sehr zu schätzen, was Sie alles für uns getan haben. Ohne Ihre Ermittlungen und Ihre Berichte hätten wir jetzt das Fernsehen gar nicht hier. Aber der Eifel-Kurier ... das sitzen die doch locker aus bei der Polizei in Altkirch, wenn das nur bei Ihnen steht. Ich will jetzt endlich wissen, was mit meiner Schwester passiert ist, und dafür brauche ich das Fernsehen. Um Druck zu machen. Das haben Sie doch selber gesagt: Wir brauchen das Fernsehen, um Druck zu machen. Ich bin jedem dankbar, der hier mit einer Kamera auftaucht. Und jeder, der hier mit einer Kamera auftaucht, kriegt von mir jede Information und jede Unterstützung, die er haben will. So einfach ist das.»

So einfach war es leider nicht. Er würde nicht mehr lange durchhalten, so wie auch Ellen nicht mehr lange durchhalten würde. Seine wirtschaftliche Existenz stand auf dem Spiel, so wie die des Eifel-Kuriers, wenn auch mit einem entscheidenden Unterschied: Kalle Malik konnte von Köln aus jederzeit und vor allem rechtzeitig die Notbremse ziehen, die Zeitung dichtmachen, allen die Kündigung ausstellen und sich wieder ausschließlich um seinen lukrativen VIP-Chauffeurdienst kümmern. Thomas Pohl hingegen stünde vor dem Ruin, wenn er seine kleine Firma aufgeben müsste. Er hatte eine vierköpfige Familie zu ernähren. Er würde das Haus aufgeben müssen, mit seiner Familie wegziehen, möglichst weit weg. Denn niemand in Lärchtal würde ihm einen neuen Job geben, wenn er Insolvenz anmeldete.

Weil er Pohl hieß.

Weil er Ursula Gersdorffs Bruder war.

Und weil er ganz Lärchtal am Vergessen hinderte.

Tod per Gesetz

Amtsgericht legt Sterbedatum der verschollenen Ursula Gersdorff fest

Von Ellen Rausch

LÄRCHTAL. Nun ist es amtlich. Ursula Gersdorff ist am Silvesterabend des 31. Dezember 2001 gestorben. Nach dem Gesetz, auf dem Papier. Das hindert Liesel Pohl nicht daran, wie an jedem Tag seit 16 Jahren eine Kerze vor dem gerahmten Foto ihrer verschollenen Tochter anzuzünden und Gott um ein Zeichen zu bitten. Für die 84-jährige Witwe ist die Kerze ein Symbol der Hoffnung, eines Tages doch noch zu erfahren, was mit ihrer Tochter geschehen ist.

Gestern hat das Amtsgericht Lärchtal die Arzthelferin Ursula Gersdorff, geboren am 29. Januar 1955 als Ursula Pohl in der damals noch selbständigen Gemeinde Neukirch, offiziell für tot erklärt. Es wird kein Grab geben, an dem die Angehörigen trauern könnten. Weil keine sterblichen Überreste existieren, die zu bestatten wären. Denn seit ihrem mysteriösen Verschwinden am 21. März 1996 fehlt jede Spur von der Frau, die heute 57 Jahre alt wäre.

Nachdem die Verschollene der per amtlicher Bekanntmachung im Eifel-Kurier kommunizierten Aufforderung, sich binnen sechswöchiger Frist im Amtsgericht Lärchtal einzufinden, nicht gefolgt ist, wurde ihr Sterbedatum gestern per richterlichem Beschluss auf den 31. Dezember 2001 festgelegt. So verlangt es Paragraph 9, Absatz 3 des Verschollenheitsgesetzes: Das festzulegende Sterbedatum ist grundsätzlich auf den letzten Tag des fünften Jahres nach dem letzten Lebenszeichen zu legen.

Zuvor hatte das Amtsgericht Lärchtal sowohl der Bonner Staatsanwaltschaft als auch dem Antragsteller, der Familie Pohl, Gelegenheit gegeben, Widerspruch einzulegen. Von diesem Recht wurde aber kein Gebrauch gemacht. Thomas Pohl, der Bruder der Verschollenen, sagte dem Eifel-Kurier: «Wir wollen abschließen, uns von ihr verabschieden können. Niemand in unserer Familie glaubt, dass unsere Uschi noch lebt. Wir sind inzwischen sogar davon überzeugt, dass sie schon 1996 ums Leben gekommen ist. Denn sonst hätte sie sich bei uns gemeldet. Nur so viel ist gewiss.»

Psychologen wissen, dass Angehörige von Vermissten nicht innerlich abschließen, nicht trauern können, solange Ungewissheit herrscht. Nur Juristen werden hingegen nachvollziehen können, was dem Laien reichlich unlogisch vorkommt: Die Bonner Staatsanwaltschaft hat zwar keine Einwände gegen die amtliche Todeserklärung, sieht aber dennoch bislang keinen Anhaltspunkt für ein Verbrechen, dem die Lärchtaler Arzthelferin zum Opfer gefallen sein könnte. Weil die Kripo in Altkirch bislang keinen Anhaltspunkt finden konnte. Oder nicht danach gesucht hat. «Die Kollegen arbeiten natürlich weiter engagiert an dem Vermisstenfall», versicherte hingegen ein Sprecher der Kreispolizeibehörde. Mehr war zu Beginn dieser Woche über den aktuellen Stand der Ermittlungen nicht zu erfahren ...

TAG 82

Ellen hatte bewusst darauf verzichtet, den Sprecher der Kreispolizeibehörde allzu deutlich öffentlich bloßzustellen und in ihrem Bericht zu erwähnen, dass die Kripo in Altkirch inzwischen gar nicht mehr für den Fall zuständig war, sondern seit vier Wochen das Kriminalkommissariat 11 des Bonner Polizeipräsidiums. Sie hatte darauf verzichtet, dies zu erwähnen, weil es nichts gebracht hätte außer böses Blut. Denn der Pressesprecher in Altkirch machte nur seinen Job: die Behörde in einem möglichst günstigen Licht erscheinen zu lassen. Hauptsache, Kriminaloberkommissar Robert Lindemann war endgültig von dem Fall abgezogen.

Sie hatte im heute erschienenen Eifel-Kurier den offiziellen Vollzug des Amtsgerichts Lärchtal zum vordergründigen Anlass für ihre erneute Berichterstattung genommen, damit man ihr keine Kampagne nachsagen konnte. Amtsgerichtsdirektor Martin Schulte war so nett gewesen und hatte sie schon Ende der vergangenen Woche vorgewarnt, dass in wenigen Tagen der offizielle Beschluss verkündet und vollzogen würde.

Sie hatte in diesen Bericht alles hineingestopft, was sie noch an recherchiertem und bislang nicht veröffentlichtem Material besaß. Vieles von dem, was sie vor vier Wochen bei ihrem Besuch in Bonn auch schon Kriminalhauptkommissar Friedhelm Martini auf den Tisch gelegt hatte. Zum Beispiel die Erinnerungen des ehemaligen Mieters und Haussklaven der alten Gersdorffs, Waldemar Müller aus Kasachstan, an jene Tage im März 1996.

Anderes musste ungeschrieben, unveröffentlicht bleiben, weil es presserechtlich nicht zulässig war.

Zum Beispiel das rege Liebesleben des Dr. Veith Gersdorff.

Das erinnerte Ellen an die Worte von Pippi Langstrumpf auf dieser eigenartigen Gartenparty:

Schätzchen, wie naiv Sie sind. Am Ende dreht sich doch alles im Leben um Macht und um Geld und um Sex ...

Jetzt war fürs Erste das Pulver verschossen.

Ellen spürte deutlich, wie ihr die Luft ausging.

Sie kam nicht weiter.

Sie wurde von heftigen Selbstzweifeln geplagt und von wirren Träumen, schreckte nachts auf, konnte nicht mehr einschlafen, irrte grübelnd durchs Haus. Manchmal, wenn der Streifenwagen draußen stand, abwechselnd mit Willy Junglas und Ingo Becker am Steuer, die liebend gerne auf der Stelle eingeschlafen wären, aber brav ihre Pflicht als Beschützer taten, ging sie raus und setzte sich auf den Beifahrersitz, oder sie hockten sich in die Küche, Ellen machte Kaffee, sie redeten über Gott und die Welt, nur nicht über den Fall, nicht über die spurlos Verschwundene.

Eigentlich war es verboten, was die beiden Lärchtaler Polizeibeamten da machten, denn ein Streifenwagen musste laut Vorschrift immer mit zwei Beamten besetzt sein, aus Sicherheitsgründen. Aber dann hätte Junglas das mit dem Dienstplan seiner Lärchtaler Wache gar nicht mehr geregelt gekriegt. Er nahm das auf seine Kappe, und sein junger Kollege spielte ohne Murren mit.

Seit einer Woche schickte die Kreispolizeibehörde jede zweite Nacht einen Streifenwagen aus Altkirch vorbei, um Willy Junglas und Ingo Becker zu entlasten. Jedes Mal mit anderen Besatzungen. Dann redete Ellen mit zwei wildfremden Menschen in Uniform über Gott und die Welt, auch gut.

Hatte sie sich in eine fixe Idee verrannt?

Fast jeden Tag rief Thomas Pohl an:

Hallo, Frau Rausch. Haben Sie was Neues?

Nein, hatte sie nicht. Sie war mit ihrem Latein am Ende. Sie sah keinen neuen Ansatzpunkt mehr für weitere Recherchen. Sie konnte nur noch auf ein Wunder hoffen. In Gestalt eines weiteren Zeugen, der sich überraschend meldete. Ellen Rausch hatte noch nie in ihrem Leben an Wunder geglaubt.

Friedhelm Martini ließ sich verleugnen. Zweimal pro Woche rief sie im Präsidium an. *Nein, der Kollege Martini ist leider nicht an seinem Schreibtisch. Ja, wir hinterlassen ihm eine Nachricht. Ja, er wird Sie umgehend zurückrufen.*

Aber er rief nicht zurück. Umgehend nicht, und später nicht. Seit vier Wochen schon rief er nicht zurück.

Das einzige Zeichen, dass er überhaupt existierte, jemals existiert hatte, dass dieses lange Gespräch im Bonner Präsidium vor vier Wochen nicht nur in ihren wirren nächtlichen Träumen stattgefunden hatte, war Martinis Visitenkarte auf ihrem Schreibtisch in der Redaktion. Und Thomas Pohls aufgeregter Anruf bei ihr, vor mehr als drei Wochen: *Frau Rausch, hier waren Leute von der Bonner Kripo. Die haben von mir und meiner Mutter eine Speichelprobe genommen. Mit Wattestäbchen. Wir machen ja alles mit. Aber haben Sie eine Ahnung, was die damit vorhaben? Dann musste ich alles noch mal erzählen, von Anfang an. Die Fragerei hörte gar nicht mehr auf. Dabei habe ich das alles doch schon tausendmal erzählt. Außerdem wollten sie den Aktenordner. Haben sie natürlich bekommen. Aber das muss man sich mal vorstellen. Da sagt die Kripo in Altkirch, da stünde nichts Interessantes drin, und jetzt will ihn die Bonner Kripo.*

Der RTL-Bericht war zum Glück deutlich besser ausgefallen als zunächst erwartet. Ellen musste sich eingestehen, dass die Szene mit der Kerze, die Liesel Pohl vor dem Bild ihrer Tochter anzündete, eine hohe emotionale Wirkung hatte. Auch wenn die Szene in dem knapp fünfminütigen Beitrag geradezu inflationär wiederholt wurde. Auf das Senden der O-Töne der Mutter hatten sie aber dann doch verzichtet. Weil Liesel Pohl des Hochdeutschen nicht mächtig und der Eifel-Dialekt für Zuschauer in Kiel, Hannover oder Stuttgart völlig unverständlich war. Sie zeigten lediglich noch eine zweite Szene mit ihr: Liesel Pohl beim stummen Blättern in ihrem Fotoalbum. Der Bericht war zwar durch seine starken Bilder aufgeladen, aber unterm Strich doch reichlich oberflächlich. Zum Beispiel durfte der Landrat des Kreises Altkirch vor der Kamera versichern, dass seine Polizeibehörde vor 16 Jahren selbstverständlich keine Fehler gemacht habe. Das habe jetzt eine sorgfältige behördeninterne Prüfung ergeben.

Der Eifel-Kurier wurde mit keiner Silbe erwähnt. Kalle tobte und beschwerte sich im Kölner Mutterhaus des Senders.

In den Tagen danach erschienen weitere Fernsehteams in Lärchtal: ZDF, Spiegel TV und noch einmal der WDR. Sie drehten auch in der Redaktion des Eifel-Kuriers und holten Ellen vor die Kamera. Im Hintergrund stolzierte Burger mehrmals und ungefragt wie ein Pfau durchs Bild. Nur Steffi war sichtlich enttäuscht: Sie hatte sich eigens für die Drehtermine besonders schick herausgeputzt, war aber am Ende keine Sekunde im Bild zu sehen.

Die Kamerateams erinnerten Ellen an Heuschreckenschwärme. Sie fielen in Lärchtal ein, stopften alles in sich hinein, was sie finden konnten, und verschwanden wieder.

Ellen schlug in der Kleinstadt inzwischen unverhohlener Hass entgegen. Einmal hatte sie sich mittags auf dem Marktplatz vor das hübsche Café in die Sonne gesetzt. Die Bedienung erschien und fragte sie nach ihrem Wunsch. Ellen bestellte einen Milchkaffee und genoss die Sonne. Zwei Minuten später kehrte die junge Frau zurück. Verlegen. Ohne Milchkaffee. *Es tut mir leid, aber die Chefin sagt, ich darf Sie nicht bedienen. Sie sollen jetzt bitte gehen. Sie haben Hausverbot hier.*

Vor acht Tagen hatte jemand die Fahrerseite ihres Wagens mit roter Farbe besprüht. Sie hatte den Alfa morgens in einer Seitengasse nahe der Redaktion geparkt.

VERPISS DICH DU DRECKSAU

Am vergangenen Samstag hatte jemand die Reifen ihres Fahrrads zerschnitten, während sie im Supermarkt einkaufen war. Sie ließ es stehen und trug die Einkäufe zu Fuß nach Hause, verzichtete allerdings lieber auf die Abkürzung durch den Wald und marschierte die gewundene Landstraße entlang. Niemand der Autofahrer kam auf die Idee, anzuhalten und sie mitzunehmen.

Die Polizei verstärkte seither ihre Kontrollbesuche am See. Dafür hatte Willy Junglas gesorgt. Junglas machte sich ernsthaft Sorgen um Ellens Sicherheit, vermied es aber, mit ihr darüber zu sprechen. Er wollte sie nicht unnötig beunruhigen.

Was er nicht wusste: Ellens Angst war inzwischen ohnehin allgegenwärtig. Vor allem nachts. Sobald die Sonne hinter den Baumwipfeln verschwand, tauchte die Angst aus den Wäldern auf, kroch durch die Ritzen der Türen und Fenster und bemächtigte sich des gesamten Hauses. Morgens verschwand sie in der Regel wieder mit den ersten Sonnenstrahlen.

Trotz des sommerlichen Wetters erlebte Ellen manche dieser Tage, als sei sie von einer Nebelwand umgeben. Der Nebel wurde von Tag zu Tag dichter, raubte ihr die Sicht, dämpfte Geräusche bis zur Unkenntlichkeit, ließ das kostbare Adrenalin verpuffen, machte sie müde, unendlich müde.

Als sie an diesem Abend die Redaktion verließ, stand auf dem jenseitigen Bürgersteig eine junge Frau. Als wartete sie auf jemanden. Anfang bis Mitte dreißig vielleicht. Klein. Schlank. Dezent geschminkt, gekleidet, frisiert, unauffällig hübsch. Der unschuldige Blick eines scheuen Rehs, der reflexartig Beißhemmung und Beschützerinstinkte auslöste. Ellen hätte sie vermutlich nicht weiter beachtet, wenn die junge Frau sie nicht so unverwandt angestarrt hätte.

Also fasste Ellen sich schließlich ein Herz, wechselte die Straßenseite und ging auf sie zu.

«Warum starren Sie mich so an?»

«Bitte entschuldigen Sie. Ich wollte Sie nicht anstarren. Nur mal sehen. Um mir ein Bild von Ihnen zu machen.»

Da erst begriff Ellen, wer die Frau mit der sanften Stimme war. Dr. Veith Gersdorffs dritte Ehefrau. Die 24 Jahre jüngere Polin. Seine ehemalige Arzthelferin. Schublade auf, Schublade zu.

«Frau Rausch ...»

«Ja?»

«Glauben Sie, dass mein Mann ein Mörder ist?»

«Es ist nicht meine Aufgabe, das zu beurteilen.»

«Aber Sie schreiben doch dauernd, dass damals mit seiner ersten Frau etwas nicht mit rechten Dingen zugegangen ist.»

«Ja. Davon bin ich allerdings überzeugt. Ich glaube nicht, dass diese Frau mit einem Liebhaber ins Ausland gegangen ist. Aber ich habe keine Ahnung, was ihr zugestoßen ist. Und ich schreibe immer wieder darüber, weil es nicht sein darf, dass ein Mensch einfach so verschwindet und das niemanden zu interessieren scheint. Und die Familie von den Behörden 16 Jahre lang völlig alleine gelassen wurde. Wir leben nicht in einer Militärdiktatur.

Wir leben in einem zivilisierten Rechtsstaat des 21. Jahrhunderts.»

«Er ist kein schlechter Mensch.»

«Das habe ich auch nie behauptet.»

«Wir haben einen Sohn. Moritz. Er ist jetzt fünf. Veith ist ein guter Vater. Und seine Tochter lebt jetzt auch bei uns. Schon eine Weile. Klara ist jetzt 14. Sie wollte nicht länger bei ihrer Mutter wohnen. Wegen des Alkohols. Das ging nicht mehr, das sehe ich ein. Sie braucht ihren Vater. Ich gebe mir viel Mühe, Klara ein schönes Zuhause zu bieten, aber es ist nicht einfach mit ihr. Sie macht es einem nicht leicht.»

«14. Ein schwieriges Alter.»

«Heute Mittag stand plötzlich ein Fernsehteam vor dem Gartentor. Ausgerechnet, als Klara aus der Schule kam. Sie hat Moritz aus dem Kindergarten mitgebracht. Ich bin gleich rausgerannt, ich war so wütend, ich habe den Kameramann angefaucht, er solle es nicht wagen, die Kinder zu filmen. Moritz war völlig verstört. Mama, was wollen diese Leute denn von uns? Sind die vom Fernsehen? Klara ist gleich auf ihr Zimmer.»

«Das tut mir sehr leid.»

«Sie können ja nichts dafür.»

«Von welchem Sender waren die Leute?»

«Ich weiß es nicht. Ich habe in der Aufregung nicht darauf geachtet. Es ging alles so schnell.»

«Frau Gersdorff, die Leute drehen sich schon um nach uns. Sollen wir das Gespräch nicht besser in der Redaktion fortführen?»

Ewa Gersdorff schüttelte den Kopf.

«Besser nicht. Das ist auch schon alles, was ich Ihnen sagen wollte. Mein Mann hat den Eifel-Kurier abonniert. Immer wenn etwas von Ihnen in der Zeitung steht, über diese Sache, dann lässt er die Zeitung verschwinden. Damit ich das nicht lese. Ich gehe dann später in die Stadt und kaufe mir die Zeitung. Ich lese Ihre

Artikel, und anschließend werfe ich die Zeitung schnell weg. Wir sprechen nicht darüber. Das steht mir nicht zu, ihn darauf anzusprechen. Und er sucht das Gespräch auch nicht. Wir leben so, als sei nichts geschehen. Aber in Wahrheit ist nichts mehr so, wie es einmal war. Veith hat sich verändert, seit Sie damit angefangen haben. Er ist nicht mehr derselbe Mann, den ich kennengelernt habe. Ich danke Ihnen, dass Sie mir zugehört haben.»

Ewa Gersdorff drehte sich um und ging.

TAG 86

Am Sonntagmorgen um zehn rief Frank Hachenberg an.

«Erinnerst du dich noch, dass du mich für heute zum Frühstück eingeladen hast?»

«Frank, wie könnte ich das vergessen!»

«Ich bin in einer Stunde da und bringe Brötchen mit. Und außerdem einen Gast. Überraschung! Deck den Tisch schon mal für drei Leute ein. Bis gleich.»

Der Gast hieß Rüdiger.

Er war gut zehn Jahre älter als Frank und Ellen und von Beruf Sozialarbeiter. Ein kleines, fröhliches Dickerchen mit Hosenträgern und gutmütigen Augen. Ellen mochte ihn von der ersten Sekunde an. Rüdiger wohnte und arbeitete in Köln. Er und Frank hatten sich vor zwei Wochen in einer Kölner Südstadt-Kneipe kennengelernt und waren seither ein Herz und eine Seele. Sie hielten die ganze Zeit Händchen und guckten sich verliebt an. Ellen genoss die Zeit mit ihnen. Nach dem Frühstück saßen sie noch lange auf der Veranda und quatschten über Gott und die Welt, nur nicht über Ellens Arbeit. Sie lachten viel. Rüdigers Fröhlichkeit war ansteckend. Er hatte auch schon Alisa verzaubert. Die Border-Collie-Hündin gab sich alle Mühe, ihre Zuneigung gleichmäßig auf die drei Menschen zu verteilen. Am Nachmittag machten sie einen Spaziergang um den See und gingen auf halber Strecke schwimmen. Die beiden blieben auch den restlichen Tag, abends kochte Rüdiger. Spaghetti Carbonara. Mehr gab Ellens Kühlschrank nicht her. Zum Glück hatte sie genügend Weißwein kalt gestellt. So hätte es ewig weitergehen können.

So konnte es nicht ewig weitergehen.

Nachdem sich Frank und Rüdiger kurz vor zehn verabschiedet hatten, warf Ellen eine Ladung Buntwäsche in die Waschmaschine und erledigte, während die Maschine lief, den Rest an Hausarbeit, den sie zwei Tage lang vor sich hergeschoben hatte.

Sie war hundemüde. Wie so oft zurzeit.

Eine Viertelstunde nach Mitternacht ging sie ins Bett, löschte das Licht und schlief sofort ein.

Veith Gersdorff saß auf der Bettkante.

Er trug einen weißen Arztkittel, der in der Dunkelheit leuchtete. Wie ein Totengewand im Neonlicht.

«Was machen Sie hier?»

Er lächelte und tätschelte ihre Wange. Sie war unfähig, sich zu rühren. Als wären ihre Arme und Beine gelähmt.

«Wie sind Sie ins Haus gekommen?»

Er hielt eine Spritze in der Hand.

«Ich mach dich schön. Wunderschön.»

Erst jetzt begriff sie, warum sie sich nicht rühren konnte. Ihre Hände und Füße waren mit Stricken an das Bettgestell gefesselt. Sie lag da mit gespreizten Armen und Beinen, nackt, schutzlos, seinen Blicken ausgeliefert. Die Bettdecke war verschwunden. Wo war nur die Bettdecke? In der Waschmaschine? Sie fror.

«Ich friere.»

«Das macht nichts. Ich mach dich schön.»

«Ich will nicht schön sein. Nicht für Sie.»

Er schüttelte belustigt den Kopf.

«Alle Frauen wollen schön sein. Und begehrt werden. Das liegt in ihrer Natur. Stimmt's?»

Er wandte den Kopf, auf der Suche nach Zustimmung. Erst da bemerkte Ellen, dass sie nicht alleine waren. Pippi Langstrumpf trat hinter Gersdorff und massierte hingebungsvoll seine Schultern.

«Ja, Veith, alle Frauen wollen begehrt werden. Von dir. Alle Frauen in Lärchtal wollen von dir begehrt werden!» Die Zöpfe standen grotesk von ihrem Kopf ab. Immer mehr Frauen traten aus dem Dunkel des Zimmers an das hell erleuchtete Bett und starrten auf Ellen hinab. Manche hatte Ellen noch nie gesehen, einige erkannte sie sofort wieder: Sonja Gersdorff, die geschiedene zweite Ehefrau. Petra Schäfer, die Exfrau des Schützenkönigs. Und Gaby Jacobs. Wieso Gaby? Was hatte Gaby damit zu tun? Und Jana Menzel, die Fitness-Trainerin. Sie trug Uschis schwarzen Nerzmantel. Sie betrachtete Ellen, als sei sie ein exotisches Tier.

«Mach sie schön, Veith. Nun mach sie endlich schön.»

Das Klingeln des Telefons riss Ellen aus dem Schlaf.

TAG 87

«Frau Rausch? Friedhelm Martini hier. Habe ich Sie geweckt?»

«Wie spät ist es?»

«Kurz nach sieben. Wir fahren jetzt in Bonn los und sind in spätestens zwei Stunden bei Ihnen.»

«Was ist denn passiert?»

«Erzähle ich Ihnen, sobald ich bei Ihnen bin. Ich möchte Sie bitten, uns anschließend zur Familie Pohl zu begleiten.»

«Nun sagen Sie schon, was ...»

Aufgelegt.

Er hatte einfach aufgelegt.

Ellen sah aus dem Küchenfenster. Die strahlende Sonne versprach einen schönen Tag. Dennoch fror Ellen erbärmlich und zitterte am ganzen Leib. Sie war schweißgebadet. Nicht von dem Anruf. Erst allmählich rückte der nächtliche Albtraum in ihr Bewusstsein. Sie ging unter die Dusche, um ihn abzuwaschen.

Martini brauchte knapp anderthalb Stunden vom Bonner Präsidium nach Lärchtal. Er war nicht allein. Sein Kollege stellte sich als Kriminalhauptkommissar Heinz Schneider vor, Opferschutzbeauftragter des Präsidiums. Mindestens einen Kopf kleiner als Martini, freundliche Augen.

Sie saßen zu dritt in der Küche und tranken Kaffee.

Ellen wiederholte ihre noch unbeantwortete Frage:

«Was ist passiert?»

«Ursula Gersdorff ist seit 16 Jahren tot.»

«Die unbekannte Frauenleiche in Belgien.»

«Ja.»

«Aber Sie sagten doch, das dauert eine Ewigkeit, bis das Labor des Landeskriminalamtes in Düsseldorf Ergebnisse liefert.»

«Bei einem Vergleich der DNA der Blutsverwandten mit jener der unbekannten Toten, ja. Aber wir haben die Original-DNA von Frau Gersdorff finden können. Im Malteser-Krankenhaus in Altkirch. Dort war Ursula Gersdorff im Januar 1996 Patientin.»

«Die Fehlgeburt.»

«Ja. Die haben sogar noch den Fötus. Und mit der Original-DNA der Verschollenen war der Vergleich per Computer in Sekunden erledigt. Kein Zweifel. Die Tote, die man im Frühsommer 1996 im Wald bei Eupen gefunden hat und mangels anderer Hinweise für eine osteuropäische Prostituierte hielt, ist Ursula Gersdorff.»

Sie schwiegen eine Weile, vermieden jeglichen Blickkontakt. Friedhelm Martini rührte in seiner Tasse, obwohl es da nichts mehr zu rühren gab. Draußen zwitscherten die Vögel. Die Welt drehte sich erbarmungslos weiter.

«Das stimmt so nicht, was Sie sagen, Herr Martini.»

«Was meinen Sie?»

«Mangels anderer Hinweise.»

«Wieso?»

«Es gab einen Hinweis, den man aber nicht weiter verfolgt hatte. Spur 24. Sie selbst haben mir davon erzählt. Spur 24. Der Anruf des Mannes bei der Polizei. Der Einzige, der die richtige Frage stellte: Ob die unbekannte Tote nicht seine frühere, vor wenigen Monaten spurlos verschwundene Arbeitskollegin sein könne.»

«Ich weiß, was ich Ihnen gesagt habe, Frau Rausch.»

«Eine Prostituierte, die barfuß, in einer schlabbrigen Jogginghose, auf Kundenfang ging.»

«Ich weiß, ja! Da sind Fehler über Fehler passiert.»

«Und jetzt?»

«Was, und jetzt? Jetzt suchen wir Ursula Gersdorffs Mörder. Aber zuvor möchten mein Kollege und ich Sie bitten, uns zur Familie Pohl zu begleiten. Um ihnen die traurige Nachricht zu überbringen. Wir sind dort für zehn Uhr angekündigt.»

Thomas und Elke Pohl saßen nebeneinander auf dem Sofa, ihre Körper dicht aneinandergeschmiegt, wie zwei Schiffbrüchige auf einem wackligen Rettungsfloß mitten auf dem Ozean.

Alles war gesagt.

Fast alles. Martini holte tief Luft. «Ich möchte es nicht versäumen, mich bei Ihnen und Ihrer Familie im Namen der Polizei zu entschuldigen. Dass Sie 16 Jahre lang mit der Ungewissheit …»

«Wo ist sie?»

«Auf dem Friedhof in Eupen. Ein spezielles Reihengrab für unbekannte Tote.» Martini räusperte sich, bevor er weitersprach. «Fahren Sie bitte nicht auf eigene Faust hin, Sie würden die Stelle nicht finden. Das ist nur eine große Rasenfläche. Kein Grabstein, nichts. Aber die Stelle ist in den Büchern der dortigen Friedhofsverwaltung genau katalogisiert. Wir haben das schon bei den belgischen Behörden überprüft. Möchten Sie ...»

«Ich will die Uschi nach Hause holen. Hierher, auf unseren Friedhof in Neukirch. Sie soll zum Vater ins Grab. Damit sie nicht länger allein ist. Damit wir sie immer besuchen können.»

Heinz Schneider, der Opferschutzbeauftragte der Bonner Kripo, nickte verständnisvoll. «Ich helfe Ihnen natürlich mit dem ganzen Behördenkram. Sie können mich jederzeit anrufen.»

«Danke. Und auch Ihnen danke ich, Herr Martini. Für Ihren Anstand, dass Sie persönlich gekommen sind. Und sich im Namen Ihrer Kollegen entschuldigt haben. Und vielen Dank auch Ihnen, Frau Rausch. Ohne Sie ...»

Seine Stimme versagte. Elke Pohl legte ihren Arm um die Schultern ihres Mannes. Ellen warf einen Blick zu Martini: Er sah mitgenommen aus. Und zugleich erleichtert. Weil Thomas Pohl keinen Tobsuchtsanfall kriegte und ihn nicht wutentbrannt mit Vorwürfen gegen die Polizei überschüttete.

Wozu er allen Grund gehabt hätte.

Sie verließen die Wohnung, stiegen die Treppe im Nachbarhaus hinauf und betraten Liesel Pohls Wohnzimmer.

Die 84-Jährige saß in ihrem Sessel. Sie schien sich keineswegs über den Besuch zu wundern.

«Mama, das ist die Polizei. Die Uschi ist tot.»

Ellen gewann zunächst den Eindruck, Liesel Pohl hätte gar nicht gehört oder verstanden, was ihr Sohn da sagte.

Dann stemmte sich die kleine, zierliche Frau aus dem Sessel, ging zu der Kommode und zündete die Kerze vor dem gerahmten Foto an. Sie betrachtete das Bild, berührte es zärtlich mit ihren knochigen Händen und sprach leise zu ihrer Tochter, als hätte sie die Menschen um sie herum vergessen:

«Ich hab's gewusst. Ich hab's immer gewusst.»

Martini fuhr Ellen zurück zu ihrem Haus. Schneider war bei der Familie in Neukirch geblieben. Während der Fahrt redeten sie kein Wort miteinander. Es gab nichts mehr zu sagen.

Oder vielleicht doch?

Als der Wagen vor ihrem Haus hielt, stieg sie aus, drehte sich um, beugte sich so weit ins Wageninnere vor, bis sie Martini in die Augen schauen konnte.

«Mich wundert, dass Willy Junglas nicht mitgekommen ist.»
«Er wäre sehr gerne mitgekommen.»
«Aber?»
«Aber eine andere Sache war ihm noch wichtiger. Und das ließ sich zeitlich nicht miteinander vereinbaren.»
«Und was?»
«Er wollte unbedingt dabei sein, wenn meine Bonner Kollegen den Exmann zur Vernehmung abholen.» Martini warf einen Blick auf seine Armbanduhr. «Das ist vor genau einer halben Stunde geschehen. Das war für ihn eine Frage der Ehre.»

TAG 88

Das Telefon klingelte. Ellen rieb sich die Augen. Diesmal war es nicht früher Morgen, sondern mitten in der Nacht. Stockdunkel, wie es nur auf dem Land wurde. Das Telefon im Erdgeschoss klingelte gnadenlos weiter. Ellen knipste die Leselampe an, sprang aus dem Bett, schaltete das Flurlicht ein, rannte die Treppe hinunter.

«Ja?»
«Frau Rausch? Hier Martini.»
«Wie spät ist es?»
«Zwei Uhr morgens.»
«Aha.»

«Habe ich Sie geweckt? Natürlich habe ich Sie geweckt. Sorry. Aber ich dachte, es würde Sie vielleicht interessieren. Ich hatte Ihnen ja einen Vorsprung versprochen. Der Eifel-Kurier erscheint doch mittwochs, also übermorgen.»

«Morgen, wenn man es genau nimmt. Es ist ja jetzt schon Dienstag, seit zwei Stunden.»

«Natürlich. Ich bin etwas durcheinander.»

«Was ist passiert?»

«Wir geben übermorgen, Blödsinn, morgen, also Mittwoch, eine Pressekonferenz, hier im Bonner Präsidium, zusammen mit der Staatsanwaltschaft. Die Uhrzeit erfahren Sie noch, Sie kriegen so wie alle anderen eine Einladung per Mail. Damit wären wir dann quitt. Der Eifel-Kurier ist schon mit der Nachricht auf dem Markt, wenn die Pressekonferenz beginnt.»

Seine Stimme klang müde und euphorisch zugleich. Als hielte ihn nur noch eine Überdosis Adrenalin wach.

«Herr Martini, was ...»

«Er hat gestanden. Vor einer Stunde. Um Mitternacht dachte ich noch, den knackst du nie, du hast kein Ass mehr im Ärmel. Den müssen wir wieder laufen lassen. Freundlich, höflich, kooperativ, abgebrüht. *Ich halte es für meine Bürgerpflicht, Ihnen behilflich zu sein.* Er hatte auf alles die passende Antwort parat. Ein begnadeter Manipulator. Er wollte nicht mal einen Anwalt. *Ich habe nichts zu verbergen, meine Herren.* Aber dann fiel mir intuitiv der richtige Satz ein. Ein einziger Satz, und schon knickte er ein wie ein morscher Ast im Wind.»

«Gersdorff?»

«Wie bitte?»

«Reden Sie von Veith Gersdorff?»

«Ja. Von wem sonst. Gersdorff hat vor einer Stunde gestanden. Er ist am späten Abend des 20. März 1996 seiner Frau Ursula hinauf ins gemeinsame Schlafzimmer gefolgt und hat sie dort mit einem Kopfkissen erstickt.»

Ihre Knie versagten den Dienst. Ellen lehnte sich mit dem Rücken an die Wand und rutschte langsam abwärts, bis sie auf dem kalten Steinboden der Diele saß.

«Frau Rausch? Sind Sie noch dran?»

«Ja. Wie hieß der Satz?»

«Der Satz? Welcher Satz?»

«Der Satz, der ihn einknicken ließ.»

«Sorry. Berufsgeheimnis. Den Satz werde ich selbst Ihnen zuliebe nicht wiederholen. Aber mit einem Mal hatte ich seine Lebensaufgabe begriffen: Das Einzelkind Veith Gersdorff hat seit Kindesbeinen die Aufgabe, der perfekte Sohn für seine Mutter zu sein. Sein ganzes Leben war bislang eine einzige Fassade gewesen. Der Satz, der mir zum Glück im richtigen Moment einfiel, hat seine Fassade mit einem Mal zum Einsturz gebracht.»

«Hat er gesagt, warum er sie umgebracht hat?»

«Ich muss jetzt auflegen. Es geht weiter. Ich muss wieder zurück ins Vernehmungszimmer. Der Staatsanwalt ist da. Nachher wird Gersdorff dem Haftrichter vorgeführt. Dann schreiben Sie mal schön, Frau Rausch.»

Gute Idee.

An Schlaf war jetzt ohnehin nicht mehr zu denken.

Sie sprang unter die Dusche, schlüpfte in Jeans und T-Shirt, trank einen Kaffee auf der Veranda, starrte den Mond an und versuchte, ihre Gedanken zu sortieren.

Im gemeinsamen Schlafzimmer mit einem Kissen erstickt. Hieß das: Der Mann hatte 16 Jahre lang am Tatort genächtigt? Im selben Zimmer, in dem er seine erste Frau getötet hat, 16 Jahre lang friedlich geschlummert, Sex gehabt, zwei Kinder gezeugt?

Eine halbe Stunde später saß sie an ihrem Schreibtisch in der verwaisten Redaktion und schaltete den Computer ein.

Als sie den Computer um kurz nach acht wieder ausschaltete, betrat Steffi Kaminski die Redaktionsräume.

«Du hier? Was machst du denn schon hier?»

«Sag Arno, sobald er kommt, er soll sofort ins Textsystem schauen. Die neue Aufmachung für morgen.»

Sie verließ die Redaktion und lief zu ihrem Alfa. Sie hätte dringend ein paar Stunden Schlaf gebraucht. Aber dazu blieb jetzt keine Zeit. In zwei Stunden musste sie zurück in der Redaktion sein und Arno bei der Seitenproduktion helfen. Aber zuvor musste sie nach Neukirch fahren und Thomas Pohl die nächste furchtbare Nachricht überbringen. Sie wollte unter allen Umständen vermeiden, dass er es zufällig auf der Straße erfuhr.

... das war die ganz große Liebe. Ich sehe die beiden noch vor mir, als sei es gestern gewesen, Weihnachten 1995, bei meinen Eltern, er sitzt im Sessel, sie sitzt auf seinem Schoß, Küsschen, Händchen halten, wie frisch verliebt, wie die Turteltauben, dabei waren sie da ja schon ewig verheiratet. Das war ein Traumpaar ...

Gestern hatte sie bei Thomas Pohl neben der Trauer auch ein Gefühl der Erleichterung verspürt. Die Zeit der quälenden Ungewissheit war endlich vorbei. Aber wie würde er reagieren, wenn er erfuhr, dass seine geliebte Schwester von einem Menschen getötet worden war, dem er so lange blind vertraut hatte?

TAG 89

... nicht nur die Polizei manipulierte der nun Verhaftete vor 16 Jahren offenbar nach Belieben. Auch die Familie sowie Freunde und Nachbarn in Lärchtal glaubten ihm. Gezielt wurden Gerüchte gestreut, Ursula Gersdorff sei mit einem wohlhabenden belgischen Geschäftsmann ins Ausland durchgebrannt. Ihre streng katholische Mutter Liesel Pohl wurde schon 1996 zum Verstummen gebracht, indem man ihr versicherte, dass ein beharrliches Nachfragen und Nachhaken bei der Polizei nur dazu führe, dass die zahlreichen außerehelichen Affären ihrer Tochter an die Öffentlichkeit gezerrt und damit der gute Name der Familie Pohl in den Schmutz gezogen würde.

Dabei gab es nicht wenige Menschen in Lärchtal, die vielmehr dem Ehemann eine ausgesprochene Neigung zu außerehelichen Beziehungen nachsagten.

Die heute 84-jährige Liesel Pohl erinnert sich auch noch gut an Sätze wie: «Du hast zwar deine Tochter verloren – aber mich, deinen guten Schwiegersohn, wirst du nie verlieren.» So stand es auf einer Postkarte aus Mallorca, abgeschickt im September 1996. Eine weitere Lüge. Denn nur einen Monat später, im Oktober 1996, reichte Veith Gersdorff die Scheidung beim Amtsgericht Lärchtal ein. Damit das Verfahren in Abwesenheit der Antragsgegnerin zügig über die Bühne gehen konnte und der Weg frei für die nächste Hochzeit war, nötigte er Liesel Pohl und ihren bereits schwer krebskranken Mann Heinrich, ein Papier zu unterzeichnen, mit dem sie bescheinigten, dass Ursula Gersdorff ihren Mann am 21. März 1996 verlassen hatte.

Als der gute Schwiegersohn, der jetzt gestand, Ursula Gersdorff getötet zu haben, später regelmäßig seine 1998 geborene kleine Tochter aus zweiter Ehe mit zu Kurzbesuchen nach Neukirch brachte, wurde das der alten Frau irgendwann zu viel, weil es sie ständig daran erinnerte, dass ihre eigene, kinderlose Tochter nur zwei Monate vor ihrem Tod eine Fehlgeburt erlitten hatte. Als Liesel Pohl ihn deshalb bat, künftig lieber alleine zu kommen statt mit dem Kind, drehte sich der gute Schwiegersohn erbost auf dem Absatz um und rief: «Jetzt siehst du mich nie wieder!»

Es gab noch ein letztes Wiedersehen. Zur Beerdigung von Heinrich Pohl, der den Kampf gegen den Tumor in seinem Kopf im Jahr 2003 verlor, erschien Veith Gersdorff erneut mit seiner kleinen, inzwischen fünfjährigen Tochter an der Hand auf dem Friedhof. Der Witwe hatte er zuvor per Post eine Trauerkarte geschickt. Der handschriftliche Text begann mit den Worten: *Trotz all dem, was die Uschi mir angetan hat, werde ich euch nie vergessen.*

Schon die am Montag überbrachte Nachricht vom Tod ihrer geliebten Uschi war für die Familie Pohl ein Schock. Doch die gestrige Nachricht, dass der einstige Traum-Schwiegersohn, dem man doch all die Zeit blind vertraut hatte, die damals 41-Jährige getötet haben soll, ist kaum zu verarbeiten ...

Dieses seelenlose Lächeln. Am linken Rand des mit Scheinwerfern ausgeleuchteten Podiums stand eine Schaufensterpuppe. Sie lächelte so seelenlos, wie nur Schaufensterpuppen lächeln. Sie trug eine blonde Perücke, eine langärmelige blaue, mit weißen Punkten gemusterte und seidig glänzende Bluse sowie eine neon-orangefarbene, weit geschnittene Jogginghose aus Baumwolle. Ihre Füße waren unbekleidet.

Neben ihr auf dem Podium saßen drei Männer hinter einem Tisch und starrten mit versteinerten Mienen hinunter in den Saal, der aussah wie eine Schulturnhalle, nur ohne Kletterseile und Stufenbarren. Die Aula des Polizeipräsidiums. In der Mitte saß der Leiter der Pressestelle des Präsidiums, dessen vornehmliche Aufgabe es sein würde, einen sympathischen Eindruck zu machen, außerdem die Besucher der Pressekonferenz förmlich zu begrüßen und für ihr zahlreiches Erscheinen zu danken (als seien sie ihm zuliebe gekommen), anschließend das Wort an seine beiden Sitznachbarn weiterzugeben und das Ende der Versammlung nach knapp 50 Minuten mit den Worten einzuleiten: *Wenn es im Augenblick keine weiteren Fragen gibt ...*

Pressesprecher waren selten für Überraschungen gut. Im Gegenteil. Ihr Job war es, Überraschungen zu vermeiden. Auch wenn das nicht immer gelang.

Links von ihm saß Erster Kriminalhauptkommissar Friedhelm Martini, Leiter des für Todesermittlungen zuständigen KK 11, rechts von ihm Oberstaatsanwalt Rutger Fasswinkel, Leiter der Abteilung Kapitalverbrechen bei der Bonner Staatsanwaltschaft. Der Beginn der Pressekonferenz war für 14 Uhr terminiert.

Noch fünf Minuten.

Schon um halb zwei war in der Aula neben der Kantine des Präsidiums kein Stuhl mehr zu bekommen. Der Hausmeister sorgte für Nachschub, während die Kameraleute ihre Stative aufbauten, Tonleute ihre Mikrophone auf dem Podiumstisch platzierten, Fotografen nach dem besten Standort Ausschau hielten, schon mal probehalber in die Hocke gingen und die Motoren ihrer Zoomobjektive schnurren ließen, Reporter ihre Notizblöcke auspackten, ihre Kugelschreiber testeten und ungeniert die Schaufensterpuppe anstarrten.

Die Schaufensterpuppe lächelte unentwegt zurück.

Ellen hatte sich einen Sitzplatz in der letzten Reihe ausgesucht. Jemand tippte ihr auf die Schulter. Ellen drehte sich auf ihrem Stuhl um. Die RTL-Reporterin. Heute im eleganten, ihre tadellose Figur betonenden Kostüm. Gönnerhafter Blick. Von oben herab. Ein erstaunliches Maß an Selbstgefälligkeit in der Stimme.

«Das haben wir beide doch toll hingekriegt, oder?»

Ellen nickte geistesabwesend, die RTL-Reporterin verschwand mit einem breiten Grinsen zwischen den Sitzreihen, während der Pressesprecher die Pressekonferenz eröffnete.

Ellen hatte das Gefühl, nur die Hälfte mitzubekommen. Sie fühlte sich wie in Watte gepackt. Nicht nur, weil sie seit zwei Nächten und fast drei Tagen kaum geschlafen hatte. Sie hatte das Gefühl, noch nicht die ganze Wahrheit zu kennen, und auch nicht die Erwartung, bei dieser Massenveranstaltung noch etwas Neues zu erfahren. Alles, was wesentlich war, stand schon in der heutigen Ausgabe des Eifel-Kuriers. Pressekonferenzen dienten erfahrungsgemäß nicht in erster Linie der umfassenden Information, sondern in der Regel der Kanalisierung von Information und der möglichst angenehmen Sprachregelung im Interesse des Veranstalters. Das sperrige Juristendeutsch des Oberstaatsanwalts ließ Ellen einen Moment aufhorchen: *Der Tatverdächtige hat bei der Vernehmung gestanden, seiner Frau ein Kissen mehrere Minuten lang auf das Gesicht gedrückt zu haben, bis sie sich nicht mehr regte.* Nach dem Geständnis habe man beim Haftrichter einen Haftbefehlsantrag wegen Totschlags gestellt. Der Tatverdächtige sitze nun als Untersuchungshäftling in der Justizvollzugsanstalt Köln-Ossendorf ein. *Die Ermittlungen dauern an.*

Ein zweites Mal aufhorchen ließ Ellen die Stimme von Friedhelm Martini: *Aus heutiger Sicht wären vor 16 Jahren weitere Ermittlungsschritte möglich gewesen.* Dem Leiter des KK 11 stand die emotionale Anspannung deutlich ins Gesicht geschrieben. Was er da soeben gesagt hatte, war ein öffentliches Schuldeingeständnis der Polizei Nordrhein-Westfalens. Wenn auch arg verklausuliert. Die Gesichtsmuskeln des Pressesprechers zuckten augenblicklich nervös, und Oberstaatsanwalt Rutger Fasswinkel runzelte zum Zeichen der Missbilligung die Stirn. Offenbar war dieser Satz nicht abgesprochen gewesen, wo doch vermutlich die gesamte Dramaturgie dieser Pressekonferenz zuvor bis ins Detail wie in einem Drehbuch festgelegt worden war.

Das Opfer trug zur Tatzeit einen blauen Schlafanzug mit weißen Punkten. Weil sich das Opfer während des mehrminütigen Erstickungsvorgangs eingenässt hatte, zog ihr der Mann unmittelbar nach der Tötung eine andere Hose an. Anschließend packte er die Leiche in große Müllsäcke, verschnürte sie mit Rollladenband, trug die Leiche zu seinem Wagen in der Garage, legte sie in den Kofferraum, fuhr über die belgische Grenze, hielt auf einem Parkplatz für Wanderer, trug die Leiche in den Wald und verscharrte sie rund 50 Meter vom Parkplatz entfernt mit Hilfe eines Spatens.

Ellen stellte sich insgeheim die Frage, aber niemand stellte sie laut: Warum hat er es getan?

Es hätte vom Podium auch keine Antwort gegeben. *Im Interesse der weiteren Ermittlungen ...*

Das Motiv.

Sie hatten zwar ein Geständnis, aber kein Motiv für die Tat. So viel wurde Ellen mit einem Mal klar, ohne dass es jemand auf dem Podium erwähnte oder jemand aus dem Auditorium danach fragte. Sie wusste es, Friedhelm Martini wusste es, Rutger Fasswinkel wusste es. *Im Wohnzimmer war es zuvor im Lauf des Abends zu einem Streit gekommen.* Sie erwähnten das fehlende Motiv mit keiner Silbe. Sie hatten keines. Nur den Streit. Also würde ihnen Gersdorffs Verteidiger im geeigneten Moment ein geeignetes Motiv präsentieren. Am ersten Prozesstag. *Das Opfer verließ das Wohnzimmer und ging hinauf ins gemeinsame Schlafzimmer. Der damalige Ehemann folgte ihr nach einer Weile.*

Nach einer Weile.

Was war eine Weile? Schlief sie schon?

Im Schlafzimmer setzte sich der Streit dann fort und eskalierte. Es kam zu gegenseitigen Handgreiflichkeiten. Schließlich nahm der Mann ein Kissen und ...

Die Herren auf dem Podium sprachen schon im Indikativ und nicht mehr im Konjunktiv. Dabei gab es nur einen einzigen Augenzeugen. Den Täter selbst. Der exakte Ablauf des Abends war aber entscheidend für das Motiv. Und das Motiv würde darüber entscheiden, ob die Anklage auf Totschlag oder auf Mord lautete. Totschlag bedeutete eine Freiheitsstrafe zwischen fünf und 15 Jahren, im minderschweren Fall auch deutlich weniger.

Mord hingegen bedeutete zwangsläufig lebenslänglich.

Gibt es Ihrerseits noch Fragen?

Natürlich gab es Fragen. Eine Menge sogar.

Nur Ellen stellte bei dieser Pressekonferenz keine einzige. Sie war heilfroh, dass kaum ein Medienvertreter die Frau in der letzten Reihe bislang erkannt hatte. Außerdem: Wozu hätte sie mit ihren Fragen den zwangsläufig weniger gut präparierten Kollegen Steilvorlagen für deren Berichterstattung liefern sollen? Das war nun mal in der Branche das ungeschriebene Gesetz bei Pressekonferenzen: Wer schon mehr wusste als andere, stellte kluge Fragen erst später am Telefon.

Wenn es im Augenblick keine weiteren Fragen gibt ...
Die Kameraleute schalteten die Scheinwerfer aus.
Warum hatte Veith Gersdorff seine Frau umgebracht?

«Wir hatten doch nie eine Chance»

Interview mit Thomas Pohl, dem Bruder des Opfers

Sie planen, die sterblichen Überreste Ihrer Schwester aus dem namenlosen Reihengrab für unbekannte Tote im belgischen Eupen nach Lärchtal umzubetten. Was wird in Uschis Heimatstadt auf dem Grabstein stehen?

Das Geburtsdatum, das Sterbedatum und «Ursula». Auf keinen Fall «Gersdorff».

Welche Gefühle sind da neben der Trauer?

Große Verwirrung. Erleichterung. Endlich Klarheit. Im Augenblick kein Hass. Aber ich hoffe inständig, dass er für lange Zeit weggesperrt wird.

Auch Sie haben Ursulas Ehemann zunächst vertraut ...

Das stimmt. Exakt bis zu der Sekunde, als er uns einige Monate nach ihrem spurlosen Verschwinden scheinbar beiläufig mitteilte, meine Schwester habe ihn erneut angerufen, sie wäre gerade bei einer Freundin in Köln zu Besuch. Ich sagte: Gib mir die Telefonnummer dieser Freundin. Er weigerte sich mit der Begründung, die Uschi wolle das nicht. Da begann bei mir das Misstrauen.

Wie geht es Ihrer 84-jährigen Mutter?

Sie schottet sich ab. Sie will nicht darüber sprechen. Sie hat schon seit Jahren einen Panzer aufgebaut, von dem sie sich wohl Schutz erhofft. Ihr tiefer Glaube an Gott hilft ihr. Nur mit ihrem Gott macht sie alles aus.

Erfährt Ihre Familie seelischen Beistand in diesen Tagen?

Ja. Da ist zunächst einmal der Weiße Ring. Der hat uns übrigens schon im Vorfeld sehr geholfen. Und da ist der Herr Schneider, der Opferschutzbeauftragte der Bonner Kripo. Er hilft uns auch bei den ganz praktischen Sachen, für die wir im Moment gar nicht den Kopf frei haben, zum Beispiel bei dem ganzen Schriftverkehr mit den belgischen Behörden, wegen der Umbettung nach Lärchtal. Der Herr Schneider kommt jeden Tag extra aus Bonn vorbei, wir unterhalten uns, über alles Mögliche, manchmal auch über andere Dinge, heute haben wir sogar mal kurz lachen müssen über etwas. Der Herr Schneider ist ein wunderbarer Mensch. Das hilft uns sehr. Er hätte uns auch einen Notfallseelsorger vermittelt, aber das haben wir abgelehnt. Wir wollen jetzt nicht noch mehr fremde Menschen um uns haben.

Manche fragen sich nun, warum sich die Familie Pohl erst nach 16 Jahren um die Vermisste gekümmert habe.

Das stimmt doch gar nicht. Wir hatten doch nie eine Chance. Alles wurde abgeblockt. Ich habe damals wochenlang bei der Polizei in Altkirch angerufen, meine Schwester Lore sogar ein halbes Jahr lang fast täglich; am Anfang sogar mehrmals täglich. Bis wir am Ende unserer Kräfte waren. Wir hatten immer das Gefühl, wir gehen denen gehörig auf die Nerven. Die Antwort war immer dieselbe: Ihre Schwester ist eine erwachsene Frau, sie hat das Recht, ihren Mann zu verlassen und mit einem Liebhaber ins Ausland zu gehen, da könne man gar nichts machen.

Fühlten Sie sich denn ernst genommen, als die Polizei die Ermittlungen nach 16 Jahren wieder aufnahm?

Ganz ehrlich: nein. Zunächst überhaupt nicht. Meine Schwester Lore hatte da schon keine Kraft mehr. Aber ich bin so ein Terrier, das war schon früher beim Fußball so. Die Berichterstattung im Eifel-Kurier hatte meine Energien wieder geweckt. In den ersten Wochen bekam ich aber erneut das Gefühl vermittelt, ich sei nur lästig und nervig. Ich habe der Kripo in Altkirch einen dicken Aktenordner mit Dokumenten regelrecht aufnötigen müssen. Wenig später bekam ich ihn zurück mit dem Satz: *Da steht ja nichts Interessantes drin.* Später wollte ihn die Polizei, diesmal die Bonner Kripo, dann doch noch mal haben. Da war er offenbar plötzlich doch interessant. Die Kripo in Altkirch hatte sich beim ersten Mal nicht mal Kopien gemacht. Um fair zu bleiben: Die Mitglieder der Bonner Mordkommission nehme ich ausdrücklich von der Kritik aus. Die waren auch menschlich sehr in Ordnung. Man wurde endlich mal mit Respekt behandelt. Das gilt besonders für den Kriminalhauptkommissar Martini, der uns die schreckliche Nachricht persönlich überbrachte.

Sie leben in einer Kleinstadt, in der jeder jeden kennt. Wie sind dort die Reaktionen?

Sehr unterschiedlich. Ich möchte aber hier bewusst jetzt nur von jenen Menschen sprechen, die uns Mitgefühl und Verständnis entgegenbringen. Heute rief zum Beispiel die alte Frau Klee an, Uschis ehemalige Lehrerin. Sie sagte, was meine Schwester schon als Kind für ein wunderbarer und hilfsbereiter Mensch gewesen ist. Und dann sagte sie wörtlich: *mein armes Uschilein.* Mir blieb echt die Luft weg, als würde mir der Hals zugeschnürt.

In Lärchtal lebt auch die Mutter des Festgenommenen ...

Ja. Die alte Frau Gersdorff hatte unsere Uschi immer akzeptiert und respektiert, glaube ich jedenfalls. Und ihr verstorbener Mann hatte seine Schwiegertochter regelrecht vergöttert. Wie durch eine Fügung des Schicksals bin ich der Frau Gersdorff in den vergangenen Monaten kein einziges Mal zufällig in der Stadt begegnet. Ganz ehrlich: Ein wenig fürchte ich mich auch vor diesem Moment.

TAG 93

«Ich pack das nicht, Frau Rausch.»

«Was packen Sie nicht?»

«Ich bin kein Held. Ich bin ein einfacher Verwaltungsbeamter im letzten Dienstjahr vor der Pensionierung. Sie können sich nicht vorstellen, wie mir das Herz in die Hose gerutscht ist, als der Schwab plötzlich vor mir stand. In seinem Büro. Ich wundere mich immer noch, dass er mir die Geschichte abgekauft hat.»

«Beruhigen Sie sich, Herr Knoop. Atmen Sie mal tief durch. Es ist nichts passiert. Sie haben das phantastisch gemacht.»

Hans Knoop befolgte ihren Rat und atmete tief durch. Wieder und wieder. Sie waren diesmal völlig alleine auf dem Parkplatz an der Auffahrt zur A1. Kein Liebespaar, kein Lastwagen.

«Herr Knoop, der nächste Schritt ist doch viel einfacher als der erste Versuch. Sie wissen doch jetzt, wo sich die Akten befinden. Als Bauamtsleiter haben Sie doch Zugang zum Aktenarchiv. Das fällt doch niemandem auf, selbst wenn Sie dort nach Feierabend oder am Wochenende ...»

«Frau Rausch, Sie haben ja keine Ahnung, wie groß so ein städtisches Aktenarchiv ist. Da hängt unten im Keller kein Schild, auf dem in Neonfarben steht: *Hier geht es zu den geheimen Akten des kriminellen Golfresort-Projekts.* Das ist naiv. Das wird eine

Ewigkeit dauern, bis ich die gefunden habe. Und dann muss ich sie fotokopieren, damit niemand den Verlust der Originale bemerkt. Außerdem werden die wichtigsten Papiere garantiert im Safe in Urbachs Büro liegen. Oder bei ihm zu Hause.»

«Aber Sie sagten doch, Urbach hinterlasse grundsätzlich keine schriftlichen Notizen in der Sache. Dann wird er auch nicht so dumm sein, Papiere persönlich zu verwahren, die man ihm anlasten könnte. Herr Knoop, wir brauchen Beweise.»

«Ich weiß. Aber ich will auf keinen Fall irgendwas überstürzen. Außerdem habe ich in letzter Zeit das eigenartige Gefühl, beobachtet zu werden.»

«Das ist ganz normal. Das kenne ich. Das kommt, weil wir unter enormer Anspannung stehen. Dann entsteht automatisch eine gewisse Form von Paranoia. Herr Knoop, Sie haben doch alle Zeit der Welt. Es kommt wirklich nicht auf den Tag an. Ich fahre jetzt erst mal in Urlaub und dann.»

«In Urlaub? Jetzt?»

«Ja. Nicht lange. Ich muss dringend mal raus, bevor der Prozess losgeht.»

Hans Knoop nickte und schwieg.

TAG 95

Morgen würde der vorerst letzte Bericht zum Fall Ursula Gersdorff im Eifel-Kurier erscheinen. Jedenfalls bis zur Einreichung der Anklageschrift der Staatsanwaltschaft bei Gericht. Man hatte Ellen signalisiert, dass damit erst im September zu rechnen sei.

Sie schloss den Koffer, schleppte ihn die Treppe hinunter, öffnete die Haustür und trug ihn zum Wagen.

Urlaub. Fast zwei Wochen Urlaub. Seit mehr als zwei Jahren

die erste Urlaubsreise. Sie hatte Frank gefragt, ob er Lust hätte mitzukommen. Schließlich hatten soeben erst die letzten beiden Wochen der Schulferien begonnen. Aber Frank war beschäftigt. Mit Rüdiger. Auch gut. Kein Problem. Schließlich war sie das Alleinsein gewöhnt. Darin war sie inzwischen Profi. Warum sollte sich das Alleinsein an der Ostsee anders anfühlen als in Lärchtal oder Hamburg-Wilhelmsburg?

Ellen schaute auf die Uhr. Halb zehn. Noch einen Kaffee, und dann nichts wie weg.

Auf dem Küchentisch lag ein Ausdruck der Seite, die morgen im Eifel-Kurier erscheinen würde:

Wie aus Gerüchten neue Wahrheiten entstehen

Ursula Gersdorff in aller Stille auf dem Friedhof von Lärchtal-Neukirch beigesetzt

Von Ellen Rausch

LÄRCHTAL. Die Freiheit der Presse ist ein hochgeschätztes Gut in unserer Demokratie. Sie fußt auf den bitteren Erfahrungen in der NS-Diktatur und dem im Grundgesetz verbrieften Recht der freien Meinungsäußerung.

Die Meinung ist frei – nicht aber das Aufstellen falscher Tatsachenbehauptungen. Das ist sogar eine Straftat, wenn damit Menschen geschädigt werden. Deshalb unterliegt die Freiheit der Presse besonderen Rahmenbedingungen: den Pressegesetzen der Bundesländer, aber auch dem Ehrenkodex des Deutschen Presserats.

Im Schatten dieses offiziellen Nachrichtenmarktes existiert allerdings ein florierender Schwarzmarkt, der keinerlei Kontrollen unterworfen ist: die Gerüchteküche. Auf diesem

Markt der Neuigkeiten lässt sich selten ein materieller Gewinn, dafür aber ein hoher emotionaler Nutzen erwirtschaften. Geeignete Umschlagplätze finden sich zuhauf, ganz besonders in eher ereignisarmen Kleinstädten: der Stammtisch, die Bäckerei, der Friseurladen.

Bestätigt ein Gerücht die latent vorhandenen eigenen Sehnsüchte, Ängste oder Hoffnungen, fällt es auf besonders fruchtbaren Boden. Gerüchte bedienen das Bedürfnis nach sozialer Nähe: Durch gemeinsam erlebte Emotionen wie Neid, Schadenfreude oder moralische Entrüstung wird das wohlige Gefühl gestärkt, zur Gemeinschaft zu gehören. Je höher der Sensationsgrad, desto schneller verbreitet sich das Gerücht. Ganz oben im Ranking der Sensationen stehen Gerüchte mit sexuellem Hintergrund.

Völlig nebensächlich sind hingegen Quelle und Wahrheitsgehalt des Gerüchts.

In Lärchtal kursieren derzeit eine Menge frisch aufgewärmter Gerüchte, die 16 Jahre alte Wurzeln haben – Gerüchte, die eine Frau betreffen, die Opfer eines schrecklichen Gewaltverbrechens wurde. Ihren Namen kennen wir alle: Ursula Gersdorff.

Auch wenn dank der erfolgreichen Arbeit der Bonner Mordkommission alle Welt inzwischen weiß, dass die so viele Jahre Vermisste im März 1996 keineswegs mit einem reichen belgischen Liebhaber ins Ausland durchbrannte, ja, dass es diesen Liebhaber nie gegeben hat, halten sich hartnäckig die Gerüchte um ihre Schwangerschaft gegen Ende des Jahres 1995: Das Kind sei von ebendiesem Liebhaber gewesen, und deshalb habe sie es abtreiben lassen.

Dieses Gerücht ist wie viele andere nachweislich die Unwahrheit: Das Malteser-Krankenhaus in Altkirch mit seinem katholischen Träger nimmt keine Abtreibungen vor, und aus der Krankenakte der Klinik geht eindeutig hervor, dass es sich um eine tragische Fehlgeburt handelte. Außerdem hat die Bonner Mordkommission über einen DNA-Abgleich inzwischen zweifelsfrei nachweisen können, dass der damalige Ehemann der Vater des Kindes war.

Für die Angehörigen des Opfers in Lärchtal war und ist dies die zusätzliche Tragödie: der an der Toten nachträglich begangene Rufmord.

Sie sei «eine Zicke» gewesen, erzählen einige Bürger jedem, der es hören will. Als sei dies die nachträgliche Legitimation eines Tötungsdeliktes. Dutzende Menschen aus dem privaten wie beruflichen Umfeld, mit denen der Eifel-Kurier während der Recherchen sprechen konnte, schildern den Charakter des Opfers völlig anders. So wie zum Beispiel die Buchhändlerin Inge Henscheid, eine Freundin aus der Frauengymnastikgruppe: «Sie war eine Seele von Mensch, immer freundlich, immer hilfsbereit. Wer in Not war, konnte von Uschi das letzte Hemd bekommen.»

Vergangenen Freitagnachmittag wurde die Urne mit der Asche im Grab des Vaters beigesetzt. In aller Stille, im engsten Familienkreis, auf dem Friedhof Neukirch, nur wenige Fußminuten von der Arbeitersiedlung entfernt, in der Ursula Pohl aufgewachsen war. Der Vater, der schon zum Zeitpunkt von Ursula Gersdorffs Verschwinden unter einem Gehirntumor litt, starb 2003 in völliger Ungewissheit über das Schicksal seiner geliebten Tochter. Auf dem gemeinsamen Grabstein steht unter dem Namen des Vaters Heinrich Pohl nur «Uschi». Kein Nachname. So hat es die Familie gewollt. Darunter das Geburtsdatum 29. Januar 1955 und das Todesdatum 20. März 1996. Der Nachname Gersdorff existiert nicht mehr für die Familie Pohl.

Für die Zeremonie der Beisetzung reiste am Freitag der Pfarrer der 134 Kilometer entfernten Stadt Neuwied an. Michael Domscheid war einst Nachbarskind in der Neukircher

Arbeitersiedlung, bevor er seine Heimat Lärchtal nach dem Abitur verließ, um Katholische Theologie und Philosophie zu studieren und Priester zu werden.

Aber nicht nur der Umstand, dass der Neuwieder Pfarrer die Tote als Kind gut kannte, veranlasste die Familie Pohl, Michael Domscheid um diesen Akt der Nächstenliebe zu bitten: Seit Bekanntwerden der schrecklichen Nachricht besuchte Andreas Deutschmann, der örtlich zuständige katholische Pfarrer, insgesamt dreimal die ebenfalls in Lärchtal wohnende Mutter des Tatverdächtigen, um ihr seelsorgerischen Beistand zu leisten – aber kein einziges Mal die 84-jährige Mutter des Opfers.

Viele Gerüchte sind inzwischen durch Gewissheiten abgelöst worden. Was ein Glück ist, vor allem für die trauernde Familie der Ermordeten. Worauf es aber bislang keine Antwort gibt, sind die Motive des Täters. Endgültiges wird wohl erst die Verhandlung im Spätsommer bringen. Um eine allgemeine Einschätzung mit Blick auf vergleichbare Fälle bat der Eifel-Kurier Alex Paulmann, Profiler und Spezialist für lange unaufgeklärte Fälle mit längst erkalteten Spuren: «Der überwiegende Teil solcher Täter ist vorher noch nie polizeilich in Erscheinung getreten. In den allermeisten Fällen handelt es sich um Beziehungstaten. Männer töten ihre Frauen – selten umgekehrt. Wenn Frauen ihre Männer töten, dann nur, weil sie kein anderes Mittel sehen, um sich aus einer gescheiterten Beziehung zu befreien. Männer hingegen töten ihre Frauen, weil sie ein Scheitern der Beziehung nicht akzeptieren.»

Hatte Ursula Gersdorff Trennungsabsichten? Wir wissen es nicht. Wir wissen nur, dass sie unter den zahlreichen Affären ihres Mannes litt, und wir wissen von ihrem Arbeitgeber, dass sie für den 21. März 1996 kurzfristig den Dienst tauschte. Was hatte sie an dem freien Donnerstagmorgen vor, was hätte sie an diesem Donnerstagmorgen unternommen, wenn sie nicht am Abend zuvor getötet worden wäre? Gibt es eine banale Erklärung? Oder hatte sie einen Termin bei einem Anwalt oder einem Wohnungsmakler? Führte das Thema Trennung am Vorabend zum tödlichen Streit? Paulmann: «Wenn Täter stark narzisstisch veranlagt sind und die Frau sagt, es ist aus und vorbei, bedeutet das eine tiefe, in deren Augen unentschuldbare Kränkung. Das Phänomen beobachten wir auch bei Stalkern. Durch die Kränkung verliert das Opfer aus Sicht des Täters das Recht auf ein glückliches Leben.»

Und das 16 Jahre lang funktionierende Alibi? «Täter, die ihre Tat nicht von langer Hand geplant haben, müssen blitzschnell improvisieren. Wenn sich der Täter im konstruierten Alibi nicht vom Tatort entfernen kann, dann muss eben das Opfer in zweifacher Hinsicht verschwinden.»

Wie kann man 16 Jahre lang am Ort eines Verbrechens leben? Paulmann: «Häufig wird sehr schnell eine neue Beziehung eingegangen. Das Haus wird gern in aller Eile von allen persönlichen Gegenständen des Opfers befreit, es wird gestrichen, renoviert, vielleicht sogar umgebaut, um die eigene Erinnerung zu verwischen.»

Tatsächlich wurde die persönliche Habe der «Vermissten» bereits nach wenigen Tagen säckeweise aus dem Haus am Ardennenweg getragen, der Scheidungsantrag nach wenigen Monaten gestellt, das Haus im Folgejahr 1997 sowie erneut im Jahr 2000 umgebaut.

Warum wird das Opfer schlechter geredet, als es für die Legende nötig wäre? Paulmann: «Auch dies ist die Norm. Je mehr Details erzählt werden, desto glaubwürdiger klingt das Alibi. Außerdem kann es zur eigenen Gewissensberuhigung beitragen, nach dem schrecklichen, herabwürdigenden Motto: Das Miststück hat es nicht besser verdient.»

Der wertvolle Schmuck, den Ursula Gersdorff nach damaliger Aussage des Ehemanns gegenüber der Familie Pohl mit ins Ausland genommen habe, wurde in Wahrheit von ihm verkauft, rasch zu Geld gemacht, konnte die Kripo inzwischen ermitteln.

War das nicht ein großes Risiko? «Natürlich. Aber der kleinbürgerlichen Krämerseele im Nachgang einer Tötung begegnen wir bei Ermittlungen immer wieder.»

Weiß man eigentlich als Kriminalist nach mehr als 1000 Todesermittlungen, wie das Böse in die Welt kommt und das Gute verdrängt? Paulmann schüttelt den Kopf: «Nein. Ich jedenfalls weiß es nicht. Ich halte mich an einen schlichten Satz, der weder philosophischen noch pädagogischen Tiefgang besitzt: ‹Das Gute ist, dass das, was das Böse ist, im Strafgesetzbuch steht.›»

Vergangenen Donnerstag war sie als Zeugin der Anklage zur Vernehmung ins Präsidium geladen worden. Fast drei Stunden dauerte das. Martini hatte sie wieder im Foyer in Empfang genommen. Nachdem Ellen in seinem Büro Platz genommen hatte, wurde er ziemlich förmlich: Nur wenn sie ihm versichere, dass sie kein Aufnahmegerät mit sich führe und ihr Handy abgeschaltet sei, könne er auf eine Durchsuchung ihrer Tasche verzichten.

Vielleicht lag das daran, dass ein zweiter Kriminalbeamter zugegen war. Martini hatte ihn Ellen vorgestellt, aber sie hatte den Namen auf der Stelle wieder vergessen. Vielleicht hätte sie ihn sich merken sollen, denn ganz zum Schluss, sie hatte das schriftliche Protokoll ihrer Aussage bereits unterzeichnet, stellte er ihr zum ersten Mal eine Frage, statt wie die drei Stunden zuvor schweigend und mit gerunzelter Stirn ihre Antworten auf Martinis Fragen in den Computer zu tippen.

«Sie wollen uns doch wohl hier nicht allen Ernstes weismachen, dass Sie lediglich durch die Lektüre dieser amtlichen Bekanntmachung, also durch einen puren Zufall, auf die Sache aufmerksam wurden?»

Ellen musste schlucken. Was war das plötzlich für ein Manöver? «Ich habe gar kein Interesse, Ihnen irgendetwas weiszumachen», sagte sie forsch. «Glauben Sie, was Sie wollen. War's das jetzt?»

Martini war die Situation sichtlich unangenehm. Und Ellen begriff: Die Annahme, dass sie seit der Aufklärung des Falles nur noch Freunde bei der Polizei hätte, war eine Illusion.

Am vergangenen Freitag hatte sie an der Beisetzung auf dem Neukircher Friedhof teilgenommen. Auf ausdrücklichen Wunsch der Familie Pohl. Sie hatte zunächst gezögert. Aber Thomas Pohl schien es ein Herzensanliegen zu sein, Ellen bei diesem Akt des Abschiednehmens in seiner Nähe zu wissen.

Nieselregen. Schwarze Regenschirme. Nicht viele. Nur ein einziger Kranz, herzförmig, aus weißen Rosen gefertigt. Der Kranz der Familie Pohl. Die Urne wurde in der hinteren rechten Ecke des Grabes beigesetzt. Unter den Namen des Vaters Heinrich Pohl und den Namen seiner Tochter waren zwei Sätze frisch in den Grabstein gemeißelt:

Lange haben wir nach dir gesucht.
Ruhe sanft in unserer Mitte.

Man hatte Liesel Pohl einen Stuhl ans Grab gestellt. Zum ersten Mal sah Ellen die alte Frau weinen. Der schmächtige Körper wurde von heftigen Heulkrämpfen geschüttelt. Michael Domscheid, der angereiste Pfarrer, wählte eine schlichte, warmherzige Sprache und fand die richtigen, weil grundehrlichen Worte, die nichts beschönigten und nichts verklärten.

Schließlich trat Thomas Pohl ans Grab, legte eine Rose nieder und sagte mit brüchiger Stimme: *Uschi, so wahr ich hier stehe, dafür wird der Kerl büßen, vor Gericht und vor unserem Herrgott.*

Ellen vergewisserte sich, dass sie die Kaffeemaschine ausgeschaltet hatte, verschloss die Haustür, stieg in den Wagen und programmierte das Navi. 713 Kilometer bis Wustrow auf der

Halbinsel Fischland-Darß-Zingst, etwa auf halber Strecke zwischen Rostock-Warnemünde und der Insel Rügen. Sie hatte keine Eile. Sie würde sich Zeit lassen. Regelmäßig Pausen einlegen. Und einen großen Bogen um Hamburg machen.

TAG 106

Zweifellos gab es entlang der Ostseeküste aufregendere Orte als Wustrow. Der 1164-Seelen-Ort an der engsten Stelle der hakenförmig gekrümmten Halbinsel wirkte selbst im August angenehm schläfrig. Ellen war geneigt, Klischees zu bemühen, die sie jedem Volontär augenblicklich aus dem Text gestrichen hätte: *Als gingen hier die Uhren langsamer. Als wäre die Zeit stehengeblieben* – nicht erst in der DDR-Ära, sondern schon in den 1920er Jahren, als Schriftsteller, Maler, Bildhauer und ihre Musen das friedliche Fleckchen Erde als Refugium für die Sommerfrische schätzten und an den weißen Stränden das Nacktbaden etablierten. Oder bereits zur Mitte des 19. Jahrhunderts, als Wustrow der Heimathafen für mehr als 240 große, stolze Segelschiffe war und 1846 die Großherzogliche Mecklenburgische Navigationsschule eröffnet wurde. Drei Jahre nach dem Fall der Mauer wurde die traditionsreiche Hochschule für zivile Seeoffiziere geschlossen. Aber die Ruine stand immer noch mitten im Ort. So wie das Kaiserliche Postamt von 1895, keine Ruine, sondern hübsch restauriert. Und überall diese hübschen, bunt gestrichenen Reethäuser, die sich ganze Generationen von Kapitänen im Ruhestand bauten, nachdem sie ein Leben lang die sieben Weltmeere bereist hatten. Selbst die 1989 kurz vor dem Zusammenbruch der DDR gebaute Windkraftanlage stand unter Denkmalschutz.

In der Werkstatt im Erdgeschoss des Hauses Lindenstraße 17 mietete sie sich ein Fahrrad. Die Werkstatt sah aus, als stünde sie samt Drehbank und Werkzeugschrank ebenfalls längst unter Denkmalschutz. Meister Schröder nahm weder eine Kaution noch ließ er sich Ellens Personalausweis zeigen. Er fragte lediglich nach ihrem Namen und trug ihn mit Bleistift in eine Schulkladde ein. Ein Schloss und ein Drahtkörbchen gab's gratis dazu. *Dann mal gute Fahrt, Frau Rausch.*

Ellen klapperte die Galerien und Künstlerateliers in Wustrow und im benachbarten Ahrenshoop ab, besuchte das Dornenhaus, in dem Bert Brecht mit Helene Weigel den Sommer verbracht hatte, schaute sich die Boddenhäfen an und die letzten Zeesenboote mit ihren rotbraunen Segeln, radelte durch das Naturschutzgebiet am Weststrand bis hinauf zur Nordspitze der Halbinsel, ging täglich schwimmen, legte sich anschließend in den warmen Sand, genoss die Sonne auf der Haut, spazierte am Wasser entlang und sammelte bei der vergeblichen Suche nach Bernstein Unmengen bunter Steine.

Allmählich kam sie auch nachts zur Ruhe, die wirren Träume verschwanden.

Am Abend ihres fünfzigsten Geburtstages aß sie mit Heißhunger den fangfrischen Dorsch, der auf der Terrasse der Gaststätte namens Moby Dick von einem netten, jungen Kellner serviert wurde. Anschließend trank sie einen Espresso und noch ein Glas Wein und vertiefte sich in Heinrich Heines Tragödie *Almansor*.

Aber sie konnte sich nicht konzentrieren, weil der Mann am Nebentisch ständig zu ihr hinüberschaute.

Als die Sonne schon ganz niedrig über dem Horizont stand, bezahlte sie und verließ die Terrasse. Sie spazierte über die Seebrücke, die sich mehrere hundert Meter weit hinaus ins Meer wagte, und konnte sich nicht sattsehen an diesem Feuerball, der in die Ostsee eintauchte und das Wasser färbte.

«Das Fräulein stand am Meere und seufzte lang und bang. Es rührte sie so sehre der Sonnenuntergang ...»

Erschrocken drehte sie sich um. Hinter ihr, keine zwei Meter entfernt, stand der Mann, der auf der Terrasse am Nebentisch gesessen hatte. Jetzt lehnte er an der Brüstung, lächelte und fuhr fort, Heines Gedicht zu rezitieren:

«... mein Fräulein! Sein Sie munter, das ist ein altes Stück. Da vorne geht sie unter ... und kehrt von hinten zurück.»

Der Mann löste sich von der Brüstung und trat einen Schritt vor. Groß, schlank, etwa in ihrem Alter.

«Verzeihen Sie. Ich sah vorhin, wie Sie den Almansor lasen. Und zugleich den Sonnenuntergang bestaunten. Und da dachte ich, Heines Gedicht würde passen ...»

«Passen ... zu was?»

«Nun, vielleicht ...»

«Männer, die Gedichte auswendig können, sind mir unheimlich. Etwa genauso unheimlich wie Männer, die Bücher lesen und sich mit Heinrich Heine auskennen.»

Er lachte. Das Lachen klang schön.

Er hieß Jochen. Kein Nachname. Kein Beruf. Keine einstudierte Vita seiner größten Erfolge. Er stellte auch nicht die Fragen aller Fragen: *Was machen Sie beruflich?* Dafür war sie ihm dankbar. Es ersparte ihr zu antworten: *Ich bin eine völlige Versagerin, die es mit fünfzig nicht weiter gebracht hat, als für eine wöchentlich erscheinende Provinzzeitung in der tiefsten Eifel zu schreiben und dort in dem Haus zu wohnen, in dem ich schon als Kind gewohnt habe.*

Stattdessen redeten sie über Literatur.

Heine, Kurt Tucholsky, Erich Kästner. Er liebte Joachim Ringelnatz. Und Alfred Polgar. Wer außer Jochen kannte heutzutage noch Alfred Polgar? *Wenn eine Frau schweigt, hört man das.*

Sie lachten viel. Sie spazierten hinunter zum Strand. Und mit einem Mal genoss sie ihren fünfzigsten Geburtstag. Den Tag, vor dem sie sich all die Zeit so sehr gefürchtet hatte.

Sie gingen im Mondschein schwimmen.

Sie küssten sich im hüfttiefen Wasser.

Sie begehrte ihn.

Und er begehrte sie, das war nur zu deutlich zu spüren, knapp unter der Wasseroberfläche.

«Leider geht mein Urlaub zu Ende», sagte Jochen. «Morgen früh muss ich abreisen.»

Klar. Wie sollte es auch anders sein?

Zu gern hätte sie ihn gefragt, woher dieser schwache, kaum vernehmbare ausländische Akzent stammte, der seine angenehme Bariton-Stimme verzauberte. Aber sie fragte nicht, aus Sorge, den Zauber zu zerstören.

Sie verbrachten die Nacht in Ellens Hotelzimmer. Sie fielen übereinander her wie ausgehungerte Tiere. Sie konnten nicht genug voneinander kriegen.

Als Ellen am Morgen aufwachte, kam Jochen aus der Dusche. Sie betrachtete mit unverhohlener Neugier seinen schönen, muskulösen Körper. Jochen grinste und zog sich an.

«Jochen?»

«Ja?»

«Ich würde dich gerne wiedersehen.»

«Ja. Hier. Ruf mich an. Ich muss jetzt leider los.»

Er griff in die rechte Innentasche seiner Jacke, legte eine Visitenkarte auf den Nachttisch, beugte sich über sie, küsste sie leidenschaftlich, befreite sich schließlich mit sanfter Gewalt aus ihrer Umarmung, grinste wieder, verließ das Zimmer und schloss die Tür hinter sich. Lautlos.

Ellen seufzte und lag eine Weile einfach nur so da. Sie erinnerte sich an jede Sekunde dieser Nacht.

Schließlich stand sie widerwillig auf. Sie ging duschen, putzte sich die Zähne, nahm einen frischen Slip und ein T-Shirt aus dem Schrank, schlüpfte in ihre Jeans und griff nach ihren Habseligkeiten, um frühstücken zu gehen. Zimmerschlüssel, Geldbörse, Handy ...

Das iPhone.

Wo war ihr iPhone?

Es hatte auf dem Nachttisch gelegen. Ellen legte es immer auf den Nachttisch, weil sie es als Wecker benutzte.

Es hatte auch in der Nacht dort gelegen, weil sie irgendwann mal auf die Uhr geschaut hatte. Ganz sicher.

Stattdessen lag dort jetzt die Visitenkarte.

Auf dem Gesicht.

Sie drehte die Karte um.

Jochen Berger

Und eine Telefonnummer in Berlin. Sonst nichts. Keine Adresse. Keine Berufsangabe. Keine Mobilnummer.

Ellen setzte sich auf die Bettkante, griff nach dem Hörer des Zimmertelefons, drückte die Ziffer Null und wählte die Nummer auf der Karte. Ihre Hände zitterten.

«Jaaa? Berger?»

Eine Frauenstimme. Die Stimme klang so, als gehörte sie zu einer alten, gebrechlichen Frau, die nicht mehr viele Anrufe erhielt.

«Guten Morgen, Frau Berger. Ich habe diese Nummer von Ihrem Sohn bekommen ...»

«Von meinem Sohn? Das muss wohl eine Verwechslung sein, junge Frau. Ich habe gar keine Kinder.»

«Jochen Berger.»

«Oh. Mein Mann. Aber ...»

«Ihr Mann heißt Jochen?»

«Ja. So hieß er, mein Mann. Jochen Berger. Aber mein Mann ist schon seit mehr als 20 Jahren tot.»

Ellen war wie vor den Kopf gestoßen. «Ich verstehe», stotterte sie. «Bitte entschuldigen Sie die Störung. Es muss sich um eine Verwechslung handeln.»

Sie legte auf.

Ihr wurde ganz flau im Magen.

Irgendwo da draußen lief ein wildfremder Mann herum und

besaß ungehinderten Einblick in ihren elektronischen Terminkalender, in ihr elektronisches Adressbuch, in ihr elektronisches Notizbuch, in das Verzeichnis ihrer letzten Telefonate und SMS-Nachrichten sowie in ihren E-Mail-Account.

In vier Jahren wäre das Verbrechen verjährt

Der Fall Gersdorff: Bonner Staatsanwaltschaft klagt wegen Totschlags an

Von Ellen Rausch

LÄRCHTAL. Mord? Totschlag? Fahrlässige Tötung? Körperverletzung mit Todesfolge? Die Tötung eines Menschen kann in Deutschland strafjuristisch höchst unterschiedlich bewertet werden.

Die Bonner Staatsanwaltschaft hat sich jetzt festgelegt und im Fall Gersdorff, der in den vergangenen Wochen bundesweit für Schlagzeilen sorgte, beim zuständigen Bonner Landgericht eine Anklageschrift wegen Totschlags eingereicht. Wie Oberstaatsanwalt Rutger Fasswinkel, Leiter der Abteilung Kapitalverbrechen, gestern auf Anfrage des Eifel-Kuriers sagte, sind die Ermittler davon überzeugt, dass die Lärchtaler Arzthelferin Ursula Gersdorff vor 16 Jahren von ihrem damaligen Ehemann im gemeinsamen Schlafzimmer mit einem Kissen erstickt wurde.

Dabei stützt sich die Anklagebehörde im Wesentlichen auf das umfangreiche Geständnis des Mannes vor Mitgliedern der Mordkommission im Bonner Polizeipräsidium. Angeblich ist die Abschrift der dort auf Band festgehaltenen mehrstündigen Vernehmung fast 500 Seiten lang.

Die für Tötungsdelikte zuständige 4. Große Strafkammer

des Gerichts wird also noch eine Weile damit beschäftigt sein zu prüfen, ob sie der Anklage stattgibt – und ob so aus dem bislang Beschuldigten und jetzt Angeschuldigten ein Angeklagter wird. Seit seinem Geständnis sitzt Ursula Gersdorffs Exmann in der Justizvollzugsanstalt Köln-Ossendorf in Untersuchungshaft.

Zu dem Geständnis war es gekommen, nachdem die Bonner Mordkommission die bereits am 18. Juli 1996 in einem Waldstück jenseits der belgischen Grenze aufgefundene «unbekannte weibliche Leiche» jetzt, 16 Jahre später, als Ursula Gersdorffs sterbliche Überreste identifizierte. Sie war damals in einem namenlosen Reihengrab für unbekannte Tote auf dem Friedhof in der belgischen Stadt Eupen beigesetzt worden. Dieses Grab wäre im Herbst dieses Jahres turnusgemäß eingeebnet worden, sodass es keine Möglichkeit mehr gegeben hätte, Ursula Gersdorff würdig zu bestatten. So aber konnten ihre sterblichen Überreste in Eupen entnommen, eingeäschert und im Grab ihres Vaters Heinrich Pohl in ihrer Heimat, dem Lärchtaler Stadtteil Neukirch, beigesetzt werden.

Auch das Verbrechen wäre bald nicht mehr zu sühnen gewesen: Totschlag verjährt nach 20 Jahren. Nur Mord verjährt nie. Allerdings ist der zwingend nötige Nachweis der im Strafgesetzbuch gelisteten Motivmerkmale für Mord nach 16 Jahren wohl nicht mehr zu erbringen. Keine Spuren, keine Indizien. Nur ein Geständnis. Und für die Tat gibt es nur einen einzigen Zeugen: den Täter.

TAG 117

Thomas Pohl breitete die Zeitung auf dem Küchentisch aus und tippte mit dem Zeigefinger auf den Text. Immer wieder, tack, tack, tack, als könnte er damit die Buchstaben löschen und die Wirklichkeit neu schreiben.

«Wieso ist das kein Mord? Können Sie mir das sagen, Frau Rausch? Für mich ist das Mord und nichts anderes. Der soll den Rest seines Lebens in der Zelle verrotten. Und nicht in ein paar Jahren rauskommen und sich ins Fäustchen lachen!»

«Herr Pohl. Ich verstehe Ihre Wut. Aber wir leben in einem Rechtsstaat. In einem Prozess muss nicht der Angeklagte seine Unschuld beweisen, sondern der Staat muss vielmehr die Schuld des Angeklagten beweisen.»

«Aber was gibt es denn da noch zu beweisen? Der Mann hat doch alles gestanden!»

«Ja, Herr Pohl, das hat er. Aber worum es jetzt geht, ist das Motiv der Tat. Die Motivmerkmale, wie sie im Strafgesetzbuch stehen und Mord von Totschlag unterscheiden ...»

«Und was soll das wieder heißen?» Pohl sah verwirrt aus. Müde. Hilflos.

«Ein Mörder handelt im Gegensatz zum Totschläger aus Mordlust», versuchte Ellen zu erklären, «zur Befriedigung des Geschlechtstriebes, aus Habgier, zur Ermöglichung oder Verdeckung einer anderen Straftat oder aus einem anderen niedrigen Beweggrund heraus.»

«Und was ist ein anderer niedriger Beweggrund?»

«Auch das steht im StGB. Wenn die Tat zum Beispiel mit einer besonderen Grausamkeit verübt wird, das Opfer also besonderen seelischen oder körperlichen Qualen ausgesetzt wird, die in Dauer und Intensität weit über das normale Maß einer Tötung hinausgehen, und die Todesqualen bewusst erhöht werden ...»

«Das normale Maß einer Tötung? Was ist denn an einer Tötung normal? Was ist das denn für ein Dreck?»

«Herr Pohl, ich zitiere lediglich aus juristischen Kommentierungen des Strafgesetzbuches. Das ist nicht meine Sprache. Gemeint ist damit, wenn der Sterbeakt vom Täter bewusst hinausgezögert wird. Folter, Nahrungsentzug ...»

«Weiter. Was noch?»

«Heimtücke. Wenn also die Arg- und Wehrlosigkeit des Opfers zur Tatausübung ausgenutzt wird.»

«Da haben wir es doch. Er ist über die Uschi hergefallen, als sie schon im Schlafanzug war, als sie schon im Bett lag, wahrscheinlich schon geschlafen hat.»

«Herr Pohl. Wir wissen nicht, ob sie schon geschlafen hat. Das müsste die Staatsanwaltschaft vor Gericht dem Angeklagten nachweisen. Wenn sich der Täter offen feindselig dem Opfer nähert, liegt nach dem Gesetz keine Heimtücke vor.»

«Und Habgier? Das war doch Habgier. Bei einer Scheidung wäre das Haus futsch gewesen. Außerdem hat er anschließend ihren Schmuck verscherbelt und die Versicherung betrogen.»

«Anschließend, ja. Herr Pohl, genau das ist der problematische Punkt. Anschließend. Das heißt nämlich nicht zwangsläufig, dass es schon für die Ausübung der Tat eine Rolle spielte. Und ob es bei dem vorangegangenen Streit um Trennung und Scheidung ging, wissen wir nicht. Das weiß nur Veith Gersdorff.»

«Hat es überhaupt einen Streit gegeben?»

Gute Frage.

Auch diese Frage konnte nur Veith Gersdorff beantworten. Und wenn sein Verteidiger clever war, wenn er nur halbwegs sein Geld wert war, dann würde er diesen angeblich vorangegangenen Streit im Gerichtssaal vor aller Augen und Ohren zelebrieren. *Sie hat mich ausgelacht. Sie hat mich einen jämmerlichen Schlappschwanz genannt. Der keinen mehr hochkriegt. Eine Niete im Bett. Sie hat mich ins Gesicht geschlagen. In die Genitalien getreten.*

Totschlag im minderschweren Fall. § 213 StGB: *War der Totschläger ohne eigene Schuld durch eine ihm zugefügte Misshandlung oder schwere Beleidigung von dem getöteten Menschen zum Zorn gereizt und hierdurch auf der Stelle zur Tat hingerissen worden, so ist die Strafe eine Freiheitsstrafe von einem Jahr bis zu zehn Jahren.*

Ein Jahr Haft. Haftprüfung nach zwei Dritteln der Strafe. Vorzeitige Entlassung auf Bewährung nach neun Monaten wegen mustergültiger Führung und günstiger Sozialprognose. Ellen Rausch mochte nicht einmal daran denken, wie Thomas Pohl auf ein solches Urteil reagieren würde.

«Frau Rausch?»

«Ja?»

«Totschlag. Was heißt das denn am Ende?»

«Wie meinen Sie das?»

«Wie viele Jahre kriegt das Schwein?»

TAG 121

Sie saßen in einer Kneipe namens *Rheinlust* am Ostufer des Flusses. Ein lauer Spätsommerabend. Die Lichter der Oper am Westufer spiegelten sich im Wasser. Fast lautlos glitt ein niederländisches Containerschiff auf Talfahrt vorbei. Friedhelm Martini gab sich große Mühe, einigermaßen entspannt zu wirken.

«Die Kollegen aus Mecklenburg-Vorpommern haben Ihr Handy gefunden. Beziehungsweise: Ein Spaziergänger hat es gefunden. Um noch genauer zu sein: dessen Hund. Es wurde vom Meer gut 20 Kilometer nördlich von Wustrow an den Weststrand geschwemmt. Und dank unseres Ersuchens um Amtshilfe konnte es als das Ihre identifiziert werden. Die Kollegen des Landeskriminalamtes in Rampe bei Schwerin haben sich echt Mühe gegeben.»

«Ich nehme an, es ist ziemlich hinüber.»

«Kann man wohl sagen. Aber etwas anderes bereitet mir sehr viel mehr Sorge, Frau Rausch: Wer stiehlt ein teures iPhone, um es anschließend ins Meer zu werfen?»

«Keine Ahnung.»

«Jemand, der gar nicht auf das Gerät scharf ist, sondern auf die gespeicherten Daten. Jemand, der Ihr Leben durchleuchten will. Jemand, der wusste, wo Sie Ihren Urlaub verbringen. Weil er Sie schon länger beobachtet. Jemand, der auf solche Jobs spezialisiert ist. Der PIN-Codes knacken kann oder Sie beim Eingeben beobachtet hat. Ein Profi. Ich mache mir Sorgen um Sie.»

«Malen Sie den Teufel nicht an die Wand. Dann hat er also einen Blick auf meine gespeicherten Daten geworfen und das iPhone anschließend weggeworfen. Na und?»

Martini schüttelte nachdenklich den Kopf.

«Bevor er es ins Meer geworfen hat, wird er den kompletten Datensatz kopiert haben. Das geht ruck, zuck. Anschließend hat er alle Zeit der Welt, die Daten auszuwerten, ein Muster Ihrer Bewegungen und sozialen Kontakte zu erstellen. Nehmen Sie sich bitte die Zeit und denken Sie intensiv darüber nach, was alles er so aus dem iPhone über Sie erfahren kann, auch mit Hilfe weiterer Rechercheschritte, und wie er Ihnen mit den gewonnenen Informationen schaden kann.»

«Mach ich.»

«Bitte! Ich meine es ernst.»

«Ja, versprochen.»

«Und Sie geben mir Bescheid, wenn Ihnen irgendetwas merkwürdig vorkommt in nächster Zeit.»

«Klar. Wem sonst?»

«Ich meine es wirklich ernst.»

«Ich weiß.»

Sie schwiegen eine Weile.

Sahen sich schweigend in die Augen.

«Ich habe Sie übrigens im Fernsehen gesehen. Bei Maischberger. Und bei Plasberg. Sie haben sich gut geschlagen, finde ich. Sie werden ja jetzt richtig berühmt.»

«Keine Sorge, Herr Martini. Das hält nicht lange an. In ein paar Wochen interessiert das niemanden mehr. Spätestens, wenn der Prozess vorbei ist.»

Der Kellner brachte den Espresso und räumte die Teller ab.

Schweigend rührten sie in ihren Tassen.

Bis es nichts mehr zu rühren gab.

«Warum wollten Sie mich eigentlich sprechen, Frau Rausch?»

«Mir geht noch so einiges durch den Kopf.»

«Das wundert mich jetzt aber.»

Er grinste. Sie ignorierte die Bemerkung und das Grinsen.

«Angeblich hat er seine Frau um kurz nach Mitternacht erstickt. So steht es jedenfalls in der Abschrift des Geständnisses.»

«Korrekt.»

«Kurz nach Mitternacht. Was das auch immer heißen mag.»

«Kann ich Ihnen sagen. Er meinte, nicht später als eine halbe Stunde nach Mitternacht. Aber er könne sich nicht mehr so genau daran erinnern. Er hat ja vermutlich auch nicht auf die Uhr gesehen. Deshalb die vage Formulierung in der Abschrift des Geständnisses. Kurz nach Mitternacht.»

«Okay. Drücken wir doch mal in Gedanken die Stoppuhr. Eine halbe Stunde nach Mitternacht. Sie hat sich im Todeskampf eingenässt. Er zieht der Toten die Schlafanzughose aus und diese Jogginghose über, die er im Kleiderschrank findet. Dann holt er die großen, blauen Plastiksäcke und das Rollladenband aus der Garage, geht wieder hinauf ins Schlafzimmer und verschnürt die Leiche zu einem Paket, damit er sie besser transportieren kann. Anschließend trägt er die Leiche die Treppe hinunter, durch die Verbindungstür in der Küche in die Garage, legt sie in den Kofferraum seines Wagens. Er öffnet das Garagentor, startet den Motor und fährt los, nach Westen, kurvige Landstraße, über die belgische Grenze, Richtung Eupen. Im Nationalpark Hohes Venn stoppt er auf dem Parkplatz, trägt die Tote in den Wald, rund 50 Meter weit, wenn ich mich recht erinnere. Es regnet, es ist stockdunkel. Beim Tragen kann er die Taschenlampe nicht benutzen. Er geht zurück zum Wagen, holt den Spaten, er geht wieder zurück in den Wald, er gräbt eine Mulde, die groß und tief genug ist, dass die Tote darin Platz findet. Anschließend fährt er zurück nach Lärchtal, wechselt die Schuhe, natürlich muss er die verschlammten Schuhe wechseln, um keine Spuren zu hinterlassen. Er wechselt das Auto, fährt mit Ursula Gersdorffs Kadett Cabriolet nach Altkirch, stellt den Wagen auf dem Parkplatz der Reha-Klinik ab, geht zu Fuß zur Bushaltestelle, fährt mit dem Pendlerbus zurück nach Lärchtal, geht vom Marktplatz zu Fuß zu seinem Haus am Ende des Ardennenwegs, springt unter die Dusche, zieht sich für die Arbeit um, wechselt noch schnell die Bettwäsche, stopft sie in die Waschmaschine, stellt sie an, fährt in die Praxis, und um 8.30 Uhr hat er nachweislich den ersten Patiententermin.»

«Ich weiß, worauf Sie hinauswollen. All das, was Sie gerade geschildert haben, musste binnen acht Stunden erledigt werden. Ist das überhaupt zu schaffen?»

«Wie lautet Ihre Antwort?»

«Wir haben es ausprobiert. Wir haben es minuziös durchgespielt. Unter realen Bedingungen. Mit einer Puppe, deren Größe und Gewicht dem Opfer entspricht.»

«Und?»

«Es ist zu schaffen. Es ist gerade so zu schaffen, sofern es nicht die geringste zeitliche Verzögerung gibt.»

«Nicht die geringste zeitliche Verzögerung. Das heißt, er tötet sie, springt vom Bett auf, ohne auch nur eine Atempause einzulegen, und legt mit dem achtstündigen Programm los, ohne auch nur eine Sekunde darüber nachzudenken, was eigentlich zu tun ist.»

«So ist es.»

«Er hatte ja angeblich gar nicht vor, seine Frau umzubringen.»

«Sagt er. Ja.»

«Wenn dem so ist, dann konnte er ja auch vorher nicht planen, was anschließend zu geschehen hatte.»

«Klingt logisch.»

«Dann hat er das unmöglich alleine hingekriegt.»

«Warum nicht?»

«Weil er nicht der Typ dafür ist. Er kriegt alles in seinem Leben gut hin, was mit alltäglicher Routine verbunden ist. Aber sobald es um die Bewältigung unerwarteter Krisensituationen geht, ist er ein Versager, ein Weichei, ein Jammerlappen, eine absolute Niete. Erinnern Sie sich an die Geschichte, die Thomas Pohl über diesen Brand in der Garage erzählt hat? Andere in Lärchtal können ähnliche Geschichten erzählen. Veith Gersdorff wird als ein großer, hilfloser Teddybär geschildert, völlig unfähig, in kleinsten Krisensituationen adäquat zu reagieren. Und welche Krisensituation könnte dramatischer sein, als die Tötung der Ehefrau im eigenen Haus zu vertuschen?»

«Okay. Was vermuten Sie?»

«Ich glaube, er hat unmittelbar nach der Tat seine alte Freundin Jana Nuschke angerufen. Am Telefon rumgeheult, von Angst und von Selbstmitleid geschüttelt. Und die Jana hat ihm dann gesagt, was zu tun ist. Erstens, zweitens, drittens. Vielleicht hat sie ihm sogar aktiv geholfen. Ihm Arbeit abgenommen. Hat den Kadett nach Altkirch gefahren. Oder im Haus aufgeräumt. Die Bettwäsche gewechselt. Und dafür hat sie dann Ursulas Pelzmantel gekriegt. Und vielleicht auch den Schmuck, der ja nicht mehr existiert. Vielleicht hat Veith Gersdorff ihn gar nicht verkauft, wie er im Geständnis sagt, sondern Jana Nuschke gegeben. Und vielleicht auch das Cabriolet, von dem wir bis heute nicht wissen, wo es eigentlich abgeblieben ist. Und vermutlich auch noch

Bargeld. Vielleicht war deshalb auch der riskante Versicherungsbetrug unmittelbar nach der Tat nötig.»

«Vielleicht, vielleicht, vielleicht. Ohne Beweise nützen uns all diese Spekulationen rein gar nichts.»

«In seinem Geständnis erwähnt er Jana Nuschke natürlich mit keinem Wort. Weil sie ihm anderenfalls noch sehr gefährlich werden könnte. Weil sie auspacken könnte, was er ihr in dieser Märznacht 1996 am Telefon vielleicht über den wahren Grund der Tötung gesagt hat: *Sie wollte mich verlassen, sie wollte die Scheidung, sie wollte, dass das Haus verkauft wird* ... Weil Jana Nuschke ihn vor Gericht ganz schön alt aussehen lassen könnte, wenn er sie da mit reinzieht. Weil ihre Schilderungen dazu führen könnten, dass aus Totschlag Mord wird. Mord aus Habgier.»

«Wir haben Frau Menzel vernommen.»

«Und?»

«Ziemlich abgebrüht, die Frau. Völlig empathielos. Kalt. Sie ist nicht zu knacken. Ich sage das nicht leichtfertig daher. Meine Quote bei Vernehmungen ist ziemlich gut, da bilde ich mir echt was drauf ein. Aber sie bleibt dabei: Veith Gersdorff habe sie erst am nächsten Abend angerufen und berichtet, seine Frau sei spurlos verschwunden. Und er habe sie außerdem gebeten, ihn zur Polizei zu begleiten, um seine Frau vermisst zu melden. Und wenn auch Veith Gersdorff bei dieser Darstellung bleiben sollte, sind wir machtlos.»

«Ich wette, sie ist auch auf die Idee mit dem omnipotenten belgischen Liebhaber gekommen. Und anschließend auf die Idee mit dem sonntäglichen Anruf aus dem Ausland.»

«Ich würde nicht dagegen wetten wollen. Aber ich könnte es ohne Risiko. Weil wir beide nie die Wahrheit erfahren werden.»

«Das macht mich schier verrückt.»

«Gut, dass Sie Journalistin geworden sind und nicht Kriminalbeamtin. Wir müssen uns nämlich ständig mit halben Wahrheiten abfinden. Jeden Tag. Sie und ich sollten zufrieden sein.

Wir haben einen Täter. Die Tat bleibt nicht ungesühnt. Was halten Sie von einem kleinen Spaziergang zum Abschluss?»

«Meinen Sie, ich könnte eine kleine Abkühlung gebrauchen?»

Ellen bestand darauf, die Rechnung zu teilen. Sie blieb beruflichen Gesprächspartnern ungern etwas schuldig. Keine Einladungen, keine Geschenke, keine Gefälligkeiten. So wie sie sich mit Menschen, zu denen sie außerhalb der Redaktion in beruflichem Kontakt stand, grundsätzlich nicht duzte.

Sie schlugen den Weg am Rhein in Richtung Norden ein. Auf der Wiese am Ufer nördlich der Kennedybrücke loderten Lagerfeuer. Trauben von abgestellten Fahrrädern als Scherenschnitt. Junge Gesichter, schemenhaft. Gitarren, Bongos, Cajóns. Fröhliches, unbeschwertes Lachen. Die Szenerie erinnerte Ellen an ihre Jugendzeit am Lärchtaler See. Sonnige Tage und laue Nächte, voller Hoffnung auf die Zukunft.

«Frau Rausch, wie geht es der Familie Pohl?»

«Im Augenblick gar nicht gut. Die grauenhafte Vorstellung, dass der eigene Schwiegersohn, der Schwager, der Mann, dem man so lange blind vertraut hatte ...»

«Das ist nur allzu verständlich. Thomas Pohl will im Prozess als Nebenkläger auftreten?»

«Ja. Er hatte ohnehin vor, keinen einzigen Verhandlungstag zu versäumen. Aber die Vorstellung, nur unbeteiligter Zuschauer und Zuhörer zu sein, hat ihn wahnsinnig gemacht. Also habe ich ihm das empfohlen. Und eine erfahrene Anwältin genannt.»

«Sie haben ihm die Gudrun Rosenfeld genannt?»

«Ja. Sie ist mir empfohlen worden.»

«Gute Wahl. Die Rosenfeld ist für diesen Job die Beste, die ich kenne. Seit sie sich Mitte der 1980er Jahre selbständig machte, hat sie keinen einzigen Täter mehr vertreten. Sie vertritt grundsätzlich nur Opfer. Und sie genießt hohes Ansehen bei Gericht. Das wird sicher auch Sie ein Stück entlasten, wenn Sie nicht auch noch all seine juristischen Fachfragen beantworten müssen.»

«Wie geht es Klara?»

«Gersdorffs Tochter aus zweiter Ehe?»

«Ja.»

«Ich weiß nur, was ich von unserem Opferschutzbeauftragten gehört habe. Der Kollege Schneider hatte in den Wochen nach der Festnahme alle Hände voll zu tun: die Familie Pohl, die alte Frau Gersdorff, die aktuelle Ehefrau, die beiden Kinder aus zweiter und dritter Ehe. Ein Mord hat immer viele Opfer, Frau Rausch. Ewa Gersdorff plant übrigens, aus dem Haus am Ardennenweg auszuziehen und Lärchtal zu verlassen.»

«Gute Entscheidung.»

«Denke ich auch. Sie will mit dem kleinen Moritz zu ihrer Schwester ziehen. Ich darf Ihnen aber aus Datenschutzgründen nicht sagen, wo die wohnt.»

«Ich will es auch gar nicht wissen. Meinen Sie etwa, ich würde der armen Frau vor der Tür auflauern?»

«Sie vermutlich nicht, Frau Rausch. Aber andere. Um dann die dämlichste aller verlogenen Fernsehreporterfragen zu stellen: *Wie fühlen Sie sich?* Übrigens hat uns Ewa Gersdorff erzählt, dass sie schon vorher ernsthaft an Trennung gedacht hat. Ohne uns die Gründe zu nennen.»

«Die Gründe dürften auf der Hand liegen.»

«Der Junge ist ja zum Glück erst fünf. Die Zeit heilt Wunden. Die Erinnerung an seinen Vater wird verblassen. Ewa Gersdorff hat Klara übrigens angeboten, sie mitzunehmen. Aber Klara will nicht. Das Verhältnis zur aktuellen Ehefrau ihres Vaters ist offenbar nicht das allerbeste. 14 Jahre. Ohnehin ein schwieriges Alter. Die leibliche Mutter Alkoholikerin. Das macht die Sache nicht unbedingt leichter. Zur Mutter will Klara auf gar keinen Fall zurück. Kann ich gut verstehen.»

«Und wo lebt sie jetzt?»

«Mit Duldung des Jugendamtes vorübergehend bei der Familie einer Schulfreundin. Endgültig will das Jugendamt gemeinsam mit dem zuständigen Familienrichter erst entscheiden, wenn der Prozess vorbei ist. Da wird sich ohnehin die Frage stellen, ob die Familie der Schulfreundin das auf Dauer durchhalten kann ... oder will. Eine ganz schöne Verantwortung. Das Mädchen ist innerlich völlig zerrissen. Mal sagt sie zu meinem Kollegen Schneider, sie will ihren Vater nie wieder sehen ...»

Friedhelm Martini blieb stehen.

Die jungen Leute am Lagerfeuer sangen ein altes Reggae-Stück von Bob Marley. *No Woman No Cry.* Martini und Ellen hörten eine Weile andächtig zu. Weniger wegen der musikalischen Qualität. Mehr vor Erstaunen und Rührung. Denn die meisten der jungen Leute waren vermutlich noch gar nicht geboren, als Bob Marley 1981 mit 36 Jahren starb.

«Frau Rausch, wir waren immer ehrlich zueinander. Sie haben mich nach Klara gefragt, und deshalb will ich Ihnen eine ehrliche Antwort geben. Für das Mädchen brach mit der Festnahme ihres Vaters eine Welt zusammen. Der Heinz, also mein Kollege Heinz Schneider, hat noch gestern mit ihr gesprochen.»

«Was hat sie gesagt?»

Ellen spürte, wie sich ihr die Kehle zuzog.

«Die Klara hat gesagt: *Ich hasse diese Reporterin. Ich hasse diese Frau Rausch.* Ein Mord hat immer viele Opfer.»

TAG 137

Burger war wieder krank. Seit drei Wochen schon. Ellen vermutete, dass er dem seelischen Druck seit der Ächtung seiner zahlreichen Duzfreunde in der Lärchtaler Gesellschaft nicht mehr standhielt. Vermutlich machten sie ihn als Redaktionsleiter persönlich dafür verantwortlich, welche Rolle der Eifel-Kurier in diesem Jahr in Lärchtal gespielt hatte. Dabei war niemand daran unschuldiger als Burger. *Unser Hajo.* Kalle hingegen vermutete ganz nüchtern, dass Burger ohnehin erste Vorbereitungen für die Frührente traf. Seine Frau verdiente als unkündbare Beamtin mit Pensionsanspruch in der Kreisverwaltung Altkirch ganz ordentlich. Alle anderen – Arno, Bert, Steffi und Anna-Lena – vermuteten gar nichts, sondern waren einfach nur heilfroh, dass Burger weg war, und genossen jeden Arbeitstag ohne ihn. Anna-Lena Berthold, die junge Volontärin, blühte regelrecht auf. Sie würde eine ausgezeichnete Reporterin werden, da war sich Ellen sicher. Ellen beschäftigte eher die Frage, wie viele ausgezeichnete Reporter mit Ethos und Qualitätsbewusstsein der Arbeitsmarkt in Zukunft wohl noch benötigte.

Die Kölner Bezirksregierung hatte immer noch keine Entscheidung im Hinblick auf die Dienstaufsichtsbeschwerde der Grünen-Fraktion im Lärchtaler Rat gegen Bürgermeister Clemens Urbach im Zusammenhang mit dem Golfresort-Projekt und der als Nebenabrede getarnten Bürgschaft getroffen. Allerdings hatte die Düsseldorfer Landesregierung die bereits in Aussicht gestellten nächsten öffentlichen Zuschüsse eingefroren. Ellen und Anna-Lena gaben ihr Bestes, mehr über den Stand der Dinge und die politischen Hintergründe herauszufinden, aber die von oben verhängte Nachrichtensperre machte es ihnen nicht eben leicht. Offenbar hatten einige Leute in Düsseldorf und in Köln inzwischen große Sorge, sich wegen mangelnder Sorgfaltspflicht und der Veruntreuung öffentlicher Gelder verantworten zu müssen. Und offenbar hatten einige Leute in Lärchtal Sorge, wegen Bestechung oder Bestechlichkeit vor Gericht zu landen.

Angeblich ermittelte die Sparkassenaufsicht intern gegen den Lärchtaler Direktor Gisbert Jacobs. Wegen eines großzügig gewährten, außergewöhnlich günstigen Darlehens, mit dessen Hilfe sich angeblich Urbach in das Golfresort-Projekt eingekauft hatte. Aber auch das blieb nichts als ein Gerücht, solange es sich nicht beweisen ließ.

Hans Knoop war also Ellens einzige Hoffnung, in der Sache weiterzukommen. Aber der Bauamtsleiter hatte sich nun schon seit einiger Zeit nicht mehr bei Ellen gemeldet. Der Mann hatte Angst, große Angst, und Ellen konnte es ihm nicht verdenken. Sie wollte ihn auf keinen Fall zu sehr bedrängen. Und sie hielt sich an die Abmachung, auf keinen Fall Kontakt zu ihm aufzunehmen, sondern zu warten, bis er sich meldete.

Bei ihrem letzten mitternächtlichen Treffen auf dem Parkplatz hatte er tatsächlich ein paar Fotokopien von Dokumenten mitgebracht. Die beschrieben zwar die eigenartigen Zustände im Rathaus, in dem es mitunter wie zur Zeit des Sonnenkönigs am Hof von Versailles zuging, und Urbachs bizarre Auffassung von einem demokratischen Rechtsstaat. Aber als Beweise im Sinne des Strafrechts genügten sie nicht.

Herr Knoop, ich brauche Handfestes. Das reicht nicht.

Ein Zettel an der Eingangstür am Marktplatz verriet ebenso wie der aufgesprochene Text des Anrufbeantworters, dass die Medizinkosmetische Praxis Dr. Veith Gersdorff «wegen Umbauarbeiten» bis auf weiteres geschlossen sei.

Heute machte Ellen etwas früher Feierabend. Sie hatte noch ein paar Besorgungen zu erledigen. Seit Wochen schon hing ihr Lieblingsjackett unabgeholt beim Änderungsschneider, außerdem wollte sie in Inge Henscheids Buchhandlung am Markt vorbeischauen, um ein gemeinsames Geschenk der Redaktion für Arno zu besorgen, der morgen Geburtstag hatte.

Auf dem schmalen Bürgersteig der Poststraße kam Ellen eine Frau entgegen. Die Frau musste die Achtzig bereits überschritten haben. Schlank, aufrechte Haltung, stolz erhobenes Kinn. Elegante Kleidung, schicke Frisur, geschmeidiger Gang. Ellen machte höflich Platz.

Aber die Frau blieb stehen und blockierte den Bürgersteig.

Erst da, aus nächster Nähe, fiel Ellen die frappierende Ähnlichkeit der Gesichtszüge auf.

Änne Gersdorff spuckte Ellen mitten ins Gesicht.

«Die Wahrheit werden wir nie erfahren»

*Am kommenden Montag beginnt vor der
4. Großen Strafkammer des Landgerichts Bonn
der Prozess im Fall Ursula Gersdorff*

Von Ellen Rausch

LÄRCHTAL/BONN. Nach unserem abendländischen Rechtsverständnis darf (von wenigen begründeten Ausnahmen abgesehen) nur dann Recht im Namen des Volkes gesprochen werden, wenn das Volk, also die Öffentlichkeit in Gestalt von Bürgern und Medienvertretern, hinreichend Gelegenheit erhält, dem Prozess von Anfang bis Ende beizuwohnen.

Anfang und Ende: Da hat Philipp Preussler, Dezernent für Presse- und Öffentlichkeitsarbeit am Bonner Landgericht, ein logistisches Problem zu lösen. Denn Anfang und Ende, Anklageverlesung und Urteilsverkündung, erzeugen naturgemäß das größte öffentliche Interesse in einem spektakulären Fall, und der Fall Ursula Gersdorff, der nun auf seine abschließende juristische Bewertung wartet, ist zweifellos einer der spektakulärsten deutschen Kriminalfälle der jüngsten Zeit. Vorsorglich wurde S 0.11, der größte Sitzungssaal des Justizgebäudes, für das am Montag, 19. November, um 9 Uhr beginnende «Strafverfahren wegen Tötung von Ursula G.» gebucht. Von den 114 Sitzplätzen werden 18 Plätze der ersten Sitzreihe für Journalisten reserviert und in der Reihenfolge der vorab schriftlich einzureichenden Akkreditierungsanträge «nach dem Prioritätsprinzip» vergeben, teilte Preussler vor zwei Wochen per Mailverteiler den bundesdeutschen Zeitungen, Agenturen, Radiosendern und Fernsehanstalten mit.

Nicht mitgerechnet sind die Fotografen und Kamerateams, die sich aber ohnehin nur eine halbe Stunde lang im Saal aufhalten dürfen – bis zum Beginn der Verhandlung: «Die Anfertigung von Film- und Bildaufnahmen ist nach dem Einzug der Kammer auf Anordnung des Vorsitzenden unverzüglich einzustellen. Das Gesicht des Angeklagten ist unkenntlich zu machen. Interviews mit Verfahrensbeteiligten im und vor dem Sitzungssaal sind untersagt.»

Jedes Jahr fallen in Deutschland rund 1500 Menschen einem Mord oder Totschlag zum Opfer. Zum überwiegenden Teil sind Tötungsdelikte Beziehungstaten; nur in 13,9 Prozent aller Fälle waren sich Täter und Opfer nicht näher bekannt. Auch deshalb ist die Aufklärungsquote enorm hoch (im vergangenen Jahr laut Statistik des Bundeskriminalamtes 96,1 Prozent). Bei Tötungsdelikten ist der Kreis potenzieller Täter in der Regel deutlich überschaubarer, nur in den seltensten Fällen handelt es sich um klassische Berufskriminelle, in der überwiegenden Zahl hat ein Mörder zuvor noch nie ein Verbrechen begangen.

Das statistische Muster scheint also exakt auf den Fall Ursula Gersdorff zu passen. Warum also erzeugt ausgerechnet dieser Fall ein so gewaltiges mediales Echo, das in Dutzende Fernsehbeiträge und Radiosendungen sowie ungezählte Zeitungszeilen von Hamburg bis Zürich mündete? Weil der Fall nach so langer Zeit aufgeklärt werden konnte? Das ist in Zeiten moderner DNA-Technologie inzwischen keine Seltenheit mehr. Auch nicht in Bonn. Im vergangenen Jahr wurde der 19 Jahre zurückliegende Mord an der Bad Godesberger Journalistin Regina Pachner aufgeklärt – zweifellos eine Meisterleistung der Kripo.

Der Fall Ursula Gersdorff hingegen weckte das bundesweite öffentliche Interesse, weil er 16 Jahre lang gar kein Fall war, sondern im März 1996, nur vier Tage nach dem Verschwinden der Lärchtaler Arzthelferin, von der örtlichen Polizei als «aufgeklärter Vermisstenfall» zu den Akten gelegt wurde. Fünf Jahre später wurde die Akte vernichtet. Erst die Veröffentlichungen des Eifel-Kuriers in diesem Jahr führten zu intensiven Ermittlungen der Bonner Mordkommission und gipfelten im Geständnis des damaligen Ehemannes, seine Frau am Abend des 20. März 1996 im gemeinsamen Schlafzimmer mit einem Kissen erstickt zu haben.

Die für Tötungsdelikte zuständige 4. Große Strafkammer unter dem Vorsitz von Richter Josef Jessen, das sogenannte Schwurgericht, hat bis zur geplanten Urteilsverkündung am Morgen des 18. Dezember sieben Verhandlungstage terminiert. In diesen sieben Prozesstagen hat die Kammer nicht nur Schuld oder Unschuld des Angeklagten festzustellen, sondern auch das Motiv der Tat zu erhellen, das wiederum erheblichen Einfluss auf die Strafzumessung besitzt. Das heißt im konkreten Fall: Wie war diese Ehe tatsächlich beschaffen, die von Außenstehenden vielfach als Traumehe beschrieben wurde?

In der Natur einer Beziehungstat mit tödlichem Ausgang liegt es, dass in einem Prozess vorrangig die subjektive Bewertung und die daraus resultierende seelische Verfassung des Angeklagten zum Tragen kommt – und weniger die des Opfers. Denn das Opfer kann seine Sicht der Dinge nicht mehr schildern. «Die Wahrheit, was im Vorfeld der Tat geschehen ist, werden wir wohl nie erfahren», mutmaßte kürzlich ein Beamter der Mordkommission.

MONTAG, 19. NOVEMBER

Um 6.05 Uhr wurde der Untersuchungshäftling Dr. Veith Gersdorff aus seiner Zelle in der Justizvollzugsanstalt Köln-Ossendorf geholt und auf den Hof geführt. Vor dem ersten Rolltor der Kfz-Schleuse wartete bereits ein Gefangenentransportwagen mit zwei weiteren Häftlingen in Zivilkleidung, die zu ihren Verhandlungen am Kölner Landgericht gefahren wurden, bevor es weiter ins 30 Kilometer südlich gelegene Bonn ging. Hier wurde Gersdorff in eine der Arrestzellen des Landgerichts gebracht, wo schon sein Anwalt auf ihn wartete. In der Zelle nahm man dem Angeklagten die Handschellen vorübergehend wieder ab.

Um 8.15 Uhr verließ die Volontärin Anna-Lena Berthold das Hotel Europa. Sie überquerte den Berliner Platz in Richtung Altstadt, bog nach rechts in die Oxfordstraße ab, dann nach links in die Wilhelmstraße, passierte den dort seit zwei Stunden geparkten Ü-Wagen des WDR und betrat das Landgericht durch das Säulenportal des neoklassizistischen Baus. Sie reihte sich geduldig in die Menschenschlange vor dem Metalldetektor ein und versuchte, ihre wachsende Nervosität zu verbergen.

Gegen 10 Uhr verließ die Zeugin Ellen Rausch das Hotel Europa in entgegengesetzter Richtung, um einen Schaufensterbummel durch die Fußgängerzone zu unternehmen, vielleicht eines der Cafés der Innenstadt aufzusuchen, etwas zu lesen, sich abzulenken von dem, was sie in vier Stunden erwartete. Die Begegnung mit dem Mann, dessen Existenz sie vernichtet hatte.

Kalle, Arno und Ellen waren sich schon Mitte Oktober bei einem Treffen in Köln rasch einig gewesen, dass Ellen nicht über den Prozess schreiben könne. Einmal, weil sie vom Gericht als Zeugin geladen werden würde. Zeugen durften der Verhandlung bis zum Moment des Aufrufs in den Zeugenstand nicht beiwohnen.

Ganz gleich, wann sie also aufgerufen wurde: Sie würde den Prozess nicht von Anfang an beobachten können.

Aber es gab noch einen weiteren Grund für Ellen, den Prozess zwar beobachten, aber nicht über ihn schreiben zu wollen: Ihr mangelte es inzwischen an journalistischer Distanz. Dieser berufsethische Grundsatz, dem sie als Reporterin in drei Jahrzehnten immer größte Bedeutung beigemessen hatte, war ihr im Lauf der vergangenen Monate abhandengekommen. Durch die stetig gewachsene emotionale Nähe zur Familie Pohl, durch deren schon 16 Jahre währende Leidensgeschichte, durch die ihr von der Opferfamilie zugewiesene Rolle als letzter Hoffnungsschimmer – und nicht zuletzt durch die ablehnende bis mitunter offen feindselige Haltung der Lärchtaler Bürger.

Kalle, Arno und Ellen waren sich rasch einig geworden, wer für den Eifel-Kurier über den Prozess berichten sollte: Anna-Lena Berthold, die Volontärin. Ellen würde ihr als Mentorin und Beraterin zur Verfügung stehen.

Als nur einmal pro Woche erscheinendes Medium hatte der Eifel-Kurier ein echtes Problem, fortlaufend aktuell über den Prozess zu berichten. Ausgerechnet die Zeitung, ohne die es diesen Prozess gar nicht geben würde, ausgerechnet das meistbeachtete Medium in Lärchtal hätte das Nachsehen. Also entschied Kalle, dass jeweils an den Folgetagen der sieben Verhandlungstage Sonderdrucke in Lärchtal erscheinen sollten.

«Können wir uns das denn leisten?»

«Interessiert mich nicht. Wir müssen es uns leisten.»

Außerdem entschied Kalle, dass Ellen und Anna-Lena jeweils schon am Vorabend der Verhandlungstage anreisen und bis zum übernächsten Morgen in einem Bonner Hotel wohnen sollten.

«Am frühen Morgen von der Westeifel zum Rhein ... ich sehe euch schon im Stau stehen und den Prozess verpassen. Wir gehen kein Risiko ein. Anna-Lena kriegt ein Notebook, falls sie keins besitzt, und kann sofort im Hotel schreiben.»

Kalle gab sich derzeit ausgesprochen generös. Ellen hatte er nach ihrem Urlaub mit einem neuen iPhone überrascht.

Zwei Wochen vor Prozessbeginn fand Ellen die Ladung des Landgerichts in ihrem Briefkasten.

FÖRMLICHE ZUSTELLUNG

Sehr geehrte Frau Rausch,

in der Strafsache gegen Gersdorff wegen Totschlags werden Sie auf Anordnung der 4. Großen Strafkammer des Landgerichts als Zeugin geladen.
Termin: Montag, 19. November, Erdgeschoss, Sitzungssaal S 0.11, Wilhelmstr. 21, 53111 Bonn.
Beginn Ihrer Vernehmung: 14:00 Uhr.
Vor Ihrer Vernehmung dürfen Sie nicht an der Hauptverhandlung teilnehmen. Warten Sie deshalb vor dem Sitzungssaal, bis Sie aufgerufen werden. Sollten Sie sich verspäten, melden Sie sich bitte unaufgefordert. Am Eingang des Gebäudes finden Einlasskontrollen statt. Hierdurch kann es zu Wartezeiten kommen. Mobiltelefone und andere Geräte, die zur Herstellung von Bild- und Tondokumenten geeignet sind, müssen dort abgegeben werden.
Sofern Sie aus zwingenden persönlichen Gründen (z. B. ernsthafte Erkrankung) nicht erscheinen können, teilen Sie dies umgehend mit. Berufliche Verpflichtungen stellen keinen ausreichenden Verhinderungsgrund dar.
Bei Erkrankung ist die Vorlage eines ärztlichen Attestes erforderlich, aus dem sich die Verhandlungsunfähigkeit ergibt. Eine Bescheinigung lediglich über die Arbeitsunfähigkeit genügt nicht. Wenn wir Ihre Absage nicht

bestätigen, müssen Sie zum Termin erscheinen. Wenn Sie einen Termin unentschuldigt nicht wahrnehmen, kann gegen Sie ein Ordnungsgeld von bis zu 1000 Euro – ersatzweise bis zu sechs Wochen Haft – festgesetzt werden. Es ist auch möglich, Sie zwangsweise vorführen zu lassen.

Am Sonntag, 18. November, hatten Anna-Lena Berthold und Ellen Rausch am späten Nachmittag im Hotel eingecheckt. Eine halbe Stunde später trafen sie sich in der Lobby und unternahmen einen Spaziergang durch die Stadt. Sie suchten und fanden Beethovens Geburtshaus, doch das Museum schloss während der Winterzeit schon um 17 Uhr. Also schauten sie sich das barocke Rathaus am Marktplatz an, auf dessen Freitreppe sich ein halbes Jahrhundert lang die Staatsgäste der Bundesrepublik von John F. Kennedy bis Michail Gorbatschow dem Volk gezeigt hatten. Heute setzten sich hier höchstens noch Brautpaare für ihre Erinnerungsfotos in Szene.

Die weitverzweigte Fußgängerzone des Stadtkerns wirkte an diesem Novembersonntag verwaist und reichlich trist. Der fröhliche ältere Herr hinter der Theke der Hotelrezeption hatte sie schon vorgewarnt und ihnen geraten, den Abend lieber in der angrenzenden Altstadt zu verbringen. Ein guter Rat. Sie fanden einen freien Tisch in einem Restaurant namens *Borsalino*, das von einem netten italienisch-türkischen Ehepaar betrieben wurde. Das Essen war ausgezeichnet. Aus den Boxen plätscherte Jazz. *Concierto*, die wunderbare Studio-Platte mit Jim Hall, Chet Baker, Paul Desmond und Ron Carter.

Sie redeten über Gott und die Welt, über Männer und Mode, über Bücher, über Filme. Anna-Lena war eine kluge Frau. Ellen vergaß völlig den Altersunterschied von fast einem Vierteljahrhundert. Nur über den morgigen Tag verloren sie lange Zeit kein Wort. Erst beim Espresso schnitt Anna-Lena das Thema an:

«Hast du schon mal als Zeugin vor Gericht gestanden?»

«Nein. Doch. Vor fast 30 Jahren. Aber da ging es um einen Verkehrsunfall. Blechschaden. Ein Amtsgericht in Essen. Hatte ich schon völlig vergessen.»

«Oje. Vor 30 Jahren. Da war ich noch nicht mal geboren. Bist du eigentlich aufgeregt?»

«Aufgeregt ... Gute Frage. Mir graut definitiv vor dem Moment, ihm ins Gesicht zu sehen. Schließlich habe ich alles zerstört, was ihm jemals wichtig war. Seine berufliche Existenz, seine gesellschaftliche Stellung.»

«Da bin ich anderer Meinung. Ich finde, das hat er alles selbst zerstört. Indem er getötet hat. Einem Menschen das Leben genommen hat. Das schwerste Verbrechen überhaupt begangen hat. Dafür ist er ganz alleine verantwortlich. Und es wäre furchtbar, wenn dieses Verbrechen unentdeckt und ungesühnt geblieben wäre. Und in vier Jahren verjährt.»

«Klar. Aber das wird er selbst kaum so sehen, so wie er gestrickt ist. Aber noch mehr graut mir vor der Begegnung mit der 14-jährigen Tochter, falls sie erscheint. Sie hasst mich. Sie muss mich hassen. Weil sie ihren Vater nicht hassen kann, weil er ihr Vater ist. Und mir graut vor der Begegnung mit der dritten Ehefrau, die jetzt mit dem fünfjährigen Sohn alleine steht.»

Um 12.45 Uhr empfing Ellen auf ihrem iPhone eine SMS von Frank Hachenberg.

Müssen dringend reden. Frank

Sie warf einen Blick auf ihre Armbanduhr und tippte rasch eine Antwort: **Später. Muss jetzt los. Prozess. Ellen**

Sie zahlte und verließ das Café.

Um 13.30 Uhr passierte Ellen Rausch den Metalldetektor. Am Info-Schalter ließ sie sich den Weg zum Sitzungssaal S 0.11 im Neubautrakt erklären.

In der weitläufigen Lobby vor dem Saal lungerten mehrere

Fernseh- und Hörfunk-Teams herum, die sich augenblicklich auf sie stürzten, als sie Ellen erkannten. Sie schwieg, vermied jeglichen Blickkontakt und steuerte schnellen Schrittes auf die durch eine Glasabtrennung gekennzeichnete Verbotszone für elektronische Aufnahmegeräte zu. Der Warteraum für die Zeugen. Ellen sah auf die Uhr.

Um 14.05 Uhr öffnete ein uniformierter Justizbeamter die schwere, schalldichte Saaltür.

«Die Zeugin Rausch?»

«Ja?»

«Bitte schön.»

Der Uniformierte wies mit dem ausgestreckten Arm nach rechts und setzte sich wieder neben seinen Kollegen in der Nähe der Tür. 129 Augenpaare folgten Ellens Weg zu dem einsamen, quadratischen Tischchen in der Mitte des Saals. Nun hatte sie die Zuschauer im Rücken. Vor ihr die erhöhte Richterbank. Sieben Menschen. In der Mitte ein Mann um die sechzig. Josef Jessen, der Vorsitzende der Schwurgerichtskammer. Links und rechts von ihm ein etwa gleichaltriger Mann und eine jüngere Frau mit Pferdeschwanz, ebenfalls in schwarzen Roben. Die zwei beisitzenden Berufsrichter. Flankiert von einer Frau und einem Mann in Straßenkleidung. Die beiden Schöffen. Außerdem zwei Justizangestellte auf den beiden äußeren Stühlen.

Jessen drückte auf einen Knopf vor seinem Mikrophon.

«Nehmen Sie doch bitte Platz, Frau Rausch. Wenn Sie sprechen wollen, müssen Sie ebenfalls diesen roten Knopf vor Ihrem Mikrophon drücken. Es geht leider nicht ohne. Der Saal hier ist nun mal sehr groß, und die hier anwesende Öffentlichkeit hat das Recht, jedes Wort, das in diesem Saal gesprochen wird, gut zu verstehen. So weit klar?»

Ellen nickte. Aus dem Augenwinkel erfasste sie, wer links von ihr saß. Oberstaatsanwalt Rutger Fasswinkel, Leiter der Abteilung Kapitalverbrechen und Vertreter der Anklage. Professor

Bernward Matt, Direktor des Instituts für Rechtsmedizin der Universität Bonn. Nebenkläger Thomas Pohl. Gudrun Rosenfeld, Anwältin des Nebenklägers. Thomas Pohl nickte ihr zu und mühte sich ein Lächeln ab. Wie hielt er das nur aus? Wie wollte er in seiner seelischen Verfassung sieben Prozesstage durchstehen?

«Frau Rausch, ich muss Sie zunächst belehren und auf Ihre Pflicht zur wahrheitsgemäßen Aussage hinweisen. Eine Falschaussage kann mit einer Freiheitsstrafe von bis zu einem Jahr bestraft werden. Sie müssen hier nicht aussagen, wenn Sie mit dem Angeklagten verwandt oder verschwägert sind. Sind Sie mit dem Angeklagten verwandt oder verschwägert?»

Ellen drückte den roten Knopf.

«Nein.»

«Für das Protokoll: Die Zeugin Rausch versichert, mit dem Angeklagten weder verwandt noch verschwägert zu sein. Frau Rausch, ich bin verpflichtet, Sie darauf hinzuweisen: Sie können natürlich auch die Beantwortung einzelner Fragen verweigern, wenn Sie sich mit der Antwort selbst belasten würden.»

Ellen nickte.

«Sie sind Journalistin von Beruf. Dann wissen Sie natürlich, dass Ihr Berufsstand über ein Zeugnisverweigerungsrecht verfügt, was die Benennung der Recherchequellen betrifft. Das können Sie aber bei jeder Frage gesondert entscheiden. Wenn Sie allerdings aussagen, dann müssen Sie auch wahrheitsgemäß aussagen, wie ich eingangs schon erwähnte. Ist das so weit klar?»

Ellen nickte erneut.

«Frau Rausch, ohne Ihre Recherchen und Veröffentlichungen säßen wir vermutlich heute nicht hier. Deshalb ist das Gericht an Ihren Erfahrungen während dieser Recherchen interessiert. Wie Sie die handelnden Personen in der Frühphase erlebt haben. Auch Ihre Erlebnisse mit der Polizei interessieren uns. Fürs Protokoll: Wir beginnen nun mit der Vernehmung der Zeugin Ellen Rausch. Beruf: Journalistin. Geboren in Lärchtal ...»

Richter Josef Jessen verlas ihre Personendaten. Ellen hörte nicht mehr richtig zu. Sie spürte den Blick, der sich wie ein Laser durch ihre rechte Schläfe ins Gehirn bohrte. Sie wagte nicht, nach rechts zu schauen. Sie musste nicht nach rechts schauen, um zu wissen, wer dort saß. Dr. Veith Gersdorff. Der Mann, der sie hassen musste wie keinen zweiten Menschen auf dieser Welt.

«Frau Rausch?»

«Ja?»

«Soll ich die Frage noch einmal wiederholen?»

«Entschuldigen Sie. Ja, bitte, das wäre nett.»

Kalter Schweiß rann ihr den Rücken hinab.

DIENSTAG, 20. NOVEMBER

Nieselregen. Die nassen Pflastersteine des Marktplatzes glänzten im blassen, schwefelgelben Licht der Laternen. Kein Mensch in Lärchtal war jetzt noch zu Fuß unterwegs. Nicht bei diesem Wetter. Nicht zu dieser Jahreszeit. Nicht um diese Uhrzeit. Kein Mensch außer Bauamtsleiter Hans Knoop.

Der hielt sich fern von den Laternen, bewegte sich im Schatten, leicht nach vorne gebeugt, mit kleinen Tippelschritten, um nicht auszurutschen auf dem glitschigen Kopfsteinpflaster.

Er hatte den Passat in einer Seitenstraße am oberen Ende des Marktplatzes geparkt. Er wollte unbedingt vermeiden, dass jemand das Auto in der Nähe seiner Arbeitsstätte sah.

Knoop bog nach rechts ab, in eine unbeleuchtete Gasse, bis er die weniger schmucke Rückseite des neoklassizistischen Rathausgebäudes erreicht hatte. Eine schmale, schlichte Tür, zu der nicht viele städtische Bedienstete einen Schlüssel besaßen. Die Tür führte zur Poststelle und in den Lagerraum für Büromaterial und Altpapier. Dort stand auch der Shredder zur Vernichtung von Akten. Knoop musste kein Licht machen. Er kannte sich aus. Er kannte jeden Winkel in diesem Gebäude.

Auf der Treppe zum Keller hielt er einen Moment inne.

Nichts.

Diesmal trug er Turnschuhe mit Gummisohlen. Und einen Rucksack auf dem Rücken, in dem sich nichts befand außer einer Taschenlampe.

Er schloss die Tür zum Archiv auf, stellte den Rucksack ab und schaltete die Leselampe ein, die lediglich das Stehpult links in der Ecke beleuchtete. Er würde die Taschenlampe gar nicht brauchen, stellte er erleichtert fest. Er wusste, wo er zu suchen hatte. Seit zwei Tagen wusste er es. Ein dummer Zufall. Eine Unachtsamkeit des Hausboten bei der Aktenverteilung.

G wie Grünflächen.

Wie originell.

Sie versteckten sämtliche Projektakten zum Golfresort in der Archivabteilung Grünflächen.

A wie Abfallbeseitigung; Anträge der Fraktionen ...

B wie Brandschutzverordnung; Baugenehmigungen ...

C wie Campingplatz-Pachtsatzung; Christbaumschmuck ...

D wie Dachsanierung Rathaus; Demographische Entwicklung ...

E wie Eifel-Touristik; Einstellplätze; Energiekosten ...

F wie Fleischbeschau; Feuerwehr; Friedhofsordnung ...

G wie Gebäudereinigung; Grünflächen ...

Acht Ordner. Knoop zog die Ordner aus dem Regal und balancierte sie auf seinen Armen zum Stehpult. Er konnte unmöglich alles kopieren, das würde viel zu viel Zeit kosten. Und so viel Platz bot sein Rucksack auch nicht. Also blätterte er die Akten durch, Seite für Seite, und überflog die Schriftstücke kurz. Knoop kam bald aus dem Staunen nicht mehr heraus. Was ihm aufschlussreich erschien, legte er auf den Fotokopierer. Weit mehr, als er geplant hatte. Das Papier ging aus, das Gerät piepste, er hetzte die Treppe hinauf, holte ein neues Paket aus dem Lagerraum, hetzte zurück, riss die Verpackung auf und schob die 50 Blatt in die leere DIN-A4-Schublade des Kopierers.

Weiter.

Er geriet trotz der Kühle des Kellers ins Schwitzen, zog den Anorak aus, warf ihn achtlos zu Boden. Er warf einen Blick auf seine Armbanduhr. Kurz vor Mitternacht.

Weiter.

Du meine Güte.

Alles war viel schlimmer, als er jemals befürchtet hatte.

Seine Phantasie hatte nicht ausgereicht, um sich die Dimension dieses Betrugs vorstellen zu können.

Er verfiel der Euphorie seiner Gedanken, der Monotonie der Geräusche, dem Rascheln von Papier, dem Brummen des Fotokopierers, er vergaß die Zeit.

Bis zu jener Sekunde, als diese große, schwere, fremde Hand aus dem Nichts in seinem Sichtfeld auftauchte, niedersauste und Knoops Hände unter dem Deckel des Kopierers einquetschte. Knoop schrie auf vor Schmerz. Er versuchte vergeblich, seine Hände unter dem Deckel hervorzuziehen, drehte den Kopf und sah in das Gesicht eines fremden Mannes.

Der Mann lächelte.

«Wer sind Sie? Was wollen Sie von mir?»

«Ganz ruhig, Herr Knoop. Das bringt nichts. Sie machen alles nur noch schlimmer.»

Hans Knoop glaubte, in der Stimme des Mannes einen kaum merklichen osteuropäischen Akzent zu vernehmen. Sein letzter Gedanke. Die freie Hand des Mannes schoss vor. Ein Lappen schloss sich um Hans Knoops Nase und Mund. Dieser Geruch. Beißend. Stechend. Chemisch. Nichts mehr.

MITTWOCH, 21. NOVEMBER

Es war schon dunkel, als Ellen am Vorabend des zweiten Prozesstages die Redaktion verließ, um nach Bonn zu fahren. Und es regnete inzwischen in Strömen. Spätherbst in der Eifel. Hässliche, oberflächlich vergrabene Kindheitserinnerungen, an braune Äcker, schwarze Wälder, graue Menschen.

Die Scheinwerfer der entgegenkommenden Autos tanzten und spiegelten sich im nassen Asphalt. Trecker so groß wie Urzeitmonster preschten mit Vollgas durch die engen Kurven, als gehörte die Landstraße ihnen alleine, Lastwagen peitschten Pfützen zu Fontänen auf, die sich über die Windschutzscheibe des Alfa ergossen. Ellen war heilfroh, als sie schließlich die Auffahrt zur Autobahn erreichte. Der Weg in die Zivilisation.

Morgen früh um neun wurde der Prozess fortgesetzt.

Wie Anna-Lena ihr anschließend berichtet hatte, war am ersten Prozesstag vor Ellens Zeugenaussage genau das passiert, womit Ellen gerechnet hatte. Der Verteidiger war sein Geld wert und konzentrierte seine gesamte Strategie auf Totschlag im minderschweren Fall. § 213 StGB: *War der Totschläger ohne eigene Schuld durch eine ihm zugefügte Misshandlung oder schwere Beleidigung von dem getöteten Menschen zum Zorn gereizt und hierdurch auf der Stelle zur Tat hingerissen worden ...*

Nach der förmlichen Feststellung der Anwesenheit der Prozessbeteiligten und der Verlesung der Anklage durch die Staatsanwaltschaft hatte Richter Josef Jessen das Wort an Veith Gersdorff gerichtet: *Herr Angeklagter, es steht Ihnen nun frei, sich zu äußern. Falls Sie sich nicht äußern wollen, ist das Ihr gutes Recht, und Ihnen darf daraus kein Nachteil entstehen.*

Aber Veith Gersdorff äußerte sich. Wortreich und ausführlich. Mit Tränen in den Augen. Als sichtbares Zeichen der Reue. Man hätte im Saal eine Stecknadel fallen hören können, erzählte Anna-Lena später.

Diese Ehe sei schon lange keine Traumehe mehr gewesen, auch wenn beide Ehepartner große Anstrengungen unternommen hätten, nach außen den Anschein zu wahren. Ständig sei seine Frau fremdgegangen. Jahrelang schon. Nur weil er sich viele Jahre zuvor ein einziges Mal einen Fehltritt erlaubt habe, den er noch bitter bereuen sollte. Denn sie habe sich wohl mit ihren ständigen Affären an ihm rächen wollen. Am Abend des 20. März 1996, einem Mittwoch, sei es im Wohnzimmer des gemeinsamen Hauses am Ardennenweg zu einem fürchterlichen Streit gekommen, als seine Frau ihm eröffnet habe, am kommenden Wochenende etwas alleine unternehmen zu wollen. Ohne ihn. Sie habe ihm aber nicht sagen wollen, was sie zu unternehmen gedächte und mit wem sie das Wochenende verbringen wollte. Er sei augenblicklich rasend vor Eifersucht gewesen. Er habe sie verdächtigt, ihn schon wieder zu betrügen, sie aber habe nur gelacht und spöttische Bemerkungen gemacht. Er habe sie angefleht, man könne doch noch mal von vorne anfangen, er sei bereit, alles Bisherige zu vergessen und zu verzeihen, aber sie habe ihn mit einem höhnischen Blick bedacht, sei mitten im Gespräch aufgestanden und habe das Wohnzimmer verlassen. Er habe ihre Schritte auf der Treppe gehört. Er sei noch eine Weile im Wohnzimmer sitzen geblieben. Um nachzudenken. *Eine Weile? Wie lange?* Er wisse es nicht mehr. Eine Viertelstunde vielleicht. Er habe nicht auf die Uhr geschaut.

Und was passierte dann?

Schließlich sei er ihr ins Schlafzimmer gefolgt. Sie habe bereits ihren Schlafanzug getragen.

Den blauen mit den weißen Punkten?

Gersdorff nickte.

«Schlief sie schon?»

«Nein!»

«Was macht man denn mit einem Schlafanzug bekleidet im Schlafzimmer, wenn man nicht schläft?»

Vereinzelte Lacher im Publikum. Richter Jessen wurde ärgerlich und mahnte zur Ruhe.

«Herr Angeklagter, beantworten Sie bitte meine Frage.»

«Ich weiß nicht, was sie bis dahin im Schlafzimmer gemacht hatte. Sie stand jedenfalls einfach nur da und guckte mich verächtlich an. Ich versuchte erneut, vernünftig mit ihr zu reden, aber sie lachte mich nur aus. Sie beleidigte mich.»

«Was genau hat sie denn gesagt?»

«Wie bitte?»

«Sie erwähnten soeben, dass Ihre Frau Sie beleidigt habe. Ich möchte wissen, was genau sie zu Ihnen gesagt hat.»

«Das ist so lange her. Ich weiß es nicht mehr.»

«Aber Sie erinnern sich, dass es beleidigend war.»

«Ja.»

«Gut. Fahren Sie fort.»

«Ich war wütend. Deshalb habe ich sicher auch Dinge gesagt, die man besser nicht sagen sollte. Ohne dass ich mich jetzt an Einzelheiten erinnern könnte. Sie reagierte völlig hysterisch. Sie ging wie eine Furie auf mich los. Sie hat mir ins Gesicht geschlagen. Ich habe versucht, sie zu beruhigen. Da hat sie mir mit voller Wucht zwischen die Beine getreten. Ich ...»

«Wie groß sind Sie?»

«Ich verstehe nicht?»

«Eins neunzig?»

«Eins achtundachtzig.»

«Breitschultrig. Muskulös. Ihre Frau hingegen war klein und zierlich. Und verprügelte Sie also nach Strich und Faden. Habe ich das so richtig verstanden?»

Wieder vereinzelte Lacher im Publikum.

Richter Josef Jessen erhob seine Stimme: «Beim nächsten Lacher lasse ich den Gerichtssaal räumen und setze die Verhandlung unter Ausschluss der Öffentlichkeit fort. Das ist würdelos. Es geht hier um den Tod eines Menschen.»

Schweigen.

«Herr Angeklagter, bitte fahren Sie fort.»

«Ich habe mich nicht gewehrt. Ich habe die Schläge zunächst einfach über mich ergehen lassen. Und der Tritt zwischen die Beine kam dann völlig überraschend.»

«Hatte Ihre Frau Sie im Laufe Ihrer gemeinsamen Ehe schon mal in dieser Weise angegriffen?»

«In dieser Weise?»

«Mit körperlicher Gewalt.»

Gersdorff warf seinem neben ihm sitzenden Verteidiger einen Blick zu, der Hilflosigkeit signalisierte. Aber Dr. Wolfram Güttge starrte in die Akten, die er vor sich auf dem Tisch ausgebreitet hatte, und schien den Blick seines Mandanten nicht zu bemerken.

«Nicht in dieser ... Intensität.»

«Sondern?»

«Herrgott, ist das so schwer zu verstehen?»

«Ja!»

Richter Josef Jessen war ein harter Hund, wenn es um die Wahrheitsfindung in seinem Gerichtssaal ging. Und Dr. Veith Gersdorff war es nicht gewohnt, in die Enge getrieben zu werden. In seinem bisherigen beruflichen und gesellschaftlichen Leben war stets er die Autoritätsperson gewesen.

«Also, so schlimm wie an diesem Abend war es vorher noch nie gewesen. Ich war völlig überrascht.»

«Schläge ins Gesicht, Tritte in die Geschlechtsteile. Haben Sie eine Erklärung, warum Ihre Frau so gewalttätig wurde?»

«Nein.»

«Erzählen Sie weiter. Was geschah dann?»

«Ich habe in meiner Verzweiflung versucht, sie ruhigzustellen. Sie war ja völlig hysterisch. Also habe ich sie aufs Bett gestoßen und ihre Arme festgehalten. Aber das Geschrei hörte nicht auf. Also habe ich ein Kissen genommen.»

«Und ihr aufs Gesicht gedrückt.»
«Ja. Damit sie endlich aufhört.»
«Endlich aufhört. Hat es aufgehört?»
«Ja. Nach einer Weile.»
«Nach einer Weile. Was haben wir uns darunter vorzustellen?»
«Ich weiß es nicht mehr.»
«Der sachverständige Gutachter der Rechtsmedizin wird dazu noch gehört werden. Herr Angeklagter, Sie sind Arzt. Sie wissen, was passiert, wenn der menschliche Organismus von der Sauerstoffzufuhr abgeschnitten wird.»
«Selbstverständlich. Ich wollte sie aber doch nicht töten. Ich wollte nur, dass sie endlich mit dem Geschrei aufhört. Ab diesem Moment, als ich ihr das Kissen aufs Gesicht drückte, habe ich keinerlei Erinnerung mehr an das Geschehen. Wie ausradiert aus meinem Gedächtnis. Ich kam erst wieder zu mir, als ich in ihre leeren Augen sah. Diese leeren Augen verfolgen mich nun schon seit 16 Jahren bis zum heutigen Tag. Thomas, es tut mir so leid. Bitte glaube mir: Ich wollte deine Schwester nicht töten.»

Thomas Pohl wich dem Blick aus und starrte auf die Tischplatte. Seine Kiefermuskeln arbeiteten. Gudrun Rosenfeld legte ihre Hand auf seinen Unterarm, um ihn zu beruhigen. Dann sah sie zur Richterbank hinüber und hob die Augenbrauen.

«Frau Rosenfeld?»
«Ich habe eine Frage an den Angeklagten.»
«Bitte sehr.»
«Sie schilderten eben, wie Ursula Gersdorffs tote Augen Sie seit 16 Jahren verfolgen. Tag für Tag. Richtig?»

Gersdorff nickte stumm.

«Und dennoch haben Sie 16 Jahre lang jede Nacht am Tatort genächtigt? In jenem Zimmer, in dem Sie Ihre erste Frau getötet haben, mit anderen Frauen geschlafen, Kinder gezeugt ...»

«Einspruch!» Wie von der Tarantel gestochen sprang

Dr. Wolfram Güttge auf. «Wir haben hier lediglich die Tat selbst sowie das Motiv der Tat zu klären. Das spätere Verhalten hingegen steht hier überhaupt nicht zur Debatte.»

«Da bin ich völlig anderer Meinung, da ...»

«Ihre Meinung, verehrte Kollegin, interessiert mich nicht. Mein Mandant wird Ihre Frage nicht beantworten. Mein Mandant hat nun alles zur Sache gesagt, was zu sagen ist.»

Anschließend trat Professor Dr. Bernward Matt, Direktor des Instituts für Rechtsmedizin der Universität Bonn, in den Zeugenstand. Er schilderte dem Gericht, was passiert, wenn ein Mensch mit einem Kopfkissen erstickt wird. Er beschrieb die schier übernatürlichen Kräfte, die ein Opfer, auch wenn es noch so klein und zierlich sei, im Angesicht des nahenden Todes entwickle. Er schilderte mit monotoner Stimme, warum sich ein Opfer im Todeskampf in der Regel einnässe.

«Wie lange dauert dieser Todeskampf?»

«Das ist nicht ganz exakt auf die Sekunde zu sagen. Deutlich länger jedenfalls als beim Erdrosseln. Weil beim Erdrosseln oder Erwürgen in der Regel der Kehlkopf beschädigt wird. Außerdem wird die Versorgung des Gehirns über den Blutkreislauf durch das beim Erdrosseln oder Erwürgen zwangsläufige Quetschen der Halsschlagader unterbrochen. Nach wissenschaftlichem Kenntnisstand dauert das Ersticken je nach Beschaffenheit des Kissens bis zu acht Minuten. Nach wenigen Minuten wird das Opfer zwar bewusstlos, aber der Kampf des Körpers gegen den Tod geht weiter. Mit Eintritt der Bewusstlosigkeit beginnen automatisch die konvulsivischen Spasmen, die den ganzen Körper zucken und verkrampfen lassen, wieder abebben, nach 30 Sekunden erneut einsetzen und wieder nachlassen. Acht- bis zehnmal geschieht dies periodisch, bis der Mensch tot ist. Hört der Täter vorzeitig auf, erwacht das Opfer aus der Bewusstlosigkeit.»

«Vielen Dank, Herr Professor. Hat die Staatsanwaltschaft noch Fragen an den Sachverständigen?»

Rutger Fasswinkel schüttelte den Kopf.

«Frau Rosenfeld? Hat die Nebenklage noch Fragen?»

«Ja. Herr Professor, das scheint mir ein besonders grausamer Tod zu sein, den Sie geschildert haben.»

«Grausamkeit ist ein Begriff, der sich im wissenschaftlich-medizinischen Sinne nicht fassen lässt. Aber ...»

«Einspruch! Wenn sich der Begriff im medizinischen Sinne nicht fassen lässt, dann sollte sie der rechtsmedizinische Sachverständige auch nicht beantworten.»

«Schon gut. Ich verzichte auf die Beantwortung der Frage.»

«Herr Verteidiger, haben Sie noch eine Frage an den Sachverständigen? Sonst könnten wir ...»

«Ja. Herr Professor Dr. Matt, wie lange sind Sie schon Rechtsmediziner?»

«Oje. Mein ganzes Berufsleben lang. Nächstes Jahr werde ich pensioniert. Lassen Sie mich kurz rechnen ...»

«Nicht nötig. Ich bin auch so schon davon überzeugt, dass Sie ein sehr erfahrener Mann sind. Haben Sie in Ihrem langen Berufsleben schon mal der Erstickung eines Menschen beigewohnt?»

«Selbstverständlich nicht.»

«Interessant. Woher wollen Sie dann so genau wissen, dass diese Form der Tötung bis zu acht Minuten dauert? Könnte es nicht sein, dass sie vielleicht nur zwei Minuten dauert? Oder noch kürzer?»

«Die wissenschaftliche Fachliteratur geht von einer deutlich längeren Dauer aus.»

«Aha. Und woher wissen die Autoren dieser wissenschaftlichen Fachliteratur das so genau?»

«Wollen Sie das wirklich so genau wissen?»

«Selbstverständlich will ich das wissen. Und nicht nur ich. Alle Anwesenden im Saal haben ein Recht darauf, es zu erfahren.»

«Also gut.» Der Professor räusperte sich umständlich. Offenbar war ihm peinlich, was er nun zu sagen gezwungen war:

«Von diversen Videoaufnahmen.»

«Wie bitte?» Dr. Wolfram Güttges Mundwinkel zuckten. Der Strafverteidiger war erfahren genug, um auf der Stelle zu begreifen, dass er mit seiner Frage soeben ein Eigentor schoss.

«Es gibt Menschen, die sich bei der Ausübung ihrer sexuellen Aktivitäten gerne selbst filmen. Ferner gibt es Menschen mit besonders ausgeprägten autoerotischen Neigungen. Und außerdem gibt es Menschen, denen eine Atemreduktion besondere Befriedigung verschafft. Befriedigung sexueller Natur. Manchmal geht das schief. Mit anderen Worten ...»

«Danke, Herr Professor. Das genügt mir als Antwort.»

«... es existieren Videos von Menschen, die versehentlich dabei ums Leben gekommen sind, als sie sich zur Steigerung der Lust während der Selbstbefriedigung einen Frischhaltebeutel aus transparentem Kunststoff über den Kopf gezogen und um den Hals luftdicht verschnürt haben. Vor laufender Kamera kamen sie dabei bedauerlicherweise zu Tode, weil sie sich nicht mehr rechtzeitig aus der selbst geschaffenen Notlage befreien konnten. Die Plastikbeutel entsprechen in etwa der tödlichen Wirkung eines Kopfkissens. Daher können wir relativ genau beschreiben, was bei ...»

«Ich sagte doch: Das genügt mir!»

«Wenn es also keine weiteren Fragen mehr an den Sachverständigen gibt? Vielen Dank, Herr Professor. Dann können wir jetzt die Journalistin Ellen Rausch in den Zeugenstand rufen.»

Ellen ließ sich rücklings aufs Bett fallen und schloss die müden Augen. Durch das geschlossene Fenster des Hotelzimmers im zweiten Stock drang schwach das monotone Brummen des abendlichen Berufsverkehrs. Morgen würde Thomas Pohl in den Zeugenstand gerufen werden.

Anna-Lena würde erst am späten Abend im Hotel eintreffen. Sie hatte sich heute einen Tag Urlaub genommen, um ihre Eltern in Düsseldorf zu besuchen.

Ihr neues iPhone klingelte. Ellen griff danach und sah auf das Display. Frank Hachenburg. Oje, den hatte sie völlig vergessen.

«Hallo, Frank.»

«Ich hatte dir eine SMS geschickt.»

«Ich weiß.»

«Mit der Bitte um Rückruf.»

«Ja, ich weiß.»

«Vor zwei Tagen.»

«Ich weiß, ich weiß, ich weiß und entschuldige mich. Ich hatte so viel um die Ohren und dich völlig vergessen. Wie geht's dir?»

«Ellen, es geht nicht um mich. Es geht um dich. Es geht vielleicht auch um mich, aber vor allem geht es um dich.»

«Was ist los?»

«Hast du Internet-Zugang?»

Im Hotel gab es WLAN, und sie hatte Anna-Lenas Notebook im Gepäck.

«Ja. Hab ich. Was ist los?»

«Da stellt jemand gerade dein gesamtes Leben ins Netz. Beziehungsweise: jene Passagen deines Lebens, die dich nicht unbedingt im besten Licht erscheinen lassen.»

Während Ellen das iPhone an ihr Ohr presste, kramte sie das Notebook aus der Reisetasche, warf es aufs Bett und schaltete es ein. «Wo finde ich die Seite?»

«Du musst nur deinen Namen bei Google eingeben. Dann erscheint diese Seite schon an oberster Stelle. Da hat sich jemand echt Mühe gegeben. www.ellenrausch.to. Der Link zu der Seite wird seit zwei Tagen per E-Mail verschickt. Anonymer Absender. Unter anderem an sämtliche Lärchtaler Ratsmitglieder. Ich befürchte allerdings, der Verteilerkreis wird inzwischen deutlich größer sein. Schneeballprinzip. Sieh dir das an!»

«Danke, Frank. Ich melde mich wieder.»

Google. Tatsächlich. Ellen klickte die Adresse an.

Die ganze Wahrheit über die Star-Reporterin Ellen Rausch

Darunter ein Foto. Sommer. Ellen mit zwei Männern am See. Frank und Rüdiger. Alle drei waren sie nackt, alle drei bester Laune. Ellen konnte sich sehr genau daran erinnern: Frank hatte Rüdiger zum Frühstück mitgebracht und ihr stolz seinen neuen Freund vorgestellt. Nach dem Frühstück hatten sie einen Spaziergang um den See unternommen, waren auf halber Strecke schwimmen gewesen, sie hatten keine Handtücher dabei, sie ließen sich von der Sonne trocknen, während sie auf dem warmen Sand der Bucht am Ostufer standen und weiterschwatzten.

Der Fotograf musste sich in Höhe des jenseitigen Campingplatzes aufgehalten haben. Ein Profi. Denn trotz der großen Entfernung war das Foto von außergewöhnlicher Schärfe. Obwohl sie nicht im Geringsten ahnen konnten, beobachtet zu werden, erweckte das Foto auf den Betrachter unwillkürlich den Eindruck, als hätten sich die drei Nackten eigens für den Fotografen in Pose geworfen. Als ginge es gar nicht um ein harmloses, scheinbar unbeobachtetes Erfrischungsbad im See. Rüdiger hatte seinen Arm um Franks Schultern gelegt und küsste ihn auf die Schläfe.

Aber das war nur der Anfang.

Rechts im Bild die Super-Star-Reporterin Ellen Rausch bei ihrer liebsten Freizeitbeschäftigung. In der Mitte ihr bester Freund, der homosexuelle Lärchtaler Gymnasiallehrer Frank Hachenberg, zugleich Mitglied der Fraktion der Grünen im

Lärchtaler Stadtrat. Links dessen alternder Lustknabe, ein
Sozialarbeiter aus Köln. Weiter? Klicken Sie hier!

Die nächste Seite zelebrierte ihre Hamburger Affäre mit dem verheirateten Chefredakteur, in einer unglaublich anmaßenden, ekelhaften, menschenverachtenden Sprache. Die Geschichte einer sexbesessenen Frau, die einen verheirateten Mann verführt und dessen Familienglück zerstört.

Wollen Sie noch mehr über die famose Star-Reporterin
Ellen Rausch wissen, die in Lärchtal den Moralapostel
spielt und die gesamte Bürgerschaft dieser Stadt mit ihrem
Schmierenblatt an den Pranger stellt? Dann klicken Sie
hier!

Die nächste Seite. Auszüge aus dem Gutachten der Klinik. Ihr Suizidversuch. Ihre sexuellen Präferenzen. Ihre vermurkste Kindheit. Die Pubertät. Alles fein säuberlich notiert und seziert, in der grausam entmenschlichten Sprache der Psychiatrie.

Reicht Ihnen das noch nicht? Wollen Sie noch mehr über
die mannstolle Ellen Rausch wissen? Klicken Sie hier!

Ihr Gesicht in Nahaufnahme.
    Der Augenblick größter Lust.
    Der obszön geöffnete Mund.
    Sie liegt rücklings auf dem Bett. Das Bett in ihrem Hotelzimmer während ihres Urlaubs in Wustrow an der Ostsee.
    Sie hatte es vergessen, schon am nächsten Morgen vergessen, erfolgreich verdrängt, dass dieser Mann, der sich Jochen nannte, während der aufregenden Nacht nach ihrem neben dem Bett auf dem Nachttisch liegenden iPhone gegriffen und sie damit foto-

grafiert hatte. Ihr war in diesem Moment völlig gleichgültig gewesen, was er da tat, es war ja ihr eigenes iPhone, die Fotos also jederzeit löschbar. Sie war viel zu sehr mit sich selbst beschäftigt gewesen, mit sich und mit ihm.

Nein.

Das war nicht die Wahrheit.

Es war ihr nicht egal gewesen.

Die Wahrheit war: Es hatte sie in diesem Moment außerordentlich erregt, dass er sie dabei fotografierte.

Das Läuten des Zimmertelefons schreckte sie auf.

«Frau Rausch? Hier steht ein Herr, der Sie ...»

«Schicken Sie ihn hoch.»

Kalle. Sie sah auf die Uhr. Eigentlich wollte Kalle erst in einer halben Stunde hier sein. Er wollte unbedingt mit ihr essen gehen. Ellen hatte keine Ahnung, was er in Wahrheit wollte. Und Ellen wollte in diesem Augenblick nichts weniger als irgendeine Menschenseele sehen. Aber vielleicht war es besser, darüber zu reden, mit einem Menschen, der abgebrüht genug war, um in solch einer Situation einen kühlen Kopf zu bewahren. Kalle hatte schon ganz andere Dinge in seinem Leben durchgestanden. Das war das erste Mal, dass er zu früh statt zu spät zu einer Verabredung mit ihr erschien. Minuten später klopfte es schon an der Tür. Ellen sprang vom Bett auf und öffnete.

Aber es war nicht Kalle.

Sondern Gisbert.

Gisbert Jacobs. Gabys Mann.

Blass, eingefallene Wangen.

«Überraschung!»

Er grinste dämlich.

«Die ist dir gelungen. Was willst du hier?»

Statt zu antworten, drängte er sich an ihr vorbei, schob sie beiseite, zog den Mantel aus, hängte ihn ordentlich auf einen Bügel an der Garderobe, lockerte die Krawatte, öffnete den Knopf des anthrazitfarbenen Anzugs und den obersten Hemdknopf und setzte sich auf die Bettkante. Als wäre er hier zu Hause.

«Hast du was zu trinken?»

«Nein. Das ist ein Hotelzimmer und keine Dorfkneipe. Woher weißt du, in welchem Hotel ich wohne?»

«Hajo war so freundlich und hat sich für mich bei eurer Buchhaltung in Köln erkundigt.»

«Burger?»

«Ja. Ich hatte noch was gut bei ihm.»

«Offenbar haben eine Menge Leute in Lärchtal noch was gut bei ihm. Also noch mal: Was willst du hier?»

«Ich dachte, es wäre auch in deinem Interesse, wenn wir beide uns mal ungestört unterhalten ... unter vier Augen.»

«Wenn ich daran interessiert wäre, hätte ich dir das schon mitgeteilt. Gisbert, du wirst es nicht glauben: Ich habe in Wahrheit überhaupt kein Interesse, mich mit dir zu unterhalten.»

«Weil du noch nicht weißt, was ich dir zu erzählen habe.»

«Mach's kurz. Ich bin gleich verabredet.»

«Bei anderen Gelegenheiten bist du ja offenbar nicht so spröde, wenn dich Männer auf deinem Hotelzimmer besuchen.»

Gisbert grinste und nickte in Richtung Notebook, das neben ihm auf dem Bett lag, aufgeklappt und eingeschaltet.

Ellen löste sich vom Türrahmen, ging die drei Schritte auf ihn zu, blieb vor ihm stehen, blickte auf ihn hinab. Dieses widerliche, anzügliche Grinsen. Sie holte weit aus und verpasste ihm eine schallende Ohrfeige, legte ihre ganze Wut hinein, ihre lange, viel zu lange aufgestaute Wut auf diese verdammte Stadt und deren Bewohner, die sie so sehr hassten, schon immer gehasst hatten, ihre Wut auf jene, die sie nun im Netz vor aller Welt bloßstellten, um ihren Ruf zu ruinieren, ihre in der Klinik mühsam wiedererlangte Würde zu zertreten.

Sie riss das Notebook vom Bett, klappte es zu, ließ es in die offene Reisetasche fallen, schob die Tasche mit dem Fuß beiseite.

«Du sagst mir auf der Stelle, was du damit zu tun hast.»

Gisbert saß da, hielt sich die rote Wange und schwieg. Seine anzüglich-arrogante Art war plötzlich wie weggefegt. Er schaute zu ihr auf, und in seinem Gesicht stand einfach nur Hilflosigkeit. Und Angst.

«Ellen, das ist nicht meine Idee gewesen», flehte er. «Das musst du mir glauben! Clemens Urbach hat da jemanden auf dich angesetzt. So eine Art Privatdetektiv. Um Informationen über dich zu sammeln. Als Clemens klarwurde, dass du nicht zu kaufen bist, entschied er, dich in ganz Lärchtal unmöglich zu machen. Damit niemand mehr mit dir reden will, damit du nichts mehr rauskriegst, damit du für die Zeitung untragbar wirst, damit du das Haus am See und die Stadt verlässt ...»

«Schon gut, das reicht. Ich hab's begriffen. Und wenn das auch nicht funktioniert? Was ist dann der nächste Schritt? Mich umbringen? Ist es so? Wie weit würdet ihr gehen, du und deine ehrbaren Lärchtaler Freunde?»

Gisbert hatte tatsächlich Tränen in den Augen. Tränen des Selbstmitleids. «Ich schwöre beim Leben meiner Kinder. Damit habe ich nichts zu tun. Ich weiß ja nicht einmal, wen Clemens da engagiert hat.»

«Verschwinde! Auf der Stelle!»

«Du musst mir helfen, Ellen!»

«Ich? Dir helfen? Wozu sollte ich dir helfen?»

«Gaby zuliebe.»

«Gaby wäre geholfen, wenn sie sich so schnell wie möglich von dir scheiden lassen würde.»

«Ich bin am Ende. Ich stehe am Abgrund. Clemens will mich opfern, um seine eigene Haut zu retten.»

«Was hast du getan?»

«Wir haben den Investoren einen großzügigen Kredit eingeräumt, obwohl von deren Seite überhaupt keine Sicherheiten existieren. Weil sie das vereinbarte Eigenkapital nicht vorweisen können. Oder wollen. Die wollen nur abkassieren. Öffentliche Zuschüsse in Millionenhöhe. Wir haben dem Stadtrat eine sogenannte Nebenabrede zur Abstimmung untergejubelt. Diese Nebenabrede ist aber in Wahrheit nichts anderes als eine Bürgschaft. Wir haben den Stadtrat betrogen, wir haben ...»

«Gisbert, du erzählst mir nichts Neues.»

Gisbert riss die Augen auf.

«Woher weißt du das?»

«Geht dich nichts an.»

«Von deinem schwulen Freund?»

«Es geht dich nichts an, sagte ich.» Sie hatte soeben einen schweren Fehler begangen. Einen unverzeihlichen Anfängerfehler: zuzugeben, was man schon wusste.

«Weiter, Gisbert. Erzähl ruhig weiter.»

«Mehr weiß ich doch selbst nicht.»

«Das ist zu wenig, als dass ich auf die Idee kommen könnte, einer Qualle wie dir zu helfen. Welchen persönlichen Nutzen ziehst du eigentlich aus der Sache?»

«Gar keinen.»

«Lüg mich nicht an. Du willst mir doch wohl nicht sagen, dass man dich schon für ein freundliches Schulterklopfen kaufen kann. Du riskierst doch nicht deine berufliche Existenz, nur um nett zu Clemens Urbach zu sein.»

«Du verstehst das nicht, Ellen.»

«Da hast du recht: Ich verstehe es nicht.»

«Meine gesamte berufliche Karriere wäre doch ohne Clemens undenkbar gewesen. Er ist nicht nur Bürgermeister und hat über seine FWG die absolute Mehrheit im Stadtrat hinter sich, er ist nicht nur der größte Unternehmer und Gewerbesteuerzahler der Stadt, er ist auch Vorsitzender des Verwaltungsrats der Sparkasse. Also quasi mein Chef. Clemens ist der Lärchtaler Sonnenkönig. Er allein entscheidet in dieser Stadt, wer im Lichte und wer im Schatten steht. Außerdem ...»

Er zögerte.

«Außerdem was?»

«Du kannst dir das Klima nicht vorstellen, als das mit dem Projekt spruchreif wurde. Alles schien mit einem Mal möglich. Goldgräber-Stimmung. Wir hatten Arbeitstreffen in Rio, in Kapstadt, in Hongkong, alles für lau, First-Class-Flüge, Suiten in Luxushotels, nette Begleitung rund um die Uhr.»

«Du hast dich für ein paar Nutten korrumpieren lassen? Das ist so was von erbärmlich.»

«Ellen, du kannst das nicht verstehen! Es sah alles so gut aus plötzlich. Und wir waren mittendrin, zogen die Fäden. Endlich eine strahlende Zukunft für Lärchtal, zum Greifen nah. Und dann tauchst du plötzlich auf. Ziehst in diese Bruchbude am See, die abgerissen werden sollte. Und fängst an, in dieser dämlichen alten Geschichte rumzuwühlen, die niemanden mehr interessiert.»

«Das sehen ein paar Leute zum Glück anders.» Ellen funkelte ihn wütend an. Dieser Mann verkörperte alles, was sie verachtete: Engstirnigkeit, Selbstgerechtigkeit. Und Selbstmitleid. «Welche Rolle spielte Gersdorff?», fragte sie kühl.

Gisbert rieb sich die Wange. «Er war der Vermittler. Er hatte die Kontakte. Über seine superreichen Patientinnen, beziehungsweise über deren Ehemänner. In dem Golfresort hätte er seine neue, schicke Praxis eingerichtet, in dem Fünf-Sterne-Hotel hätten sich seine Patientinnen nach den Eingriffen erholen können, bis sie nicht mehr so verbeult aussehen, und das Golfresort hätte ihm neue Kundschaft zugeführt. Eine klassische Win-win-Situation.»

«Nicht für jeden. Nicht für die bisherigen Nutzer des Sees, nicht für die Mehrheit der Lärchtaler Steuerzahler. Aber wie ich höre, fliegt euch die Sache allmählich um die Ohren.»

«Ellen, du musst mir helfen! Du musst mich aus dem Spiel nehmen. Du musst im Eifel-Kurier schreiben, dass Clemens Urbach die eigentliche Sau ist und dass er mich als Bauernopfer in seinem Schachspiel missbraucht. Um seinen eigenen Hals zu retten. Ellen, die Sparkassenaufsicht ermittelt gegen mich. Was sollen meine Söhne von mir denken? Alles, was es schriftlich gibt, trägt meine Unterschrift. Urbach ist fein raus. Es gibt kein einziges Dokument, nicht mal eine verräterische E-Mail mit seinem Namen. Immer hat er alles nur mündlich ...»

«Einen Teufel werde ich tun!»

«Ellen, wenn schon nicht für mich, mach es Gaby zuliebe!»

«Gaby zuliebe? Hast du das mit den Nutten auch ihr zuliebe gemacht?»

«Willst du mir das vorwerfen? Ausgerechnet du? Wir haben schon seit Jahren keinen Sex mehr. Für Gaby erschöpft sich das Interesse an Sex darin, einen Mann vor den Traualtar zu kriegen und Kinder zu zeugen, damit sie ihrer Traumrolle als Hausfrau und Mutter gerecht werden kann ...»

«Du bist so was von erbärmlich, Gisbert. Das Beste, was Gaby passieren kann, wäre, dass du in den Knast wanderst.»

«Du ...» Gisbert zog am Knoten seiner Krawatte. Sein Kopf war hochrot angelaufen. Er stand auf.

«Du miese kleine Schlampe. Ohne dich und deinen Privatfeldzug wäre doch alles in bester Ordnung geblieben. Und jetzt kommst gerade du mir moralisch. Ich könnte dich ...»

Er machte einen Schritt auf sie zu, hob die Hand. In seinen Augen stand der pure Hass.

Ellen wich einen Schritt zurück. Würde er es tatsächlich wagen, sie körperlich anzugehen?

In diesem Moment klopfte es an der Tür. Laut und heftig.

«Ellen?»

Kalle.

Gisbert riss entsetzt die Augen auf.

Ellen griff hinter sich, ertastete mit den Fingerspitzen die Türklinke und drückte sie nach unten.

Die Tür wurde von außen aufgestoßen.

«Kalle! Kennst du schon Gisbert? Der Mann von Gaby. Du erinnerst dich doch sicher noch an Gaby.»

«Du meinst ... natürlich erinnere ich mich. Deine Freundin damals. Natürlich. Das war doch die Hübsche mit dem Knackarsch. Der Schwarm aller Jungs an der Realschule.»

«Genau die. Ausgerechnet diesen Widerling hat sie sich als Mann fürs Leben ausgesucht. Kannst du dir das vorstellen? Gisbert wollte gerade gehen. Sag brav auf Wiedersehen, Gisbert.»

Eine Stunde später lehnte sich Karl Malik auf seinem Stuhl zurück und schaute sich um.

«Netter Laden. Das war der beste Risotto, den ich seit langem gegessen habe. Was ist denn mit dir? Schmeckt's dir nicht? Hast du keinen Hunger? Ist dir was auf den Magen geschlagen?»

«Was willst du?»

Malik beugte sich wieder vor, tupfte mit der Serviette geziert auf seinen Lippen herum, nahm einen Schluck Wein.

Sie hatte den Plan längst aufgegeben, mit Kalle über die Attacke im Internet zu reden.

«Kalle!»

«Ja?»

«Sieh mir in die Augen und sag mir, was los ist.»

Er blickte kurz verlegen weg und schaute sie dann an.

«Ich hatte gestern ein langes Gespräch mit meinen Teilhabern, Ellen.»

«Und?»

«Seit einem Jahr gehört mir der Laden in Köln nicht mehr allein. Da waren im vergangenen Jahr einige Investitionen fällig, die ich nicht mehr alleine stemmen konnte.»

Noch ein Schluck Wein, dann kam er endlich zur Sache.

«Die Zeitung. Das Anzeigengeschäft. Eine Katastrophe. Das ist in einer extrem strukturschwachen Gegend wie der Eifel ja auch kein Wunder. Aber es wird von Jahr zu Jahr desaströser. Die Auflage ist ebenfalls seit Jahren leicht rückläufig, auch wenn uns dein Fall zwischenzeitlich einen kleinen Auftrieb verschafft hat. Aber die Verkaufserlöse können natürlich nicht annähernd das Anzeigen-Minus auffangen. Außerdem haben in jüngster Zeit einige Kunden storniert, eben wegen deiner Berichterstattung ... Ellen. Ich muss auch aufpassen, dass mein kostspieliges Hobby nicht die Cash Cow in Köln beschädigt, das verstehst du doch, oder? Ich trage Verantwortung. Da gilt es, klug abzuwägen. Den Teilhabern in Köln ist mein Spleen mit der Zeitung sowieso ein Dorn im Auge. Aber inzwischen ist der Punkt überschritten, um das noch verantworten zu können. Das Geschäft mit den Mietwagen und dem Chauffeursdienst läuft ja auch nicht von selbst. Du musst ständig investieren, um am Ball zu bleiben. Hast du eine Ahnung, was heutzutage ein nagelneuer Mercedes der S-Klasse kostet?»

«Nein, Kalle, keine Ahnung. Ich verstehe nichts von deinem Geschäft. Ich möchte jetzt aber auch keine Ratespiele mit dir veranstalten. Sag endlich, was du zu sagen hast.»

«Ellen, ich habe dich am Jahresanfang nach Lärchtal geholt. Und jetzt habe ich ein entsetzlich schlechtes Gewissen. Wir kennen uns so lange ... standen uns mal sehr nahe – also, auch deshalb bin ich heute Abend gekommen, weil ich möchte ... weil es mir wichtig ist ... weil du es als Erste erfahren sollst ...»

Sie ahnte längst, was er zu sagen hatte.

Ihr Mund war wie ausgetrocknet.

Aber sie wagte nicht, nach dem frisch gefüllten Weinglas vor ihr auf dem Tisch zu greifen.

«Also ... du weißt genau, wie sehr ich an der Zeitung hänge. Sie war mein Baby. Da steckt mein Herzblut drin. Aber aus rein betriebswirtschaftlichen Gründen und nach langer, reiflicher Überlegung sehe ich keinen anderen Ausweg. Ich mache den Eifel-Kurier zum Jahresende dicht.»

DONNERSTAG, 22. NOVEMBER

Thomas Pohl saß noch keine fünf Minuten im Zeugenstand, als ihm die Stimme versagte. Er schlug die Hände vors Gesicht, er schüttelte den Kopf, als wollte er nicht wahrhaben, was soeben mit ihm passierte, als könnte er nicht akzeptieren, die Kontrolle über sich zu verlieren. Er brachte kein Wort mehr heraus. Stattdessen weinte er hemmungslos.

124 Menschen sahen und hörten ihm an diesem frühen Morgen des zweiten Prozesstages beim Weinen zu, wurden Zeuge, wie ein gestandener Mann die Fassung verlor und um seine tote Schwester trauerte.

«Wir unterbrechen die Sitzung für zwanzig Minuten», sagte Richter Josef Jessen. «Ich bitte die Öffentlichkeit, so lange den Saal zu verlassen. Herr Verteidiger, ich zähle auf Ihr Verständnis, dass auch der Angeklagte so lange in seine Zelle verbracht wird.»

Mehr als 100 Menschen drängten durch die Saaltür nach draußen. Hin und wieder bekannte Gesichter, Ursula Gersdorffs Freundinnen aus der Gymnastikgruppe des Turnvereins, ehemalige Kollegen aus der Reha-Klinik, ehemalige Nachbarinnen aus dem Ardennenweg, verschämte, zu Boden gerichtete Blicke. Journalisten, an die sich Ellen erinnerte, weil sie in den vergangenen Wochen und Monaten stundenweise in Lärchtal eingefallen waren. Ein kurzes, stummes Nicken, mehr nicht.

In der Lobby jenseits der Glaswand sprangen augenblicklich die Fernsehteams auf und brachten ihre Kameras in Position. Ellen lenkte Anna-Lena zu einer abseits gelegenen Bank diesseits der schützenden Glaswand.

«Das musste ja irgendwann so kommen», sagte Anna-Lena. «Ich habe mich schon am Montag die ganze Zeit gewundert, wie er das überhaupt aushält, die ganze Zeit dem Mörder seiner Schwester ins Gesicht zu blicken.»

«Gersdorff ist wegen Totschlags angeklagt.»
«Was?»
«Nicht wegen Mordes.»
«Ich weiß, Ellen, ich weiß. Aber es reicht völlig, wenn ich in meinen Texten auf diese juristischen Spitzfindigkeiten achte. Es ist schon pervers genug, dass er nur aus Gründen der sogenannten Prozessökonomie nicht wegen Mordes angeklagt wurde. In Wahrheit ist die Staatsanwaltschaft doch einfach nur zu bequem, das Mordmerkmal Habgier zu beweisen. Und alle haben sie Schiss, der BGH könnte das Urteil in der Revision aufheben. Da geht man eben auf Nummer sicher. Der Karriere wegen.»

Ellen ließ das unkommentiert. Sie hätte der Volontärin jetzt einen langen Vortrag halten können, dass das Strafrecht etwas komplizierter war als soeben von ihr dargestellt. Aber Anna-Lena machte unbestritten einen guten Job, und Ellen freute sich darüber, dass das Selbstbewusstsein der jungen Kollegin in den vergangenen Wochen auf ein vernünftiges Maß gestiegen war. Devote Journalisten waren in der Regel schlechte Journalisten.

Also wechselte Ellen das Thema.

«Die Aussage des Rechtsmediziners hat Thomas Pohl vermutlich den Rest gegeben. Jetzt weiß er in allen Details, wie seine Schwester ums Leben kam. Wie qualvoll sie starb. Wie lange sie leiden musste. Das wird ihn bis in seine Träume verfolgen. Und das nicht nur heute und morgen und übermorgen.»

Anna-Lena nickte stumm.

Ellen beobachtete sie aus dem Augenwinkel.

Die junge Frau hatte keine Ahnung, dass sie in 39 Tagen arbeitslos sein würde. So wie alle anderen. Ellen verfluchte Kalle insgeheim, dass er erst morgen in Lärchtal auftauchen würde, um es allen in der Redaktion mitzuteilen. Weil er vorher keine Zeit hatte. Und sie verfluchte Kalle, dass er sie zuvor zur Mitwisserin gemacht hatte. Sie hatte Kalle nichts von dem Frontalangriff im Internet erzählt. Und sie hatte auch Frank Hachenberg noch nicht zurückgerufen. Jeder an der Schule, die Kollegen, der Direktor, die Schüler, die Eltern, konnten sich nun im Netz anschauen, wie Oberstudienrat Frank Hachenberg nackt und Hand in Hand mit seinem schwulen Freund am See stand.

Am späten Vormittag trat eine Frau in den Zeugenstand, die Ellen zunächst nicht erkannte, weil sie zu jenen Lärchtaler Bürgern auf Ellens langer Rechercheliste gehörte, die sich schon am Telefon geweigert hatten, mit ihr über Ursula Gersdorff zu reden, geschweige denn, sich mit Ellen zu treffen.

Irene Kreuzbach, 48 Jahre alt, verheiratet, unmittelbare Nachbarin der Gersdorffs am Ardennenweg. Eine attraktive Frau. Elegant gekleidet. Schlank. Das klassische Mitglied der besseren Lärchtaler Gesellschaft. Sie war allerdings eine der wenigen unter den nicht wenigen Auskunftsverweigerern gewesen, die Ellen am Telefon nicht auf der Stelle wüst beschimpft hatten. *Ich möchte nicht mit Ihnen darüber sprechen. Ich sage Ihnen auch, warum ich das nicht möchte. Gestern Mittag lauerte hier ein Kamerateam auf der Straße herum und passte die beiden Gersdorff-Kinder auf dem Nachhauseweg ab. Klara hatte nach der Schule Moritz aus dem Kindergarten abgeholt, was sie häufiger tut. Sie geht sehr liebevoll mit dem Kleinen um, auch wenn sie sonst etwas schwierig im Umgang ist. Was sollen denn die Kinder denken, wenn vor der Haustür Kamerateams herumlungern? Können Sie sich das vorstellen? Was können die armen Kinder denn dafür? Wie können diese Fernsehleute den Kindern einen solchen Spießrutenlauf zumuten? Deshalb möchte ich nicht mit Ihnen sprechen, Frau Rausch. Um nicht Öl aufs Feuer zu gießen. Ich wünsche Ihnen alles Gute bei Ihren weiteren Recherchen. Alles, was Sie bisher geschrieben haben, entspricht der Wahrheit. Aber ich persönlich möchte nicht über den Eifel-Kurier diesen Fernsehteams neue Munition liefern. Wissen Sie, ich bin von Herrn Gersdorff einmal schwer enttäuscht worden in meinem Leben. Ich habe meine ganz eigene Meinung zu ihm. Aber das ist meine Privatsache.*

Irene Kreuzbach schwankte auf dem Weg von der Saaltür zum Zeugenstand. Wie ein Seemann beim Landgang.

«Frau Kreuzbach, das Gericht hat Sie als Zeugin in diesem Verfahren geladen, weil Sie und Ihr Mann die nächsten Nachbarn der Gersdorffs im Ardennenweg sind.»

Irene Kreuzbachs perfekt frisierter Hinterkopf bewegte sich. Sie nickte also zustimmend.

«Waren Sie dies schon im März 1996?»

«Ja.»

«Gab es nachbarschaftliche Kontakte, die über das höfliche Grüßen am Gartenzaun hinausgingen?»

«Das kam ganz darauf an.»

«Können Sie das präzisieren?»

«Natürlich. Es kam darauf an, mit wem der Herr Gersdorff gerade verheiratet war. Als die Ursula Gersdorff noch ... da gab es damals einen sehr netten Kontakt.»

«Wie kam der zustande?»

«Also wir haben ja erst ein Jahr nach den Gersdorffs gebaut, die Zeit war das reinste Chaos, weil sich der Bau immer wieder verzögerte, aber wir unsere Mietwohnung schon gekündigt hatten und schließlich notgedrungen umziehen mussten ... in eine Baustelle umziehen mussten. Die Uschi war in dieser für uns ausgesprochen schwierigen Zeit außerordentlich hilfsbereit. Er aber auch. Ich weiß gar nicht, wie wir das ohne die beiden durchgestanden hätten. Sie versorgten uns mit Essen, als unsere neue Einbauküche noch nicht aufgestellt werden konnte, weil die Bodenfliesen noch nicht gelegt waren. Wir durften auch bei den Gersdorffs duschen, als unser Bad noch nicht fertig war. Bessere Nachbarn konnte man sich gar nicht wünschen.»

«Ich verstehe. Wann hat sich das Verhältnis geändert?»

«Erst als die Uschi weg war und die zweite Frau einzog, die Sonja, da kühlte das nachbarschaftliche Verhältnis deutlich ab. Man grüßte sich, und das war's. Aber mit der dritten Ehefrau, der

Ewa, war das wieder sehr nett, wenn auch nicht so intensiv. Da ist ja auch der erhebliche Altersunterschied, der da eine Rolle spielt. Die Ewa kam schon mal auf einen Kaffee bei mir vorbei. Ich glaube, sie hat mich als mütterliche Freundin und Ratgeberin gesehen und geschätzt. Aber zu viert, also beispielsweise zum Grillen im Garten oder so, hatten wir uns nur getroffen, als die Uschi, also die Ursula Gersdorff, noch ...»

Schweigen.

«Frau Kreuzbach, wünschen Sie eine Pause?»

«Nein. Danke. Es geht schon. Ich bin derzeit gesundheitlich nicht ganz auf der Höhe. Außerdem, die Erinnerungen an ... als die Uschi plötzlich weg war, da sind mein Mann und ich anfänglich natürlich schon mal rüber zu Veith oder haben ihn zum Abendessen eingeladen. Um ihm beizustehen. Um ihm unsere Hilfe anzubieten. Wir glaubten, das seien wir ihm schuldig. Aber dass er die Uschi in diesen Gesprächen mit uns immer in den Schmutz gezogen und schlecht geredet hat, das gefiel mir ganz und gar nicht. Das hat mich regelrecht angewidert. Denn egal, was zwischen den beiden vorgefallen war und warum die Uschi sich entschlossen hatte, die Ehe aufzugeben und für immer zu gehen: Sie war ein ganz wunderbarer Mensch gewesen. Natürlich hatte sie auch ihre Macken. Wer hat die nicht? Aber das mit dem Baby vom Liebhaber und der anschließenden Abtreibung, das habe ich dem Veith von Anfang an nicht geglaubt. Außerdem ist mir damals noch etwas aufgefallen.»

«Ja?»

«Am Nachmittag des 20. März kam die Uschi mit neuen Blumentöpfen nach Hause. Der ganze Kofferraum war voll damit. Und Pflanzen aus dem Gartencenter. Was man so pflanzt um diese Jahreszeit. Ich sah das zufällig und habe ihr beim Ausladen geholfen. Sie hat ihr Heim und den Garten immer gern hübsch gestaltet. Da hat sie viel Zeit investiert. Das hat ihr viel Freude bereitet. Aber wozu hätte sie denn noch Blumentöpfe und Pflanzen kaufen sollen, wenn sie doch vorhatte, am nächsten Tag mit ihrem Liebhaber für immer ins Ausland durchzubrennen?»

Richter Jessen wechselte einen kurzen Blick mit Oberstaatsanwalt Fasswinkel, dann wandte er sich wieder der Zeugin zu.

«Haben Sie das damals der Polizei erzählt?»

«Nein. Es hat mich ja auch niemand gefragt. Bei mir war nie jemand von der Polizei. Und aus eigenen Stücken einen ungeheuerlichen Verdacht zu äußern und zu nähren, das schien mir unangemessen. Die Polizei hat ja dann auch schon nach ein paar Tagen bestätigt, dass die Uschi mit einem Liebhaber ins Ausland gegangen sei und sich von dort telefonisch gemeldet habe. Warum hätte ich das anzweifeln sollen?»

«Ich verstehe. Wann ist denn die neue Ehefrau eingezogen?»

«Nach ein paar Tagen schon ging die Sonja ein und aus. Mit einer Selbstverständlichkeit und einem Selbstbewusstsein, als sei es nie anders gewesen. Als sei dies das Normalste von der Welt. Aber die haben sich ja auch schon vorher gekannt, also der Veith und die Sonja.»

«Das ist allerdings nicht verwunderlich. Sie arbeitete ja schließlich als Arzthelferin in seiner Praxis.»

«Ja, natürlich. Die Sonja war ja sozusagen die Nachfolgerin von der Uschi in der Praxis gewesen, nachdem die Uschi nicht mehr für ihren Mann arbeiten wollte und sich die Stelle in der Reha-Klinik in Altkirch gesucht hatte. Wir haben das damals gar nicht verstanden. Aber sie wollte unbedingt finanziell unabhängig werden. Das hatte sie mir mal gesagt. Aber das meinte ich jetzt gar nicht. Gekannt war wohl das falsche Wort. Sie haben sich vorher schon näher gekannt, wenn Sie verstehen, was ich meine.»

«Woher wissen Sie das?»

«Weil ich sie zufällig gesehen habe. Also den Veith mit der Sonja. In Altkirch. Bei der alljährlichen großen Karnevalsparty des MC Altkirch. Das war Anfang des Jahres. Im Januar. Die ist immer schon im Januar. Als Notar mit Kanzlei in Altkirch muss sich mein Mann schon aus beruflichen Gründen bei den wichtigsten gesellschaftlichen Ereignissen in der Kreisstadt sehen lassen, und er legt Wert darauf, dass ich ihn begleite. Seine halbe Kundschaft ist Mitglied im Motorsportclub Altkirch. Aber den Veith hatten wir dort zuvor noch nie gesehen. Vielleicht dachte er sich diesmal, dass so weit weg von Lärchtal ... ich weiß es nicht. Zu der Zeit lag die Uschi wegen der Fehlgeburt im Krankenhaus, daran erinnere ich mich genau. Jedenfalls war das mit der Sonja eindeutig mehr als nur so ein harmloser Karnevalsflirt. Die waren so mit sich beschäftigt, dass der Veith nicht mal mitkriegte, dass wir auch dort waren. Die konnten die Finger gar nicht voneinander lassen. Ich hoffe, Sie verstehen, was ich damit meine ...»

«Ich denke, wir haben hier alle genügend Phantasie, um uns vorzustellen, was Sie meinen, Frau Kreuzbach.»

Ja, fast alle im Saal besaßen dafür genügend Phantasie.

Alle außer Dr. Wolfram Güttge.

Aber das war nun mal der Job eines guten Verteidigers, nachteilige Zeugenaussagen zu entkräften. Und so nahm er Irene Kreuzbach in die Mangel. Fragen wie Maschinengewehrsalven:

«Was haben Sie am Morgen des 6. September 2007 gesehen, als Sie aus dem Fenster blickten?»

«Wie bitte?»

«Haben Sie meine Frage nicht verstanden? Was haben Sie am Morgen des 6. September 2007 ...»

«Das weiß ich doch jetzt nicht mehr ... was war denn am ...»

«Und am Abend des 12. Dezember 2009?»

«Ich habe keine Ahnung, was Sie ...»

«Ich bitte Sie! Der 12. Dezember 2009. Das doch erst ein paar Jahre her ... und Sie können sich schon nicht mehr erinnern? Aber merkwürdigerweise können Sie sich noch ganz genau an den 26. und 27. März 1996 erinnern, obwohl das schon 16 Jahre her ist. Du meine Güte: 16 Jahre! Eine halbe Ewigkeit. Ehrlich ge-

sagt: Ich könnte mich nach so langer Zeit nicht mehr erinnern. Aber Sie können das. Wie kommt das?»
«Aber das habe ich doch gar nicht behauptet.»
«Oh doch. Das haben Sie. Vor wenigen Minuten. Ich zitiere: *Am Montag hieß es dann, sie sei mit ihrem Liebhaber weg, also war es der Dienstag oder Mittwoch.* Dienstag oder Mittwoch. Das war nun mal der 26. März beziehungsweise der 27. März 1996. Vor 16 Jahren, Frau Kreuzbach. Und Sie wollen sich noch so genau an den Zeitpunkt erinnern? Erstaunlich.»
«Also ich bin mir ziemlich sicher ...»
«Ziemlich sicher. So, so. Ich bitte darum, diese nachträgliche Einschränkung der Zeugenaussage im Protokoll aufzunehmen. Zunächst war sich die Zeugin *sehr sicher*, nun aber nur noch *ziemlich sicher*. Was bedeutet denn Ihre Aussage, die spätere zweite Ehefrau sei seit diesem ... vagen ... Zeitpunkt im Haus am Ardennenweg ... ich zitiere: *ein und aus gegangen*? Vielleicht hatte die damalige Mitarbeiterin von Herrn Dr. Gersdorff ihrem Chef etwas aus der Praxis nach Hause zu bringen. Ist Ihnen diese simple Erklärung nie in den Sinn gekommen?»
«Nein ...»
«Interessant. Könnte das womöglich daran liegen, dass Sie über ein bisschen viel Phantasie verfügen? Vielleicht auch, weil Sie diese Frau nicht mochten? Vielleicht auch, weil Sie insgeheim eifersüchtig auf diese Frau ...»
«Das ist eine bodenlose Frechheit.»
«Statt meine Fragen zu kommentieren, sollten Sie meine Fragen beantworten. Das genügt völlig. Also?»
«Sie blieb ab diesem Zeitpunkt über Nacht.»
«Interessant. Sie liegen also rund um die Uhr auf der Lauer, um zu beobachten, was im Nachbarhaus vor sich geht?»
«Nein. Das tue ich nicht. Das war der pure Zufall. Ich ging gerade zum Briefkasten, als sich die Sonja aus dem Haus schlich. Und ich habe es mir nur gemerkt, weil es so unmittelbar nach

Uschis Verschwinden war. Und von da an sah ich sie immer wieder mal morgens, wenn ich Frühstück machte, weil ich von meinem Küchenfenster aus genau auf ...»

«Was macht Sie eigentlich so sicher, dass es sich bei Ihrer Beobachtung auf dieser Party in Altkirch Anfang des Jahres 1996 keineswegs um einen harmlosen Karnevalsflirt gehandelt haben konnte? Ich bitte Sie: Karneval im Rheinland. Da ist doch vieles anders, ohne dass sich jemand was dabei denkt.»

Da schilderte Irene Kreuzbach ihm und allen anderen Anwesenden im Saal, was sie so sicher machte.

Seinem Gesichtsausdruck nach zu schließen, schien Dr. Wolfram Güttge ganz und gar nicht zufrieden mit der Antwort zu sein. Im Gegenteil: Dem Verteidiger war mit einem Mal daran gelegen, die Zeugin Kreuzbach so schnell wie möglich aus dem Gerichtssaal verschwinden zu lassen.

«Keine weiteren Fragen.»

«Hat die Staatsanwaltschaft Fragen an die Zeugin Kreuzbach?»

Fasswinkel schüttelte den Kopf, vertiefte sich wieder in den Aktenberg auf seinem Tisch und klackerte mit dem Kugelschreiber zwischen seinen Zahnreihen herum.

«Frau Rosenfeld, hat die Nebenklage noch Fragen?»

«Nein. Jetzt nicht mehr, Herr Vorsitzender.»

«Dann ist die Zeugin Kreuzbach entlassen. Vielen Dank. Sie können gehen. Hatten Sie Auslagen? Verdienstausfall?»

Irene Kreuzbach schüttelte den Kopf und erhob sich unsicher von ihrem Stuhl. Auf halbem Weg vom Zeugenstand zur Tür brach sie vor den Zuschauern mitten im Saal zusammen. Erst ging ihr Blick ins Leere, verschwanden die Pupillen mitsamt der Iris, sodass nur noch das Weiße in ihren Augen zu sehen war, dann knickten ihre Beine in Höhe der Knie weg und vermochten ihren Körper nicht mehr zu tragen. Ein Aufschrei ging durch die Menge, als sie ohnmächtig zu Boden sackte.

Die beiden Justizwachtmeister stürzten herbei. Der eine drehte die Frau behutsam auf den Rücken, zog einen Stuhl heran, bettete ihre Füße und Unterschenkel auf die Sitzfläche und sprach beruhigend auf sie ein. Der andere schrie in sein Funkgerät.

Alle im Saal betrachteten entsetzt die Szenerie.

Alle außer Dr. Veith Gersdorff. Das Geschehen schien ihn nicht im Geringsten zu berühren. Teilnahmslos fiel sein Blick auf die am Boden liegende bewusstlose Frau. Dann wandte er sich wieder dem Studium der Tischplatte zu.

«Die Sitzung ist unterbrochen. Bitte verlassen Sie unverzüglich den Saal und machen Sie Platz für den Notarzt. Wir nutzen die Gelegenheit zu einer Mittagspause. Die Verhandlung wird pünktlich um 14 Uhr fortgesetzt.»

Anna-Lena fuhr mit dem Aufzug hinauf in die Kantine im obersten Stockwerk des Neubautrakts. Ellen hatte keinen Hunger, obwohl das Essen in der Gerichtskantine anständig war und man einen wunderbaren Ausblick über die Dächer der Stadt hatte. Sie entschloss sich zu einem Spaziergang. Frische Luft. Andere Gedanken.

Auf der Wilhelmstraße brauchte sie eine Weile, um sich zu orientieren. Rechts standen die Ü-Wagen der Fernsehanstalten. Also bog sie nach links ab, in Richtung Altstadt, wieder nach links in die Alexanderstraße. Sie lehnte sich gegen eine Hauswand, nahm ihr Handy aus der Tasche und versuchte, Friedhelm Martini im Polizeipräsidium zu erreichen.

Aber etwas anderes bereitet mir sehr viel mehr Sorge, Frau Rausch: Wer stiehlt ein teures iPhone, um es anschließend ins Meer zu werfen? Jemand, der gar nicht auf das Gerät scharf ist, sondern auf die gespeicherten Daten. Jemand, der Ihr Leben durchleuchten will. Jemand, der wusste, wo Sie Ihren Urlaub verbringen. Weil er Sie schon länger beobachtet. Jemand, der auf solche Jobs spezialisiert ist. Ein Profi. Ich mache mir Sorgen um Sie ...

Jemand hob ab.

Eine fremde Stimme. Ein Kollege.

Kriminalhauptkommissar Friedhelm Martini sei unterwegs und werde erst am späten Nachmittag wieder im Präsidium sein.

Ellen hatte Martinis Handynummer.

Später. Vielleicht auch nie. Wollte sie tatsächlich, dass er sich diese Website anschaute? Dass er sie so sah?

Frank. Armer Frank. Ellen sah auf die Uhr. Zwecklos, ihn jetzt anzurufen. Er war noch in der Schule und hatte das Handy dort stets ausgeschaltet. Um seinen Schülern ein Vorbild zu sein.

Ein Vorbild.

Auf dem Rückweg durch die Altstadt zum Gerichtsgebäude kam sie an einem Kiosk vorbei. Und blieb wie angewurzelt stehen.

Neben dem Eingang zum Kiosk im Souterrain des Hauses lehnte ein rostiger Ständer mit aktuellen Tageszeitungen. Bild Köln. Titelseite. Das Gesicht. Dieses Gesicht.

Ellen ging hinein und kaufte die Zeitung.

Wer ist der unbekannte Tote?

Die Kölner Polizei steht vor einem Rätsel. Wer ist der Mann, der sich in der Nacht zu gestern aus dem obersten Stockwerk des Parkhauses an der Maastrichter Straße stürzte? Hinweise auf Fremdverschulden konnten bislang nicht gefunden werden. Aber warum nahm er sich auf diese grausame Weise das Leben? Oder war es ein Unfall? Die Rechtsmedizin stellte bei der Obduktion im Blut des Mannes einen Alkoholgehalt von 2,8 Promille fest. Merkwürdig nur: In den Anzugtaschen des untersetzten, älteren Herrn wurden weder Ausweispapiere noch Autoschlüssel gefunden ...

Das Gesicht. Die Augenlider geschlossen. Das Gesicht des Toten in Nahaufnahme. Ellen kannte den Mann.

Der Tote auf dem Foto war Hans Knoop. Leiter des Bauamtes der Stadt Lärchtal in der Eifel.

Sie wählte Martinis Handynummer.

«Ja?»

«Ellen Rausch hier. Ich ...»

«Hallo, Frau Rausch. Ist gerade ganz schlecht. Ich bin in Köln. Die Kollegen hier haben eine Sache, die mit Lärchtal zu tun hat. Ich melde mich bei Ihnen. Versprochen. Bis dann.»

Aufgelegt.

Eine Sache, die mit Lärchtal zu tun hat.

Eine Sache.

Um 14 Uhr wurde Jana Menzel, geborene Nuschke, wohnhaft in Altkirch, in den Zeugenstand gerufen.

Knallenge Röhrenjeans, Zwölf-Zentimeter-Absätze, schwarze Lederjacke, trotziger, aggressiver Blick. Mit dem Fuß schob sie unwirsch den Stuhl in Position, bevor sie sich setzte.

«Frau Menzel, Sie waren damals die beste Freundin von Ursula Gersdorff. Stimmt das?»

«Freundin ... ja. Beste Freundin? Keine Ahnung.»

«Herr Dr. Gersdorff, Ursula Gersdorffs damaliger Ehemann, hat Sie so bezeichnet – als beste Freundin.»

«Na, der müsste es ja wissen.»

Sie würdigte den Mann auf der Anklagebank keines Blickes. Nicht aus Angst oder aus Scham oder aus Verlegenheit. Diese Frau kannte weder Angst noch Scham, noch Verlegenheit. Er hingegen starrte sie unentwegt an. Wie das Kaninchen die Schlange. Während Veith Gersdorff zuvor die meisten Zeugen völlig ignoriert hatte, als hätte alles, was in diesem Raum geschah, gar nichts mit ihm zu tun, ließ er die Zeugin Jana Menzel keine Sekunde aus den Augen.

«Wo haben Sie Ursula Gersdorff kennengelernt?»

«Im Fitness-Studio in Altkirch. Ich arbeite dort als Trainerin, und Frau Gersdorff war meine Kundin.»

«War Herr Gersdorff ebenfalls Ihr Kunde?»

«Ja.»

«Was bedeutet denn Kundin oder Kunde in Ihrer Branche? Wie hat man sich das vorzustellen?»

«Die Uschi besuchte regelmäßig die Kurse, die ich anbiete. Fatburner. Bauch, Beine, Po. Der Veith wurde erst ein paar Monate später Mitglied. Er machte Krafttraining und hat mich zwischendurch als Personal-Trainer engagiert wegen einer speziellen Rückensache. Hab ja auch eine physiotherapeutische Zusatzausbildung, ob Sie's glauben oder nicht.»

«Kam das Ehepaar gemeinsam zum Training?»

«Nein. Nie.»

«Hat Sie das gewundert?»

«Nein.»

«Warum hat Sie das nicht gewundert?»

«Weil es mich nicht interessiert hat. Außerdem: Das hätte ja auch rein zeittechnisch nicht funktioniert. Ich kann nicht Kurse geben und mich gleichzeitig als Personal-Trainer um einen Einzelkunden kümmern. Ist doch logisch, oder?»

«Als Freundin von Frau Gersdorff haben Sie sicher im Lauf der Zeit auch über Privates gesprochen, über ihre Ehe zum Beispiel.»

«Nein. Die Uschi hat eigentlich nie mit mir über ihre Ehe gesprochen. Sie war immer sehr zurückhaltend.»

«Über was haben Sie denn so gesprochen?»

«Keine Ahnung. Ist ja schon eine Weile her. Über dieses und jenes. Klamotten, Schuhe, ihre Gewichtsprobleme.»

«Sie hatte Gewichtsprobleme?»

«Sie hatte immer Angst, zuzunehmen und in die Breite zu gehen. Haben ja die meisten Frauen, die ins Studio kommen. Deshalb kommen sie ja auch überhaupt erst. Die richtig Fetten, die kommen ja erst gar nicht zu uns.»

«Haben Sie häufiger etwas zusammen unternommen?»

«Wer?»

«Sie und Frau Gersdorff.»

«Sie meinen: außerhalb des Studios?»

«Ja.»

«Manchmal sind wir zusammen shoppen gegangen, in Altkirch, manchmal auch in Bad Godesberg, und anschließend noch in ein Café, zum Quatschen.»

«Wie häufig war das?»

«Keine Ahnung. So einmal im Monat vielleicht.»

«Und Frau Gersdorff hat nie etwas über sich erzählt?»

«Über was denn?»

«Über den Zustand ihrer Ehe zum Beispiel. Ob sie glücklich oder eher unglücklich war, ob sie Sorgen hatte.»

«Nein. Nie.»

«Und Sie haben auch nicht gefragt?»

«Nein.»

«Wie gut kannten Sie denn Herrn Gersdorff?»

«Wie gesagt: Er war mein Kunde im Studio.»

«Und sonst nichts?»

«Was denn sonst noch?»

In diesem Augenblick hätte Ellen viel darum gegeben, Jana Menzels Gesicht studieren zu können. Stattdessen musste sie mit dem blondierten Hinterkopf vorliebnehmen.

«War Herr Gersdorff jemals mehr als nur ein Kunde?»

Sie lachte auf. Ein verächtliches Lachen. «Haben Sie sich das etwa von dieser Journalistin einreden lassen?»

«Frau Zeugin, die Frage stelle jetzt ich und nur ich. Ihre Aufgabe ist es lediglich, meine Fragen wahrheitsgemäß zu beantworten. Ich hatte Sie ja bereits zu Beginn belehrt, was Sie im Falle einer Falschaussage zu erwarten haben.»

«Ich habe nichts zu verbergen», kam es schnippisch aus dem Zeugenstand. «Der Veith war ein Kunde und nichts weiter.»

«Ein attraktiver Mann. Arzt. Vermögend.»

«Jetzt vielleicht. Aber damals hatte die Praxis eine schwere Krise. Hatte die Uschi jedenfalls öfter erzählt. Da hatte der Veith ja auch noch nicht mit der kosmetischen Chirurgie angefangen. Sondern war ein stinknormaler Dorfarzt. Außerdem hatte ich nie Probleme, einen Kerl zu finden, wenn mir danach war, und der Veith war einfach nicht mein Typ, auch wenn scheinbar alle Frauen ganz verrückt nach ihm waren.»

«Aber Sie duzten sich ...»

Wieder dieses kurze, verächtliche Lachen. «Das ist nun mal so üblich in einem Fitness-Studio. Da duzen sich alle. Sie waren wohl noch nie in einem Studio.»

Raunen im Publikum, vereinzelte Lacher.

Ein einziger Blick von Richter Jessen brachte den Saal augenblicklich zum Verstummen.

«Frau Zeugin, meine Geduld ist allmählich erschöpft. Wenn Sie die Würde dieses Gerichts noch ein weiteres Mal missachten, werde ich Ihnen eindrucksvoll demonstrieren, zu was Recht imstande ist. Und ich werde meine rechtlichen Möglichkeiten bis zur Grenze ausschöpfen. Haben wir uns verstanden?»

«Schon okay.»

«Wieso hat Herr Dr. Gersdorff denn eigentlich im März 1996 ausgerechnet Sie angerufen und gebeten, ihn zur Erstattung einer Vermisstenanzeige zur Polizei zu begleiten?»

«Was weiß denn ich? Da müssen Sie ihn fragen!»

«Ich frage aber Sie!»

«Keine Ahnung.»

«Auch wenn das 16 Jahre her ist: Können Sie sich noch an diesen Besuch bei der Polizei erinnern?»

«So ungefähr.»

«Wie hatte denn der Polizeibeamte, der die Vermisstenanzeige aufnahm, darauf reagiert?»

«Nicht besonders interessiert. Der sagte, das passiere andauernd, und die meisten wären nach ein paar Tagen wieder da.»

«Und Sie haben sich nicht gewundert?»

«Worüber gewundert?»

«Dass die Uschi einfach so verschwunden ist. Ohne sich zu verabschieden.»

«Gewundert ... ich weiß es nicht mehr. Man guckt ja nicht rein in die Menschen, oder?»

«Nein, man guckt nicht rein in die Menschen. Und als es dann ein paar Tage später hieß, Ihre Freundin sei mit einem Liebhaber ins Ausland, und sie habe von dort angerufen.»

«Ja. Da war doch alles klar.»

«Was war klar?»

«Dass sie die Schnauze von ihm voll hatte.»

«Und er schenkt Ihnen Frau Gersdorffs Nerzmantel.»

«Ja ... und?»

«Und Sie haben sich darüber nicht gewundert?»

«Nö. Ich wollte ihn ja nur für die Uschi aufbewahren. Falls sie eines Tages wiederkommt. Der Veith wollte ja eigentlich alle Klamotten von ihr sofort wegwerfen, so schnell wie möglich. Hat er ja auch getan. Konnte man ja auch verstehen. Aber da dachte ich mir, die Uschi würde sich bestimmt freuen, wenn sie eines Tages wiederkommt, dass ich ihren Nerzmantel extra für sie verwahrt habe. Das schöne Stück. Der Veith hat ihn mir ja regelrecht aufgedrängt. Warum sollte ich da nein sagen? Wäre doch schade gewesen, das gute Stück wegzuwerfen.»

Ellen spürte, wie Richter Jessen nur mühsam die Fassung wahrte.

«Haben Sie noch weitere Geschenke erhalten?»

«Nein.»

«Bargeld? Ursula Gersdorffs Auto vielleicht?»

«Ich sagte doch schon: Nein!»

«Hatten Sie anschließend weiter Kontakt zu Herrn Gersdorff?»

«Nein.»

«Warum denn nicht?»

«Die Sonja wollte das nicht. Also seine neue Lebensgefährtin und spätere Ehefrau. Die war nämlich ziemlich eifersüchtig. Der Veith hat sich dann auch nach einer Weile im Fitness-Studio abgemeldet. Durfte er wohl nicht mehr hin.»

«Kannten Sie Sonja Gersdorff schon vorher?»

«Vorher?»

«Bevor sie die Lebensgefährtin von Herrn Gersdorff wurde.»

«Nein.»

«Obwohl Sie und Sonja Gersdorff in derselben Kleinstadt in der damaligen DDR geboren sind?»

«Na und? Erstens ist die Sonja, wenn ich mich nicht irre, fünf Jahre älter als ich, und zweitens wurden in dem Kaff schon eine Menge Leute geboren, die ich nicht kenne.»

«Sie sind nur wenige Wochen nach Ursula Gersdorffs spurlosem Verschwinden weggezogen. In ein Dorf im Westerwald, mehr als 120 Kilometer Luftlinie östlich von Altkirch.»

«Ja. Ich brauchte mal Tapetenwechsel. Hatte aber überhaupt nichts mit der Sache hier zu tun.»

«Was haben Sie dort gearbeitet?»

«Gar nichts. Ich brauchte mal dringend eine Pause.»

«Eine Pause? Wovon?»

«Vom Arbeiten.»

«Und von was haben Sie in dieser Zeit gelebt?»

«Ich hatte noch Erspartes.»

«Aber schon wenige Monate später, im November 1996, zogen Sie wieder zurück, nach Altkirch.»

«Ja. Da war das Ersparte aufgebraucht. Außerdem hatte ich inzwischen meinen heutigen Mann kennengelernt. Und der stammt aus Altkirch. Wo die Liebe hinfällt. Steckt man nicht drin. Und da habe ich wieder im Studio angefangen.»

Richter Josef Jessen beugte sich vor und studierte Jana Menzel eine Weile schweigend und mit tief gerunzelter Stirn.

«Frau Zeugin, Sie haben diese Kammer bislang nicht davon überzeugen können, die komplette Wahrheit zu sagen. Es könnte sein, dass ich Sie in den nächsten Tagen ein zweites Mal vorladen lasse. Halten Sie sich also zur Verfügung. Verreisen Sie in den nächsten Tagen und Wochen nicht. Denken Sie bis dahin gut nach. Vorerst sind Sie aus dem Zeugenstand entlassen.»

«Moment mal. Ich hatte Auslagen. Verdienstausfall.»

Ellen verließ den Gerichtssaal. Sie mühte sich, die schwere, schalldichte Saaltür möglichst geräuschlos zu schließen. Zu viel. Zu viel auf einmal. Zu viel auf einmal für einen Menschen wie sie.

Ellen beschleunigte ihren Schritt, lief durch den Vorraum und quer durch die nicht enden wollende Lobby zur Damentoilette und schaffte es in letzter Sekunde, sich über die Kloschüssel zu beugen, bevor sie sich erbrach.

FREITAG, 23. NOVEMBER

Bla, bla, bla. Die Hälfte seiner Rede hätte sich Kalle besser verkniffen. Eine viertelstündige Abhandlung über die Krise des gedruckten Wortes, die erdrückende Konkurrenz des Internets, die Abwanderungsbewegung der großen Werbeetats zu den elektronischen Medien, die Insolvenzen traditionsreicher Blätter landauf, landab. Vermutlich hatte er sich die Rede von einem seiner geleckten Prosecco-Freunde aus der Kölner Medienszene aufschreiben lassen. Vielleicht sogar noch Geld dafür bezahlt.

Ellen spürte deutlich, wie unsicher er war, als er die dämliche Rede vom Blatt ablas. Eine einzige Katastrophe.

Die endgültig letzte Ausgabe des Eifel-Kuriers sollte am 19. Dezember erscheinen, der letzte Mittwoch und damit der letztmögliche Erscheinungstag vor Heiligabend. Um noch das Weihnachtsgeschäft mitzunehmen.

Der Tag nach dem für den 18. Dezember terminierten Urteil. Um auch das noch mitzunehmen.

Kalle war bereit, den neun Beschäftigten über das Jahresende hinaus noch drei weitere Monatsgehälter zu zahlen.

Steffi Kaminski heulte ohne Unterlass. Von dem Moment an, als sie begriff, warum Kalle extra aus Köln gekommen war.

Arno Wessinghages Gesicht war wie versteinert. Eine weiße, wächserne Maske. Der Mund nur noch ein schmaler Strich. Der Mann, der die Killing Fields gesehen hatte, der als letzter deutscher Journalist Kambodscha verlassen hatte, vor Pol Pots Schergen zu Fuß durch den Dschungel nach Thailand geflohen war, schien soeben sein Bild von dieser Welt zu komplettieren, das letzte noch fehlende winzige Puzzleteil einzufügen.

Bert Großkreuz sprang wutentbrannt auf, griff nach seiner Jacke und verließ wortlos die Redaktion.

Anna-Lena Berthold schaute immer wieder zu Ellen. Wie ein hilfloses Reh. Hilf mir. Beschütze mich.

Dietmar Breuer versicherte wortreich, das Anzeigengeschäft sei doch gerade dabei, sich etwas zu erholen, auch mit Blick auf Weihnachten. Er habe auch schon Abschlüsse für das erste Quartal des neuen Jahres so gut wie in der Tasche. Nur noch eine Frage der Zeit. Das seien doch alles in allem erfreuliche, positiv stimmende Nachrichten, nicht wahr? Breuer winselte und jaulte wie ein geprügelter Hund, als könnte dies Kalle ermuntern, seine Entscheidung noch einmal zu überdenken.

Aber Kalle sagte nichts dazu. Kein Wort.

Hans-Joachim Burger fehlte. Er war wieder krankgeschrieben. Niemand hatte daran gedacht, ihn zu Hause anzurufen und in Kenntnis zu setzen, dass Karl Malik kommen würde. Und weil Kalle wie üblich erst mit einstündiger Verspätung eintraf, hatten die Frauen aus der Geschäftsstelle schon Feierabend.

Kalle war längst wieder weg, als sie immer noch zusammensaßen. Schweigend. Unfähig, das Geschehene noch einmal in Worte zu fassen. Wozu auch? Alles war gesagt. Erst kurz vor Mitternacht ging jeder seiner Wege.

SONNTAG, 25. NOVEMBER

Es gibt diese Tage, die man, aus der Rückschau betrachtet, gerne übersprungen hätte. Kein heute, nur gestern und morgen. Tage, von denen man wünschte, es hätte sie nie gegeben. Tage, die man am liebsten auf der Stelle vergessen möchte. Tage, die sich unauslöschlich ins Gedächtnis einbrennen.

Dieser Sonntag war so ein Tag.

Ellen besuchte am späten Vormittag Frank in seiner Wohnung. Der Mann war am Ende seiner Kräfte, nur noch ein Schatten seiner selbst. Bartstoppeln im blassen Gesicht. Ein labberiges, streng riechendes T-Shirt, das er offenbar schon seit Tagen trug und vermutlich nicht mal nachts auszog. Die Wohnung roch nicht viel besser. Ellen riss die Fenster auf.

Die vergangene Woche war für Oberstudienrat Hachenberg ein einziges Spießrutenlaufen gewesen. Entgegen Rüdigers Rat war Frank seit Montag jeden Morgen tapfer und pflichtbewusst zur Arbeit erschienen, hatte die gehässigen Blicke und spöttischen Bemerkungen der Kollegen ebenso über sich ergehen lassen wie das alberne Kichern der pubertierenden Schüler, wenn er nach den Pausen und Klassenwechseln kommentarlos die anzüglichen Schmierereien auf den Tafeln entfernte.

Am Mittwoch hatte ihn der Direktor einbestellt und ihm kühl mitgeteilt, dass man sich genötigt sehe, den Fall an die Schulaufsicht weiterzugeben ... *auch angesichts der zahlreichen Anrufe aus Kreisen der höchst besorgten Elternschaft.* Erst am Freitagmorgen hatte Frank die Notbremse gezogen, Rüdigers Rat befolgt und sich arbeitsunfähig gemeldet.

Auch die Grünen beschäftigten sich hingebungsvoll mit der Hachenberg-Affäre. *Die Hachenberg-Affäre.* So hieß der einzige Tagesordnungspunkt der eigens einberufenen Fraktionssitzung am vergangenen Donnerstagabend, zu der per Rundmail ganz basisdemokratisch auch sämtliche Parteimitglieder Lärchtals eingeladen worden waren. *Die Hachenberg-Affäre.*

Leidenschaftlich wurde darüber diskutiert, welche Auswirkungen die Affäre auf das Ergebnis der nächsten Kommunalwahl haben könnte. Frank schwieg die meiste Zeit, auch weil sich niemand ernsthaft für seine Sicht der Dinge interessierte, während die Eiferer den Stab über ihn brachen, über ihn redeten statt mit ihm. Am Ende der Sondersitzung kündigte Frank an, sein Mandat als Mitglied des Stadtrates niederzulegen. Man nahm es mit einem Schulterzucken zur Kenntnis und versuchte sich daran zu erinnern, wer denn eigentlich als Nachrücker auf der Liste stand.

Nun saß er seit drei Tagen in seinem Sessel und grübelte vor sich hin. Ellen ging mit Alisa, der Border-Collie-Hündin, eine halbe Stunde um den Block, füllte nach ihrer Rückkehr in die Wohnung den Fressnapf in der Küche, räumte das schmutzige Geschirr in die Spülmaschine, sammelte die in der Wohnung verstreute Wäsche ein, stopfte alles in die Maschine und stellte sie an. Dann machte sie Kaffee und setzte sich zu Frank.

«Hier. Für dich. Wo ist Rüdiger?»

Apathisch griff Frank nach dem Becher.

«Er leitet übers Wochenende ein Fortbildungsseminar. Für ehrenamtliche Sozialhelfer. In Duisburg. Er wollte es meinetwegen kurzfristig absagen. Aber das wollte ich nicht.»

«Was sagt Rüdiger zu der Sache?»

«Zu der Sache? Du meinst: Oberstudienrat Hachenberg ist schwul und außerdem vielleicht auch noch bisexuell und verabredet sich gern zum flotten Dreier am See und ist eine große Gefahr für unsere Kinder, weil jemand, der schwul ist und womöglich sogar bisexuell, sich selbstverständlich auch über minderjährige Schutzbefohlene hermacht? Meinst du diese Sache?»

«Ja, diese Sache meine ich. Was sagt Rüdiger?»

«Er sagt, ich solle mich schleunigst woanders bewerben. Weit weg von Lärchtal. Irgendwo in einer größeren Stadt in NRW. Am besten in Köln.»

«Kluger Mann, dein Mann.»

«Ich kann aber nicht.»

«Warum nicht?»

«Meine Mutter.»

«Das Thema hatten wir schon mal. Und ich hatte dir meine Meinung dazu gesagt.»

«Du hast gut reden.»

«Weiß deine Mutter es schon?»

«Ja. Den Nachbarn war es sicher ein Vergnügen, ihr ...»

«Und?»

«Was und?»

«Wie hat sie reagiert?»

«Sie straft mich mit Verachtung. Sie überschüttet mich mit Vorwürfen. Sie fragt sich laut, womit sie das verdient habe.»

«Frank!»

«Ja?»

«Lebe endlich dein eigenes Leben!»

«Ich hatte mein eigenes Leben. Bevor du kamst.»

Am frühen Nachmittag rief Friedhelm Martini an.

«Frau Rausch, ich habe diese Internet-Seite gesehen.»

«Die hat ja mittlerweile wohl die ganze Welt gesehen.»

«Ich habe mich bei einem Kollegen vom Bundeskriminalamt schlaugemacht. Juristisch gibt es leider kaum eine Chance, die Website vom Netz nehmen zu lassen. Weil die Adresse keine deutsche Domain-Endung hat. Die Endung .to steht für Tonga. Ein Inselstaat im Südpazifik. Neben dem Fischfang und dem Export von Vanille ist die Lizenzierung der nationalen Top-Level-Domain an internationale Kriminelle derzeit die Haupteinnahmequelle Tongas. Der Kollege vom BKA sagt, man könnte höchstens versuchen, Google dazu zu bewegen ...»

«Das können Sie doch vergessen. Das ist so aussichtsreich wie Don Quijotes Kampf gegen die Windmühlen. Außerdem ist das Google-Ranking nicht das Hauptproblem. Der Link wird massenweise per Mail verbreitet. Erzählen Sie mir lieber, was Ihre Kölner Kollegen ermittelt haben.»

«Tja. Merkwürdig. Da ist ein Mensch zu Tode gekommen, von dem man inzwischen weiß, dass er seinen Wohnsitz in Lärchtal hatte. Das dauerte eine Weile, weil der Mann keine Papiere bei sich trug, nicht einmal einen Autoschlüssel, obwohl er ...»

«Hans Knoop. Leiter des Bauamtes der Stadt Lärchtal.»

«Sie kannten ihn?»

«Mein einziger Informant im Golfresort-Skandal.»

«Oh. Das wusste ich nicht.»

«Man hat ihn umgebracht.»

«Die Kölner Kollegen haben bislang keinerlei Hinweise auf ein Fremdverschulden finden können.»

«Ich sagte Ihnen doch: Die haben ihn umgebracht.»

«Die? Wer ist das?»

«Dieselben Leute, die mich zum Schweigen bringen wollen, indem sie meinen Ruf ruinieren. Dieselben Leute, die in mein Haus eingebrochen sind, meine Rechercheunterlagen und mein Notebook gestohlen und eine Morddrohung auf der Küchenwand hinterlassen haben. Dieselben Leute, die mich nachts von der Landstraße gedrängt haben. Als erste Warnung.»

«Frau Rausch: Nennen Sie mir Namen!»

Namen. Es gab so viele Namen. So viele, die sich wünschten, sie würde Lärchtal auf der Stelle verlassen. Für immer und ewig. Mit einem Mal spürte Ellen Panik in sich aufsteigen. Sie sprang auf, mit dem Telefonhörer am Ohr, und lief zum Fenster. Der Wald. Der See. Schiefergrau und still. Und der Streifenwagen in der Einfahrt. Willy Junglas am Steuer. Der jetzt besser zu Hause bei seiner Familie am Kaffeetisch sitzen würde, statt am dienstfreien Sonntag Ende November in einem muffigen Auto mit ausgeleierten, zerschlissenen Polstern zu hocken und sich eine Erkältung zu holen.

«Frau Rausch? Sind Sie noch dran?»

«Was hatte Hans Knoop in Köln zu suchen?»

«Wir wissen es nicht.»

«Wie ist er überhaupt dorthin gekommen?»

«Offenbar mit seinem Wagen. Der stand ordentlich geparkt in der obersten Etage des Parkhauses. Keine fünf Meter von der ... Ein Passat älteren Baujahrs.»

«Ja, ein Passat.» Ellen musste unweigerlich an die nächtlichen Treffen mit Hans Knoop auf dem verwaisten Parkplatz an der A1 denken. Und an die Angst, die der Mann hatte.

«Herr Martini, der Mann hatte nicht vor, sich umzubringen. Er freute sich auf die Pensionierung, er wollte mit seiner Frau ...»

«Vielleicht hat er dem Druck nicht mehr standgehalten? Möglicherweise war es aber auch ein Unfall. Die Rechtsmedizin hat den Alkoholgehalt im Blut gemessen. Fast drei Promille.»

«Seltsam. Wirklich seltsam. Der Mann war Abstinenzler. Er hat keinen Tropfen Alkohol angerührt.»

«Falsch. Der Mann war Alkoholiker. Allerdings trocken. Angeblich hat er seit seinem Entzug in einer Klinik vor vier Jahren nicht mehr getrunken. Aber Sie wissen nie, was in einem Menschen vor sich geht. Wenn der Mann aus welchen Gründen auch immer seelisch am Ende war ... wir schauen den Menschen nicht in die Köpfe, Frau Rausch. Vielleicht ist er in seiner Verzweiflung nach Köln gefahren, hat sich in die Anonymität der Großstadt geflüchtet, den Wagen im Parkhaus abgestellt, mitten im Belgischen Viertel, einem der fröhlichen Kneipenviertel der Stadt, hat sich so richtig die Kante gegeben, ist dann sturzbetrunken und nicht mehr zurechnungsfähig zurück zum Parkhaus getorkelt ...»

«Und wieso hat man dann in den Taschen des Toten weder Papiere noch Schlüssel gefunden? Ich sage es Ihnen: weil der Mörder einen kleinen zeitlichen Vorsprung wollte, bevor die Spur nach Lärchtal führt. Natürlich haben Sie recht: Mit 2,8 Promille ist man sturzbetrunken, vor allem nach vier Jahren Abstinenz. Aber ...»

«Aber?»

«Das Gefäßsystem des menschlichen Körpers enthält rund 70 bis 80 Milliliter Blut pro Kilogramm Körpergewicht. Seien wir großzügig und rechnen 80 Milliliter. Was wog Hans Knoop wohl? Er war nicht besonders groß und nicht besonders dick. Sagen wir noch mal großzügig: 80 Kilo. Sie müssten es aus dem Obduktionsbericht der Rechtsmedizin besser wissen, also korrigieren Sie mich gerne. 2,8 Promille Alkohol im Blut: Das wären dann, wenn ich richtig rechne, ungefähr 18 Milliliter. Das wiederum wären also etwa 18 Gramm Flüssigkeit ... ein Liter Wasser wiegt jedenfalls ein Kilogramm. Ich kenne das spezifische Gewicht von Alkohol nicht. Aber meines Wissens ist Alkohol sogar leichter als Wasser. Sicher kein Problem, einem Bewusstlosen maximal 18 Gramm Flüssigkeit einzuträufeln, bevor man ihn aus dem sechsten Stock stößt. Oder, noch bequemer: Man jagt ihm die 18 Milliliter mit einer Einwegspritze in die Vene. Ich nehme an, so einen feinen Einstich kann man nach dem Sturz eines menschlichen Körpers aus dem sechsten Stock gar nicht mehr feststellen. Vielleicht hat man in der Rechtsmedizin aber auch gar nicht erst danach gesucht. Oder?»

Martini schwieg. Ellen hörte ihn atmen. Einatmen. Ausatmen. Einatmen. Ausatmen. In diesem Augenblick wusste sie, dass er genauso dachte wie sie. Dass er von Mord und nicht von Suizid oder Unfall im Zustand der Volltrunkenheit ausging. Und dass es ihn der Verzweiflung nahebrachte, den Fall der Kölner Kripo überlassen zu müssen. So wie ihn jeder unaufgeklärte Fall schier zur Verzweiflung brachte.

«Eintausend.»

«Ich verstehe nicht, was Sie meinen, Herr Martini.»

«Es gibt ernstzunehmende kriminologische Untersuchungen, die davon ausgehen, dass eintausend Tötungsdelikte pro Jahr in Deutschland gar nicht erst als Tötungsdelikte erkannt werden.»

«Tröstet Sie das? Mich nicht.»

Am späten Nachmittag parkte Ellen den Alfa vor einem schmalen Häuschen in der Blankenheimer Straße. Anderthalbgeschossig, spitzer Giebel, erschwinglicher Siedlungsbau der Nachkriegszeit. In das absurd geschwungene Messingschild über der Klingel stand in Schreibschrift eingraviert: *Hilde und Hans Knoop*.

Es dauerte eine Weile, bis die Tür geöffnet wurde.

Von einer kleinen, rundlichen Frau mit verweinten Augen.

«Guten Tag, Frau Knoop. Ich bin Ellen Rausch vom Eifel-Kurier. Ich würde mich gerne mit Ihnen unterhalten. Ich hatte schon mehrmals telefonisch versucht, Sie zu erreichen, aber ...»

«Ich weiß, wer Sie sind. Ich habe Ihre Nummer im Display gesehen. Die kenne ich inzwischen auswendig, weil mein Mann sie so oft gewählt hat. Deshalb habe ich nicht abgehoben.»

«Darf ich vielleicht reinkommen?»

«Nein. Gehen Sie bitte. Ich möchte nicht, dass man uns zusammen sieht. Ich will nicht noch mehr Gerede. Ist so schon genug, wie der Name meines Mannes in den Dreck gezogen wird.

Mir ist so schwer ums Herz. Er hat doch immer nur seine Pflicht getan.»

«Was reden die Leute denn, Frau Knoop?»

«Dass mein Mann ein Dieb und ein Betrüger war. Dass er korrupt war. Dass er vertrauliche Papiere aus dem Rathaus ...»

Hilde Knoop konnte nicht mehr weitersprechen. Stumm kullerten die Tränen über ihre Wangen. Sie zupfte ein weißes Stofftaschentuch aus dem linken Ärmel ihres Trauerkleides und schnäuzte sich damit die gerötete, verquollene Nase.

«Wissen Sie, wir waren fast dreiundvierzig Jahre verheiratet. Wir sind immer ein Herz und eine Seele gewesen. Haben immer alles zusammen unternommen. Wir haben uns in dieser langen Zeit kein einziges Mal gestritten. Nicht, dass ich mich erinnern könnte. Nicht einmal über das Fernsehprogramm. Wir hatten noch so viel vor, nach der Pensionierung.»

«Frau Knoop, Ihr Mann war kein Dieb und Betrüger.»

«Das sagen die Leute aber jetzt.»

«Ihr Mann konnte nur kein Unrecht ertragen. Nur deshalb hat er mir helfen wollen.»

«Er war betrunken. Sagt die Polizei. Die waren hier. Zwei Beamte, die sind extra aus Köln gekommen. Ich verstehe das nicht. Vier Jahre lang hat er keinen Tropfen angerührt. Dafür lege ich meine Hand ins Feuer. Und damals hatte er nur damit angefangen, als unsere Tochter gestorben war, unser einziges Kind, vor sechs Jahren. Krebs. Sie hatte eine gute Anstellung in Aachen. Sie war Architektin. Er kam einfach nicht darüber hinweg. Aber er ist nie bösartig geworden durch die Trinkerei. Und dann ist er ja auch freiwillig in die Kur gegangen. Jetzt ist Schluss damit, Hilde, hat er gesagt. Ein für alle Mal ist jetzt Schluss damit.»

Wieder kamen die Tränen.

«Bitte gehen Sie jetzt. Ich will nicht länger darüber reden, mit einem wildfremden Menschen.»

«Frau Knoop, ich glaube das nicht. Ich glaube vielmehr, Ihr Mann ist umgebracht worden.»

Die Frau reagierte nicht, sah durch Ellen hindurch, hing ihren Gedanken nach, weit weg.

«Wann haben Sie Ihren Mann zuletzt gesehen? Frau Knoop? Hören Sie mich? Können Sie sich erinnern, wann Sie Ihren Mann das letzte Mal gesprochen haben?»

«Am Dienstagabend. Es war schon spät. Da zog er sich die Schuhe und den Anorak an. Er sagte: *Hilde, ich muss noch mal los. Warte nicht auf mich. Leg dich ruhig schon schlafen.* Ich fragte: *Wohin willst du denn noch um diese Zeit? Willst du dich schon wieder mit dieser Frau treffen?* Er sagte: *Nein. Ich muss ins Rathaus.* Ich fragte: *Wegen dieser Frau? Sie bringt uns nur Unglück, du wirst sehen.* Er sagte: *Das verstehst du nicht. Ich muss das tun. Sonst finde ich keinen Seelenfrieden.* Und jetzt ist er tot. Er war völlig verändert, seit er das erste Mal mit Ihnen gesprochen hatte. Immer in Gedanken. Gar nicht mehr bei mir. So in sich gekehrt. Er fühlte sich von Ihnen die ganze Zeit unter Druck gesetzt. *Das reicht noch nicht, das reicht immer noch nicht, mehr, mehr, mehr.* Und er hatte so viel Angst, das weiß ich, das habe ich die ganze Zeit gespürt. Jetzt ist er tot. Hans, mein lieber Hans. Wie soll ich nur ohne dich zurechtkommen? Was hat das Leben jetzt noch für einen Sinn?»

«Frau Knoop, ich ...»

«Gehen Sie. Sofort. Mein Mann wurde umgebracht? *Sie* sind schuld, dass er tot ist. Sie mit Ihrem ständigen Wühlen im Dreck!»

DIENSTAG, 27. NOVEMBER

Für sein 1960 veröffentlichtes Kinderbuch *Jim Knopf und Lukas der Lokomotivführer* dachte sich der Schriftsteller Michael Ende die wunderbare literarische Figur des Scheinriesen aus. Bei ihrer Reise durch die Wüste entdecken die beiden Protagonisten am Horizont eine riesenhafte Gestalt. Jim Knopf ist völlig verängstigt. Erst als Lukas mutig voranschreitet, folgt er dem Lokomotivführer mit zitternden Knien. Und siehe da: Je näher sie dem Riesen kommen, desto mehr schrumpft der. Bis er kaum größer ist als der kleine Jim Knopf. In völliger Umkehrung der physikalischen Gesetze der optischen Perspektive wirkt Herr Tur Tur, der Scheinriese, nämlich nur aus großer Distanz riesenhaft.

Die Geschehnisse des gestrigen und des heutigen Prozesstages erinnerten Ellen, die wie immer in der letzten Zuschauerreihe Platz genommen hatte, frappierend an diesen Scheinriesen, der sie in ihrer Kindheit so sehr fasziniert und beschäftigt hatte. Der Mann, dem die Handschellen erst zu Prozessbeginn im Saal abgenommen und am Ende jedes Verhandlungstages vor dem Abführen wieder angelegt wurden, war jedoch keine literarische Figur, sondern ein Scheinriese aus Fleisch und Blut. Ein weiterer, ein entscheidender Unterschied: Herr Tur Tur, der Scheinriese in Michael Endes Kinderbuch, entpuppte sich als ein überaus liebenswürdiger Mensch, wenn man ihm nahe genug kam.

Die beiden Prozesstage wurden für Dr. Veith Gersdorff zu einer konsequenten Demontage. Stunde für Stunde, Zeugenaussage für Zeugenaussage wurde seine glatte Oberfläche durchbrochen und Stück für Stück abgetragen. Er schien mit jedem neuen Detail ein bisschen mehr zu schwinden, sich zu verwandeln. Erkennbar zu werden als das, was er eigentlich war. Hinter der Fassade des erfolgreichen Arztes mit Unternehmergeist, des attraktiven Mannes im besten Alter, dessen Charme die Frauen

scharenweise erlagen, wurde ein feiges, verlogenes Muttersöhnchen sichtbar, ein kleinkrämerischer Spießer.
Der nächste Zeuge bitte!

Waldemar Müller, inzwischen in Köln wohnhafter Aussiedler aus Kasachstan, ehemaliger Mieter des Möbliertzimmers im Souterrain des Hauses der alten Gersdorffs am Lärchtaler Marktplatz, der sich 16 Jahre später, nachdem er aus einem Fernsehbericht von dem Fall erfahren und Ursula Gersdorff auf dem Bildschirm wiedererkannt hatte, bei Ellen Rausch gemeldet hatte.

Müller schilderte im Zeugenstand die Begegnung mit dem Sohn seiner Vermieter am 23. März 1996 im Treppenhaus des elterlichen Hauses und beschrieb einen bestens gelaunten Mann, der völlig emotionslos auf das spurlose Verschwinden seiner Ehefrau zwei Tage zuvor reagierte. Wohl jedem in Lärchtal hatte Veith Gersdorff glaubwürdig und überzeugend die Rolle des bemitleidenswerten Ehemannes vorgespielt. Nur gegenüber dem jungen, damals noch schlecht Deutsch sprechenden Kasachen und persönlichen Haussklaven seiner Eltern hielt er das wohl für überflüssig. Ein Fehler. Einer der erstaunlich wenigen Fehler, die Gersdorff vor 16 Jahren unterlaufen waren. Aber so schlampig, wie die Polizei damals ermittelte, hätten ihm wohl durchaus noch ein paar weitere Fehler unterlaufen dürfen, bemerkte Richter Josef Jessen zynisch.

Die nächste Zeugin bitte!

Petra Schäfer, 54 Jahre alt, vor 16 Jahren noch die Ehefrau des Lärchtaler Malermeisters und Schützenkönigs Albert Schäfer.

Nur einen Tag nach dem Verschwinden von Ursula Gersdorff am 21. März 1996 habe Veith sie zu Hause angerufen: *Ich bin jetzt wieder frei für dich. Die Uschi ist nämlich weg.*

Sie habe aber zu diesem Zeitpunkt kein Interesse an einer Auffrischung der Affäre gehegt und die bizarre Begebenheit deshalb noch am selben Abend ihrem Ehemann erzählt.

Als Petra Schäfer den Zeugenstand wieder verlassen durfte,

erhob sich zeitgleich ein deutlich jüngerer Mann in Jeans und Lederjacke von seinem Stuhl in der zweiten Zuschauerreihe. Arm in Arm verließen sie den Saal, Petra Schäfer gönnte sich noch ein breites, triumphierendes Grinsen in Richtung Anklagebank, bevor sie durch die Tür verschwand. Als fände dieser Prozess vor der 4. Großen Strafkammer des Landgerichts Bonn nur zu dem einen Zweck statt, ihr eine persönliche Genugtuung zu verschaffen.

Die nächste Zeugin bitte!

Sonja Gersdorff, geborene Gloyna, geschiedene Donath, gelernte Arzthelferin und die zweite, geschiedene Ehefrau des Angeklagten. Großer Auftritt, großes Kino. Den flauschigen, schneeweißen Pelzmantel ließ sie ebenso lässig wie filmreif neben dem Stuhl zu Boden gleiten, bevor sie sich setzte.

Ellen spürte die plötzliche Unruhe zwei Zuschauerreihen vor ihr. Zwei junge Frauen. Nein, eher Kinder. Pubertierende Mädchen. Freundinnen offensichtlich. Die eine schlank, zierlich, fast dürr, die andere deutlich übergewichtig. Die Übergewichtige hielt tröstend die Hand der Freundin. In diesem Moment erkannte Ellen die Zierliche: Klara, die 14-jährige Tochter des Mannes auf der Anklagebank und der Frau im Zeugenstand.

Richter Josef Jessen, Oberstaatsanwalt Rutger Fasswinkel und Nebenkläger-Anwältin Gudrun Rosenfeld gaben sich redlich Mühe und zogen alle Register, um der Zeugin zu entlocken, wann genau die intime Beziehung des Arztes und seiner Angestellten begann und wann genau sie bei ihm einzog. Keine Chance.

Ich kann mich nicht erinnern.

Ihre Standardformel.

Ich kann mich nicht erinnern.

Keine Spur von Nervosität oder innerer Unruhe. Erst als sie aufgefordert wurde, den Zustand ihrer Ehe kurz vor der Trennung konkreter zu beschreiben, wurde sie gesprächiger: *Was soll ich dazu sagen? Am Ende machte jeder so sein Ding. Ich interessiere mich nun mal weder für Antiquitäten noch für alte Autos. Aber mir war es am Ende auch egal, wenn er meinte, die Felgen seines geliebten, kostbaren Oldtimers jeden Abend mit der Zahnbüste reinigen zu müssen. Sein Problem, nicht meines.*

Als Sonja Gersdorff schließlich aus dem Zeugenstand entlassen wurde, klemmte sie sich den Pelzmantel unter den Arm und steuerte nicht die Saaltür, sondern die Zuschauerbänke an. Auf halbem Wege hob sie den rechten Arm über den Kopf und streckte den Mittelfinger aus. Ellen konnte nicht ausmachen, wem die obszöne Geste galt. Klara brach augenblicklich in Tränen aus, sprang auf und rannte aus dem Saal. Die Freundin eilte ihr mit sorgenvoller Miene nach. Jessen war außer sich: *Frau Gersdorff, wenn Sie noch ein weiteres Mal die Würde dieses Gerichts missachten, werde ich dafür sorgen, dass Sie die ganze Härte des Gesetzes trifft.*

Als Ellen sich in der Mittagspause des vierten Prozesstages einen Kaffee in der Gerichtskantine holen wollte, blockierte ein hünenhafter Mann den Automaten. Offensichtlich verstand er nicht so recht, wie das Ding funktionierte. Das Möbelpacker-Kreuz unter dem Sakko, das rostrote, struppige Haar, die Lederflicken an den Ellbogen waren unverkennbar. In dem Moment, als sie noch darüber nachdachte, ob sie ihm vielleicht frech auf die Schulter tippen sollte, drehte sich Kriminalhauptkommissar Friedhelm Martini auch schon um.

«Uff. Geschafft. Tach, Frau Rausch. Alles gut?»

«Was für eine Überraschung. Was machen Sie denn hier? Ihr Job ist doch längst erledigt.»

«Nach dem Spiel ist vor dem Spiel. Ich bin hier, um zu lernen. Um Muster in der Psyche zu erkennen. Fasswinkel hat mir erzählt, was hier im Augenblick abgeht. Er prophezeit, dass jeder Prozesstag dem Angeklagten ein zusätzliches Jahr Haft einbringt. Ich will mir das mal anschauen heute Nachmittag. Vielleicht hilft es ja.»

«Wobei denn?»

«Wir nehmen uns im Augenblick sämtliche Vermisstenfälle der letzten Jahre vor. Vor fünf Jahren verschwand eine Frau aus einer Kleinstadt im Siebengebirge. Der Ehemann sagte damals, sie sei nach einem Streit auf und davon und habe anschließend mit zwei Kerlen und einem Lieferwagen mit Kölner Kennzeichen ihre Sachen abgeholt. Die Polizei glaubte ihm. Die Kollegen hatten nicht die geringsten Zweifel. Die Frau ließ ihre beiden Kinder zurück. Ich bin inzwischen davon überzeugt: Er hat sie umgebracht und im Keller des ehelichen Hauses einbetoniert. Wir werden demnächst wohl mit schwerem Gerät anrücken. Ich warte nur noch auf die richterliche Ermächtigung. Und dann gibt es noch einen weiteren, ganz ähnlichen Fall in einem Dorf am Oberlauf der Sieg. Es ist unfassbar. Details kann ich Ihnen noch nicht verraten. Aber wenn es so weit ist, sind Sie die Erste, die es erfahren wird. Mein Wort.»

«Danke.»

Ihr lag auf der Zunge zu sagen, er könne die Erkenntnisse seiner neuen Ermittlungen auch genauso gut exklusiv seinem Friseur erzählen, weil sie bald eine Journalistin ohne Medium sein würde. Als er sie zu einem Cappuccino einlud, den er an der Theke bezahlte, den sie aber vorsichtshalber selbst am Automaten zubereitete, erzählte sie ihm, was ihr auf der Zunge lag. Nur in etwas netteren Worten. Dass der Eifel-Kurier dichtmachte, sobald der Prozess gelaufen war.

Er wirkte tatsächlich bestürzt.

«Ich habe zwar keine Ahnung von Ihrer Branche. Aber wenn Sie mal jemanden zum Reden brauchen ... ich bin nämlich ziemlich gut im Zuhören.»

«Das weiß ich. Danke für das Angebot. Vielleicht, wenn das hier alles vorbei ist. Vorher habe ich den Kopf sowieso nicht frei, um an so etwas wie Zukunft zu denken. Gibt es etwas Neues aus Köln?»

Martini schüttelte den Kopf.

Der nächste Zeuge bitte!

Jürgen Klein, Jahrgang 1955, Versicherungskaufmann, langjähriger Tennispartner und Freund von Veith Gersdorff. Mit zittriger Stimme berichtete Klein im Zeugenstand, wie Gersdorff etwa zwei Monate nach dem spurlosen Verschwinden seiner Frau eines Morgens in der Agentur erschien:

«Der Veith sagte ohne Umschweife, die Uschi habe ihn gestern angerufen: Sie wolle unbedingt, dass der Vermögensfonds, der auf ihren Namen lief, auf ihren Mann umgeschrieben und ausgezahlt werden solle. Ungefähr 12 000 Mark waren da angespart; das war ja noch vor dem Euro. Ich war völlig geplättet. Ich sagte: *Was, die Uschi hat dich angerufen? Wo ist die denn?* Und er sagte: *In Brasilien. Mit ihrem belgischen Liebhaber.* Ja, das sagte er wörtlich, das werde ich nie vergessen. Ich bohrte weiter: *Was hat die Uschi denn noch gesagt? Wie geht es ihr denn? Will sie sich das mit euch beiden nicht noch mal überlegen? Ist das nicht mehr zu kitten?* Der Veith antwortete seelenruhig: *Nichts hat sie sonst gesagt. Nur, dass sie reinen Tisch machen will und ich deshalb das Geld kriegen soll.* Ich wusste, dass der Veith zu der Zeit Probleme mit der Praxis hatte, die lief damals nicht so gut. Aber ich sagte ihm: *Das geht nicht so einfach. Das brauche ich schriftlich von der Uschi.* Da sagte der Veith: *Kein Problem, das regelt alles ihr deutscher Anwalt in Brasilien für sie. Gib mir die Formulare, die dafür unterschrieben werden müssen, und ich schicke sie diesem Anwalt.*»

Jürgen Klein hielt einen Moment inne. Die Geschichte, die er zu erzählen hatte, ging ihm deutlich nahe. Er warf einen Blick zur Anklagebank, so als könnte er es immer noch nicht fassen, so als müsste er sich noch einmal vergewissern, wer dort saß. Dann kehrte sein Blick zur Richterbank zurück.

«Sie werden es nicht glauben: Zwei Wochen später erschien der Veith mit den Papieren. Unterschrieben von Ursula Gersdorff. Ich kannte ja ihre Unterschrift. Der Veith und die Ursula hatten ja sämtliche Versicherungen bei mir laufen. Aber mit heutigem Wissen kann das ja nur bedeuten: Er hat die Unterschrift seiner toten Frau gefälscht. Um an die paar Kröten ranzukommen. Herr Richter, wissen Sie, was das bedeutet? Das hätte mich meine berufliche Existenz kosten können. Wenn das mit der gefälschten Unterschrift damals rausgekommen wäre: Wer im Konzern hätte mir denn geglaubt, dass ich völlig ahnungslos war und dem Kerl blind vertraut habe? Das muss man sich mal vorstellen: Hätte mich ins offene Messer laufen lassen. Und ich Vollidiot dachte immer, dieser Dreckskerl wäre mein Freund.»

«Bitte mäßigen Sie Ihre Ausdrucksweise!»

«Entschuldigung. Aber das macht mich fix und fertig. Er hat uns doch alle betrogen.» Er schaute zu Boden und schwieg.

Jürgen Klein kramte in seinem Sakko und zog schließlich ein gefaltetes Stück Papier aus der Innentasche.

«Vielleicht schauen Sie sich das hier mal an!»

«Was ist das?»

«Ein Brief. Den hat er mir aus der U-Haft geschickt.»

«Herr Zeuge, wir kennen alle Briefe des Angeklagten aus der Haftanstalt. Sie liegen uns in Kopie vor. Die eingehenden und ausgehenden Briefe von Untersuchungshäftlingen unterliegen nach dem Gesetz der Postkontrolle, und deshalb ...»

«So? Den hier kennen Sie bestimmt nicht. Den hat er nämlich an der Postkontrolle vorbeigeschleust.»

Josef Jessens Gesicht erstarrte zu einer Maske. Rutger Fasswinkel sperrte den Mund auf wie ein zappelnder Fisch, der nach Luft japst. Dr. Wolfram Güttge legte seine Stirn in tiefe Zornesfalten, während er seinen Mandanten anstarrte. Doch der reagierte gar nicht. Als hätte das alles nichts mit ihm zu tun.

Ellen war durchaus bewusst, was in diesem Moment in den Köpfen des Vorsitzenden Richters, des Oberstaatsanwalts und des Verteidigers vorging. Erstens: Gewöhnlich wussten nur abgebrühte Berufskriminelle, die schon mehr als einmal hinter Gittern saßen, wie man Briefe an der Postkontrolle vorbei aus dem Knast schmuggelte. Zweitens: Es gab nur vier mögliche Kuriere: entlassene Mithäftlinge, bestochene Wärter, bestochene Lieferanten – oder der eigene Anwalt, weil nur die Post an den Anwalt nach dem Gesetz nicht kontrolliert werden durfte. Allerdings machte sich ein Anwalt strafbar und spielte mit seiner Zulassung, wenn er sich als Postbote für Briefe hergab, die gar nicht an ihn adressiert waren. Drittens: Verhielt sich ein Angeklagter während der U-Haft nicht gesetzeskonform, konnte man ihm das als Zeichen mangelnder Reue anlasten.

Einer der uniformierten Justizwachtmeister trug das gefaltete Papier vom Zeugenstand zur Richterbank, mit spitzen Fingern und ausgestrecktem Arm, als trüge er eine Bombe.

Es war eine Bombe.

Jessen setzte seine Lesebrille auf, entfaltete das Papier und studierte stumm den Inhalt.

Dann legte er den Brief ab, schaltete sein Tischmikrophon aus, verständigte sich flüsternd mit seinen Beisitzern.

Schließlich schaltete er das Mikrophon wieder ein und sagte: «Ich werde diesen Brief nun verlesen.»

Mein Bester,
nun bin ich schon sechs Wochen in diesem Loch – und werde
es wohl noch ein Weilchen bleiben müssen. Totale Langeweile.
Nicht mal einen Fernseher habe ich in meiner Zelle, nur ein primitives Radio mit einem einzigen vorprogrammierten Sender,
der den ganzen Tag nichts als Schlagermusik spielt.

Immerhin darf ich drei Mal pro Woche zum Kraftsport,
sonst würde ich hier noch verrückt werden.

Am schlimmsten ist aber die komplette Entmündigung.
Man muss für jede Kleinigkeit einen Antrag schreiben. Entwürdigend ist das. Deshalb hoffe ich, dass der Prozess bald
losgeht und die Zeit hier endlich ein Ende hat.

Mit etwas Glück komme ich nach dem Urteil sofort in den

offenen Vollzug. Mein Anwalt wird hier ganze Arbeit leisten. Sollte er auch für das Honorar, das er einstreicht. Totschlag im minderschweren Fall, auf der Stelle zum Zorne gereizt, wie das so schön im Strafgesetzbuch heißt, Kränkung der Mannesehre.

Für die zwei, drei Jahre im offenen Vollzug käme dann wohl Euskirchen-Erlenhof in Frage, ist ja zum Glück nicht so weit weg von Lärchtal, ich könnte also pendeln und die Praxis weiter betreiben und müsste nur abends zum Schlafen in den Bau, und Erlenhof soll im Vergleich zur JVA Köln-Ossendorf ein regelrechtes Fünf-Sterne-Hotel sein.

Der Anstaltspsychologe ist zum Glück ein verständiger Mann, der würde das befürworten, hat er gesagt. Aber bis zum Prozess muss ich halt noch hier durchhalten.

Nervtötend sind natürlich die Mithäftlinge. Das ist wirklich eine Zumutung für einen kultivierten Menschen und eigentlich schon Strafe genug. Ich habe bei meinem Kollegen, dem Gefängnisarzt, erfolgreich interveniert, dass ich wenigstens alleine duschen darf. Wenigstens das.

Aber genug zu meinem traurigen Alltag hier. Ich schreibe dir, weil ich dich als Freund um einen Gefallen bitten möchte.

Es geht um Ewa: Ich traue ihr nicht mehr über den Weg.

Du musst für mich einige Wertgegenstände aus dem Haus in Sicherheit bringen und in Verwahrung nehmen, bis ich im offenen Vollzug bin. Ich habe dir eine Liste gemacht. Ich weiß, das ist viel verlangt, aber du wirst sicher einen Weg finden, ohne dass Ewa misstrauisch wird. Ich habe nämlich große Sorge, dass sie sonst alles versetzt. Weißt ja, wie die Frauen sind. Kannst du das für mich tun? Ich danke dir schon jetzt für deine Hilfe!

Grüße alle, die es verdient haben, und sei selbst herzlich gegrüßt.

Dein Freund Veith

PS Dieser Brief erreicht dich übrigens über einen nicht offiziellen Kanal. Sonst würde es ewig dauern, bis er dich erreicht. Und ich könnte es nicht ertragen, dass jemand meine Post liest. Also bitte dichthalten!

Josef Jessen ließ den Brief und die Brille auf den Tisch sinken.
«Ja, Frau Rosenfeld?»
«Ich habe Fragen an den Zeugen, wenn Sie gestatten.»
«Bitte sehr.»
«Herr Klein, hätten Sie sich früher, also vor der Festnahme, als guten Freund von Herrn Dr. Gersdorff bezeichnet?»
«Ja, allerdings. Ich würde sogar behaupten, ich war der beste und längste Freund, den er je hatte.»
«Waren Sie und Ihre Frau früher, als Ursula Gersdorff noch lebte, auch mit ihr gut befreundet?»
«Ja. Das kann man so sagen. Wir haben auch oft was zu viert unternommen. Am Wochenende Ausflüge gemacht, zusammen Silvester gefeiert oder Geburtstage ... außerdem war die Uschi die Patentante meiner ältesten Tochter. Die Uschi liebte Kinder. Sie hatte ein Händchen dafür.»
«Herr Klein, war dieser Brief, den Sie mitgebracht haben und dessen Inhalt wir soeben gehört haben, die erste Kontaktaufnahme des Angeklagten zu Ihnen nach der Festnahme?»
«Ja.»
«Herr Vorsitzender, dann möchte ich anregen, für das Protokoll festzuhalten: In diesem Brief an den besten Freund taucht kein einziges Mal der Name der Getöteten auf. Kein Wort zur Tat, kein Erklärungsversuch, nicht die Spur von Reue.»
«Gibt es noch weitere Fragen an den Zeugen? Herr Verteidiger? Nicht? Dann ist der Zeuge entlassen. Hatten Sie Auslagen? Verdienstausfall?»
Jessen rief den letzten Zeugen des vierten Verhandlungstages auf. Ewa Gersdorff, geborene Nowak. Gelernte Arzthelferin.

Die dritte Ehefrau. Und Mutter des gemeinsamen fünfjährigen Sohnes Moritz. Sie war immer noch die junge, attraktive Frau, der Ellen ein einziges Mal begegnet war, vor Monaten, eines Abends im Sommer, vor dem Eingang zur Redaktion. Aber sie sah mitgenommen aus, noch ernster und trauriger als damals, und erschreckend blass, trotz des Make-ups. Was mochte sich die damals blutjunge polnische Arzthelferin davon versprochen haben, ihren 24 Jahre älteren Chef zu heiraten? Die große Liebe ihres Lebens? Eine materiell gesicherte Zukunft in Deutschland? Jetzt stand sie jedenfalls vor einem einzigen Scherbenhaufen: alleinerziehende Mutter eines fünfjährigen Jungen, arbeitslos, die Praxis geschlossen, als Ehefrau eines Mörders stigmatisiert.

«Frau Gersdorff, nehmen Sie doch bitte Platz. Sie wissen, dass Sie als Ehefrau des Angeklagten hier nicht aussagen müssen?»

«Ja. Das ist mir bewusst. Aber ich möchte aussagen.»

«Wenn Sie aussagen, müssen Sie natürlich die Wahrheit sagen. Die Wahrheit und nichts als die Wahrheit.»

«Ich weiß.»

«Gut. Wir würden gerne etwas über Ihre Ehe erfahren.»

«Was genau möchten Sie denn wissen?»

«Zum Beispiel: War es eine gute Ehe?»

«Zunächst ja. Seit geraumer Zeit nicht mehr.»

«Können Sie das an einem bestimmten Ereignis festmachen?»

«Nein. Das war ein schleichender Prozess. Heute glaube ich: Er langweilt sich schnell, sobald er das Herz einer Frau erobert hat und sich ihrer gewiss ist. Er hält zwar äußerlich weiter die Fassade, aber innerlich langweilt er sich zu Tode. Ich glaube, er ist in Wahrheit nicht beziehungsfähig. Mein Mann kann jede Frau erobern, die er haben will. Darin ist er ein großer Meister. Aber er kann keine Frau halten. In diesem Punkt ist er leider ein völliger Versager. Er kann eine Beziehung nicht lebendig halten.

Ich bin in Polen mit fünf Geschwistern aufgewachsen. Da lernt man früh, Rücksicht zu nehmen, auch mal zurückzustecken und sich zu arrangieren. Aber der Veith war ein Einzelkind. Und dazu noch ein spätes Versehen. Ich glaube, er ist im Grunde seines Herzens nie richtig erwachsen geworden. Er ist ein Kind geblieben, er ist nie ein richtiger Mann geworden. Die äußere Erscheinung täuscht. Er ist ein großer Teddybär. Und nur eine einzige Frau auf dieser Welt kann seiner absoluten Treue gewiss sein. Und das ist seine Mutter. Die liebt er abgöttisch. Sie ist die einzige Frau, für die er jederzeit alles tun würde. Und die alles von ihm verlangen darf. Für sie spielt er den braven, mustergültigen Sohn, der es zum Wohlgefallen seiner Mutter zu etwas gebracht hat, sodass sie immer stolz sein kann auf ihn. Seht her, habe ich nicht einen ganz großartigen Sohn, den besten, den man sich vorstellen kann? Das ist seine Lebensaufgabe, von Kindesbeinen an.»

Die Tränen schossen ihr in die Augen.

«Frau Gersdorff, möchten Sie eine Pause?»

«Nein. Es geht schon.»

«Gut. Sie können jederzeit um eine Pause bitten, wenn Sie das möchten. Sie müssen es nur sagen.»

«Ist schon okay. Ich hatte schon länger darüber nachgedacht, mich von ihm zu trennen. Schon bevor die ersten Berichte in dieser Zeitung erschienen. Ich wusste übrigens bis dahin gar nicht, dass ich seine dritte Ehefrau bin. Ich dachte, ich sei die zweite. Er hatte mir nie von dieser Ursula erzählt.»

«Warum haben Sie nicht die Konsequenzen gezogen und sich von Ihrem Mann getrennt?»

«Ich habe es einfach nicht übers Herz gebracht. Weil er ein guter Vater für unseren kleinen Sohn war. Und auch ein guter Vater für seine Tochter aus der zweiten Ehe. Als Vater war er wirklich vorbildlich. Keine Frage. Bis ich dann ...»

Sie schluckte.

«Als er dann festgenommen wurde, da habe ich mich ungefähr zwei Wochen später in seinem Arbeitszimmer an seinen Schreibtisch gesetzt und sämtliche Papiere durchgesehen. All die vielen Aktenordner. Ich musste mir doch ein Bild machen. Ich musste mich doch orientieren, das alles jetzt selbst in die Hand nehmen, auch was die Praxis betraf. Rechnungen. Versicherungen. Auch wenn mein Mann durch die Verhaftung mit einem Schlag aus seinem bisherigen Leben gerissen worden war und sich mit einem Mal um nichts mehr kümmern konnte, lief das Leben ja weiter, so als sei gar nichts geschehen.»

«Frau Gersdorff, Sie müssen sich nicht rechtfertigen.»

«Nur damit Sie es verstehen, warum ich in den Papieren gewühlt habe. Damit Sie es nicht falsch verstehen. Die Entdeckung, die ich in seinem Arbeitszimmer gemacht habe, war ein Schock für mich: Mein Mann hat sich offensichtlich hoch verschuldet, um in dieses Golfprojekt mit einsteigen zu können. Davon wusste ich überhaupt nichts. Darüber hat er nie mit mir gesprochen. Die Praxis ging zwar wirklich gut, aber das Ersparte reichte offenbar bei weitem nicht, um in dieses Projekt einsteigen zu können. Vermutlich wollte er damit wieder seiner Mutter etwas beweisen. Und dafür spielte er mit unserer wirtschaftlichen Existenz. Das Haus im Ardennenweg war längst abbezahlt. Jetzt gehört es laut Grundbuch wieder der Sparkasse. Als Sicherheit für den Kredit. Ich weiß, ich weiß: Es ist sein Haus. Vielleicht darf ich mich da auch gar nicht einmischen. Aber dann entdeckte ich noch etwas ... Mein Vater hatte vor fünf Jahren, bei der Geburt seines Enkelkindes, von Polen aus bei der Sparkasse in Lärchtal ein Sparbuch angelegt und bis zu seinem Tod im vergangenen Jahr jeden Monat ein wenig Geld darauf überwiesen. Das musste er sich regelrecht vom Munde absparen. Mein Vater war kein reicher Mann. Er war ein einfacher Arbeiter. Aber er ließ sich nicht davon abbringen. *Für die Ausbildung von Moritz*, sagte er. *Damit der Junge später studieren kann.* Das war ihm wichtig. Moritz sollte es einmal besser haben als seine Vorfahren in Polen.

Als ich mich nun im Arbeitszimmer durch die Akten kämpfte, da fand ich dieses Sparbuch. Es war komplett leer geräumt. Knapp 2000 Euro. Alles weg. Veith hatte als Bevollmächtigter das Geld einfach abgehoben. Können Sie sich das vorstellen? Er hat sich sowohl an seinem Schwiegervater in Polen als auch an seinem eigenen Sohn bereichert. 2000 Euro. Wie erbärmlich. Wie schamlos. Und ich hatte ihm zwei Tage zuvor noch einen Fernseher gekauft, weil er über die Langeweile im Gefängnis klagte ...»

Ewa Gersdorff machte eine Pause. Im Gerichtssaal blieb es totenstill. Veith Gersdorff starrte seine Frau entgeistert an. Und Dr. Wolfram Güttge starrte seinen Mandanten entgeistert an.

«Frau Gersdorff, wenn Sie nun ...»

«Nein. Danke. Ich muss Ihnen noch etwas erzählen. Vor ungefähr vier Wochen erhielt ich einen Brief von ihm ...» Sie stockte, bewahrte mühsam die Fassung. «Darin schreibt er stolz, dass er diesen Brief an der Gefängniskontrolle vorbeigeschmuggelt hat. Stolz wie ein kleiner Junge, der einen Apfel aus Nachbars Garten stiehlt, ohne dabei erwischt zu werden. Weiter schreibt er, dass ich, sobald ich meine Zeugenaussage gemacht habe, den Saal nicht verlassen, sondern mich in den Zuschauerraum setzen soll. Und zwar neben die Frau Rausch. Diese Journalistin. Und dann solle ich der Frau Rausch von ihm ausrichten, dass er bereit sei, ihr exklusiv seine Geschichte zu verkaufen. Für ein Buch. Oder für eine Illustrierte. Natürlich nur, wenn das Geld stimmt. Oh Gott, ich schäme mich so sehr!»

Sie drehte ihren Kopf nach rechts, weg von der Richterbank, hin zu dem Angeklagten. Der sah von der Tischplatte auf, erwiderte ihren Blick mit einem zur Schau getragenen Gleichmut, als hätte er diese Frau noch nie in seinem Leben gesehen.

Sie hob die Stimme: «Veith: Ich möchte nie mehr in meinem Leben etwas von dir hören und sehen! Hast du mich verstanden?»

«Frau Zeugin, Sie dürfen den Angeklagten nicht unmittelbar

ansprechen. So will es nun mal die Strafprozessordnung. Und an die haben wir uns zu halten.»

«Es tut mir leid. Ich glaube, ich kann jetzt nicht mehr.»

«Selbstverständlich. Könnten Sie uns diesen Brief, aus dem Sie zitiert haben, zur Verfügung stellen?»

Sie nickte, griff in ihre Handtasche, zog den Brief heraus, der noch im Umschlag steckte, und legte ihn vor sich auf den Tisch.

«Die Zeugin Gersdorff ist hiermit entlassen. Vielen Dank, Frau Gersdorff. Hatten Sie Auslagen?»

Ewa Gersdorff schüttelte den Kopf und verließ den Saal.

Ellen folgte ihr und holte sie kurz vor dem Hauptportal ein.

«Frau Gersdorff?»

Sie drehte sich um. Tränen in den Augen.

«Ja?»

«Die Sache eben. Bitte glauben Sie mir: Niemals würde ich ...»

«Ich weiß. Wissen Sie: Ich erkenne den Mann, mit dem ich so lange unter einem Dach gelebt habe, nicht mehr wieder. Habe ich ihn überhaupt jemals gekannt?»

«Es tut mir so leid für Sie.»

«Das muss es nicht. Sie können ja nichts dafür. Er hat sein Leben selbst zerstört. Und das seiner Familie gleich mit. Ich bin Ihnen auch nicht böse. Ich bin nur froh, dass es bald vorbei ist.»

«Danke.»

«Ich muss jetzt leider los, Frau Rausch. Meine Schwester wartet draußen auf mich. Mit Moritz.»

«Alles Gute.»

Ellen blickte ihr nach, wie sie die Straße überquerte. Durch die Glasscheiben des Hauptportals sah sie auf dem gegenüberliegenden Bürgersteig eine Frau mit einem kleinen Jungen an der Hand. Ein fünfjähriger Junge, der nun keinen Vater mehr hatte.

MITTWOCH, 5. DEZEMBER

Kaum ein Treffpunkt ist unauffälliger und damit besser geeignet als ein voll besetztes Innenstadt-Café an einem Werktag um die Mittagszeit. Der Brunnenhof am Simeonstiftplatz im Zentrum der Stadt Trier war an diesem Mittwoch um 12.30 Uhr voll besetzt. Der Mann, der sich Jochen nannte, hatte Ort und Zeitpunkt festgelegt. Und die Entlohnung für die erbrachten Dienstleistungen.

Clemens Urbach schob den schmalen, weißen Briefumschlag über den Tisch. Der Mann griff danach und steckte ihn ein, ohne Urbach aus den Augen zu lassen.

«Wollen Sie denn nicht nachzählen?»

«Es wird schon stimmen.»

«Sind Sie immer so vertrauensselig?»

Zum ersten Mal, seit sie sich kannten, registrierte Urbach im Gesicht des Mannes, der sich Jochen nannte, eine Form von Gefühlsregung. Was Urbach da sah, ließ ihn zu der Überzeugung gelangen, dass er die zweite Frage besser nicht gestellt hätte. In seinem Gesicht stand für den Bruchteil einer Sekunde abgrundtiefe Verachtung.

«Ich vertraue grundsätzlich niemandem, Herr Urbach. Aber ich bin mir sicher, dass Sie gar nicht den Mumm hätten, mich zu betrügen. Sie nicht. Und nun: Leben Sie wohl.»

Der Mann erhob sich vom Stuhl und schloss den Knopf seines Anzugs. Definitiv nichts von der Stange. Die junge Frau am Nebentisch schenkte ihm ein Lächeln. Der Mann lächelte höflich zurück und schickte sich an, das Café zu verlassen.

«Moment. Nicht so eilig!»

Der Mann hielt inne, drehte sich zu Urbach um, mit ungläubigem Blick, so als hätte er sich verhört.

«Wir haben nämlich noch einen Auftrag für Sie.»

Der Mann beugte sich über das Tischchen, tätschelte versonnen Urbachs Wange, beugte sich noch tiefer vor, spitzte die Lippen und flüsterte Urbach ins Ohr:

«Sie sollten sich gut überlegen, wie Sie mit mir reden. Die Tatsache, dass hier gerade ein bisschen Geld den Besitzer gewechselt hat, bedeutet nicht, dass ich Ihnen in irgendeiner Weise verpflichtet wäre. Unsere Beziehung ist beendet.» Er richtete sich auf, und Urbach spürte ein deutliches körperliches Unbehagen. Einen Mann wie diesen sollte man sich nicht zum Feind machen. «Erledigen Sie Ihren nächsten Job selbst», zischte er. «Die Polizei ist jetzt auf dem Plan. Und Lärchtal ist ein Dorf. Das macht die Sache kompliziert. Da wird es für mich höchste Zeit abzureisen.»

Der Mann griff nach seinem Kaschmirmantel am Garderobenständer, verließ seelenruhig das Café, passierte die Porta Nigra und folgte der Christophstraße bis zum Hauptbahnhof. Erst als er sich davon überzeugt hatte, dass ihm niemand folgte, nahm er seine Reisetasche aus dem Schließfach und stieg in den Zug nach Luxemburg.

FREITAG, 14. DEZEMBER

Kopfschmerzen. Kurz vor Mitternacht schluckte Ellen die dritte und hoffentlich letzte Tablette für heute, schaltete ihren Computer, den zentralen Drucker, den Kaffeeautomaten und sämtliche Lichter aus und verließ die Redaktion. Die Kopfschmerzen verfolgten sie schon seit Tagen, und die Tabletten halfen nicht.

Dichter Nebel. Feucht und kalt.

Der Nebel schien alles Leben in Lärchtal zu ersticken. Kein Mensch, kein Hund, keine Katze auf den Straßen, kein Licht in den Fenstern. Die Scheinwerfer des Alfa mühten sich redlich, den Weg aus der Geisterstadt zu finden.

Kaum hatte sie die letzten Häuser hinter sich gelassen, wurde der Nebel noch dichter. Sie bog von der Bundesstraße nach links auf die schmale Landstraße ab, die zum See führte. Sie drosselte die Geschwindigkeit auf knapp 30 Stundenkilometer. Mehr ging beim besten Willen nicht. Und mitten in dieser Suppe, in der sie die Fahrbahn trotz der geringen Geschwindigkeit eher erahnen als sehen konnte, wurde ihr mit einem Mal bewusst: Sie war am Ende ihrer körperlichen und seelischen Kräfte. Sie hatte nur noch einen einzigen Wunsch: schlafen, schlafen, schlafen. Nichts mehr hören, nichts mehr sehen, nichts mehr spüren, nur noch schlafen.

Gestern waren die Plädoyers gehalten worden. Und eine Woche zuvor, am 6. Dezember, war mit dem Ende des fünften Prozesstages die Beweisaufnahme abgeschlossen worden. Josef Jessen hatte seine Ankündigung wahr gemacht und Jana Menzel, die Frau, die den schwarzen Nerzmantel der Toten geschenkt bekommen hatte, ein zweites Mal als Zeugin geladen. Aber sosehr sich die Kammer auch mühte: Die Frau blieb geradezu unverschämt gelassen und begegnete jeder Frage mit einem kaltschnäuzigen Lächeln. So wie es Martini zuvor prophezeit hatte. *War's das? Kann ich jetzt endlich gehen? Ich hatte wieder Auslagen. Verdienstausfall...*

Zum Ende der Beweisaufnahme aber wartete Jessen dann doch noch mit einer echten Überraschung auf:

Herr Angeklagter, Sie schilderten in Ihrer Einlassung am ersten Prozesstag, wie sehr Sie die schreckliche Tat innerlich aufgewühlt habe, sodass Sie anschließend wochenlang kaum fähig waren, Ihrer Arbeit nachzugehen. Ich habe hier ein interessantes Schriftstück vor mir auf dem Tisch liegen. Die Fotokopie eines Zeugnisses. Sie kennen den Inhalt. Denn eines der beiden existierenden Originale befindet sich in Ihrem Besitz. Wir erinnern uns: Sie haben gestanden, am späten Abend des 20. März 1996 Ihre Frau getötet zu haben. Anschließend haben Sie die komplette Nacht zum 21. März darauf verwendet, die Tat zu vertuschen. Das alleine war schon eine außerordentliche Leistung. Aber Sie haben sich trotz Ihrer innerlichen Aufgewühltheit noch gesteigert: Aus diesem Dokument auf meinem Tisch geht hervor, dass Sie am Morgen des 22. März, also keine zwei Tage nach der Tat, zum Abschluss einer vorangegangenen zweijährigen Fortbildung auf dem Feld der Traditionellen Chinesischen Medizin in Köln die mündliche Prüfung abgelegt haben. Mit der Note sehr gut. Alle Achtung! Das nenne ich Willensstärke und Pflichtbewusstsein.

Richter Josef Jessen war Ellens eindringlicher Bitte gefolgt, mit keiner Silbe zu erwähnen, von wem er die Fotokopie erhalten hatte. Umgekehrt war Ellen sicher, dass Jessen gar nicht so genau wissen wollte, wie sie in den Besitz dieser Kopie gelangt war.

Dr. Wolfram Güttge, Gersdorffs Verteidiger, verabschiedete sich spätestens gestern endgültig von seiner ursprünglichen Strategie, den Prozessverlauf in Richtung minderschwerer Fall zu lenken. Sein Pulver war längst verschossen, und sein Mandant hatte auch ihn belogen und zudem seinen guten Ruf in Misskredit gebracht, indem er im Prozess offen ließ, mit wessen Hilfe er die Briefe aus der Untersuchungshaft geschmuggelt hatte.

In seinem Plädoyer warb Güttge wie ein Bittsteller um eine milde Strafe, angesichts des fortgeschrittenen Alters seines Mandanten, angesichts des umfangreichen Geständnisses und angesichts der nicht zu leugnenden Tatsache, dass auch durch eine geringe Freiheitsstrafe, ja alleine schon durch das bundesweite öffentliche Interesse und durch den Prozess der gesellschaftliche Ruf, die berufliche Existenz sowie das Privatleben seines Mandanten irreparabel zerstört seien.

Das alleine ist speziell für ihn schon Strafe genug. Bitte geben Sie meinem Mandanten die Chance, seine Kinder aufwachsen zu sehen. Die Tat ist immerhin 16 Jahre her. Mein Mandant hat in diesen 16 Jah-

ren schon gebüßt und jeden Tag bereut, was er getan hat, auch wenn er das in diesem Prozess nicht so zum Ausdruck bringen konnte, wie man es von ihm erwartete. Er hatte vor dieser zweifellos schrecklichen Tat noch nie eine Straftat begangen, und anschließend führte er 16 Jahre lang ein gesetzestreues Leben.

Gudrun Rosenfeld, die Anwältin der Nebenklage, widersprach in ihrem Plädoyer dem Verteidiger, was das gesetzestreue Leben nach der Tat betraf, indem sie an die gefälschte Unterschrift der Toten und den damit verbundenen Betrug erinnerte.

Der Angeklagte hat nicht nur einen Menschen getötet, sondern unsägliches Leid über eine ganze Familie gebracht. 16 Jahre lang musste die Familie Pohl mit der quälenden Ungewissheit leben. Mit den falschen Hoffnungen, die durch die ständigen Lügen des Angeklagten genährt wurden. Und mit der Scham, weil der Name der Toten im Zusammenhang mit ihrem angeblich so unmoralischen Verhalten während der Ehezeit von dem Angeklagten immer wieder in den Schmutz gezogen wurde, nur um sich selbst zu erhöhen.

Anschließend wurde Thomas Pohl als Nebenkläger das Wort erteilt. Mit zitternden Händen entfaltete er das Papier mit seinen Notizen. Bereits im zweiten Satz versagte ihm die Stimme, und er wurde von heftigen Weinkrämpfen geschüttelt. So übernahm es seine Anwältin, die Notizen vorzulesen:

Als wir auf dem Friedhof in Neukirch die Urne beisetzten, da habe ich meiner Schwester am Grab versprochen, dass ihr Gerechtigkeit widerfahren wird – vor Gott und vor Gericht. Deshalb habe ich an jedem Verhandlungstag hier gesessen, so schwer es mir auch fiel: weil ich nicht wollte, dass hier, vor wildfremden Menschen, sieben Tage lang über meine Schwester gesprochen wird, ohne dass ihr ein Mitglied unserer Familie beisteht. Ich bin sehr dankbar dafür, mit welchem Engagement dieses Gericht sich immer wieder nach Kräften bemüht hat, die Wahrheit ans Licht zu bringen – wohl wissend, wie schwer das nach so vielen Jahren ist. Deshalb werde ich voller Vertrauen in dieses Gericht jedes hier gesprochene Urteil auch innerlich akzeptieren.

Veith: Du hast mir nicht nur meine geliebte Schwester und die Patentante meiner Tochter genommen. Du hast durch dein schlechtes Reden und deine zahllosen Lügen dafür gesorgt, dass wir unsere Uschi 16 Jahre lang nicht in allerbester Erinnerung behalten durften. Spätestens jetzt, bei diesem Prozess, wäre es an der Zeit gewesen, endlich damit aufzuhören und der Uschi ihre Würde und Ehre zurückzugeben. Aber du hast selbst diese Chance vertan und ihr stattdessen erneut den Respekt versagt.

Oberstaatsanwalt Rutger Fasswinkel hegte in seinem Plädoyer erhebliche Zweifel an der Version des Angeklagten zum Geschehen am Abend des 20. März 1996:

Sie sagten, Sie wollten Ihre Frau mit dem Kopfkissen lediglich ruhigstellen und hätten sie dabei versehentlich getötet. Ruhiggestellt war Ursula Gersdorff bereits mit der eintretenden Bewusstlosigkeit. Aber Sie haben weitergemacht, immer weiter, minutenlang, mit absolutem Vernichtungswillen, sonst wäre das Opfer nicht gestorben. Viel naheliegender ist meines Erachtens: Es war heimtückischer Mord an einer schlafenden Frau. Dafür spricht auch das Schlafzimmer als Tatort sowie die Tatsache, dass Ursula Gersdorff bereits ihren Schlafanzug trug. Sie musste beseitigt werden, damit der Weg zur neuen Beziehung mit Sonja frei war, und zwar ohne finanzielle Verluste, die eine Scheidung zwangsläufig mit sich gebracht hätte.

Aber das Mordmerkmal der Heimtücke können wir nach so vielen Jahren leider nicht mehr beweisen, ebenso wenig wie das Mordmerkmal der Habgier.

Auch die angebliche Reue seit 16 Jahren kaufe ich Ihnen nicht ab, Herr Angeklagter. Sie hatten nichts Eiligeres zu tun, als Ursula Gersdorffs Schmuck zu versetzen und Ihren besten Freund, den Versicherungsmakler, mit einer gefälschten Unterschrift zu betrügen. Alles des Geldes willen. Sie haben, weil Sie das schöne Haus unbedingt behalten wollten, koste es, was es wolle, 16 Jahre lang am Tatort, nämlich in jenem Schlafzimmer, genächtigt, dort Frauen geliebt, Kinder gezeugt. Ich frage mich: Wie bringt ein Mensch, der bereut, das fertig? Und am Ende hat der Inhalt der aus der Haft geschmuggelten Briefe uns allen hier noch einmal deutlich vor Augen geführt: Von Reue fehlt jede Spur. Deshalb fordere ich eine Freiheitsstrafe von zwölf Jahren.

Zwölf Jahre.

Ellen erinnerte sich an das Raunen, das in diesem Moment durch die Zuschauerreihen des Gerichtssaals waberte wie der Nebel durch die Wälder der Westeifel.

Nächste Woche, am Dienstagmorgen um 10 Uhr, würde das Urteil verkündet werden. Nichts wünschte sich Ellen in diesem Augenblick sehnlicher: dass endlich, endlich alles vorbei war.

Nur für die Familie Pohl würde es nie vorbei sein.

Der Wagen geparkt, der Schlüssel im Schloss. Die Stille und der leichte Muffgeruch in der Diele. *Endlich zu Hause.* In dem Haus, das nie ihr Zuhause gewesen war. An dem weitaus mehr schlechte als gute Erinnerungen hingen.

Wie bin ich bloß wieder hier gelandet, dachte Ellen. Als hätte ich nicht damals schon gewusst, dass Lärchtal mir nur Unglück bringt. Aber vielleicht habe ich nun wenigstens etwas zu Ende gebracht in diesem Nest. Einen Schlussstrich gezogen.

Als sie schließlich im Bett lag, konnte sie nicht einschlafen. Es war grotesk: Eben im Auto musste sie sich zusammenreißen, dass ihr die Augen nicht zufielen, und jetzt war sie hellwach. Zu viele Gespenster. In den Wänden, dem Wald ringsum, aber vor allem drüben im Dorf. In den Kellern. Wo die braven Bürger ihre Leichen stapelten.

Sie war aufgewühlt. Aber zugleich war da noch etwas anderes. Etwas, das sich in ihrem Inneren erst ganz allmählich formierte, dass sie erst nach einer ganzen Weile verstand: Erleichterung.

Die Gewissheit, dass es vorbei war. Die Sache mit Gersdorff. Die Lügen. Und ihre Mission. Sie musste nicht länger bleiben.

Ursula Gersdorff war Gerechtigkeit widerfahren, ebenso wie ihren leidgeprüften Angehörigen, die ihr so ans Herz gewachsen waren. Und was Ellen zudem Genugtuung verschaffte: Sie würde darauf schwören, dass die Kungeleien um das Golfresort keine Früchte mehr tragen würden, dafür war viel zu viel Sand aufgewirbelt worden. Die Investoren würden weiterziehen.

Als sie schließlich doch wegdämmerte, stürzte sie in einen wirren Traum. Sie lief durch den stockfinsteren Wald am Ufer des Sees. Der Kauz schrie, als wollte er sie warnen. Auf der Wasseroberfläche spiegelte sich ihr lichterloh brennendes Elternhaus. Am Ufer stand Veith Gersdorff und hob entschuldigend die Hände. «Ich habe keinen Feuerlöscher», jammerte er. Von panischer Angst ergriffen, rannte sie weiter, stolperte auf eine Lichtung. Die Lichtung war asphaltiert und notdürftig beleuchtet. Ein Parkplatz. Sie kannte den Parkplatz. Mitten auf dem Platz stand ein Auto. Ein Passat. Sie kannte das Auto. Am Steuer saß Hans Knoop. «Ich dachte, Sie sind tot», sagte Ellen. Knoop lächelte und nickte ihr zu. «Ja, ich bin tot», sagte er, drehte den Zündschlüssel und fuhr davon. «Sie sind schuld», sagte die Stimme hinter ihr. Ellen drehte sich um. Da stand Knoops Frau. «Sie sind schuld, dass er tot ist.»

Schweißgebadet wachte Ellen am frühen Morgen auf. Das Bild stand ihr noch deutlich vor Augen. Hans Knoop. Wie er lächelte, wie er nickte und davonfuhr. Ein ums andere Mal hatte sie ihn gedrängt, ihr Beweise zu verschaffen. Der Gedanke setzte sich in ihr fest wie ein hartnäckiger Virus: Hätte sie ihn in Ruhe gelassen, wäre Hans Knoop noch am Leben.

TAGE, WOCHEN, MONATE SPÄTER

Im Namen des Volkes erging am Morgen des 18. Dezember im Schwurgerichtssaal des Landgerichts das Urteil der 4. Großen Strafkammer gegen den 57-jährigen Dr. Veith Gersdorff.

Elf Jahre Freiheitsentzug.

Ein letztes Mal wurde der Arzt in Handschellen zur Anklagebank und anschließend, nach der Verlesung der Urteilsbegründung und Schließung der Sitzung, wieder in Handschellen in seine Arrestzelle geführt, bevor ihn Mitarbeiter der Justizvollzugsanstalt Köln-Ossendorf dort abholten und ihn zurück in jene Zelle brachten, die für die nächsten Jahre sein Lebensmittelpunkt sein würde.

In der Lobby des Gerichts stürzten sich die Kamerateams auf Thomas Pohl. Geduldig beantwortete er jede einzelne Frage, selbst die furchtbar dämlichen und peinlich redundanten mit einer Engelsgeduld. Ellen lehnte abseits an einer Säule und besah sich das hektische, taktlose Treiben. Wie sie diesen kleinen, schmächtigen, tapferen Mann seit Beginn des Prozesses vor einem Monat erlebt hatte, Verhandlungstag für Verhandlungstag Auge in Auge mit dem Mann, der seiner Schwester das Leben genommen hatte, das nötigte ihr in diesem Augenblick allergrößten Respekt ab. Und ein Gefühl warmer Zuneigung. Der Mann aus der Arbeitersiedlung von Neukirch hatte mit bewundernswerter Haltung, mit Würde und Anstand seine tote Schwester an sieben aufreibenden Prozesstagen vertreten. Mitten im Interview vor laufender Kamera zwinkerte er ihr quer durch die Halle kurz zu. Seine wunderbare Art, danke zu sagen. Sie zwinkerte zurück. Angekommen.

Der mysteriöse Tod von Hans Knoop wurde nie aufgeklärt. Keine Hinweise auf Fremdverschulden. Zu den Akten. So wie vor 16 Jahren der Vermisstenfall Ursula Gersdorff.

Willy Junglas ließ sich nach Altkirch zum Verkehrsdienst der Kreispolizeibehörde versetzen und nahm dafür bereitwillig in Kauf, nicht mehr Chef und Leiter einer Wache, sondern nur noch gewöhnlicher Sachbearbeiter zu sein. *Ehrlich gesagt, Frau Rausch: Ich habe keine Lust mehr, auf meine alten Tage für die Sicherheit von Bürgern verantwortlich zu sein, die Recht und Gesetz so schamlos mit Füßen treten.*

Am Tag nach dem Urteil erschien der Eifel-Kurier zum endgültig letzten Mal. Die oberen zwei Drittel der Titelseite waren dem letzten Prozesstag gewidmet. Im unteren Drittel verabschiedete sich die Belegschaft in Text und Gruppenfoto von ihren Lesern.

Steffi Kaminski fand im Kosmetik- und Nageldesign-Studio ihrer jüngeren Schwester in Altkirch Unterschlupf.

Bert Großkreuz und Dietmar Breuer gingen zurück zum Trierischen Volksfreund, wo Großkreuz als freier Mitarbeiter in der Online-Redaktion Unterschlupf fand und Breuer als freier Handelsvertreter in der Anzeigenabteilung anheuerte. Anna-Lena Berthold konnte dank ihrer herausragenden Berichterstattung über den Gersdorff-Prozess als Referenz ihr Volontariat beim Bonner General-Anzeiger fortsetzen.

Arno Wessinghage, den Ellen in der kurzen Zeit der täglichen Zusammenarbeit als Kollege, Berater und Mentor so schätzen gelernt hatte, verschwand noch am Tag des letztmaligen Erscheinens spurlos. Ohne ein Wort des Abschieds. Seine kleine Dachwohnung in Lärchtal hatte er schon zuvor gekündigt und geräumt. Ellen hörte nie wieder etwas von ihm.

Hans-Joachim «Hajo» Burger setzte mit Hilfe seines Hausarztes die Frührente durch und musste sich wegen des sicheren Beamtenjobs seiner Frau bei der Kreisverwaltung finanziell keine großen Sorgen machen. Er blieb ehrenamtlich als Schriftführer und Pressewart diverser Lärchtaler Vereine tätig. Allerdings gab es nun in Lärchtal keine Presse mehr, die sich für das bedeutsame gesellschaftliche Wirken der örtlichen Vereine interessiert hätte. Und es gab nun auch keine Medien mehr, die sich für den Golfprojekt-Skandal interessiert hätten, recherchiert hätten, Druck gemacht hätten. So kam Clemens Urbach ungeschoren davon. Die staatsanwaltlichen Ermittlungen wurden nach sechs Monaten eingestellt. Zur nächsten Bürgermeisterwahl trat Urbach aus gesundheitlichen Gründen nicht mehr an, ließ eine Marionette als seinen Nachfolger kandidieren und gewinnen und zog weiterhin aus dem Hintergrund die Fäden.

Nur die Sparkassenaufsicht ließ nicht locker.

Eines Morgens, an einem außergewöhnlich frostigen Sonntag im Januar, schreckte Gaby Jacobs gegen halb neun aus dem Schlaf auf. Normalerweise schlief sie nie so lange, auch am Wochenende nicht. Aber sie hatte am Abend zuvor zwei Tabletten genommen, weil sie in jüngster Zeit häufiger unter Schlafstörungen litt.

Gaby tastete nach ihrem Mann. Aber sie lag alleine im ehelichen Doppelbett. Von plötzlicher Panik getrieben, streifte sie ihren rosafarbenen Bademantel über, schlüpfte in ihre rosafarbenen Pantoffeln und stieg die Treppe ins Erdgeschoss hinab.

Sie fand ihren Mann Gisbert im Wohnzimmer.

Er hatte den Esszimmertisch beiseitegeschoben und sich am Deckenhaken der Lampe erhängt.

Ewa Gersdorff reichte eine Woche nach dem Urteil die Scheidung ein und zog zum Jahreswechsel mit ihrem fünfjährigen Sohn Moritz endgültig zu ihrer älteren Schwester in eine Kleinstadt am Rhein. Klara, die 14-jährige Tochter aus Gersdorffs zweiter Ehe, wollte weder bei Ewa leben noch bei ihrer alkoholabhängigen Mutter. Die Familie ihrer besten Freundin, jene, die Klara auch ins Gericht begleitet hatte, erklärte sich bereit, auch längerfristig als Pflegefamilie zur Verfügung zu stehen. Das Jugendamt und der Familienrichter stimmten zu. Das ersparte dem Mädchen das Heim oder eine wildfremde Pflegefamilie.

Ellen blieb noch bis Neujahr in Lärchtal. Den Silvesterabend verbrachte sie bei Frank, der sich endlich durchgerungen hatte, sich auf eine Stelle in Köln zu bewerben. Endlich weg aus der Enge des Dorfes, weg von der Mutter, die ihn nie freigegeben hatte.

Den Jahreswechsel und Ellens Abschied begingen sie zu fünft: Frank, Rüdiger, Ellen, Thomas Pohl und seine Frau Elke. Und für das, was sie alle durchgemacht hatten, war es ein fast ausgelassener Abend. Denn eines hatten diese dunklen Monate in Lärchtal zumindest bewirkt: sie alle auf verschiedene Weise zusammengeschweißt.

Um ein Uhr verabschiedeten sich die Pohls. Zu dritt leerten sie noch eine Flasche Crémant von der Loire, dann überließ Ellen den beiden Jungs das Bett und rollte sich im Wohnzimmer auf der schmalen Couch zusammen.

Am Morgen nach dem Frühstück würde es losgehen. Der Wagen war schon gepackt und stand vor Franks Tür. Viel hatte sie ohnehin nicht, was sie mitnehmen musste.

Ellen hatte sich entschieden: Sie würde nach Hamburg zurückkehren. Vorerst jedenfalls. Es gab drei, vier vage Möglichkeiten, es gab zwei Gespräche im Lauf der nächsten beiden Wochen. Aber auf dem Weg dorthin würde sie noch einen zweitägigen Stopp am Rhein einlegen. In Bonn. Sie wollte unbedingt wissen, wie sich das anfühlte, mit ihren gespreizten Fingern durch die rostroten, struppigen Haare zu fahren.

NACHWORT DES AUTORS:
WIE ES ZU «SPUR 24» KAM

Seit 1980 arbeite ich als Journalist. Ich habe keine Ahnung, wie man Radio oder Fernsehen oder Online-Journalismus macht. Weil ich nichts anderes gelernt habe als Zeitungmachen. Ich liebe bedrucktes Papier, das man anfassen kann. Das gilt für Zeitungen wie für Bücher. Ich bin so altmodisch und weder bei Twitter noch bei Facebook angemeldet. Ich will auch nicht glauben, dass ein Maximal-80-Zeilen-Häppchen-Journalismus das gedruckte Medium retten wird. Ich glaube, dass Qualität eine Zukunft haben kann.

«Spur 24» ist mein siebter Roman. Der erste («Todfreunde») erschien 2003 bei Rowohlt. Allmählich gewöhne ich mich daran, Schriftsteller genannt zu werden. Auch wenn ich mich selbst nach wie vor als Reporter sehe, der hin und wieder das Buch als Medium bevorzugt, weil manche Themen auf 400 Buchseiten besser vermittelbar sind als in ein paar Zeitungsspalten.

Ich brauche etwa zwei Jahre für ein Buch: ein Jahr Recherche, dann ein Jahr Schreibarbeit. Erst wenn ich denke, alles zu wissen, was Fachliteratur, Gespräche mit Experten und nicht zuletzt eigene Anschauung zu einem gesellschaftspolitisch relevanten Thema vermitteln können, entwickle ich eine fiktive Handlung und Figuren, die das Thema transportieren.

Als ich mich vor so langer Zeit für den Beruf des Reporters (und erst kurz vor dem Abi gegen den Beruf des Kriminalpolizisten) entschied, dachte ich, Journalismus könnte die Welt verändern und zum Besseren wenden. Vielleicht eine etwas blauäugige Sicht. Heute, als 56-jähriger Chefreporter des Bonner

General-Anzeigers, denke ich: Hin und wieder kann er das tatsächlich.

Alles begann mit einem Irrtum bei der Postsortierung. In der zweiten Dezemberwoche des Jahres 2011 landete auf meinem Schreibtisch in der Redaktion (statt gleich ordnungsgemäß in der Anzeigenabteilung) eine amtliche Bekanntmachung. Sie kennen vermutlich diese nur mit der Lupe lesbaren Rubriken: Zwangsversteigerungen, Insolvenzen – man ahnt, dass hinter jeder dürren Zeile ein Drama steckt. Ich muss gestehen: Meistens lese ich sie nicht – wenn sie mir nicht gerade so aufdringlich auf den Schreibtisch flattern wie in diesem Fall.

Die Bekanntmachung stammte vom Amtsgericht einer Kleinstadt in der Nähe von Bonn: Eine seit 21. März 1996 verschollene Frau solle sich binnen genannter Frist *im 1. Stock, Zimmer 207, des Gerichts* einfinden, weil sie anderenfalls für tot erklärt werde.

Vielleicht war es der feste Glaube, dass es keine Zufälle gibt im Leben und dass die acht dürren Zeilen aus gutem Grund auf meinem Schreibtisch gelandet sein mussten. Vielleicht war es die Fassungslosigkeit angesichts des bizarren Juristendeutschs. Vielleicht war es auch der Umstand, dass unser elektronisches Zeitungsarchiv diesen Vermisstenfall nicht kannte. Jedenfalls war diese amtliche Bekanntmachung Auslöser einer viermonatigen Recherche, die schon gleich mysteriös begann: Auch die Polizei kannte diesen Fall angeblich nicht; es existierte jedenfalls keine Akte im Archiv des Präsidiums.

Das war der Beginn eines vier Monate währenden Albtraums. Schlaflose Nächte, bohrende Selbstzweifel, ignorante bis zunehmend verärgerte Behörden, merkwürdige Anrufe, sorgsam gewahrte Kleinstadtgeheimnisse, der Blick in seelische Abgründe. Und eine verzweifelte Opferfamilie, 16 Jahre lang allein gelassen mit der quälenden Ungewissheit; eine Familie, die mich bald als den journalistischen Messias sah, der nun endlich

Licht ins Dunkel bringt. Eine Rolle, wie geschaffen, um an ihr zu scheitern. Ich sah lange Zeit kein Licht mehr. Ich machte einfach nur weiter, wie im Fieberwahn, Tag und Nacht. Bis dann der 16. April 2012 die grauenhafte Wahrheit ans Licht brachte. Und ich Menschen, die mir vier Monate zuvor noch völlig fremd und unbekannt gewesen waren, eine so furchtbare Nachricht überbringen musste.

Was anschließend geschah, habe ich nur noch wie im Nebel wahrgenommen: Gast bei Plasberg und zusammen mit dem Bruder des Opfers bei Maischberger, «Journalist des Jahres» im MediumMagazin, die Verleihung des Henri-Nannen-Preises für investigative Recherche, eine der höchsten Auszeichnungen, die der deutsche Journalismus zu vergeben hat.

Die Opferfamilie fragte mich, ob ich nicht aus dem Fall ein Buch machen wolle. Wo ich doch Schriftsteller sei. Ich habe lange gezögert. Ich wusste wirklich nicht, ob ich die dicken Akten mit meinem Recherchematerial noch einmal aus dem Schrank hervorholen wollte. Schließlich aber habe ich gemeinsam mit meiner wunderbaren Lektorin Grusche Juncker ein Konzept entwickelt, mit dem ich leben konnte. Dazu gehörte, eine Frau als Protagonistin zu wählen, damit ich während des Schreibprozesses die für mich wichtige emotionale Distanz zu dem halten konnte, was ich real erlebt habe und was zum Teil erhebliche Spuren auch auf der Seele hinterlassen hat.

Trotz der Konzeption ist mir das Schreiben – aufgrund dieser persönlichen Verwicklung in die reale Stoffvorlage – noch nie so schwer gefallen wie bei der Arbeit an diesem Buch.

Ein Roman, erst recht ein Roman im Genre Spannungsliteratur, verlangt überraschende Wendungen und dramatische Konflikte, wie sie das reale Leben selten in dieser Dichte und Taktfolge bietet. Zudem lehrt die Erfahrung des Schreibens, dass Wahrheit und Glaubwürdigkeit zwei völlig verschiedene Paar

Schuhe sind: Nicht alles, was durchaus glaubwürdig und plausibel erscheint, ist tatsächlich auch wahr, und umgekehrt klingt vieles, was der absoluten Wahrheit entspricht und sich genau so zugetragen hat, als wenig authentisch oder sogar völlig unglaubwürdig.

Zugleich aber sollte «Spur 24» dem realen Fall eng verbunden bleiben, journalistisch redlich in seiner geschilderten Grundstruktur. So kann auch gar nicht ausbleiben, dass Geschehnisse im Roman, die Sie bei der Lektüre als authentisch empfinden, im Interesse der Dramaturgie oder aus rechtlichen Gründen frei erfunden sind, andere hingegen, die Sie vielleicht misstrauisch die Stirn runzeln lassen, wahr sind und sich exakt so zugetragen haben. Ersteres freut mich als Schriftsteller, Letzteres bedaure ich als Reporter, beklage es aber nicht, weil es zwangsläufig so sein muss.

Ich hoffe aber, dass es mir gelungen ist, dass Sie durch die Lektüre eine Ahnung davon erhalten, wie viele Verbrechen mit tödlichem Ausgang in Deutschland erst gar nicht als solche erkannt werden, welche haarsträubende Gratwanderung der Gesetzgeber den Ermittlungsbehörden bei der Bearbeitung von Fällen vermisster Erwachsener aufbürdet und welches unglaubliche Martyrium die Angehörigen von Langzeitvermissten erwartet: Die üblichen Rituale des Trauerns und Abschiednehmens bleiben ihnen versagt, das soziale Umfeld geht zunehmend auf Distanz, während die von sozialer Isolation bedrohten Angehörigen weiter mit den spurlos Verschwundenen leben. Bei jeder Familienfeier sind sie als *Schattenmenschen* zugegen und sitzen mit am Tisch. 3000 Langzeitvermisste, 3000 solcher Schattenmenschen verzeichnet die Statistik des Bundeskriminalamtes alleine für Deutschland.

Ich hoffe, «Spur 24» ist trotz dieser oben geschilderten außergewöhnlichen Begleitumstände ein gutes, ein unterhaltsames, ein im besten Sinne spannendes Buch geworden.

Aber das können nur Sie entscheiden.

Bonn, im Herbst 2014
  Wolfgang Kaes

Weitere Titel von Wolfgang Kaes

Spur 24

Kommissar Morian ermittelt

Todfreunde

Die Kette

Herbstjagd

Das Feuermal

Das für dieses Buch verwendete Papier ist FSC®-zertifiziert.